Che Guevara'nın ölümsüz anısına...

"Oku! Rabbin Ekrem'dir/özgürlüğün kaynağıdır/en büyük cömertliğin sahibidir."

Alak suresi, 3

"O, kesinlikle çok şerefli/çok cömert/çok özgürlükçü bir Kur'an'dır."

Vâkıa, 77

"Yemin olsun, biz, âdemoğullarını özgürlük/onur/üstünlükle donattık."

(İsra, 70)

"Özgürlük gücü, iki zıddın varlığını gerektirir. Özgürlük gücünün yarattığı hiçbir fiil yoktur ki, kendi zıddını da yaratmamış olsun."

İmamı Âzam

"Özgürlüğün kemali Allah'a kullukta, Allah'a kulluğun kemali de özgürlüktedir."

Ahmet bin Hadreveyh

"Savaş sloganlarımız kulaktan kulağa yayılacaksa ve silahlarımız elden ele geçecekse ve başkaları savaş ve zafer çığlıklarıyla cenazelerimize ağıt yakacaksa ölüm hoş geldi, safa geldi."

Che Guevara

PROF. DR. YAŞAR NURİ ÖZTÜRK
(İlahiyatçı, hukukçu, siyasetçi)

Time Dergisi'nin gerçekleştirdiği '**20. Yüzyılın En Önemli Kişileri**' (The Most Important People of the 20th. Century) anketinin '**En Önemli Bilim Adamları ve Islahatçılar**' (The Most Important Scientists and Healers) listesinde, dünya kamuoyunca belirlenmiş yüz ismin ilk onu arasında yer alan Yaşar Nuri Öztürk, 1951 yılında Trabzon'da doğdu. İlk Arapça, Farsça eğitimini, aynı zamanda en büyük hocası olan babasından aldı. Lisans eğitimini hukuk ve ilahiyatta, master ve doktora eğitimini İslam felsefesi dalında tamamladı. Bir süre avukatlık yaptıktan sonra üniversiteye intisap etti.

Türk üniversitelerinde öğretim üyesi ve dekan olarak 26 yıl görev yaptı. ABD-New York'ta (**The Theological Seminary of Barrytown**) bir süre misafir profesör olarak '**İslam Düşüncesi**' dersleri okuttu.

Türkiye, ABD, Rusya, Avrupa, Afrika, Ortadoğu ve Balkanlar'da İslam düşüncesi, insan ve insan hakları konularında birçok konferans verdi. '**Kur'an'ın Yorum Katılmamış İlk Türkçe Çevirisi**'ni yapan bilim adamı olarak da anılır. 1993-2013 yılları arasında üç yüzü aşkın baskı yapan bu çeviri, '**Türkiye Cumhuriyeti Tarihinin En Çok Baskı Yapan Kitabı**' sayılmaktadır.

'**İslam-Batı İlişkileri ve Bunun KEİ Ülkelerindeki Yansımaları**' (**Chelovecheskiy Faktor: Obschestvo i Vlast**, 2004-4), '**İslam ve Avrupa**' (*Die Zeit*, 20 Şubat 2003), '**İslam ve Demokrasi**' [*Desperately Seeking Europe,* London, Archetype Publications, 2003, sayfa, 198-210; *Europa Leidenschaftlich Gesucht,* München-Zürich, Piper Verlag, 2003, sayfa, 210-224] gibi uzun makaleleri ile, İslam, Batı, Laiklik konularındaki uzun röportajları [örnek olarak bakınız, **al-Ahram** (Weekly), 1-7 February, 2001] Batı'da ve İslam dünyasında derin yankılar yapmıştır.

Türkçe, Almanca, İngilizce ve Farsça basılan eserlerinin sayısı altmışı aşkındır. Öztürk'ün düşünce dünyası, değişik üniversitelerde yapılan Türkçe, Almanca, İngilizce, Fransızca tezlerle incelendi.

Kur'an Penceresinden
ÖZGÜRLÜK VE İSYAN
(Teofilozofik Bir Tahlil)

PROF. DR. YAŞAR NURİ ÖZTÜRK
İstanbul Üniversitesi
İlahiyat Fakültesi
kurucu dekanı

İSTANBUL-2015

Özgürlük ve İsyan

Yeni Boyut: 65
Birinci Baskı: Ekim 2015

ISBN: *975-6779-77-4*

Sahibi:
Yeni Boyut Tüzel Kişiliği

Sorumlu Yazı İşleri Müdürü:
Saniye ÖZTÜRK

Editör:
Yard. Doç. Dr. Mustafa Tahir ÖZTÜRK

Kapak:
Başar TENKOĞLU

Yeni Boyut Yayıncılık Medya Müzik Yapım Organizasyon ve Eğitim Hiz. San. Tic. Ltd. Şti.
İçerenköy Mah. Eski Bakkalköy Yolu
Ortaklar Apt. No: 64/1 Ataşehir-İstanbul
Tel: 0216 469 40 76-77 Faks: 0216 469 40 78

Baskı ve Cilt:
Ege Reklam Basım Sanatları San. Tic. Ltd. Şti.
Esatpaşa Mah. Ziyapaşa Cad. No: 4 Ataşehir-İST.
Tel: 0 216 470 44 70 Faks: 0 216 472 84 05

1. baskı/İstanbul-Ekim 2015

İÇİNDEKİLER

GİRİŞ: VAROLMAK VE ÖZGÜRLÜK

Birinci Bölüm
ÖZGÜRLÜĞÜN GENEL ÇERÇEVESİ, BOYUTLARI VE ENGELLERİ

Kur'an'ın Dünyası ve Bugünkü Dünya 19
Özgürlüğün Boyutları 24
Özgür Etkinlik veya Amel 35
Dilediğini Dileme Özgürlüğü 46
Özgürlüğe En Büyük Darbe: Allah ile Aldatma Hipnozu .. 48
Özgürlüğün En Büyük Engeli: Şirk 50
Aracılar Engeli 51
Yaklaştırıcılar Engeli 55
Kurtarıcılar Engeli 59
Şefaatçılar Engeli 61
Tasavvufun Oynadığı Oyun 67
Allah'a Kulluk ve Özgürlük 74
Özgürlük ve Kader 76

İkinci Bölüm
ÖZGÜRLÜĞÜN METAFİZİK DAYANAKLARI

İkinci Doğum Olarak Özgürlük 87
Kuşku Duyabilme Gücü Olarak Özgürlük 97
Özgürlüğün Yaratıcı Desteği: Melâmet 102
Özgürlüğün Metafizik Dayanakları 104
Özgürlüğün Metafizik Dayanağı Olarak Tanrı 121
Kerametin Kur'ansal Anlamı: Yaratıcı Özgürlük 138

Üçüncü Bölüm
ÖZGÜRLÜK VE YARATICI İSYAN

Saldırganlığın Tek Gerekçesi Olarak Özgürlük 151
Özgürlüğün Temel Azığı Olarak İsyan 154
Özgürlük ve İsyanın Motor Gücü İblis mi? 161
İsyanın Metafizik Dayanağı Meselesi 178
Bir İsyan Formulü Olarak Kelimei Tevhit 184
Tek Düşman, Özgürlük Düşmanlarıdır 191
Boyundurukları Kırmak 200
Abdi Memlûk Olmamak 206
Sürüleşmemek, Sürüye Uymamak 211
Firavunlara İtaat Etmemek 223
Sâdet ve Küberaya İtaat Etmemek 224
Allah'tan Başkasına Teslim Olmamak 228
Aklı İşletmek veya Hayvanlığa İsyan 235
Ecdatperestliğe İsyan veya Hanîflik 245

Dördüncü Bölüm
İSLAM DÜNYASINDA ÖZGÜRLÜKLERİ BOĞAN CENDERELER

Dört Büyük Cendere 261
Bîat ve Şûranın Saptırılması 277
Özgürlük ve Halifelik 286

Beşinci Bölüm
ÖZGÜRLÜK VE İSYAN ÖNDERİ OLARAK PEYGAMBERLER

Özgürlük, İsyan ve Peygamberler 299
İtaatsizlik Önderi Olarak Peygamberler 302
Hz. İbrahim 315
Hz. Musa 328
Hz. Muhammed 357

Altıncı Bölüm
İSLAM TARİHİNİN ÖZGÜRLÜK VE İSYAN ÖNDERLERİ

Ebu Zer 367
Hz. Hüseyin 376
İmamı Âzam 396
Hallâc-ı Mansûr 404
Simavnalı Bedreddin 418
Patrona Halil İsyanı 427
Muhammed İkbal'in Haykırışı 450
Gazi Mustafa Kemal Atatürk 486
Mahmut Muhammed Tâha 496

KAYNAKÇA 500
KARMA DİZİN 504

GİRİŞ:
VAROLMAK VE ÖZGÜRLÜK

> "Bizi bekleyen tehlikeler savaş ve robotlaşmadır. İnsan bugün en önemli seçimiyle karşı karşıyadır. Bu seçim, kapitalizmle komünizm arasında değil, robotlaşmayla insancıl paylaşma arasında olacaktır. Pek çok veri, insanın robotlaşmayı seçtiğini göstermektedir. Bu da uzun vadede, delilik ve yıkım demektir."
>
> Erich Fromm

Varolmak, oluşa, faal bir biçimde katılmaktır. Oluşun malzemesi (malzeme varlık), bu faaliyeti tanımaz. Varolan varlıkla 'şey'in farkı, varolan varlıktaki bu faaliyettir. **Faaliyet, yaratıcılıktır.**

Zatı Hakk'ın yaratıcılığı hem oluşu hem de malzeme varlıkları kuşatır. İnsan ise yalnız oluş sergiler; onun, malzeme varlık yaratma kudreti yoktur. Fakat unutmamak gerekir ki, insan da bir anlamda yaratıcıdır, ama o, bir bağımlı yaratıcıdır. Kur'an, **"Allah'a yardım ederseniz Allah da size yardım eder."** (Muhammed, 7) derken bağımlı yaratıcı olan insanın oluşa katılımını bir yaratıcı faaliyet olarak belirlemektedir.

Küllî Yaratıcı, fragmanter yaratıcıya, bu yetkiyi, hür iradesiyle vermişse insanın yaratıcılığı O'nun yaratıcılığının bir devamı olur. Elbette ki, Allah'ın Allahlığı daima kendisinindir. Fakat bu, O'nun, dilediği kadarını dilediğine vermesine engel olmaz.

Varolmak bir yaratıcı faaliyetse, **özgürlük** bunun temel şartı ve alt yapısıdır. Hürriyetsiz bir yürüyüşten yaratıcı faaliyet beklemek, varlık sırrına terstir. **Platon "İnsan ruhunu harekete getiren en önemli şey, insanı özgür tutan şuur halidir"** derken bu gerçeği çok güzel yakalamıştı.

Özgürlük, bir risktir; hatta özgürlük, bir riskten de öte, her şeyi riske atmaktır. Ne var ki, bu risk göze alınmadan ne hayat sırrına yaklaşmak mümkün olur ne de insanlık kervanını ileri götürmek. **Kierkegaard "Ebedî hayat -buna kahramanca yaşamak da diyebilirsiniz- bir ödüldür ki, onu ancak her şeyi, hem de mutlak olarak riske atabilenler elde eder"** derken bir varoluş gerçeğine açıklık getiriyordu. Bu risk, aşkın da ta kendisidir.

İKİ RİSK VE TANRI'NIN TERCİHİ

Şunu da biliyoruz: **Özgürlük** insanın hep "Ben" deme noktasına gelmesini yani **firavunluk risk**ini de taşıyor. Ve insanlık bu yüzden çok zehirli kahırlara maruz kalmıştır. Ama unutmamak gerekir ki; bu riski göğüslemekten kaçan bir yürüyüş hep birilerine "Sen" demenin pençesine düşer; yani **zillet risk**ine mahkûm olur.

Kur'an'ın yolu, firavunluk riskiyle zillet riski arasında bir denge yoludur.

Kur'an bize gösteriyor ki, Tanrı, insan adına hürriyet riskini tercih etmiştir. İnsanın kan dökücülüğünden, bozgunculuğundan yakınan ve kendilerinin emirleri hiç aksatmadan yerine getirdiklerini söyleyerek insana güvenin tehlikeli olacağını ileri süren meleklere, Küllî Ego'nun verdiği cevap şudur: **"Ben sizin bilmediğiniz şeyleri bilirim."** (Bakara, 30, 33) Böylece, Yaratıcı, insan adına, hürriyet riskini kucaklıyor. İnsana düşen, Allah'ı bu güveninde haklı çıkarmaktır.

İnsanlık tarihinde hiçbir dinsel-felsefî metin kendini, Kur'an'da olduğu kadar, hür fikir faaliyetine açmamıştır. Kur'an, bu faaliyete sadece izin vermez; onu emreder ve en seçkin ibadet olarak kutsar.

ÖZGÜRLÜK RİSKİ VE İÇTİHAT

Bu hür ve yaratıcı faaliyetin adı, İslam düşüncesinde, içtihattır. **Muhammed İkbal**'in deyimiyle, **"İçtihat, İslam düşüncesinin dinamik ruhudur."**

İçtihat, hürriyet riskini kullanmanın ve kabullenmenin çarpıcı ifadesi ve kurumudur. İçtihat iledir ki; İslam, hürriyet riskini benimsemeyi kamulaştırmış ve kurumlaştırmıştır. Bu kurumu reddetmek veya işlemez hale getirmekse Müslümanlarda yaratıcı ruhların ölümü veya prangalanması oldu. İslam dünyası bu ölümden yeni bir dirilişe, özgürlüğün engin fezasına geçmenin sancılarını çekiyor. Henüz mücadelesini tam veremiyorsa da sancılarını çekiyor...

Müslüman kitleler, **"Eğer günah işlemeseydiniz Allah sizi yok eder, yerinize günah işleyen bir topluluk getirirdi"** diyen peygamberlerinin, varolma ve ayakta kalmanın temeline, **özgürlük** riskini göğüslemeyi yerleştirdiğini çok iyi görmelidirler.

Özgürlükten Neden Korkuyorlar?

İslam dünyasının egemen güçleri, Müslüman insanın özgürleşmesinden korkuyorlar, çünkü özgürlük onlara itaat etmeme gücünü kazandırır. Ve İslam dünyasını yöneten egemen despot güçler biliyor ki, kendilerine itaatsizliği gerektirecek çok büyük eksikleri, günahları, kötülükleri var. İtaatsizlik güç ve şuurunu kazanan bir kitle bu gücünü kullanmaya başlayınca asırların dinleşmiş kabulleri birer birer çöker ve despotların kutsallaştırılmış saltanatları sona erer. Despotlar buna izin vermez, veremez.

Kitlelerin şunu bilmesi gerekir:

İnsan tekâmülünün tarihi insanın itaatsizlik eylemlerinin de bir tarihidir.

Başka bir deyişle, tekâmül, bir "Hayır!" deyişle, bir itirazla başlıyor. **Kur'an, imanı da bir itirazla başlatmaktadır. İmanın formül cümlesi olan Kelimei Tevhit, 'La' (Hayır, öyle değil) itirazıyla başlamaktadır.** Muhammed İkbal'in insanın özgür-yaratıcı benliğe ulaşmasının, Âdem'in cennetteki itaatsizliğinin ürünü olduğunu söyleyen yaklaşımı bir fantezi değildir. İkbal'in bu fikrinin, Batı'da en büyük yankısını, **Erich Fromm'**un eserlerinde görüyoruz. Fromm (ölm. 1980), İkbal'i tekrarlarcasına şunu söylüyor:

"Cennetteki bu başkaldırı hareketi, Âdem'le Havva'yı özgürleştirdi ve gözlerini açtı. Birbirlerini yabancı ola-

rak gördüler, dış dünyayı da garip, hatta düşmanca buldular."

"İnsan neden itaat etmeye o kadar yatkındır, karşı gelmek onun için neden bu kadar zordur? Devletin, kilisenin otoritesine ya da kamuoyuna itaatkâr olduğum sürece kendimi güvende ve korunmuş hissederim. Aslında hangi güce itaat ettiğim çok az fark eder. Bu daima, herhangi bir şekilde bir güç uygulayan ve hilekârca her şeyi bildiği, her şeye gücü yettiği iddiasında olan bir kurum ya da kişilerdir. İtaatim beni, tapındığım gücün bir parçası yapar, dolayısıyla kendimi güçlü hissederim. O benim yerime karar verdiği için hata yapamam; yalnız kalamam çünkü bana göz kulak olur; günah işleyemem çünkü o buna izin vermez, günah işlesem bile cezam sadece, o her şeye kadir güce dönüşün bir yoludur."

"Karşı gelmek için kişinin yalnız kalmaya, hata yapmaya ve günah işlemeye cesareti olmalıdır."

"İtaatsizliğe, otoriteye 'hayır' demeye cüret etmenin bu kadar zor olmasının bir başka nedeni daha vardır. İnsanlık tarihinin büyük bir kısmında itaat erdemle, itaatsizlik ise günahla özdeşleştirilmiştir. Nedeni basittir: Şimdiye kadar tarihin büyük bir bölümünde, bir azınlık çoğunluğa hükmetmiştir. Bu hâkimiyeti gerekli kılan, hayatın güzelliklerinin sadece azınlığa yetecek kadar olup çoğunluğa kırıntıların kalmasıdır. Eğer bu azınlık güzelliklerin tadını çıkarmak ve bunun da ötesinde çoğunluğun kendine hizmet etmesini, kendisi için çalışmasını istemişse gerekli şart şuydu: Çoğunluk itaat etmeyi öğrenmeliydi."

"Şüphesiz ki, itaat katıksız güç kullanılarak tesis edilebilir. Fakat bu yöntemin birçok dezavantajı vardır.

Bu yöntem, bir gün çoğunluğun güç kullanarak azınlığı iktidardan indirme olanağına sahip olma ihtimali ile daimî bir tehdit oluşturur; dahası, itaatin ardında korkudan başka bir şey bulunmuyorsa aksayacak çok iş vardır. Dolayısıyla, güç kullanımı korkusundan kaynaklanan itaat, kalpten gelen itaate dönüştürülmelidir. İnsan, itaatsizlik etmekten korkmak yerine itaat etmeyi istemeli, hatta ihtiyaç duymalıdır. Bunu başarmak için otorite, En İyi'nin, En Akıllı'nın niteliklerini üstlenmeli, Her Şeyi Bilen haline gelmelidir." (Fromm, *İtaatsizlik Üzerine*, 9, 14, 15)

Allah ile aldatılmayın emrinin hayatî mesajı işte burada belirginleşiyor. İtaati, kutsal bir göreve dönüştürmenin en kestirme ve güvenli yolu, kitlenen Allah ile aldatılmasıdır. Bir 'din kitabı' olduğu halde, Kur'an'ın, özgürlük ve yaratıcılığı katleden bu aldatmayı insan hayatından kovmak istemesi boşuna değildir.

Birinci Bölüm
ÖZGÜRLÜĞÜN GENEL ÇERÇEVESİ, BOYUTLARI VE ENGELLERİ

KUR'AN'IN DÜNYASI VE BUGÜNKÜ DÜNYA

Bugün, Kur'an'ın dünyasından söz etmek masallardaki bir dünyadan söz etmek gibidir. Çünkü Kur'an'ın dünyası hiçbir zaman yaşanan dünya olmadı, olamadı. Ne garip tecelli ve paradokstur ki, bugünkü dünyanın Kur'an'a inanmayan, hatta onu hiç tanımayan toplumlarının akıllarını kullanarak geldikleri yer, Kur'an'a inandığını iddia eden İslam dünyasından çok daha ileri, çok daha insanca ve çok daha mutlu bir yerdir. Paradoksun esası şudur:

Bugünkü dünya Kur'an'ın idealindeki dünyanın gerisinde, İslam dünyası ise bugünkü dünyanın da gerisinde.

İnsanlığın elindeki mevcut insan hakları bildirgelerinin hiçbirinde İslam dünyasının imzası yok. Ne **1776 Amerikan Bağımsızlık Bildirisi**'nde ne **1789 Fransız İnsan ve Yurttaş Hakları Bildirisi**'nde ve ne de **1948 İnsan Hakları Evrensel Bildirgesi**'nde. Oysaki temiz bir vicdan Kur'an'ı incelediğinde, bu bildirgelerde yer alan insan hakları talep ve ilkelerinin tümünün Kur'an'da yer aldığını hemen görür. Bu bildirgeler, toplumların istedikleri yönetimi kurma ve zorbalığa karşı direnme haklarını güvence altına almaktadır. Bu güvence, Kur'an'ın temel amaçlarından biri olan güvencedir. Bu güvence, Emevî Arabizmi tarafından din dışına çıkarılmış, tam aksi dinleştirilmiştir.

Bu güvenceyi, hayata geçiren ilk ve tek Müslüman ülke, Mustafa Kemal'in kurduğu Türkiye Cumhuriyeti oldu. Ne yazık ki, Cumhuriyet, İslam'ın tarihî düşmanları Haçlı emperyalistlerle, onlara, çıkarları uğruna uşaklık eden 'Müslüman' yaftalı dincilerin işbirliği ile tahrip edildi. Netice olarak, İslam dünyası ise Kur'an'ı din yapmadığı için yaşadığı dinde bu bildirgelerdeki insan hakları ilkelerinin hiçbiri egemen değil.

İslam dünyası, dininin ana kaynağı olan Kur'an'ın egemen kılmak istediği insan hakları ilkelerinin ve bu hakları savunmaya yönelik özgürlüklerin hiçbirine imza atmadığı halde, bugün, bu hakları ve ilkeleri tahrip etmek isteyen ve haçlı emperyalist Batı tarafından dayatılan küreselleşme sürecinin, hakları ayakta tutmak isteyen özgürlüklerin tahribini amaçlayan **'ters özgürlükler'**in tümünün yanında ve hizmetindedir. Bunun bir anlamı da, İslam dünyasının kendi gözünü kendi parmaklarıyla oymasıdır.

İslam dünyası, Kur'an'ın gelişinden önceki Arap Cahiliye toplumunun zihniyet ve hayat tarzına uygun bir dünya oluşturmuş bulunuyor. O dönemle farklı olan sadece birkaç dekor ve birkaç kostüm, birkaç resim ve isimdir.

Asrısaadet diyoruz. Ve Asrısaadet'i göklere çıkarıyoruz. Elbette ki Asrısaadet farklıdır, imrenilesi birçok değeri hayata geçirmiştir ama unutmamak lazım ki Asrısaadet de Kur'an'ın bütün taleplerinin hayata geçtiği bir zaman parçası değildir, olamazdı. Doğal olarak olamazdı. Kur'an'ın hitap ettiği bilgi toplumu henüz ortada yoktu. Kur'an'ı anlayacak birikim mevcut değildi. Peygamber bu birikimi var sayıp toplumu ona göre yönlendirmeye kalksaydı bu, eşyanın tabiatına aykırı olurdu. Dahası,

Hz. Peygamber'i **cinnet** getirmekle itham ederlerdi.

Müşrikler, Kur'an'ın getirdiği ilkeler teorik olarak telaffuz edildiğinde Peygamber'i cinnetle suçluyorlardı. Eğer Peygamber bu ilkelerin tümünü hayata geçirmeye kalksaydı bu kez kendisine inananların cinnet ithamına maruz kalırdı. Dedik ya, o ilkeleri o zamanda tümüyle ve bütün ihtişamıyla hayata sokmaya kalkmak eşyanın tabiatına aykırı idi. Bütün zamanların kitabı, geldiği günlerin dünyasına sığamazdı. Sabretmek, çok ileri bir tekâmül çizgisinin vücut bulmasını beklemek gerekiyordu. Şehit devrimci **Mahmut Muhammed Tâha**'nın söylediği gibi, İslam'ın ikinci mesajının hayata girmesi için gerekli zamanı beklemek lazımdı.

Sonraki zamanlarda bunun olmasına ise Emevî despotizmiyle onun şekillendirdiği dinci yobazlık yani akıl düşmanlığı engel oldu. Kur'an'ın büyük vicdanlarından biri olan **Muhammed İkbal** (ölm. 1938) bu muhasebeleri yapmış, buradan doğan acıyı içinde hissetmiş bir düşünür olarak ana eserinde şöyle diyor:

"Kur'an'ın dünyası göğsümüzde henüz gizli olan bir âlem, 'Kalk!' emrini bekleyen bir âlem." (*Cavidnâme*, beyt: 575)

İSLAM DÜNYASININ KUR'AN'A İHANETİ

İslam dünyasının Kur'an'a kötülüğü, Cahiliye şirkinin kötülüğünden çok daha büyüktür.

Mekke şirkinin önünde, çerçevesi, kavramları, tarihsel yapısı belirlenip tamamlanmış bir kitap yoktu. Ayetler parçalar halinde iniyordu ve her inen ayet müşriklerin bir veya birkaç çıkarını yerle bir ediyordu. Müşrik Mekkeliler, bu yıkım karşısında büyük acı duyarak bağırıp çağırıyorlardı.

İslam dünyasının önünde koca bir kitap var ve bu dünya o kitabı dışlıyor. O kitabı, bir kitap gibi okumuyor; afsun, büyü, tılsım, üfürük ve daha çok da kitleleri aldatma aracı olarak kullanıyor. Kur'an'ın, **"Allah ile aldatılmayın!"** emrini defalarca vermesi boşuna değildir.

İslam dünyasındaki siyaset ve saltanat kodamanları çok iyi biliyorlar ki, Kur'an mesajı, esasında olduğu gibi hayata geçirilirse sürdürdükleri saltanat yerle bir olur. Bunun içindir ki bu saltanat kurtları çeşitli oyunlarla tezgâhlar kurup Kur'an'ın mesajını işlemez hale getiriyor, Kur'an mesajını birtakım şeytanî oyunlarla hem de İslam adı altında hayatın dışına itiyorlar. İşte bu, Mekke müşriklerinin yaptıklarından çok daha vahim, çok daha yıkıcı, çok daha namert bir tavırdır.

Mekke müşrikleri Kur'an'a ve Muhammed'e açıkça düşman olduklarını söyleyerek Kur'an'ı dışlıyorlardı; bugünkü İslam dünyası ise Kur'an'a ve Muhammed'e iman ettiğini söyleyerek Kur'an'ı dışlıyor. Kur'an'ın şu ayeti edebiyat veya masal olsun diye vahyedilmemiştir:

"Resul de şöyle der: 'Ey Rabbim, benim toplumum, bu Kur'an'ı terk edilmiş/dışlanmış halde tuttular." (Furkan, 30)

Evet, İslam dünyası, Kur'an'ı tutuyor, hem de başlar üstünde tutuyor ama sadece kâğıtları ve kılıflarıyla tutuyor, hükümleriyle değil. İslam dünyasının Kur'an'la münasebetinin şu cümle ile özetlenebileceği kanısındayız:

BİRİNCİ BÖLÜM

"Kâğıtları ve kılıfları baş üstüne, hükümleri ayak altına!"

Kur'an, bu yeryüzünde Allah'ın eli olarak, İslam dünyasının bu yaptığını görüyor ve bu İslam dünyasını, yaptığına uygun biçimde tokatlıyor, yere seriyor, rezil kepaze ediyor.

Kur'an, kendisine inandığını söyleyerek ihanet eden İslam dünyasının yakasını bırakıp da kendisine hiç inanmayan, her şeyden habersiz kitlelerle uğraşmaktan elbette ki münezzehtir. Kur'an, sözde İslam dünyasının neler yaptığını, müstahak olduğu perişanlığın gerekçelerini açık seçik vermektedir. **Kur'an, mücrim duruma gelmiş İslam dünyasına elbette ki Müslim muamelesi yapmayacaktır.** Bakın ne diyor:

"Biz, müslimleri/Allah'a teslim olanları, mücrimler/ suçlular gibi yapar mıyız? Neniz var sizin, nasıl hüküm veriyorsunuz? Yoksa sizin bir kitabınız var da ondan ders mi görüyorsunuz? Onda, keyfinize uyan her şeyi rahatça buluyorsunuz. Yoksa sizin lehinize üzerimizde kıyamete kadar uzanacak yeminler mi var da siz ne hükmederseniz oluverecek! Sor onlara: Böyle bir şeye hangisi kefil?" (Kalem, 35-40)

ÖZGÜRLÜĞÜN BOYUTLARI

> "Dizlerimin üzerinde yaşamaktansa, ayaklarımın üzerinde ölmeyi tercih ederim."
>
> Che Guevara

Özgürlükler meselesine Kur'an penceresinden bakmayı esas aldığımız bu eserde özgürlüğün şu boyutlarına dikkat çekeceğiz:

1. Hukuksal boyut,
2. İrade boyutu,
3. Eylem boyutu.

HUKUKSAL ÖZGÜRLÜK VEYA ÖZGÜRLÜĞÜN STATÜ BOYUTU

Bu boyutun belirleyicisi de sınır çizgisi de liyakat ve ehliyettir. Kur'an'ın önümüze koyduğu varoluş ilkesi şudur:

Her insan yeteneğine ve her yetenek eserine göre değer kazanacak, karşılık bulacaktır. Onun içindir ki, yeteneklerin işleyip eserlerin vücut bulması için insanın alabildiğince özgür olması gerekir. Özgürlüğü bir biçimde kısmak, sıkmak, her şeyden önce varoluşa, yaratıcı iradeye ihanettir.

Hukuksal özgürlük, kadın erkek bütün insanların statüde eşit olmalarıyla sağlanır. İslam literatüründe bu, **köle olmamak** anlamında değerlendirilmiş ve teknik olarak da **vücup ehliyeti** ile **eda ehliyeti**ne sahip olmak diye tanımlanmıştır. Bu ehliyetlerden birincisi, 'kişinin hak ve yükümlülükleri kullanmaya yeterli olması', ikincisi ise **'hak ve borç doğurucu işlemleri yapabilme yetkisi'** olarak tanımlanmıştır.

Bu anlamda özgürlük köle olmamaktır.

KUR'AN'DA KÖLELİK VAR MI?

Geleneksel saltanat dinciliği, işine geldiği için **ubûdiyet** ve **ibadet** kavramlarını kulluk-kölelik anlamında dondurup bunların Kur'ansal anlamlarını hasır altı etmiştir. Sonra da dünyaya karşı birkaç cilalı laf ederek zevahiri kurtarma kurnazlığına gitmiştir. "Efendim, Kur'an, köleliğin var olduğu bir toplumda geldi. Ama köleliği tedricen kaldırmayı esas aldı."

Bunu inanarak mı söylüyorlar yoksa karşılarındakileri aptal yerine mi koyuyorlar? Köleliği 'tedricen' nasıl kaldırdı İslam? Kaldırmasına izin verdiniz mi ki kaldırsın? Köleliği, Kur'an'ın gelişinden bin ikiyüz küsur yıl sonra Kur'an dinine mensup olmayanlar kaldırdı. Müslüman ülkelerdeki **'kölelik ilgaları'** da o gayrimüslimlerin teşvik ve öncülüğü ile oldu. Dinciye sorarsanız, o gayrimüslimler 'gâvur, cehennemlik', onların köleliği kaldırma teşebbüslerine karşı çıkan 'Müslüman' nüfus kâğıtlı yaratıklar cennetlik!

Tabloya bakın:

Arap yönetici sınıfı yani 'birinci sınıf Müslümanlar' (!), köleliği, kaldırıldığı yüzyıl boyunca hep savundu, yasaklanmasına karşı çıktı. Karşı çıkış, köle ticareti resmen uluslararası suç sayılıp cezalandırılıncaya kadar sürdü. Arap devletlerinin 'dinsiz, imansız, cehennemlik' ilan edip savaştıkları sömürgeci İngiliz ve Fransız devletleri 1807 yılında köleliği uluslararası düzeyde yasaklattılar. Faslı yazar **Fatıma Mernissî** şöyle yazıyor:

"İslam'ın köleliğe karşı aleni muhalefetine rağmen, Müslüman liderler, Hristiyan uluslar bu kurumu ortadan kaldırdığında, köleliği kendi topraklarında yasaklamayı reddetmişlerdir. Fransa'nın, tüm denizaşırı topraklarında köleliği, 27 Nisan 1848'de İkinci Cumhuriyet tarafından yayınlanan bir kararnameyle kaldırmasına rağmen, kölelik Tunus'ta Mayıs 1890'a, Mısır'da da 1898'e kadar kaldırılmamıştır. Fas'ta ise köleliğin kaldırıldığını görmek için 1922'ye kadar beklemek zorunda kaldık ve bu iş de aslında Fransız sömürge yönetiminin bir genelgesiyle yapıldı. Yemen ve Suudi Arabistan ise 1951'de bile, köleliğin, topraklarındaki durumu hakkında Birleşmiş Milletler'in sorularını cevaplandırmayı, iç işlerine yersiz müdahale olarak nitelendirip reddediyordu. Geçen kırk yıldan sonra, 1990'larda, İslam adına konuşanlar, kadınlar söz konusu olduğunda hâlâ aynı terimlerle konuşuyorlar." (Mernissî, *Kadınların İsyanı*, 118-119)

Söyler misiniz, köleliği savunan kitle olmaktan, ancak sömürgeciler eliyle kurtulan bir camianın insanlık değerleri adına söz söyleme hakkı olabilir mi? Vardır derseniz, sizi dinleyen olabilir mi?

Suut yönetimi, 1956 yılında BM'ye verdiği raporda, ülkelerinde beş yüz bin civarında köle bulunduğunu bildiriyordu.

İşin bir başka, belki de en önemli yanı şu: Kölelikten maksat, hukuksal-sosyolojik anlamdaki kurumsal kölelik ise ilk Müslümanlar onu kaldırdılar. Ne var ki, sonrakiler onu, hem kurumsal anlamıyla hem de kurumsal unvanını kullanmadan, değişik adlarla Müslüman hayatının ayrılmaz bir parçası haline getirdiler.

İslam'ı yozlaştırıp bir saltanat ideolojisine dönüştüren **Emevî despotizmi**, kurumsal köleliği de öteki kölelik türlerini de Kur'an'ın ve Hz. Peygamber'in açık öğretisine rağmen yerleştirip dinleştirmiştir.

Kurumsal Kölelik Meselesi:

Kur'an'da, sosyolojik-hukuksal anlamıyla kölelik yoktur. Kölelik, köle anlamlarında tercüme edilen **ubûdiyet, abd** gibi sözcüklerin sosyo-jüridik anlamı iş yapmak, değer üretmektir. Eğer kelimeler üzerinden gideceksek bu kavram **işçi, işçiler, çalışanlar** demektir ve o hep varolacaktır.

Abd-ubûdiyet-ibadet kökünden kelimelerin esas kökü olan **aboda** kelimesi İbranice'dir ve iş yapmak, değer üretmek, kısacası çalışmak anlamındadır. **Abd, çalışan, ibadet, çalışmak demektir.** Köle veya kölelik olarak tercüme edilen sözcüklerin bu temel anlamlarını unutmadan değerlendirme yapmamız gerekir.

Kur'an'ın indiği toplumda kölelik kurumsal olarak vardı. Ancak Kur'an bu kuruma asla atıf yapmamış, sürekli biçimde insanın özgürleşmesi ve özgürleştirilmesinin felsefî-fikrî engellerine hücum etmiştir. Kur'an, insanın kurumsal anlamda özgürlük dışına çıkarılmasını varlık yasalarına aykırı bulmakta, bu yaklaşımın anılmasına bile tahammül edememektedir.

Kur'an'ın dünyasında iş yapıp değer üreten insan var ama köle yoktur. Allah'a kulluğun Kur'ansal anlamı da iş yapıp değer üretmektir. (Ayrıntılar için bizim '**Kur'an'ın Temel Kavramları**' adlı eserimizin '**İbadet**' ve '**Amel**' maddelerine bakılmalıdır.)

Kölelik ve Kur'an:

Kur'an'ın indiği devirde ve coğrafyada kölelik hayatın bir parçası idi. Kur'an buna savaş açan bir kitaptır. Kölelik, Kur'an'da kötülenerek anılmakta ve insanın bu 'insana yakışmayan' statüden kurtulması istenmektedir. Şunu söylemek abartı olmaz:

Kur'an, insanlığı köleliğe karşı savaşa, köleleştirici zihniyet ve yönetimlere isyana çağırıyor.

İslam fıkhındaki köle ile ilgili hükümlerin tamamı geleneksel tespitlerdir. Kur'an, savaş esirlerinin fidye karşılığı veya tamamen karşılıksız serbest bırakılmasına ilişkin beyan (bk. 47/4) dışında bir hüküm taşımamaktadır. Yani Kur'an köleliğe karşı olduğunu açıkça beyan etmiş, onun ötesini örfe bırakmıştır.

Köleliğin besleyici kaynağı, savaş esaretidir. Savaşta yenik düşenlere tarih boyu reva görülen temel muamele iki türdür:

1. Esirleri öldürme,
2. Esirleri köle olarak savaşçılara dağıtma.

Esirlerin fidye karşılığı veya karşılıksız serbest bırakılması nadir görülen vakalardandır. Kur'an'ın tebliğcisi Hz. Muhammed ve arkadaşları, ilk günden itibaren savunma savaşı yaptıkları halde, savaş esirlerine ölüm cezası asla vermemişlerdir. Yapılan muamele ya serbest bırakma olmuştur yahut da köleleştirme.

"Köleleştirme hiç olmamalıydı" demek kulağa hoş gelebilir ama akıllı ve gerçekçi bir söylem değildir. Alınacak esirlerin köle olarak savaşçılara dağıtılmayacağını bilen bir ordunun askerleri, karşılarındakileri öldürmeyi esas alacaklardır. Siz bu duyguya savaş meydanında vereceğiniz öğütlerle engel olamazsınız.

Savaş esirlerinin bu niyetle köle statüsüne geçirilmesi, ölümün alternatifi olarak öne çıkıyor. Bunu, tahkir değil, takdir etmek akla ve insana saygının gereğidir. Yani savaş esirlerinin köle olarak dağıtımı engellendiğinde doğacak insan telefi, köleleştirmenin dehşetinden de zararından da daima büyük olur. Onun içindir ki Hz. Muhammed, savaş esirlerinin köleleştirilmesi şeklindeki genel-tarihsel uygulamaya teorik olarak karşı çıkmamış, ancak verdiği savaşlarda esir alınanların hiçbirini köleleştirmemiştir. Bu esirleri, ya fidye karşılığı veya tamamen karşılıksız serbest bırakmıştır. Tarihte eşine hiç rastlanmayan şu muhteşem örnek de asla unutulmamalıdır:

Bedir Harbi gibi bir kader savaşında esir edilenleri, Müslümanlara okuma yazma öğretmeleri karşılığında serbest bırakan, Hz. Muhammed'dir.

Unutulmasın, Roma İmparatorluğu döneminde köleler, halkı eğlendirmek için yırtıcı hayvanlarla boğuşmak üzere arenalara çıkarılır, vahşi şekilde parçalanarak ölürlerdi.

Yani Roma, köleleri yırtıcı hayvanlara parçalatmayı bir

eğlence aracı yapmıştı. Müslüman zihniyetse savaşlarda esir edilip köle haline gelenlerin ölmemesi, özgürlüğüne kavuşması için tarihin ve geleneğin tüm kayıtlarını parçalamayı esas almıştır.

EMEVÎ DİNCİLİĞİNİN TAHRİBATI

Peygamber döneminin ardından Müslümanların kaderine egemen olan Arap-Emevî saltanatının müşrik tasallutu, Peygamber'in vücut verdiği özgürleştirme ortamını yok edip yapıyı, eski Cahiliye'deki şekline döndürdü. Emevîlere bu imkânı hazırlayan kişi ise ne yazık ki, **Üçüncü Halife Osman** oldu. Osman, Emevî sülalesine mensuptu. Bu halife, akrabası olan Emevîlere düşkünlüğü ve bu düşkünlüğün uzantısı olarak devletin her türlü imkânını onların önüne yığması sonucu Müslümanların kaderini çok kötü bir istikamete çevirmiştir. Osman'ın bu tespite kanıt olacak onlarca icraatı vardır. Burada kölelik bağlamında bir tanesini vereceğiz:

Halife Osman, sütkardeşi olan ve irtidat edip Mekke'ye kaçarak Müslümanlar aleyhinde çalışan (ve bu yüzden Hz. Peygamber tarafından katline hükmedilen) **Abdullah bin Sa'd bin Ebî Serh**'i Mekke Fethi sırasında emanına alarak ölümden kurtarmış, halife olunca da Mısır valiliğine getirmişti. Bu adam, Mısır'daki **Nûbe** halkıyla bir anlaşma yaparak, onlardan Müslüman devlete cizye vermeleri yerine yılda 300 köle vermelerini istemiş ve kabul ettirmişti. Bu, köleliğin yeniden hem ihyası hem de İslamîleştirilmesi idi.

Yine Osman'ın halifeliği zamananda, hicrî 30 yılında Sicistan fethine gidildi. İki yıl kadar süren bu savaşlar sonunda Sicistan fethedildi ve esir alınan 40 bin kişi köleleştirildi. Ayrıca Sicistan halkının yılda bin köle vergi vermeleri de hükme bağlandı. Bu hareket de köleliğin ikinci İslamîleştirilmesi oldu. Kölelik bundan sonra iyiden iyiye meşrulaştı. Özellikle zenginler, servet babaları onlarca, bazen yüzlerce köleye sahip olmaya başladılar. Bunun ardından, ev içi hizmetlerde kullanılan kölelerin hadımlaştırılması süreci başladı ve Osmanlı döneminin sonuna kadar sürüp gitti.

Hadım ağalığını İslam'a sokan da Muaviye'dir.

Müslüman esirler köleleştirilemez. Arap esirlerin köleleştirilmesi tartışmalıdır. Hz. Peygamber'in her iki yönde de uygulaması vardır. İlk halife **Ebu Bekir** Arap esirleri de köleleştirmiştir. İkinci halife Ömer Arapların köleleştirilmesini kabul etmemiş, Ebu Bekir'in **Ridde** savaşları sırasında köleleştirdiği esirlerin tümünü serbest bırakmıştır. (bk. İmam Şâfîî, *Kitabu'l-Ümm*; Ebu Ubeyd Kasım bin es-Sellâm, *Kitabu'l-Emvâl*; Yakubî, *Tarih*)

KÖLENİN HUKUKİ STATÜSÜ

Köle anneden doğan çocuk da köledir. Burada esas olan annedir. Hür bir anne ile köle bir babadan doğan çocuk hürdür; bunun aksine, köle bir anne ile hür bir babadan doğan çocuk köle olur ve onun statüsü annenin statüsüne bağlıdır.

Köle, **mülkiyet hakkı** ve hukuksal işlemlere ehliyet bakımından eşya, bazı bakımlardan şahıstır. Şahıs sayıldığı alanlarda bazen tam, bazen de kısmî ehliyet sahibi olur. Bu ehliyetlerini kullanması için sahibinin izni gerekir. Köle, sahibinin izni olmadan evlenemez. Sahibi isterse onu zorla evlendirebilir. Çünkü efendinin köle üzerinde **icbar hakkı** vardır. Ancak erkek köle, karısını boşamada efendisinin iznine tâbi değildir.

Ceza hukuku açısından köleye verilecek ceza, hürlere verilecek cezanın yarısıdır. Bunun istisnası hırsızlık ve irtidat suçlarıdır. Kısas durumunda kölenin akıbeti geniş tartışmalara konu olmuştur.

Sahibinden çocuk doğuran cariye (ümmüveled) artık köle olarak satılamaz. Efendisine bağımlı olmakla birlikte, efendinin ölümünden sonra başka bir şeye ihtiyaç kalmaksızın hür olur.

Köle, mal ayrılığına sahip olmadığı için birer malî ibadet sayılan zekât ve hacdan muaftır. Köle kadınlar (cariyeler) örtünme konusunda da muaftırlar.

İslam dünyasında köle ticaretinin resmen kalkması, 20. yüzyılın başında gerçekleşti. Osmanlı devleti, zenci esirlerin ticaretini yasaklayan 1890 tarihli **Brüksel Sözleşmesi**'ni imzalamıştır. Ancak **beyaz köle ticaretinin resmen yasaklanması 1909 yılındadır.**

Statüde özgürlüğün sosyolojik boyutlarından biri de şudur: **Eşit işe eşit ücret, aynı emeğe aynı karşılık.** Kur'an burada, cinsel, ırksal, bölgesel, renksel hiçbir ayrıma itibar etmez. Bütün insanlar aynı anne-babanın çocuklarıdır. Fark, üreten lehine bizzat üreten tarafından yaratılacaktır. Allah, ne iltimas geçer ne de iltimas geçilmesine izin verir.

İRADE ÖZGÜRLÜĞÜ VEYA ÖZGÜRLÜĞÜN İRADE BOYUTU

Bu boyutun sınırı, varlık yasaları veya küllî iradedir. Statü özgürlüğünün sınırı, liyakat ve ehliyetle öne geçilmesi idi, irade özgürlüğünün sınırı da, küllî irade diye adlandırabileceğimiz varlık yasalarıdır. Hiç kimse özgür iradesiyle tabiat kanunlarını değiştiremez, varlığın seyrini doğal işleyişinin dışına çıkaramaz. Kur'an, **sünnetullah** veya **kader** dediği bu yasaların asla değişmeyeceğini ısrarla belirtir.

Özgürlük, sünnetullah veya kader denen doğal yasaların üstüne çıkamaz.

Allah'ın Sünneti veya Tabiat Kanunları:

Kelime anlamıyla sünnet; yol, tavır, tarz, yöntem, mizaç demektir. Kur'an-ı Kerim'de de 15 yerde bu anlamlarda kullanılmıştır. (8/38; 15/13; 18/55; 17/77; 4/26)

En dikkat çekici kullanım, **'sünnetullah'** tamlamasıdır. Sünnetullah yani Allah'ın sünneti, Yaratıcı'nın varlık ve oluşa egemen kıldığı ilkelerdir. Sünnetullah, İslam'ın büyük vicdanı **Muhammed İkbal** (ölm. 1938) tarafından **'Yaratıcı'nın tavrı, tarzı, davranış biçimi'** olarak nitelendirilmektedir.

Sünnetullah, kısa bir ifadeyle tabiat kanunlarıdır.

İnsanoğlunun vücut verdiği sünnetlerin (devirlerin, ülkelerin, medeniyetlerin, kişilerin, devletlerin sünnetleri) aksine, Allah'ın sünneti asla değişmez. Kur'an, beşerî sünnetlerin değişme, tanrısal sünnetin ise değişmeme karakterine sürekli vurgu yapar. **Sünnetleri sürekli değişen toplumlara Cenabı Hakk'ın asla değişmeyen sünneti uygulanmaktadır.**

İki sünnet arasındaki zıtlık ilgisini gösteren birkaç ayet

görelim:

"Küfre sapanlara söyle: 'Eğer son verirlerse eskide kalmış olan, kendileri için affedilir. Eğer yeniden başlarlarsa, daha öncekilere uygulanan yol ve yöntem, eskisi gibi devam etmiş olacaktır." (Enfâl, 38)

"Senden önce gönderdiğimiz resullerimize uygulanan yöntem de buydu. Sen bizim yol ve yöntemimizde değişme bulamazsın." (İsra, 77)

"Bu, Allah'ın daha önce gelip geçmişlerde işleyen tavrı-tarzıdır. Allah'ın tavrında herhangi bir değişiklik asla bulamazsın." (Ahzâb, 62)

"Allah'ın yol ve yönteminde değişme asla bulamazsın! Allah'ın yol ve yönteminde döneklik de bulamazsın!" (Fâtır, 43)

Kur'an'ın **'Allah'ın indirdiği'** ve **'Allah'ın gösterdiği'** ifadeleriyle dikkat çektiği adreslerin biri de sünnetullahtır. Sünnetullahın değişmezliğini bilerek çalışanlar, bu dünyanın efendisi olmuşlardır. Sünnetullah kavramını, Emevî zorbalarının baskılarıyla tahrif ederek Kur'an dışı bir kader anlayışıyla eşitleyen Müslüman dünya ise Kur'an'ı koltuğunun altında taşımasına rağmen dünyanın zelil ve sefili haline gelmiştir. Yani Kur'an, kendisiyle alay etmeye kalkanları dünyaya rezil etmiştir. Sebep şudur: Geleneksel Kur'an dışı din anlayışı, **'Allah'ın indirdiği'** ve **'Allah'ın gösterdiği'** ifadeleriyle akıl, sünnetullah, ilim gibi değerleri değil de mezhep kitaplarındaki kabul ve kuralları anlamakta ısrar etmiş ve kitleleri, Allah ile aldatarak bu Kur'an dışı anlayışa boyun eğdirmiştir.

ÖZGÜR ETKİNLİK VEYA AMEL

Özgürlük, yaratıcı benliğin vücut bulmasının yolu, yöntemi, çaresi, azığıdır. Yaratıcı özgür benlik, özgür etkinlik sergileyebilen benliktir. Özgür etkinlik, **'kendiliğindenlik'** (spontaneity) veya **'kendiliğinden etkinlik'** (spontaneous activity) dediğimiz özgür yaratıcılığın sergilediği eylem, ürettiği değerdir. Özgürlükten söz edebilmemiz için kendiliğinden etkinliğin yarattığı bu değerin veya değerlerin vücut bulması gerekir. Bu değerler yoksa özgür benlik de yoktur.

Kendiliğinden etkinlik, psikolog düşünür **Erich Fromm** tarafından çok güzel tanıtılmıştır:

"Kendiliğinden etkinlik, bireyin yalnızlık ve güçsüzlük yüzünden itildiği zorlayıcı etkinlik değildir; dıştan önerilen kalıpların eleştirilmeden benimsenmesi olan robot etkinliği de değildir. **Kendiliğinden etkinlik, benliğin özgür etkinliğidir.** Psikolojik olarak, kişinin özgür iradesinin etkinliğidir. Etkinlikle, 'bir şey yapmayı' değil, kişinin duygusal, zihinsel ve duyumsal deneyimleriyle iradesinde yer alan yaratıcı etkinliği kastediyoruz. Bu kendiliğindenliğin bir öncülü, toplam kişiliğin kabul edilmesi ve 'akıl'la 'doğa' arasındaki ayrımın, bölünmenin ortadan kaldırılmasıdır. Çünkü kendiliğinden etkinlik, kişi, benliğinin temel parçalarını bastırmazsa, kendini bütünüyle dışa vurursa, yaşamının değişik alanları temelde bütünleşirse mümkün olur."

"Sanatçı, kendiliğinden ifade gücü olan birey olarak tanımlanabilir. Balzac'ın bu tanımını kabul edersek, bazı filozof ve bilim adamlarını da sanatçı kabul etmemiz gerekir."

"Sanatçı, tarih boyunca devrimcinin bulunduğu konuma benzer bir yerdedir. Başarılı devrimci devlet adamıdır, başarısız devrimciyse suçlu."

"Birçok insanın küçük çocuklara olan tutkusu, duygusal ve geleneksel nedenlerin dışında, bu kendiliğindenlik özelliğinden kaynaklanır. Bunu algılayamayacak kadar ruhsuzlaşmamış her insanı bu özellik derinden etkiler. Aslında, ister bir çocukta, ister bir sanatçıda, ister bireylerde olsun, kendiliğindenlik, bir insanda bulunabilecek en çekici, en inandırıcı özelliktir."

"Kendiliğinden etkinlik, insanın yalnızlık korkusunu, benliğinin bütünlüğünü feda etmeden yenebilme yollarından biridir."

"Özgürlüğün doğasında bulunan ikilik-bireyselliğin doğuşu ve yalnızlık acısı- insanın kendiliğinden eylemiyle daha yüksek bir düzlemde çözülür." (Fromm, *Özgürlük Korkusu,* 214-216)

Özgür etkinlik veya kendiliğinden etkinliğin Kur'ansal terminolojideki karşılığı **'amel'** kavramıdır.

ÖZGÜR İRADENİN ÜRÜNÜ OLARAK AMEL

Kur'an'da Amel Kavramı:

Kur'an dilinde amel, iş ve değer üretmek, eylem, faaliyet, hareket anlamlarındadır.

Kur'an-ı Kerim'de en çok geçen kelimelerden biri olan amel (çoğ. a'mâl), sözlük anlamıyla, **niyetli davranış, hareket, iş, eylem** demektir.

Kur'an'da, amele yakın bir anlamda kullanılan **fiil** sözcüğü de çok geçer. Ancak, **her amel fiil olduğu halde, her fiil amel değildir.** Kur'an dilinin aşılmamış bilgini **Râgıb el-Isfahanî** (ölm.1108) ünlü eseri **el-Müfredât**'ta bu noktaya değinirken, şöyle diyor:

"**Sadece kasıt ve niyete bağlı olan fiiller amel adını alır. Bu yüzdendir ki, hayvana nispet edilen fiillerin hiçbirine amel denmez. İyi veya kötü, sadece insanın maksatlı fiilleri ameldir.**"

Amel kelimesinin en ideal karşılıklarından biri de Fransızca'daki **aksiyon** (action) sözcüğüdür. Ve aksiyon sözcüğünün Kur'ansal yapısını en ideal biçimde anlatan filozof da Fransız filozofu **Maurice Blondel** (ölm. 1949) olmuştur. Zaten onun felsefesinin adı da **'aksiyon felsefesi'**dir. Amel kelimesini aksiyon kelimesiyle eşitleyerek tespitler yapabiliriz. Blondel'in aksiyon için söylediklerinin tümü, Kur'an'ın amel kavramı için geçerlidir. Nitekim Blondel'in aksiyon için söylediklerinin aynını Isfahanlı Râgıb amel için söylemektedir. Yani, her fiil ve hareket aksiyon değildir. Bir kere her harekette irade yoktur; aksiyon ise bir iradenin ürünüdür ve buna bağlı olarak yaratıcıdır.

Kur'an'dan anlıyoruz ki, **geleneksel dinin tekrarladığının aksine, yalnız ibadetler değil, insanın niyeti ve şuurlu bütün faaliyetleri ameldir. Geleneksel Emevî-Muaviye dini, amel kavramını ibadetle, ibadeti de na-**

mazla eşitleyerek Kur'an dinini gasp edilmiş camilere, talan edilmiş paralarla kurulan camilerde yatıp kalkmaya indirgemiş ve bu yaptığıyla insanlık tarihinin en dehşetli suçunu işlemiştir.

Kur'an hemen her yerde, iman kelimesinin ardından amel kelimesini vermekte ve böylece insanı başarı ve mutluluğa götürecek imanın, amelle kucaklaşması gerektiğine dikkat çekmektedir. Mülk suresi 2. ayete göre, hayat ve ölüm, insanın amelinin sonuçlarını ölçmenin aracıdır. Bu demektir ki, **hayat bir anlamda ameller yekûnudur.**

İnsanın **sonsuz kurtuluşunu sağlayan üç temel unsurdan biri** de ameldir.

İnsanın karşılaştığı bütün sonuçlar, onun amelinin eseridir. Hiçbir karanlık ve sıkıntı, hiçbir kahır ve zorluk insan elinin ürünü olmadan ortaya çıkmaz. Allah, insanın kendi amelinin karşılığı olmayan bir zorluk ve çileyi, insana musallat ederse, bu zulüm olur; oysaki Allah asla zulmetmez. (Fussılet, 46; Câsiye, 15; Saffât, 39) Varlık ve oluş düzeninde işleyen temel ilke şudur:

"Kim bir zerre miktarı hayır işlese onun karşılığını ve kim de bir zerre miktarı kötülük işlese onun karşılığını bulur." (Zilzal, 7-8)

Varlık ve oluş düzeninde ortaya konmuş bir amel asla sonuçsuz bırakılmaz. Amel, kim tarafından nasıl inkâr edilirse edilsin, kim tarafından nasıl örtülmek ve unutturulmak istenirse istensin Yaratıcı onu mutlaka ortaya çıkarır ve ona bağlanan sonuçları olması gereken yere koyar. Şöyle deniyor:

BİRİNCİ BÖLÜM

"Siz amel sergileyin; Allah, Resulü ve müminler onu göreceklerdir." (Tevbe, 105) Lukman, 15-16. ayetler, amel konusunda belki de en önemli ilkeyi veriyor:

"Şu bir gerçek ki, yapılan iyi veya kötü amel bir hardal tanesi kadar olsa da, bir kayanın bağrında yahut göklerin derinliğinde veya yerkürenin derinliklerinde saklansa Allah onu yine de ortaya çıkarır." (Ayrıca bk. Kehf, 30)

İnsanın, hayat serüveninden hesaba çekileceği **ahiret** veya **haşir** günü, bir anlamda amellerin bir döküm ve resmî geçit günüdür. (Âli İmran, 30; Nahl, 111; Kehf, 49; Mücâdile, 6, 7; Tevbe, 94, 105; Yasîn, 54; Tahrîm, 7; Bakara, 134, 141)

Son hesap günü, bütün amelleri eksiksiz ve katıksız kaydeden **evrensel kompütürün,** bütün kayıtlarını ortaya döktüğü bir gündür. O gün, insan adına bu kayıtlar konuşacaktır. (Câsiye, 28-29; 17/13-14) Bu evrensel kompütür öylesine hassas ve titiz bir '**kitap'**tır ki, küçük büyük her ameli kayda geçirir. Kehf suresinin şu ayetleri, hem bu hesabın ağırlığını hem de kıyamet ve haşrın dehşetini göstermesi bakımından ürperticidir:

"O öyle bir gündür ki, biz onda dağları yürütürüz de sen yeryüzünü çırılçıplak ortaya çıkmış halde görürsün. Ve görürsün ki biz bütün insanları, bir tanesini bile unutup ihmal etmeden oraya toplamışızdır. Onlar, senin rabbine saflar halinde arzedilirler. Onlara şöyle denir: 'Andolsun ki, sizi ilk yarattığımız an gibi tekrar bize geldiniz. Fakat siz, bugüne ilişkin vaadimiz asla yerine gelmeyecek sanmıştınız, değil mi?' Ve kitap ortaya konur. Kötülükler sergilemiş olanların, kitaptakiler yüzünden korkuyla titrediklerini göreceksin. Şöyle diyeceklerdir:

'Eyvahlar olsun bize! Bu ne biçim kitap ki küçük büyük demeden her şeyi kayda geçermiş.' İşte onlar, işledikleri amelleri böylece önlerine gelmiş olarak bulurlar. Senin Rabbin hiç kimseye zulmetmez." (Kehf, 47-49)

Amel, kalitesiyle de, amel sahiplerinin farklı derecelerini belirler. Nimetlerin kalite ve dereceleri de amellere göre belirlenir. (En'am, 132; Ahkaf, 19)

Yaratıcı düzen, amelin kötüsüne karşılık ceza olarak yalnız yapılan kadarını veriyor. Fakat iyi amellerde durum değişiktir. Kötüye, mislinden fazlasıyla karşılığı zulüm gören Kur'an, iyiye fazlasıyla karşılık vermeyi bir rahmet, lütuf ve yücelik olarak görür. Allah, rahmet ve ulûhiyetinin bir gereği olarak, kötü amellere ancak hak ettikleri karşılığı verir, hatta bunların bile bir kısmını affıyla silerken (bk. Şûra, 30, 34) iyi amellere mukabelede lütuf ve cömertliğini coşturarak, hak edilenden fazlasını verir. (Sebe', 37; Gafîr, 40; Kasas, 84)

İnsan, amel sayesinde yaratıcı faaliyete ve bizzat yaratıcıya katılır ve kâinat bünyesinde sürekli faaliyet gösteren bir 'benlik' olur. Çünkü yaratıcılık ve yaratıcı kendisini bir **amel-proses (süreç)** olarak ortaya koymaktadır. Kur'an bu noktada Yaratıcı Kudret'in **'elleriyle iş üretmesi'**nden bahseder. (Yasîn, 71) Bu anlamda insan, amel ile küllî Benlik'in ve küllî oluşun bir parçası haline gelir. Kur'an bu inceliği ifadeye koyarken de Allah'ın bizim amellerimizi kuşattığını, bizim amellerimizi yarattığını beyan eder. (bk. Hûd, 92; Saffât, 96; Âli İmran, 120; Nisa, 108) Bunun içindir ki, insan, amelini, Yaratıcı Ben'in iradesi yönünde şekillendirerek mutlu ve güzel bir dünyanın kurulmasında rol alabilir.

Yaratıcı Ben'in iradesine ters bir yönde geliştirilen amel,

oluşta hiçbir olumlu sonuç doğurmaz. Kur'an bunu belirtirken, şirkin ameli işe yaramaz hale getireceğini söyler. (En'am, 88; Zümer, 65; Mâide, 5, 53; A'raf, 147; Tevbe, 69; İbrahim, 18; Kehf, 105; Ahzâb, 19; Muhammed, 9)

Yaratıcı-Küllî iradeye ters bir gidiş izleyerek sergilenen amel, Allah'la bir yarıştır ki, bu yarışta yenik düşmek insan için kaçınılmaz son olacaktır. (Ankebût, 4; Hûd, 121; Fussılet, 5)

Amel, nihayet, karanlıktan aydınlığa çıkışın, müjde ve mutluluğa erişin, bol rızık ve doygunluğun, Yaratıcı'ya şükrü eda edişin sevgi, rahmet ve şefkatle doluşun da yoludur. (Şûra, 22-23; Meryem, 96; Hac, 50; Sebe, 13; Talâk, 11)

Amel konusunun önemli Kur'ansal perspektiflerinden ikisine daha işaret etmek gerekir:

1. **Amel-Zaman İlişkisi:** Kur'an **Asr** suresinde zamana yemin ederek söze başlamak suretiyle bu ilişkinin kaçınılmazlığına, diğer bir ifadeyle amel konusunda zamanın önemine dikkat çekmiştir. Gerçekten de zamanda ihmal sergileyen, yani zamanı akla uygun biçimde kullanamayan bir faaliyet, amelin gereğini yerine getiremez.

2. **İki Amel Arasına İhmal ve Boşluk Sokmamak:** Kur'an **İnşirah** suresinin 7. ayetinde şu erdirici yaradılış ve oluş ilkesini getiriyor:

"Bir işi bitirip boşaldığında hemen yeni bir işe koyulup, yeni bir yorgunluğu üstlen."

Amel konusunun önemli noktalarından biri de şudur:

Amel, sadece bedensel faaliyet değildir. Ruhsal ve fikrî faaliyet, hatta belki de bedensel faaliyetten önce, ameldir. Bu yüzdendir ki, Hz. Peygamber düşünceyi en ileri ibadet olarak göstermiştir. Çağımızda İslam'ın en büyük düşünürü olan **İkbal**'e, sadece düşünmekle yetindiği için serzenişte bulunanlar ondan şu cevabı almışlardı:

"Ben bir müzisyenim; çalıp söylüyorum, sizler dans ediyorsunuz. İster misiniz ben de sizinle dans etmeye başlayayım?" (Schimmel, *Gabriel's Wing*, 56) İkbal burada bir evrensel gerçeğe dikkat çekmiştir:

Esas yaratıcı eylem düşüncedir; bedensel eylem olsa olsa malzemeye şekil veren eylem olabilir. Ve biz biliyoruz ki, düşünce eylemi yani yaratıcı amel olmadan, bedensel eylem yani malzemeye şekil veren amel olamaz; olsa da işe yaramaz.

Amel konusunun Kur'an açısından belki de en önemli noktasına gelmiş bulunuyoruz. Bu nokta amelin niteliği meselesidir.

SALİH AMEL MESELESİ

Kur'an, imanın hemen ardından devreye soktuğu amelin, **salih** olmasını istemektedir. **Salih** amelin ne olduğunu anlamak için, bir sıfat olarak kullanılan salih kelimesi üzerinde durmak gerekir.

Salih kelimesinin kökü **sulh**'tur. **Sulh ve salah,** Arap dilinde; bozgun, nefret, kötülük, kavga, çekişme ve didişmenin zıddı demektir. **Sulh ve salahın karşıtı, fesattır.** Kur'an, salih amel işlemeyenlerin, yeryüzünü fesada boğmaya gayret göstermiş olacaklarını bildirerek bu karşıtlığı vurgulamıştır. (bk. Sâd, 28; Yunus, 81)

Salah ve sulhu esas alan kişi, tavır ve davranışa **salih** denmektedir. Yani salih, sadece amelin değil, ameli üretenin de sıfatı olmalıdır ve olmaktadır. Kur'an, hem iman sahibini hem de bu iman sahibinin sergilediği amelleri, salih diye nitelemektedir. Yüzden fazla yerde, imanlı kişiden istenen amelin salih olması gerektiği belirtilmektedir. Kur'an'ın verilerini dikkate alarak **salih ameli, insana hizmete ve barışa yönelik bütün düşünce ve faaliyetler diye ifade edebiliriz.**

Kur'an'a göre, bütün yaratıcı ruhlar ve özellikle peygamberler salih kişilerdir. Mutluluk ve sonsuz kurtuluşa ermek de, salih kişilerin hakkıdır. Yeryüzünün nimet ve imkânlarına sahip olmak, rızık ve bereketle dolu bir yaşayışa ulaşmak da salih olmakla mümkündür. (bk. Yunus, 81; A'raf, 170; Bakara, 63; Mâide, 69; Câsiye, 30)

Yeryüzü topraklarına, yönetici güce sahip olmak da esasen salih kulların ve toplumların hakkıdır. (bk. Hac, 23, 50, 56; Nur, 55; Enbiya, 105)

Salih amel, kurtuluşun üç ana şartından biridir. Diğer iki şart ise Allah'ın birliğine ve ahirete imandır. (bk. Bakara, 63; Mâide, 69) Dünya planındaki hayatını iman sahibi olarak salih amelle geçirenler dünya sonrasında temiz ve mutlu bir hayatla ödüllendirilirler. (Bakara, 82; Nahl, 97; Meryem, 60; Zühruf, 72) Bu demektir ki, salih amel, yaratıcı faaliyete katılmanın başlıca yoludur. Bu yolla insan, kâinat ve oluş bünyesinde sürekli yapıp edici şuur haline ulaşır ve küllî benliğe dost olur. Kur'an bu gerçeğe işaret ederken: "**Rabbine kavuşmak isteyen, salih amel sergilesin.**" (Kehf, 110) diyor.

Demek oluyor ki, **salih amel sergilemek, oluşa (şe'niyete) doğrudan doğruya Yaratıcı Kudret yanında bir katılım, kaderin yaşanması ve yazılmasında Allah ile birlikte rol almaktır.**

Salih amel, insanın sürçmeleri sonucu meydana gelen çirkinlik ve terslikleri de silici bir yol oynar. (Furkan, 70; Ankebût, 7; Teğâbün, 9)

Salih amelin varlık ve oluştaki yerini ve değerini Kur'an, nihayet şu şekilde ifadeye koyuyor:

"**İman eden ve salih ameller işleyenler varlıkların en hayırlılarıdır.**" (Beyyine, 9)

İslam dünyası, Kur'an'ın amele bağladığı yücelik ve mutluluğu ne yazık ki, Kur'an'da yeri olmayan bir kader anlayışıyla elde etmeye çalıştı ve perişan oldu.

Bilinmeliydi ki, eğer bir kader söz konusu ise o "**kader, bir seçim meselesidir, şans meselesi değil.**" (Henry Clausen; *Beyond the Ordinary,* 156)

Alman düşünürü **Goethe** (ölm. 1832) bu kader-amel ilişkisine (paradoksuna da diyebiliriz) çok daha ilginç ifadelerle değinmiştir. Şöyle diyor:

"**Kadere hürmet mi? Hayır! Kader amellerin sonuçlarıyla vücut buluyor. Geçmiş amellerin ürünleri büyüyorsa Tanrı'nın ve kaderin yararı vardır. Bunun için bütün kuvvetlerden yüksek olana, yani her şeye kadir olana, kaderlere gebe olana, amele hürmet edelim!**" (bk. Schimmel; *Cavidnâme Şerhi,* 304-305)

Gerçek şu ki, "Nesnelerin kullanılması bize güç vermez; kullandığımız şeyler, yalnızca kullandığımız için bizim olmaz. Bizim olan tek şey, yaratıcı etkinliğimizle gerçek anlamda ilişkili olduğumuz şeydir, bu bir insan da olabilir, cansız bir varlık da. Ancak kendiliğinden etkinliğimizden doğan nitelikler, benliği güçlendirip bütünlüğüne bir temel oluşturabilir. Kendiliğinden davranamama, kişinin içtenlikle duydukları ve düşündüklerini ifade edememesi, bunun sonucunda başkalarına ve kendine sahte bir benlik sunma gereksinimi, aşağılık ve zayıflık duygusunun kaynağıdır. Farkında olsak da olamasak da en çok utandığımız şey, kendimiz olmamaktır, en çok gururlandığımız ve mutluluk duyduğumuz şey de kendimize ait düşünceler, duygular ve sözlerdir."** (Fromm, *Özgürlük Korkusu*, 217)

KULLANMAK VE YARATMAK, KUDRET VE HÜCCET

Petrol zengini Arabın (veya herhangi bir zengin Afrikalının) teknolojinin en harika ürünlerini kullanıyor olması onu güçlü kılmadığı gibi özgür de kılmıyor.

Örneğin, Osmanlı, imkânları yaratarak değil, onları gücü sayesinde elde ederek kullanıyordu. Nihayet, onca gücüne rağmen yıkılıp gitti. Çünkü yaratıcı benliğe sahip değildi, sadece yaratılan değerleri güç kullanarak elde eden bir despottu.

Özgür etkinliğin ürünü olan değerler hüccet sahibi benlik ve toplumlar tarafından yaratılabilir, kudret sahibi toplumlar tarafından değil. İslam imparatorlukları birer kudret impatorluğu idi, hüccet imparatorluğu değil. Bir gün geldi, varoluş yasaları gereği, bu koca imparatorluklar, küçük hüccet topluluklarının yarattığı medeniyet ve teknoloji önünde diz çöktü. Çünkü varlığın, varoluşun kanunu buydu.

DİLEDİĞİNİ DİLEME ÖZGÜRLÜĞÜ

Özgürlük bahsinin en önemli sorularından biri de şudur: **"Dilediğimizi dilemekte hür müyüz?"** İngiliz düşünürü **Bernard Shaw**'ın ifadesiyle, **"Diyelim ki dilediğimi yapmakta hürüm, acaba dilediğimi dilemekte hür müyüm?"**

Bu soru, Batı'nın bir başka büyük düşünürü olan Erich Fromm tarafından da sorulmuş ve çok ciddi biçimde tahlil edilmiştir. Denebilir ki, Fromm'un, özgürlük bahsinde yoğunlaştığı bir numaralı mesele budur. Vardığı sonuç ise şudur:

Dıştan görünenin aksine, hiç kimse dilediğini dilemekte hür değildir. Oysaki **esas hürriyet, dilediğini yapma hürriyeti değil, dilediğini dileme hürriyetidir.** Bu anlamda hürriyet kaç kişide var? Fromm, çağdaş Batı insanının bütün 'özgürlük' naralarına karşın, yoksun olduğu temel değerlerden birinin de bu anlamdaki hürriyet yani gerçek hürriyet olduğu kanısındadır.

Bir kere bu anlamda bir özgürlüğe, tabiat kanunları, doğa, mevsimler, hava şartları, **eşik altı tenbihler** izin vermez. O halde insan için mutlak (kayıtsız, şartsız, sınırsız) hürriyet söz konusu edilemez. O anlamda hürriyet, **Immanuel Kant**'ın söylediği gibi, "duyular dünyasının sebep-sonuç zincirinin determinasyonundan bağımsız olmak demektir." (Kant, *The Moral Law*, 120) İnsan için böyle bir bağımsızlık mümkün değildir. Böyle bir bağımsızlık ancak Yaratıcı kudret için söz konusu edilebilir.

Peki, bunca özgürlük şarkısına, bunca özgürlük nutuklarına rağmen neler oluyor? Fromm'un bu soruya cevabı çok sarsıcıdır:

"İnsanlar özgürlüğün eski düşmanlarından kurtuldularsa da şimdi, yeni, değişik nitelikte düşmanlarla karşılaştılar. Bunların dıştan gelen kısıtlamalar olması gerekmez, daha çok kişilik özgürlüğünü engelleyen, içten gelen unsurlardır."

"Kendi dışımızdaki güçlerden kurtulup özgürlüğün çekimine kapılırız ama içimizdeki kısıtlamaları, zorlanımları, korkuları, yani özgürlüğün geleneksel düşmanlarına karşı kazandığı zaferlerin önemini azaltan yeni düşmanları görmeyiz."

"Ortaçağ sisteminde sermaye insanın kölesiydi ama çağdaş sistemde insan sermayenin kölesi olmuştur."
(Fromm, *Özgürlük Korkusu*, 98, 99,102)

ÖZGÜRLÜĞE EN BÜYÜK DARBE: 'ALLAH İLE ALDATMA' HİPNOZU

Allah ile aldatma, operatörlüğünü şeytanın yaptığı tarihsel-evrensel bir hipnozdur. Zaten Kur'an, şeytanın adlarından birini de **'ğerûr'** yani Allah ile aldatan olarak belirlemiştir.

Allah ile aldatma hipnozunun en yoğun ve etkili türleri ve operasyonları semitik dinler tarihindedir. İslam tarihinde bu aldatma daha çok tarikatlarda kristalize olmuştur.

Hipnoz-özgürlük ilişkisi neden önemlidir? Başka bir deyişle, hipnoz neyi kanıtlar?

"Hipnotik deney, özellikle de hipnoz sonrası deney neyi kanıtlar? Kendimize ait sandığımız düşüncelerin, duyguların, isteklerin ve hatta duyumların biz yaşadığımız halde bize dışarıdan verilmiş olabileceğini, yabancı olabileceğini, bizim düşünce, duygu ve isteklerimizden farklı olabileceğini kanıtlar." (Fromm, *Hürriyet Korkusu*, 160)

Allah ile aldatmak, hipnozun en etkili, en derin ve en uzun ömürlü olanıdır. **Allah ile aldatma hipnozunun operatörleri din temsilcileri, denekleri ise o temsilcilerin temsil ettikleri dine inanan kitlelerdir.**

Bilindiği gibi, hipnozun derinlik ve etkisi, deneğin operatöre teslimiyetindeki derinlik ve inançla orantılıdır. Dindarların din temsilcilerine teslimiyetleri, bu açıdan eşi bulunmayan bir teslimiyettir. Ve bunun içindir ki, firavunlar dahil, tarihin bütün despotları, bir biçimde dini kullanmışlardır. Firavun'un baş destekçisi, firavun zulümlerinin paralel kotarım güçlerinden biri olan **Hâman**'dır ki, despotluğun din kurumu takviyesini temsil eder.

Gerçek şu ki, kitleleri aldatıp uyutmakta dinin yerine de yanına da konabilecek bir başka değer yoktur.

Kur'an, 'Allah ile aldatılmayın' emrini verirken, deneklerin şeytanî operasyonları yürütecek olanlara karşı donanımlı olmalarını da sağlamıştır. Bu donanım şu kalemlerden oluşmaktadır:

1. Allah'tan başka hiçbir kişi veya kuvvete teslim olmamak,
2. Aklın işletilmesi,
3. Bilimin üstünlüğünün ilanı,
4. Dindarlığın insanlar arası ilişkilerde üstünlük ölçüsü olmaktan çıkarılması,
5. İnsanla Tanrı arasında yaklaştırıcı, aracı, şefaatçi sayılabilecek bütün unsurların devre dışı tutulması.

ÖZGÜRLÜĞÜN EN BÜYÜK ENGELİ: ŞİRK

Şirk, benliği, bir değil, birçok kuvvetin tahakkümü altına sokmaktadır. Varoluşun en berbat ve çekilmez köleliğidir şirk. Şirkin vücut verdiği tahakkümler arenasında, sözü dinlenmeyecek tek varlık, kişinin kendisidir.

Şirk, varlık yapısı itibariyle insan özgürlüğünü yiyerek hayat bulan tipik bir canavara benzer.

Özgürlüğün en büyük engeli şirktir. Çünkü şirk, insanı, hayatının her değerine değişik bağlamlarda musallat olmuş kuvvetlerin (**şürekâ, endâd**) tahakküm ve tasallutuna teslim eder. İnsan bu kuvvetlerin robotu, oyuncağı olur; öz benliğini asla devreye sokamaz. Rüzgârın önüne düşmüş bir yaprak gibi oradan oraya savrulur. Kur'an, şirkin tarumar edişine maruz kalmış benliğin durumunu şu ürpertici beyyinesiyle deşifre etmektedir:

"Allah'a şirk koşanlardan uzak durun. Allah'a şirk koşan kişi, gökten düşmüş de kendisini kuşlar kapışıyor veya rüzgâr onu uzak bir yere fırlatıp atıyor gibidir." (Hac, 31)

ARACILAR ENGELİ

Şirkin belirgin niteliklerinden biri de Allah'ın yetkilerini 'evliya, aracı, yaklaştırıcı' diye yaftalanan birtakım şirk elemanları (Kur'an bunlara **şürekâ** diyor) arasında bölüştürmek ve insanı bu yetkileri kullanan güdücülerin hegemonyası altına sokup robotlaştırmak, hatta hayvanlaştırmaktır. Zümer suresinin 3. ayeti bu şirk illetini 'evliya, aracı, yaklaştırmak' sözcüklerini aynen kullanarak deşifre eden ve böylece, şirkin omurga kavramlarından birkaçını aynı anda önümüze koyan temel beyyinedir:

"**Gözünüzü açın! Arı duru din yalnız ve yalnız Allah'ındır! O'nun yanında birilerini daha veliler edinerek, 'Biz onlara, bizi Allah'a yaklaştırmaları dışında bir şey için kulluk etmiyoruz.**' diyenlere gelince, hiç kuşkusuz, Allah onlar arasında, tartışıp durdukları konuyla ilgili hükmü verecektir. Şu bir gerçek ki, Allah, yalancı ve nankör kişiyi iyiye ve güzele kılavuzlamaz."

Ne esef vericidir ki, şirki deşifre eden temel Kur'anî beyyine olan bu ayetin tefsiri sadedinde Türk müfessirleri **Elmalılı** ve **Süleyman Ateş**'te hiçbir izah yoktur. İkisi de bu ayetlerin meallerini vermek ve bazı filolojik inceliklerine dikkat çekmekle yetinmişlerdir. Oysaki ikisinin de bu bahiste söyleyecek çok şeyleri olduğundan kuşku duyulamaz. Neden bu hayatî açıklamaları yapmamışlardır? Cevap bellidir: Bilerek veya bilmeyerek, Emevîlerin **"Tevhidi anlat, şirkin üstünü ört"** ilkesine sadık kalmışlardır.

Eğer şirk anlatılmamışsa tevhidin anlatılması hiçbir sonuç getirmez. **İmam Cafer Sadık**'ın buyurduğu gibi, Emevîler İslam'a işte buradan darbe vurdular. Tevhidi anlattılar ama şirkin anlatılmasına asla izin vermediler. Çünkü şirk anlatıldığında kendi melanetlerinin deşifre edilmiş olacağını pekâla biliyorlardı.

Bizim müfessirlerimiz de Zümer 3'teki mesajı gerektiği gibi anlattıklarında, camilere yuvalanmış bir yığın **maskeli müşrik** din baronunun deşifre edilmiş olacağını elbette ki bilmekteydiler. Başlarına iş açmamak için o alana girmemeyi yeğlediler. Yani **"Molla, kendini kolla"** ilkesini işlettiler. Aksini ne düşünürüz ne de kabul ederiz. Kur'an'ın en hayatî kavramlarından biri, belki de birincisi olan şirkin temel kimliğini tanıtacak bu beyyinenin, her biri on cildi aşkın koca tefsirlerde hiçbir açıklama getirilmeden geçilmesi başka bir gerekçeyle izah edilemez.

Elmalılı gibi bir üstat, şirkin kimliğini tanıtan temel beyyinelerin kümelendiği 75 ayetlik bu surenin esas mesajını veren ilk 50 ayetinde hiçbir tefsir yapmamış, ayetlerin meallerini vermekle yetinmiştir. 'Mayınlı' alana asla ve asla girmemiştir. Girerse kimlerin rahatsız olacağını elbette ki çok iyi bilmekteydi. Çok iyi bildiği için girmemiştir. Sözün kendisini nereye götüreceğini bildiği için girmemiştir. Kendisini korumaya almış ama gerçeği rencide etmiş, ümmeti yakmıştır.

Müşrikler şöyle düşünüyorlardı: **İnsanoğlunun, en büyük ilah olan Allah'a doğrudan ibadeti mümkün değildir. O önce, Allah'ın kullarından bazı seçkin ekâbire ibadet edip onların aracılığını sağlamalıdır.** Bu aracılar, semavî ruhlar olabileceği gibi, yıldızlar da olabilir. İnsan, ancak ondan sonra **'baş ilah'** olan Allah'a ibadetle meşgul olabilir. Zümer 3. ayetin anlattığı, şirkin bu savıdır.

Zümer 3. ayetin bahsettiği aracılar, insanlardan seçilmiş şürekâdır. Kur'an bunları genel bir çerçevede toplamıştır: **Şeytan evliyası.** Ve şöyle demiştir:

"**Şeytanlar kendi evliyasına/dost ve destekçilerine sizinle mücadele etmeleri için mutlaka vahiy gönderirler. Eğer onlara boyun eğerseniz kesinlikle müşrikler oldunuz demektir.**" (En'am, 121)

Zümer 3. ayet, şirkin evliya kültü yoluyla yürüyen en zehirli tahribine karşı müminleri donatan temel beyyinedir. Evliya maskeli şirk savunucuları bu yedek ilahlarını '**Allah ile aramızda yakınlaştırıcı ve şefaatçı**' diye pazarlamaktadırlar. (bk. Zümer, 3; Yunus, 18) Kur'an bunun bir şirk oyunu olduğunu söylemekte ve Kaf suresi 16. ayet ile Zümer 44. ayette bu iddianın dayanağını temelden yıkmaktadır. O ayetlere göre, **Allah, insana şahdamarından daha yakındır ve şefaat tümden ve sadece Allah'ın elindedir.** Böyle olunca, Allah ile kul arasında herhangi bir mesafeden ve herhangi bir şefaatçıdan söz edilemez ki, yaklaştırıcıya veya şefaatçıya ihtiyaç duyulsun.

Şirkin 'yaklaştırma' iddiası, temelden tutarsız olduğu gibi, bizzat kendisi bir şirk itirafıdır. Allah'ın, kulundan ayrı ve uzak olduğunu iddia etmek de şirktir.

Evliya şirkinin sosyal ve hukuksal dayanağı yapılabilecek oluşumlara da imkân verilmemiştir. Din sınıfı, din kıyafeti yoktur. Din adamı tabiri yoktur. Hatta resmî mabet yoktur. Vaftiz ve aforoz hiç yoktur. Günah çıkarıcılara ihtiyaç yoktur. İnsan doğduğu anda temizliğinin ve güzelliğinin doruk noktasındadır. **Allah'a kul olmak** için birilerinin tesciline, okuyup üflemesine ihtiyaç bırakılmamıştır. Çünkü bu 'okuyup üflemelerin karşılığı', insanın yaratıcı özgür benliğinin esir alınmasıdır.

Kur'an, vesayet ve vekâlet altında bir imanın söz konusu edildiği tüm sistemleri şirk ve zulüm sistemi olarak damgalamaktadır. Toprak post, Allah dost olacaktır. Tüm yeryüzü mabet, tüm meşru fiiller ibadettir. Böyle bir anlayışın şekillendirdiği dünyada aracılara, komisyonculara, hele hele kutsallaştırılmış haraç ve huruç çetelerine asla ihtiyaç yoktur. Komisyonun, haraç ve huruç çetelerinin var olduğu bir din Kur'an'ın değil, şirkin dinidir.

Evliya, karanlık ve sapıklıktan kurtarıcı bir kuvvet olarak da algılanamaz. A'raf suresi 3. ayet bu kuruntuya yenik düşme ihtimali olanları uyarmaktadır:

"Rabbinizden size indirilene uyun, onun yanından yöresinden edinilmiş evliyaya uymayın!"

Dikkat edilirse ayet, hidayet önderliğini kişilere değil, ilkelere (Rab'den indirilenlere) bağlamıştır. Çünkü kişilerin hidayet önderliği devri, Hz. Muhammed'in bu âlemden ayrılışı ile kapatılmıştır.

YAKLAŞTIRICILAR ENGELİ

245/859 yılında ölen ünlü sûfî **Zünnûn el-Mısrî** şöyle diyor: "**Şeyhine, Rabbinden daha fazla itaatkâr olmayan kişi mürit asla olamaz.**"

Ferideddin Attar'ın *Tezkire*'sinin **Zünnûn el-Mısrî** (ölm. 245/859) bahsinde kayda geçirdiği yukarıki söz (ayrıntılar için bk. Kamil Mustafa eş-Şeybî, *el-Fikru'ş-Şîî*, 25) tasavvufun açık şirk unsurlarıyla nasıl doldurulduğunu gözler önüne koyan sarsıcı bir belgedir. Yozlaşma dönemi olan tarikatlar döneminden yaklaşık üç asır önce yaşamış bir sûfînin ağzından çıkmış bu söz gösteriyor ki, tasavvuf, sadece tarikatlar döneminde değil, daha önceki döneminde de mefsedetin (şer ve bozukluğun) kol gezdiği bir kurum idi. Tasavvufa bu anlayışın, Bâtınî-İsmailî felsefeden girdiğini biliyoruz. O felsefelerde, kendisine kayıtsız şartsız itaat edilen imam-mehdi fikri imanın âdeta birinci şartıdır. Bu anlayış, şîadan **Keysâniyye** kolunun öncülerinden ve Hz. Ali'nin torunu olan **Ebu Hâşim Abdullah bin Muhammed** (ölm. 98/716) tarafından, Bâtınî felsefeler adına şöyle ilkeleştirilmiştir:

"**Din, bir adama itaat etmekten ibarettir.**" (Şeybî, *el-Fikru'ş-Şîî*, 25)

Yani, eğer sizin mutlak itaatle bağlı olduğunuz bir imamınız yoksa dininiz de yoktur.

Bugün Anadolu'yu bir kölelik kasırgası gibi yakıp kavuran tarikatçılığın sokaklara kadar inmiş temel sloganlarından biri de budur.

Dinci-tarikatçı çevrelerinin akla ve özgürlüğe neden zorunlu olarak düşman olmak durumunda kaldıklarını bu gerçeğin ışığında yeniden düşünmek gerekir. **Akıl varsa ve bir de bu akıl Kur'an diniyle kucaklaşmış, işbirliği yapmışsa bir adama itaat din değil, Allahsızlığın ta kendisi olacaktır.** Çünkü Kur'an, teslimiyet sadece Allah'a olacak diyor ve bu arada akla gönderme yapıyor. Akıl ise kişilere değil ilkelere itaati öneriyor. Peygamberliğin bitişinden önce bile, mesela Hz. Peygamber'e, biraz önce gördüğümüz anlamda bir 'kör itaat' söz konusu değildir.

Sapık tarikat dönemindeki **'kişilere itaat'** anlayışı, gerçeği söylemek gerekirse şirkin tabuları arasında bile bu kadar rezilce yer almamıştır. Yani tarikatlar kulvarında beslenen şirk, bildiğimiz şirkleri bile utandıracak kadar düşük ve karanlıktır. Ve ne yazık ki, bugün İslam dünyasının bazı yerlerinde, özellikle Türkiye'de bu anlayış, din ve İslam maskeleriyle pazarlanmaktadır.

Tarikatlar öncesi sûfizmin bir kısmıyla, tarikatlar dönemi tasavvufun tamamında da aynı ilke geçerlidir. Sünnî tarikat çevreleri, özellikle Gazalî ve onu alkışlayanlar, bir yandan Bâtınî mistisizme ağız dolusu söverken öte yandan onun bu gibi kabullerini kendi ekollerinin temel inancı halinde korumuşlardır. Çelişkinin, hatta hayasızlığın böylesi çok az görülmüştür.

Cahiliye dönemi dikkatlice tetkik edilir, Mekke şirkinin Allah'ı kabul etmenin yanında birtakım aracılara ihtiyaç duymasının müşrik gerekçeleri iyi incelenirse görülür ki, Cahiliye şirki, Allah ile yedek ilahlarının beraberlik meşruiyetlerini bu **'yaklaştırıcılara ihtiyaç'** üzerine oturtmaktadır. Kaf 16. ayet şirkin bu temel gerekçesini yerle bir ediyor.

"Yemin olsun ki, insanı biz yarattık. Nefsinin ona neler fısıldadığını da biz biliriz. Biz ona, şah damarından daha yakınız."

Kur'an'ın getirdiği tevhit devriminin temel beyyinesi, bu ayettir. Bu ayete göre, Allah, insana şahdamarından daha yakındır. Böyle olunca, Allah ile kul arasında herhangi bir mesafeden söz edilemez ki, yaklaştırıcıya ihtiyaç duyulsun. Ara yoktur ki aracılara ihtiyaç duyulsun. Yaklaştırıcıya değil, aydınlatıcıya ihtiyaç vardır ve o da ilimdir.

İnsanlık dünyasına inen ilk surelerden üçüncüsü olan Müzzemmil ile dördüncüsü olan Müddessir'in ikisinin de 11. ayeti bu **'araya girme'** gerekçesine ağır bir darbe indirmektedir:

"Benimle, o nimete boğulmuş yalanlayıcıları baş başa bırak!" (Müzzemmil, 11)

"Benimle, yarattığım kişiyi baş başa bırak!" (Müddessir, 11)

Aynı mesaj iki ayrı bağlamda verilmiştir: **İnsan ister imanlı, ister inkârcı olsun, her iki halde de Allah ile insan arasında yaklaştırıcı söz konusu edilemez.**

Yaklaştırıcılar kabul edilmemesinin uzantıları da gözden kaçırılmamalıdır: **Din sınıfı, din kıyafeti, ibadette lider zorunluluğu, ibadet için mekân-mabet zorunluluğu,** vaftiz ve aforoz yoktur. Tüm yeryüzü temiz bir mabettir.

En büyük ve en temiz mabet yeryüzüdür. Yani insanın irade özgürlüğüne engel çıkaracak hiçbir kavram ve kuruma izin verilmemiştir. Bu izni almak için ya Kur'an'ı dinden ayırmak lazımdır yahut da dini Kur'an'dan. Sözde İslam dünyası bunun ikisini de yapmıştır.

KURTARICILAR ENGELİ

> "Geçmişin tehlikelerinden biri esir olmaktı; geleceğin tehlikesi robot olmaktır."
>
> Erich Fromm

Kur'an, şirkin görünümlerinden biri olan **'kurtarıcı'** (redeemer) anlayışını da bertaraf ediyor. Çünkü 'kurtarıcı' fikrinin yaşaması için özgürlüğün devreden çıkarılması lazımdır. Bilindiği gibi, **Pavlus** kristilojisinde ve oradan sıçrayarak tasavvuf-tarikat çevrelerinde tahribat yapan bu, **'kurtarıcı mesih'** fikri, Allah'ın yetkilerini insana vererek, 'büyük insanlara saygı' yaftası altında örtülü bir şirk pazarlamıştır. İnsan özgürlüğüne vurulan darbelerin en büyüklerinden biri de budur. Tarihte bunun en büyük mümessili olarak **Hz. İsa** öne çıkarılmaktadır. Pavlus kilisesine göre, İsa, aynı zamanda bir **redeemer** yani kurtarıcıdır. O, insanın ezelden beri sırtında duran günahına kefaret olacak ıstırabı çekmek için kendisini feda edip insanoğlunu kurtarmıştır.

Bu anlayış, biraz hafifletilmiş şekliyle tarikat zihniyetinde de egemen olagelmiştir. Pîrlere, efendilere, mürşitlere kendilerine bağlı insanların günahlarını sildirici roller verilmiştir. Tarikat ekiplerine göre, Allah onlara bu yetkiyi vermiştir. O yüzden, bir tarikat mensubu için ibadetten çok daha önemli bir şey vardır: Mürşidi olan zâtın gönlüne girip onun koruyuculuğundan yararlanmak. Yani yaratıcı-özgür benliğini ona kölelik pahasına feda etmek.

Bu, bir özgürlük cinayetidir, açık bir şirktir. Zümer suresi 7. ayet, bu sinsi şirki deşifre eden ayetlerden biridir.

"Hiçbir günahkâr bir başkasının günahını yüklenmez."

Gerçek şu ki, Kur'an, günahta veraset ve intikal kabul etmez. Günahların kişiselliği esastır. Günahı işleyen kimse, ceza faturasını o öder. Af mekanizması ise Allah'ın elinde bir mekanizmadır. Bir başka varlık, bu mekanizmayı işleterek günahları affettiremez. Örneğin, Hz. Muhammed'e böyle bir yetki verilmemiştir. Gel gör ki, Hz. Muhammed'e bile verilmeyen bu yetki, tarih boyunca binlerce tarikat şefi şeytan evliyası tarafından fütursuzca kullanılmıştır.

ŞEFAATÇILAR ENGELİ

Allah'ın varlığını kabul ettiklerini söyleyen şirk çocuklarına Kur'an, yedek ilahlara neden ihtiyaç duyduklarını sorduğunda onların cevabı şu iki cümledir:

1. **"Bunlar bizim Allah katındaki şefaatçılarımızdır."** (Yunus, 18),
2. **"Biz onlara, bizi Allah'a yaklaştırmaları dışında bir şey için kulluk-kölelik etmiyoruz."** (Zümer, 3)

Bir aracılık kavram ve kurumu olarak işletilen şefaat, Allah'ın yanına yedek ilahlar koymayı dinin esaslarından biri yapan ve insanı dokunulmaz kılınmış egemen güçlerin uydusu durumuna getiren şirkte son derece önemlidir.

Tevhit dini ile şirk dininin en belirgin özelliği ikincide, şefaat inancının çok esaslı bir yer tutmasıdır.

Kur'an'ın, şirkin yedek ilahlarını **şüfe'a** (şefaat ediciler) diye adlandırması sebepsiz değildir. Şirkin belirgin özelliği olan yedek ilahlar (**şüfe'a, erbâb, endâd, evliya**), şefaat gerekçesiyle üretilen kuvvetlerdir. Kur'an bunu, ilk olarak, iniş sırasıyla 51. sure olan Yunus suresinde gündem yapmıştır:

"Allah'ın yanında, bir de kendilerine zarar veremeyen, yarar sağlayamayan şeylere kulluk ediyorlar ve şöyle diyorlar: 'Bunlar bizim Allah katındaki şefaatçılarımızdır.' De onlara: 'Allah'a, göklerde ve yerde bilmediği şeyleri mi haber veriyorsunuz?' Şanı yücedir O'nun, ortak koştuklarından arınmıştır O!" (Yunus, 18)

Konuya daha sonra, iniş sırası 59 olan ve şirki enine boyuna tanıtan **Zümer suresinin 43-44. ayetleri** el atmıştır:

"Yoksa Allah'ın berisinden şefaatçılar mı edindiler? De ki, 'Onlar hiçbir şeye sahip olmayan/hiçbir şeye gücü yetmeyen, aklını da işletmeyen varlıklar olsalar da mı?' De ki, 'Şefaat, tümden ve sadece Allah'ındır! Göklerin ve yerin mülkü/yönetimi O'nundur. Sonunda O'na döndürüleceksiniz."

Şefaat:

Şef' kökünden gelir. Anlamı, bir kişinin, yardım etmek veya yardım dilemek gayesiyle, bir başka kişiye izafe ve nispet edilmesi, onunla birlikteliğinden söz edilmesidir. Etimolojik gelişimi içinde şefaat, saygınlık ve mertebe bakımından yüksek bir kişinin, aynı açıdan düşük bir kişiye nispeti ve ulanması anlamını kazanmıştır. Bu ilişkide yüksek olana '**şâfi**' veya '**şefi**' (şefaatçi), düşük olana '**meşfû**' (şefaat bekleyen) denir.

Şefaat, kendisine yetmeyen, kendisi olamayan, özgürlük yükünü taşıma gücüne ulaşamayan sürüngen ve sünepe varlıkların kendilerini birilerine nispet etmelerinin, birilerine yaslanıp onlardan beslenmelerinin şirk dilindeki adıdır.

Şefaat, tevhit dinindeki esası itibariyle duanın bir başka adıdır. **Tüm dualar birer şefaattır.** Ve bu anlamda herkes şefaat edebilir. Allah kabul eder veya etmez. O, O'nun bileceği bir şeydir. İslam fıkhının anıt isimlerinden biri olan **İzzuddin bin Abdüsselam** (ölm. 660/1262) bu noktayı çok güzel ifade etmiştir: "**Dua, bir şefaattir; hem yakınlarımızdan hem de yabancılardan gelmesi caizdir.**" (*el-Kavâid*, 99)

Dua, istek ve yakarıştır, ricadır; sonsuz kurtuluş garantisi veya cennet tapusu değildir. Cennet tapusu anlamında şefaat, şirk ile endülüjansçı kilise babalarının malıdır. O anlamda bir şefaat anlayışını İslam'a sokanların tövbe etmeleri gerekir. Ne yazık ki, **İslam dünyasında yürürlükte olan geleneksel İslam'da şefaat, cahiliye dönemi şirkinin şefaat anlayışıyla aynıdır. Hatta yer yer ondan daha kötü ve yıkıcı hale gelmiştir.**

Şirk, şefaatin dünya planında sahibi gördüklerine **evliya** (veliler, dostlar-destekçiler) veya **erbâb** (yedek rabler), hem dünyada hem de ölüm sonrasında sahibi gördüklerine ise **şüfe'a** (şefaatçılar) veya **şürekâ** (Allah'ın ortakları) diyor. Kur'an, şefaat kavramının bir şirk destekçisi kuruma dönüştürülmemesi için şu ilkelerin altını ısrarla çizmektedir:

1. "**Şefaat tümden ve yalnız Allah'ın elindedir.**" (Zümer, 44),

2. **Allah'ın izni olmadıkça hiçbir varlık, nebi ve melek de olsa, şefaat edemez.** (19/87; 20/ 109; 21/27-28; 53/26),

3. **Son hesap gününde şefaat hiç kimseye yarar sağlamayacaktır.** (2/48, 123, 254; 74/48)

Peygamberleri, o arada Hz. Muhammed'i kesinlikle kabul edilecek bir şefaatin sahibi saymak da şirktir.

Kur'an, hiçbir peygambere açık bir biçimde şefaatçılık payesi vermemektedir. Şefaati, Allah'ın izin verdikleri dışında hiç kimse yapamaz. İzin verecekleri, ismen belirtilmediğine göre biz bir isimlendirme yapamayız. Oysaki uydurma bir hadis şefaat edecekleri hiyerarşik bir biçimde sıralamaktadır. O uydurmaya göre, **"Kıyamet günü ilk şefaat edecek olanlar peygamberler, sonra bilginler, sonra da şehitler olacaktır."** (Elbânî, *el-Ahâdîs ez-Zaîfa*, 5/129)

Şefaat konusunun tevhide en zıt görünümlerinden biri de sünnete uymayı şefaat çıkarına bağlamaktır. **Sünnet,** vahyin ilkelerinin Peygamber tarafından uygulanış şekline verilen addır. Sünnete uygunluk, Allah'ın isteğine uygunluksa o zaman bu uygunluğun karşılığı Peygamber'den beklenemez. Peygamber'in böyle bir iddiası olamaz. Karşılığı Peygamber'den beklenen bir şey, Peygamber için yapılan bir ibadet hükmündedir. Böyle bir şey Peygamber'i ilahlaştırmaktır.

O halde, **"Şunu yaparsan şefaate erersin, şunu yapmak, Allah'ın emri değildir ama yaparsan Peygamber'in şefaatine nail olursun"** vs. gibi sözler örtülü bir biçimde şirk şefaatçılığını devreye sokmak ve Peygamber'i ikinci ilah durumuna getirmektir. Bu tür bir yaklaşımın Kur'an'dan onay alması mümkün değildir. Bir kısım işlerin bir ilah için, diğer bazı işlerin de başka bir ilah için yapılması, şirk dininin icaplarındandır:

"Allah'a bir pay ayırdılar da kendi zanlarınca şöyle dediler: 'Bu Allah için, bu da Allah'a ortak koştuğumuz yedek ilahlarımız için." (En'am, 136)

İbadetin bir tek muhatabı vardır: Allah. Ve ibadetlere bir tek kuvvet karşılık verir: Allah. Allah'ın olması gereken bu niteliği, şefaat vs. bahanesiyle Peygamber'e aktarmak şirke kapı aralamaktır. Bunun içindir ki biz, bu bağlamdaki hadis patentli sözlerin tümünü uydurma sayarız.

Şirk şefaatçılığı ümmet bünyesine son derece sinsi girmiştir. Önce Peygamber'i devreye sokmuş, Peygamber'le yumuşatılan zihinlere daha sonra çeşitli unvanlar altında bir yığın şefaatçı doldurmuştur. Kur'an bunlara **'kübera'** (ekâbir, efendiler, yüce kişiler, hazarât-ı kirâm) ve **'sâdet'** (efendiler, seyyidler, üstadlar, hazretler) diyor. Daha ne kadar açık konuşulur?!

İşte bir şefaat uydurması daha: "**Sırat köprüsü üstünde bilginle ibadet ehli birisi karşılaştığında ibadet ehline şöyle denir: 'Hadi, gir cennete ve bilginden önce nimetlen ibadetlerinle.' Bilgine de şöyle denir: 'Şurada istediğin herkese şefaat et. Bil ki her şefaat ettiğin kişi sayısınca sana da şefaat edilecektir. Ve bilgin, peygamberler makamına geçiverir.**" (Elbânî, aynı eser, 5/229-230)

Kısacası, birtakım kişileri (şeyh, pir, efendi, hocaefendi, seyyid, hazret vs.) şefaat edici bilerek insanın kaderini onlara bağlamak tartışmasız bir şirktir. Kur'an bu tür şirk şefaatçılığını kötülerken daha çok, **evliyayı destekçi edinme** illetine dikkat çekiyor. (Bir örnek olarak bk. A'raf, 3)

ŞEFAAT-İLİM İLİŞKİSİ

Zühruf 86. ayet, şefaat bahsinin en hayatî mesajını vermektedir. Kur'an'a göre, şefaati ancak Allah'ın özel izin verdikleri yapabilir. Bunlar kimlerdir? Kur'an'ın bu soruya verdiği cevap şudur:

Şefaat, ilimden nasiplenenlerin hakkıdır. Ayet bu ilimden nasipli bahtiyarları ayrıca **'hakka tanıklık edenler'** diye ikinci bir payeyle yüceltiyor. Elbetteki bu anlamda bir şefaat, şirkin anladığı şefaat değildir. Bu anlamda şefaat, aydınlatma, ufuk açma, hakka ve doğruya kılavuzlamadır ve bunun için de bu şefaatin işlerlik alanı, tekâmül yurdu olan dünyadır, hesap yurdu olan ahiret değildir.

Kur'an'ın anladığı ve anlattığı şefaat, ahirette kurtarıcılık değildir. Ahirette hiç kimse (peygamberler dahil) hiç kimseyi kurtaramaz. Şefaate yüklediğiniz anlam ne olursa olsun, onun işlevinin dünyada olacağını kabul zorundasınız. Kur'an bunun aksine izin vermez.

Şimdi, şefaatin Kur'ansal çehresini tanıtan ve bugüne kadar hiç değinilmeyen temel ayeti görelim.

"O'nun berisinden yakardıkları, şefaate sahip olamaz! Hakka tanık olanlar müstesna. Onlar, ilimden nasiplenmekteler." (Zühruf, 86)

Şimdi, bu ayette niteliği açıklanan şefaatle geleneksel müşrik şefaat anlayışını yan yana getirin ve bu şefaatlerden birincisine teslim olan İslam dünyasının perişanlığının arkaplanını bir kere daha irdeleyin, görün.

Demek ki, Kur'an, şefaati dünyada, yani tekâmülün devam ettiği arenada değer ifade eden bir kavram olarak görmekte ve bu değerin ancak ilim sahibi bahtiyarların hakka tanıklıkla temayüz eden benliklerinden zuhur edeceğini belirtmektedir. Allah, nebilere, meleklere bile böyle bir izin verildiğini söylemediği halde ilimden nasipli olanların bu yetkiye sahip bulunduklarını ifade etmekle ilme ve âlime tarifsiz bir paye bahşetmiştir.

TASAVVUFUN OYNADIĞI OYUN

Tasavvuf konusunda konuşmak, en nadide mücevherlerle en basit çakıl taşlarının ve kömür parçalarının birbirine karıştığı bir küme hakkında konuşmaya benzer. Tespitlerinizi nadide incilere göre mi yapacaksınız, çakıl taşlarına, kömür parçalarına göre mi? Şöyle bir benzetme de yapabiliriz:

Tasavvuf, en nadide ve en temiz mallarla en pis, en ürkülesi malzemeleri taşıyan gemilerin aynı rahatlıkla girip demirleyebildiği bir limana benzer. Bu limanla ilgili hükmünüzü gemilerin hangilerini esas alarak vereceksiniz?

Ortada büyük bir miras var. Bu mirası bir çırpıda tümüyle kaldırıp atmak ne akla uyar ne de vicdana. Tarih böyle bir 'kaldırıp atma'ya öncülük edenleri yargılar. Bu kaldırıp atma olmasın diye mirasın (gemilerdeki tüm malzemenin) aynı saygı ve kabulle kucaklanması da insanı tarihin ve Tanrı'nın huzurunda mahkûm eder. Geriye tek yol kalıyor:

Tasavvufu, müspetlerini ve menfilerini hiçbir art niyet ve klik bağlılığı taşımadan dibine kadar eleştirmek. Bu eleştiride, sözü İslam adına söyleyeceğimize göre, rehber ve kriter Kur'an olacaktır.

Tasavvuf, yaratıcı özgür iradeyi bireyin elinden alarak

'maneviyatı yükseltmek' adı altında robotlaştırılmış insanlar yaratmak sûretiyle büyük tahribatlara yol açtı. Bu kuruma ilişkin eleştirilerimizin geniş sergilenişi, **'Kur'an Verileri Işığında Tasavvuf ve Tarikatlar'** adlı eserimizde yapılmıştır. Burada sadece özgür iradenin devre dışı bırakılmasıyla ilgili tahribatı ele almakla yetineceğiz

ÖZGÜR İRADENİN FELÇ EDİLMESİ

İrade:

Kur'ansal kavramların aşılmamış lügat bilgini Isfahanlı Râgıb, şaheseri *el-Müfredât*'ta iradeyi, **"Şehvet, ihtiyaç ve emelden oluşan bir kuvvet"** olarak tanımlıyor. Ona göre, **"irade, benliğin bir şeyin olması veya olmaması yönünde bir hükme eğilim ve özlemini ifade etmektedir."**

Tanrı için irade, 'olmak veya olmamak' yönünde değil, sadece olmak yönünde bir hüküm ifade eder. Kur'an'ın bu konudaki beyanı açık:

"O, bir şeyi istediğinde, buyruğu sadece şunu söylemektir: 'Ol!' Artık o, oluverir." (Yasîn, 82)

Tanrı için irade veya **meşîet** (olmasına hükmetmek) demektir. Allah için irade, O'nun, emirlerinde, hükümlerinde ve fiillerinde mutlak anlamda hür olmasını ifade eder. Ve zaten, İslam teolojisinde Allah'ın irade sıfatının tanımı da budur. Yani Tanrı'nın, **mürîd** (irade eden) sıfatı onun mutlak hürriyetinin işlevselliğini ifade etmektedir.

Kur'an'a göre, aynen Tanrı gibi, insan da mürîddir. Yani insan da irade sıfatı taşıyan bir varlıktır ama onun irade sıfatı mutlak özgürlük niteliğine sahip değildir. İnsan, kısmen özgürdür. Genel-küllî yasaları **mutlak mürîd** (Tanrı) koyar, o yasaların çerçevesiyle sınırlı olmak üzere **kayıtlı mürîd** (insan) olan insan kendine has özgürlüğünü kullanır. Unutulmaması gereken şudur: İki mürid de iradeyi kullanmaktadır. Varoluş bu ikili kullanımla yürümektedir. Kur'an bunu kendine özgü üslubuyla şöyle ifade ediyor:

"Eğer Allah'a yardım ederseniz Allah da size yardım eder." (Muhammed, 7)

"Allah'ın yardımcıları olun." (Saf, 14)

"Yemin olsun, Allah, kendisine yardım edene elbette yardım edecektir." (Hac, 40)

Kur'an, varoluşu iki benliğin birlikteliğinden vücut bulan bir serüven olarak görmektedir. İnsan benliği, sınırlı bir özgürlük kullanmakla birlikte iradeden tamamen soyutlanmamıştır. Soyutlanırsa sorumlu tutulamaz. Oysaki Kur'an, insanı sorumlu tutmaktadır. İnsandaki irade, **ihtiyar** tabiriyle de karşılanmıştır ki insanın seçmesi demektir. **Farabî** (ölm. 339/950) "İnsanın iradesi onun ihtiyar gücüdür" derken bir Kur'ansal gerçeğe parmak basmıştır. Bu bahisteki Kur'ansal anlayış şöyle ifade edilebilir:

İnsan seçer, Allah da bu seçileni yaratır.

İnsan eylemlerinin yaratıcısının da Allah olduğunu bildiren ayeti (Saffât, 96) diğer verilerle birlikte değerlendirdiğimizde ulaşacağımız sonuç bu olacaktır.

Tarikatlar tasavvufunun Kur'an'dan koptuğu noktalardan biri de işte burada dikkatimizi çekmektedir. **Tari-**

katlar tasavvufu, mürîd diye tanımladığı sâlikin (sonsuzluk yolcusunun) iradesinin tamamen yok edilmesini istiyor. Bunun içindir ki bütün tarikatlarda insanın fiillerini izahta daima cebr (zorunluluk) esas alınmıştır. İnsan, özgürlük kullanamaz, kendisine dayatılan, yapıştırılan davranışları yerine getirir. Ve bu yüzden, tarikatların mürîdi, özgür irade kullanan bir benlik değil, tarikat şefi olan şeyhin bir robotudur. Şu satırlardaki çelişkiye ve itirafa dikkat edelim:

"İrade her şeyin başıdır. Kul, irade etmediği şeyi yapamaz. Bunun içindir ki, Allah yoluna koyulana mürîd yani irade eden denmiştir. Ancak bu yolun geleneğinde mürîdin anlamı 'iradesi olmayan kişi'dir. İradesinden soyutlanmayan kişi mürîd olamaz." (Kuşeyrî, *Risâle*, 2/433)

Çelişki şöyle devam ettiriliyor:

"İrade, âdet haline geleni terk etmektir. Mürîd, âdet haline gelen her şeyden sıyrılmalıdır. Onda iradenin varlığına kanıt olan, bu sıyrılmadır. İşte sûfî anlayış bu sıyrılmaya irade demektedir ki, anlamı âdetleşenin dışına çıkmaktır. İradenin kanıtı, âdet haline gelmiş olanın terk edilmesidir." (age. 434)

Peki, iradesini tarikat şefinin iradesinde yok eden kişi, âdetleşenlerin üstüne nasıl çıkacaktır? İradeyi birine teslim edip robotlaşmak, âdetleşene teslim olmanın en vahim şekli değil midir? Tarikatlar tasavvufunun bu sorulara verecek cevabı yoktur. Cevap tarih tarafından verilmiştir ve şudur:

Tarikatlar tasavvufu, kendilerine teslim olan insanların iradelerini felç ederek onları robotlaştırmış, Kur'an'ın

istediği 'Allah'a teslimiyet'in yerine 'şeyhe teslimiyet'i koymuştur ki bunun adı şirktir.

İnsandaki irade, bazen doğal ve duygusal kuvvet halinde belirir (teshirî kuvvet), bazen de özgür seçimle kullanılan aklî bir kuvvet (ihtiyarî kuvvet) halinde belirir. O halde iradenin yaratıcı gücü, bu iki niteliği birlikte taşımasından doğmaktadır. İrade, sıradan bir istek ve istemek değildir. İradeden söz etmek için, derin bir arzu, hükmetme eğilimiyle birleşen bir istek ve hamleye iten bir coşkunun birlikteliği şarttır. Râgıb el-Isfahanî'nin Kur'an düşüncesi adına tespit ettiği bu irade anlayışı, Alman filozofu **Nietzsche**'nin **'kudret iradesi'** (will of power) anlayışına çok benzemektedir.

Nietzsche'nin kudret iradesi, insandaki yaratıcı gücün ta kendisidir. Bu güç, sürekli hamle yapmak, yaratmak ve egemen olmak ister. Hayatı vareden güç, hatta hayatın ta kendisi bu iradedir. **Nietzsche** (ölm. 1900) bu anlayışını şöyle ifade eder:

"**Ben nerede canlı bir varlık buyduysam, orada kudrete yönelik iradeyi gördüm. Hizmet edenin iradesinde bile efendi olabilme iradesini gözlemledim.**"

Varoluşun tüm iniş çıkışları, tüm değişimler bu kudret iradesinin değişik belirişleridir. İrade, atılımlarında istediği hedeflere varamamışsa, insan bu açığını zevke saparak telafi etmeye kalkar. Zevk isteği, iradenin tatminsizliğinden kaynaklanır. İrade yeterli tatmini elde ettiğinde zevk isteği ortaya çıkmaz. Nietzsche'ye göre, zevkin egemenliği, iradeyi amacına ulaştıramamış 'ayak takımı'nın hissidir.

Yaratıcı iradenin hamleci ruhları, zevke tenezzül etme-

yecek kadar yücedir.

Hayatın temel iradesi, **Darwin**'de olduğu gibi, **'hayatta kalabilmek'** iradesi değildir; onu da aşan bir şeydir. Nietzsche'ye göre, iradenin amacı iktidar sahibi olmaktır; hayatta kalabilmek değil. **Hayatta kalabilmek, Nietzsche'nin iradesine yetmemektedir. Onun iradesi egemen olmak, hükmetmek ister.**

Nietzsche'ye göre, mutluluk amaç değildir; amaç, kudretin egemenliğidir. Mutluluk ve zevkle yetinmek **'çürümüş ruhlar'**ın işidir. Bunlar 'tiksinilecek' tiplerdir. Mutluluk ve zevkle yetinmek, Nietzsche'ye göre yozlaşmadır. Nietzsche, bu kudret iradesini, ırkdaşı **Hegel** (ölm. 1831) gibi **'Mutlak Varlık'tan kaynaklanan bir enerji'** olarak değil, insandan kaynaklanan bir enerji olarak görür. Yaratan, yapıp eden, bu enerjidir.

Nietzsche, irade bahsinde, ırkdaşı **Kant**'ı da eleştirir. Ona göre, **Kant** (ölm. 1804), kudreti istemek yerine iyiyi istemeyi (ahlakı) koyarak zayıfların korunmasını başlıca hüner haline getirmiştir. Bu da bir yozlaşmadır. Yaratıcı bütün hamleler, kudretle uyumlu hamlelerdir, zayıfların korunmasına yönelik hamleler değil. Kant, ahlakî olmayı amaç göstermekle, **Sokrat** anlayışının izinden gitmiş ve aydınlanma adına yozlaşma getirmiştir. Kant'ın, hayrı istemek, ahlak, erdem gibi kavramları birer yozlaşma göstergesi, birer uydurmadır. Kant bu haliyle, feslefe yapmaktan çok, teoloji yapmakta ve bir tür **Luther** rolü oynamaktadır. Aydınlanma, onun yaptığı gibi Sokrat'ı tekrar etmek değil, **'değerleri yeniden değerlendirmek'** olmalıdır.

Benzeri bir irade anlayışı, Nietzsche'nin bu bahiste etkilendiği ırkdaşı **Arthur Schopenhauer**'da vardır. Ancak, iki filozof birbirinden şurada ayrılıyor: Nietzsche, iradeyi bir kuvvet istemi olarak sonuna kadar götürüp egemen kılmak istiyor, **Schopenhauer** (ölm. 1860) ise iradeyi, aynen Doğu mistisizminde olduğu gibi, bir noktadan sonra beli kırılması gereken negatif bir enerji olarak görüyor ve biraz önce tarikatlar tasavvufunda izlediğimiz mürîdi amaç haline getiriyor. İradenin Nirvan'a veya mürşitte yok edilmesini yani iradeden sıyrılmayı esas alıyor. Schopenhauer'e göre, bu sıyrılma gerçekleştirilmezse irade zararlı bir enerjinin bütün yıkımlarını gerçekleştirir ve insanın başına bela kesilir. Bu durumda dünya bir sefaletler arenasına döner, olabilecek dünyaların en kötüsü olur. Bu demektir ki, **Schopenhauer'deki kötümserliğin (nihilizmin) kaynağı, hayatın egemen gücü olan iradedir.** Kötümserlikten kurtulmanın tek yolu, iradeyi öldürmek, en azından frenlemektir.

Bu kısa tahlili şu cümle ile sonuçlandırabiliriz: İrade bahsinde, Nietzsche'nin bakışı Kur'an'ın irade anlayışına, Schopenhauer'in bakış açısı ise tarikatlar tasavvufunun irade anlayışına yakındır. Nitekim tarikatları insanı uyuşturan birer negatif unsur olarak gören **Muhammed İkbal** de Nietzsche'nin tarafını tutmuş, onu, yaratıcı benliğin en ideal temsilcisi saydığı **Hallâc-ı Mansûr**'un Batı'daki belirişi olarak göstermiştir.

ALLAH'A KULLUK VE ÖZGÜRLÜK

> "Allah diyen, bu dört cihetli nizamın hududuna sığmaz."
> Muhammed İkbal

İnsanoğlu Allah'a kul olmaktan şikâyet ede ede Allah dışındaki her şeye köle olmak gibi bir aptallığa yenik düşmüştür. Bilememiştir ki, Allah dışındaki binlerce varlığa köle olmamak için Allah'a kul olmaktan başka çare yoktur. Allah'a kulluk, özellikle Kur'ansal anlamıyla alındığında, ne köleliktir ne de özgürlükten yoksunluk. Allah'a kulluk (ubûdiyet) Allah ile birlikte iş yapıp değer üretmektir. Zaten ubûdiyetin esas anlamı da iş yapıp değer üretmektir. Allah'a kul olmamak, kurumsal kölelik de dahil onlarca köleliğin kabul ve tescilidir.

Bütün mesele, Allah'a kul olmayı, Allah ile aldatan şerir ve namussuz tezgâha teslim olmak şekline dönüştürmemek, bu şekle dönüşmesine engel olmaktır.

Kur'an'ın bu meseledeki muhteşem ve özgün tavrını en iyi bilenlerden biri olan **Muhammed İkbal**, ana eseri **Cavidnâme**'de, konuyu çok üst bir perdeden irdelemiş ve anlayışını, Hz. Muhammed için kullanılan **'abduhu'** (O'nun kulu) tabirini değerlendirerek ortaya koymuştur. Bilindiği gibi, Cenabı Hak, Son Peygamber'i, kutsal bir gece yolculuğu olan **İsra**'da 'abduhu' yani O'nun kulu olarak anmıştır:

"Bütün varlıkların tespihi o kudretedir ki, ayetlerimizden bazılarını kendisine gösterelim/kendisini ayetlerimizden bir parça olarak gösterelim diye kulunu, gecenin birinde Mescid-i Haram'dan, çevresini bereketlendirdiğimiz Mescid-i Aksa'ya/o en uzak secdegâha yürütmüştür." (İsra, 1)

İkbal'e göre, bu sıfatlandırma, insanoğluna verilecek sıfatların en yücesidir. Ve Kur'an mesajının ruhu da, ihtişamı da bu sıfatlandırmada saklıdır. Ölümsüz İkbal'in o muhteşem dizeleri şöyle:

"Abduhu senin idrakinden daha yüksektir; çünkü o hem insandır hem de cevher. Onun cevheri ne Araptır ne de İranlı; o Âdem'den daha eski bir insandır. Abduhu, kaderlere suret verendir; onun içinde harabeler tamir görür. Abduhu hem can verir hem can alır; o hem şişedir hem de sert taş."

"Kul başkadır Abduhu başkadır. Biz tamamen bekleyişiz, o, beklenendir."

"Abduhu zamandır ve zaman ondandır. Biz büsbütün rengiz; o, renksiz ve kokusuzdur. Abduhu, öncesiz başlangıçla beraberdir, abduhu içinde bizim akşamımız ve sabahımız nerede bilinmez."

"Hiç kimse abduhu sırrından haberdar değildir; abduhu la ilahe sırrından başka şey değildir. La ilahe bir kılıçtır; abduhu onun keskin tarafıdır. Daha açık bir ifade istersen, söyle: O, abduhudur."

"Abduhu kâinatın kaçı ve nasıl'ıdır; abduhu kâinatın iç sırrıdır." (*Cavidnâme*, beyt: 1174-1184)

ÖZGÜRLÜK VE KADER

> "Belki hiçbir şey yolunda gitmedi ama hiçbir şey de beni yolumdan etmedi!"
>
> Che Guevara

Emevî yapımı din, esasında özgürlüğe destek veren Kur'ansal kader kavramını, müşrik despotizmlere destek verecek şekilde yapılandırıp bir pranga gibi ümmetin boynuna geçirdi.

Kur'an'ın Allah'ı her şeyi bir ölçüye bağlamıştır, tesadüfle iş görmez. Kader, işte bu 'ölçüye bağlanmışlık hali'ni ifade eden bir terimdir; insanın eylemlerini şartlamayla ilgisi yoktur.

Kur'an'a göre, yaratılış, varlık ve oluşta her şey bir ölçüye, ahenge bağlıdır. **'Ölçü ve ahenge bağlılık'** Kur'an'da **'kader'** kelimesiyle ve o kökten gelen diğer tabirlerle ifade edilir. Yine değişmez tabiat ve yaratılış yasaları anlamında **sünnetullah** tabiri de kullanılmakta ve sünnetullahın asla değişmediği, değişmeyeceği bildirilmektedir.

Kader sözcüğü Kur'an'da 11 yerde geçmekte ve tümünde de 'ölçü' anlamında kullanılmaktadır. Türkçe'deki **'miktar'** (Arapça özgün şekliyle mikdar) sözcüğü de ölçü anlamındadır ve kader kökündendir.

Allah her şeyi bir ölçüye göre yapıp yönetmektedir. **Platon**'un güzel deyimiyle **"Tanrı hep geometri kullanmaktadır."** Her şeyin hazinesi onun katındadır ve O, o hazineden her şeyi belli bir ölçü içinde indirmektedir. (15/21) Gökten su ölçüyle iner (23/18; 43/ 11); inen suyun yeryüzünde vadilerde dolaşması bile ölçüyledir. (13/17) Topraktan pınarlar fışkırması, fışkıran suların birleşmeleri yine belli bir ölçüye göredir. (54/12)

Kur'an, kader kavramıyla varlık ve oluşta tesadüfün değil, ölçü ve bilincin egemen olduğuna dikkat çekmek peşindedir. Ve Kur'an, kader kavramıyla 'sünnetullah' da denen tabiat kanunlarını kastetmektedir. Ahzâb 38. ayette, Tanrı'nın varlığa koyduğu yasaların değişmezliği gösterilirken **kader** sözcüğüyle **sünnetullah** (Allah'ın tavrı-tarzı) tamlaması birlikte kullanılmıştır. Sünnetullahın değişme ve bozulmaya asla uğramayacağı birçok ayette, pekiştirilmiş ifadelerle verilmiştir. (bk.17/77; 33/62; 35/43; 48/23)

Kader kökünden gelen ve **ölçüye bağlamak** anlamında olan '**takdîr**' sözcüğü de tabiat kanunları, değişmez ölçüler, yani sünnetullah anlamında kullanılmıştır. Bu kullanıma göre, Ay ve Güneş'in belirlenmiş ölçülere göre seyretmeleri, göklerin düzenlenmesi, kısacası her türlü iş ve oluşun, her türlü yaratılış ve yaratışın seyri Allah'ın bir takdiridir. Yani koyduğu ölçülere uygunluğun icabıdır. (bk. 6/95; 25/2; 36/38; 41/12)

Allah'ın isim-sıfatlarından olan ve Kur'an'da 39 yerde geçen **Kadîr** ile 7 yerde geçen **Kaadir** sözcükleri de kaderle aynı kökten kelimelerdir. İkisinin sözlük anlamı da '**her şeyi kudretiyle belirleyen, ölçüye bağlayan**' demektir. Yine Allah'ın isim-sıfatlarından biri olan ve 3 yerde geçen **Muktedir** sözcüğü de kaderle aynı kökten olup '**kudretiyle her şeyi bir ölçüye bağlı olarak çekip çeviren**' demektir.

Kur'an'daki kaderin anlamı budur. Ve bu anlamda bir kaderin değişmezliği, Allah'ın tabiata, varlığa koyduğu yasaların değişmezliğidir ki, Kur'an bunu açıkça ve defalarca ifade etmiştir.

Bu değişmezlerin insanın fiilleriyle, irade ve özgürlükle bir ilgisi yoktur. Oradaki değişmezlik, kanunların Yaratıcı tarafından koyulmasıdır; insan fiillerinin Yaratıcı tarafından önceden belirlenmesi değildir.

Biz, varlığın ve evrenin yönetimine, iş ve oluşa, ontolojik yapıya ilişkin kanunlar koyamayız; bizim böyle bir yetkimiz yoktur. Ama biz, kendi fiillerimiz, yönetimimizle ilgili kanunlar koyarız ve koymalıyız.

Kur'an'daki **kader, İbn Teymiye**'nin deyimiyle, yaratılışla ilgili ontolojik bir kavramdır; din ve davranışla ilgili bir kavram değil. (İbn Teymiye; *el-Furkan,* 98-99) Yine **İbn Teymiye**'nin ifadesiyle **kader, Allah'ın yaratış ve dileyişiyle ilgili bir kavramdır, buyrukları ve hoşnutluğu ile ilgili bir kavram değil.** (İbn Teymiye, age.109-110)

Allah; varlık, iş ve oluşa ilişkin yasaları hem bilir, hem belirler; Allah, insanın fiillerine ilişkin sonuçları da bilir ama belirlemez. Bilmesi O'nun tanrılığının bir gereği olduğu gibi, sonuçları belirlememesi de tanrılığın bir gereğidir. Fiillerimizin sonuçlarını bilmekle kalmayıp aynı zamanda belirlerse bu bizi sorumlu tutmamasını gerektirir. Hem belirler hem sorumlu tutarsa bu zulüm olur. Oysaki Allah zulümden arınmıştır.

Kısacası, değişmez kanunlar ve olgular anlamında kader, varlık ve tabiatın yasalarıdır ki bunlara uymak ve hayatımızı bunlara göre düzenlemek bizim için zorunluluktur. (bk. Yunus, 64; Fâtır, 43; Fetih, 23)

Vicdanımıza yazmamız gereken gerçek şudur: Elimizdeki geleneksel akait kitaplarındaki **kader** anlayışının Kur'an'daki **kader** kavramıyla bir ilgisi yoktur. O kitaplar yoluyla asırlardır taşınan ve bizlere öğretilen **kader**, Bakara suresi 104. ayetin tam tersine, sürüleşmiş bir toplum yaratmak isteyen saltanat odaklarının kitleyi uyuşturmak için oluşturdukları Kur'an dışı bir anlayıştır. Bu anlayışla Müslüman kitlelerin getirilmek istendiği yerin ne olduğunu, İslam'ın temel kabulleri gibi benimsettirilen '**ilkeler**'den seçtiğimiz şu birkaç örnek çok iyi göstermektedir:

1. **Devlet başkanı, ahlaksızlık da zulüm de işlese azledilemez.**
2. **Sapık ve zalim bir imamın peşine de olsa namazı cemaatle kılın.**
3. **Dünya, müminin cehennemi, kâfirin cennetidir.**
4. **Her insanın cennetlik veya cehennemlik olacağı, varlıklar âlemi yaratılmadan çok önce belirlenmiştir.**

İnanç manifestosunun içine sokulan bu Kur'an dışı hezeyanların tümü Emevî yalanıdır. Bu yalanlara teslim edilmiş kitlelerin yarınlara ümitle bakabilmelerinin biricik koşulu, '**gelecek bir kurtarıcı-mehdî**' beklemektir. Çünkü bu kitlelerin 'gerekeni yapma' azim ve iradeleri felce uğratılmıştır; onlar ancak göklerden gelecek olanı bekleyebilirler.

Kur'an'da, böyle bir kader kavramı olmadığı gibi, '**kadere iman**' diye bir tâbir de yoktur. Türkiye'de bu gerçek, İslam ilahiyatının dahi bilgini **Prof. Dr. Hüseyin Atay** tarafından 1960 yılında yayınlanan *'Kur'an'da İman Esasları'* adlı doktora teziyle ortaya konmuştu. Bu, çağdaş ilahiyat literatüründe ilk kez telaffuz ediliyordu. **Prof. Atay** bu tezi yüzünden, **Ehlisünnet** inancını bozmakla suçlandı. Oysaki Müslüman-Türk kitlelerden saklanan bu gerçek, **Hüseyin Atay**'dan asırlarca önce yaşamış İslam ilahiyat bilginlerince de dile getirilmiş ama üstü örtülmüştür.

Ehlisünnet adı altında **Muaviye bin Ebî Süfyan** ve işbirlikçilerinin ideolojileştirdikleri Cahiliye kabullerini pazarlayan Arapçı dincilik çevreleri, acaba şu gerçeği bilmiyorlar mı? Bilmiyorlarsa cehaletlerinden, biliyorlarsa, iftiracılıklarından utanmalıdırlar. Şimdi, meselenin gerçek Ehlisünnet inancındaki durumuna bakalım:

Ahkâm ayetleriyle ilgili ilk tefsir kitabının sahibi sayılan ve gerçek Ehlisünnet'in baş imamı olan İmamı Âzam'la aynı yıl ölen **Mukatil bin Süleyman** (ölm. 150/676), iman konusunu anlatırken Allah, ahiret, melekler, kitap ve nebilere imanı sayar ama kadere iman diye bir şarttan söz etmez. Ancak, kendi tespitini bitirdikten sonra başkalarının beyanları olarak sıraladığı iman şartları içinde kadere iman da yer alır. (Mukaatil b. Süleyman, *Tefsîru'l-Hams Mie*, 12-13)

Ehlisünnet inancının temel kitaplarından bazılarını yazmış bulunan ünlü **Matürîdî** kelamcısı ve Hüseyin Atay'ın kaynağı olan **Ebu'l-Mu'în en-Nesefî** (ölm. 508/1115), *Tabsıratü'l-Edille* adlı eserinde, kader konusunda **Hüseyin Atay**'ın söylediğinin aynısını söylüyor. **Atay**'dan 850 yıl önce. **Nesefî**, anılan eserinde imanın şartları konusunda şöyle diyor:

"**İman esaslarına gelince bunlar 5 tanedir: 1. Allah'a,**

2. **Meleklere**, 3. **Kitaplara**, 4. **Peygamberlere**, 5. **Âhirete iman. Aynen bunun gibi ibadetler de 5'e ayrılır.**" (Nesefî, *Tabsıratü'l-Edille*, 2/92; Atay, *Kur'an'da İman Esasları ve Kader Sorunu*, 154)

Nesefî burada iki Kur'andışılığı aynı anda düzeltmiştir:

1. Kur'an'ın gösterdiği iman esasları içinde kadere iman diye bir şey yoktur,

2. Geleneksel kabullerin 'İslam'ın Şartları' diye öne çıkardığı beş kavram İslam'ın şartı değil, İslam'daki temel ibadetlerdir. İslam'ın şartları Kur'an'ın bütün hükümleridir.

'Kadere iman' tabiri, İslam inançlarının içine, ortalıkta 'hadis' diye dolaştırılan bir söze dayanılarak sokulmuştur. Oysaki o söz, bugünkü kader anlayışını savunanların deyimiyle bir **'haberi vâhit'**tir, yani Peygamberimizden bir tek kişinin rivayetidir. Ve hadisçilerin de kabul ettikleri bir kurala göre, **haber-i vâhit imanla ilgili konularda delil olmaz.** Bu noktada, Ehlisünnet mezhepleri yanında, Mûtezile mezhebinde de ittifak vardır.

"**Mâtürîdiyye, Eş'ariyye ve Mûtezile'ye göre, mütevatır olmayan hadisler iman konusunda delil olmaz. Kader konusunda ise mütevatır hadis bulunmamaktadır.**" (Atay, age. 155)

Ne yazık ki, Ehlisünnet çevrelerinin büyük bir kısmı, **mezheplerinin temel anlayışına aykırı olarak,** birçok meselede haberi vâhidi delil saymışlardır. Daha doğrusu, Ehlisünnet'in bu temel tespiti, Arapçı-Emevîci dincilik mümessillerince, egemen geleneğin hatırı için sulandırılmıştır. **Haberi vâhidin, bırakın iman alanını, ibadet** alanında kanıt olduğu bile tartışmalıdır. (Gazâlî, *el-Müstasfa*, 1/440-444)

Haberi vâhit, ukûbatta (ceza alanında) da delil olmaz kuralı esastır ama bu ilkeyi de onlarca kez çiğnemişlerdir.

Baştan başa zulüm ve sömürü üzerine oturan Emevî despotizmi, yarattığı ve yaşattığı dinsel tasavvurları, özellikle yozlaştırdığı kader kavramını, gücünü tahkim için ustalıkla kullanmıştır. Takvanın insanlar arası ilişkilerde bir ölçü olamayacağını söyleyen Kur'an'ın bu hayatî buyruğundan habersiz hale getirilmiş topluma şunu söylüyordu Emevî yönetimi:

"Bu âlemde ne varsa Allah'ın kudret ve iradesine boyun eğmiştir. İnsanî iradenin bu tanrısal güce sınır koyması söz konusu edilemez."

Emevîler bu yumuşak ve duygusal noktayı yakaladıktan sonra buna karşı çıkış ifade eden fıkhî, felsefî bütün görüşleri din dışı ilan etmek üzere güdümlerindeki ulemayı meydana sürdüler. Bu ulemanın, en saygın isimleri bile etkisiz kılmadaki şeytanî eylemlerinin nasıl yürütüldüğünü ve nasıl etkili olduğunu anlamak için sadece **İmamı Âzam**'ın hayat ve mücadelesini izlemek bile yeter. İş o hale getirilmişti ki, Emevînin icraatını tenkit, Allah'ın irade ve kudretini tenkit gibi algılanıyordu.

Emevî yandaşı ulema diyordu ki, **"Kaderin bizim tarafımızdan belirlenmiş anlamını inkâr, ümmet içine sonradan sokulmuş bir zındık fikirdir."** Emevîlere karşı olanlar ise kader kavramının Emevî zulümlerini meşrulaştırmak için yozlaştırıldığını ve esas zındıklığın bu olduğunu söylüyorlardı. Bu fikri temsil edenlerin başında, öyle bazı Emevî meddahlarının iddia ettiği gibi, **Mâbed el-Cühenî** (ölm. 83/702) veya **Gaylân ed-Dımaşkî** (ölm. 120/738) değil, tabiûn neslinin her alanda ilim ve hikmet önderi sayılan **Hasan el-Basrî** (ölm.110/728) vardı. Hasan el-Basrî, Emevîlerin kader kavramını kendilerini savunmak üzere tefsire tâbi tutmalarını değerlendirirken aynen şunu söylüyordu:

"Allah'ın düşmanları yalan söylüyorlar."

Emevîlerin, şuraya kadar anlattıklarımızla oynadıkları oyunun anlamını Mısırlı Ebu Zeyd çözüyor:

"Emevîlerin bütün zulümleri, 'kaderi inkâr etmeme' adı altında ilahî iradeye fatura ediliyordu." (Ebu Zeyd, *el-İtticâhu'l-Aklî fi't-Tefsîr.* 20).

İkinci Bölüm
ÖZGÜRLÜĞÜN METAFİZİK DAYANAKLARI

İKİNCİ DOĞUM OLARAK ÖZGÜRLÜK

> "İkinci kez doğmayan göklerin melekûtuna giremez."
>
> Hz. İsa

ÖZGÜRLÜĞE DOĞMAK VEYA RUHSAL DOĞUM

Manevî doğum veya ikinci doğum kavramı, bizim tetkiklerimize göre, Hz. İsa'nın, başlığımız altına koyduğumuz şu sözüne dayanıyor: **"İkinci kez doğmayan göklerin melekûtuna giremez."** (Yuhanna, 3/3)

Yaratıcı özgür benlik, bütün evreni bir tür rahim gibi kullanarak oradan Yaratıcı şuurun sonsuz hürriyet iklimine doğabilen ruhtur. Mevlana Rumî şöyle diyor:

"İlk doğuşum geçti gitti; bu solukta aşktan doğmuşum; ben, kendimden de fazlayım artık, ikinci kez doğmuşum ben." (Rumî, *Divan-ı Kebir*, 7/102)

Sûfizm, tam özgürleşmeyi, daha doğrusu ölümsüzlüğü (immortaliteyi) ikinci kez doğmak, (vilâdeti sâniye) veya ruhsal doğum (vilâdet-i maneviye) olarak görüyor. Nedir bu, manevî doğum veya ikinci doğum?

"İnsanoğlu bir kez doğar, bense nice kere doğdum" (*Divanı Kebir*, 1/97) diyen Mevlana, bu kavramı da yepyeni bir güzellik ve tazeliğe büründürerek sunmuştur. Şunu soruyor Rumî:

"**Canlılar erkekle dişiden olurlar, ana rahminden doğarlar; fakat kutsal doğuşlarda ana karnı nerede?** (age. 7/646) **İnsan, yaratılış rahminden iki kere doğar. Biz de dünya anasından doğduk ya; işte bu, ikinci doğuşumuz. Sen daha ana rahmindesin; bizi göremezsin. Nereye düştüğümüzü gören, ikinci anasından doğmuş olandır. Ağlayıp bağırmak, yakınların dertlerine düşmek, hep bu rahmin verdiği zahmetlerdir; bu zahmetlere uğrayan kişi ölmediğimizi, üstelik de yaratılıp doğmakta olduğumuzu ne bilecek?**" (age. 7/ 357)

Son yüzyılın en büyük müfessirlerinden biri olarak gördüğümüz **Seyyid Ahmet Hüsameddin** (ölm. 1925), Kur'an'daki **'en-neş'etü'l-âhire'** (sonraki yaradılış-zuhur) tabirini, **Kaaria** suresini tefsir ettiği eserinde ikinci doğum anlamında değerlendirmiştir. Şöyle diyor:

"Sahip bulunduğumuz şu anki yaradılışa **'el-kaariatü'l-ûla'** (birinci patlayış) veya **'en-neş'e-tü'l ûla'** (birinci yaradılış veya zuhur) denir. İnsanların ilimleri ve akıllarıyla orantılı olarak takdir edilen yaradılış ise **'en-neş'etü's-sâniye'** (ikinci yaradılış veya zuhur) adını alır. **Bu ikinci yaradılış, insanların ilimlerinin ve akıllarının semeresi olarak zamanın resulü vasıtasıyla vücut bulur.**" (Ahmet Hüsameddin, *Menâru'l-Hüda fî Mürşidi's-Sâlikîn*, bizdeki yazma, 28)

İkinci doğumu, modern psikoloji adına en güzel değerlendiren düşünür, bana göre, Erich Fromm'dur. Bakın ne diyor:

"**Doğum, sözcüğün gündelik anlamıyla, daha geniş kapsamlı doğma eyleminin yalnızca başlangıcıdır. Bireyin** yaşamı, baştan sona kendisini yeniden doğurma sürecinden başka bir şey değildir. Gerçekten de tam olarak, öldüğümüz zaman doğmamız gerekir; oysa birçok bireyin acıklı alınyazısı doğmadan önce ölmektir."

"İnsan ırkının evrimi konusunda bildiklerimize dayanarak insanın doğumunun bireyin doğumuyla aynı anlamda anlaşılması gerektiğini söyleyebiliriz."

"Birbiriyle çakışan şu iki eğilimden hiçbir zaman kurtaramayız kendimizi: Bunlardan biri, rahimden, hayvanca yaşama biçiminden daha insanca bir varoluşa, bağımlılıktan özgürlüğe geçiştir; öteki de rahme, doğaya, kesinliğe ve güvenliğe dönme isteğidir." (Fromm, *Sağlıklı Toplum*, 34-35)

Manevî doğumdan vücuda gelen çocuğa sûfîler **kalp çocuğu** (veled-i kalb) derler. Bu çocuk, birinci doğumunkinin **bel evladı** olmasına mukabil, bir **yol evladı** olarak görülmüştür. Bel evladı, kan ve beden kaynaklı şeylere vâris olurken, yol evladı ölümsüz, ruhsal değerlere vâris olur.

Manevî doğumun rahmi olan dünya ile maddî doğumun mekânı olan ana rahmi arasında kurulan ilişkiden şu sonuçlar da çıkarılmıştır: Ana rahmindeki cenin için en mükemmel yer orası, en mükemmel gıda da rahimdeki kirli kandır. Çünkü cenin, rahmin dışındaki geniş ve güzel dünyadan habersizdir. Rahimden çıkıp sayısız nimetlerden tatmaya başlayınca, rahimdeki kanın ne olduğunu anlar ve bir daha oraya dönmek istemez.

Aynen bunun gibi, ikinci doğumu gerçekleştirememiş yani özgürleşmemiş insan da, ikinci doğumun rahmi olan dünyanın nimetlerini en mükemmel nimet olarak düşünür. Dünya rahmini yırtıp gözlerini sonsuz özgürlük fezasına açtığında dünya nimetlerinin çok basit, hatta bayağı olduğunu fark eder. Ve dünya nimetleri onun gözünde ana rahmindeki kirli kan haline gelir. Şiirin sultanlarından **Fuzulî** (ölm. 1556), bu gerçeği şöyle şiirleştirmiştir:

"Bahr-i ışka düştün ey dil, la'l-i cânını unut,
Bâliğ oldun, gel rahimden içtiğin kanı unut!"

Konuyu daha fazla detaylandırmadan, maddî doğumla özgürlüğe doğum olan ruhsal doğumun şaheser bir karşılaştırmasını, Mevlana'nın tarih içinde belki de en büyük müridi olan **Muhammed İkbal**'den dinleyelim:

"Ey seçkin insan, bu dört yönlü dünyaya doğum yoluyla geldin, yine doğmak yoluyla dışarıya çıkabilirsin, bağlarını çözebilirsin. Bu ikinci doğum su ve topraktan değildir, onu ancak gönül eri olan bilir. Birinci doğum zorunlu, bu ikincisi seçime bağlıdır; o perdelerle gizli, bu ikincisi apaçıktır. O doğum ağlamakla oluyor, bu ikincisi gülmekle. Yani o arayandır, bu bulan. O, kâinatta durgunluk seyretmedir, bu ikincisi yönlerin ötesine geçip dolaşmaktır. O, gün ve geceye muhtaçtır; bu ikincisi içinse gün ve gece sadece binektir. Çocuğun doğması rahimlerin yırtılmasıyla oluyor. Tanrı erlerininki ise âlemlerin parçalanmasıyla vücut buluyor. Bu iki doğum için ezan bir delildir. Ancak birinci doğumda ezanı dudaklarla söylüyorlar, ikinci doğumda ise ruhun ta derinliklerinden. Uyanık ruh benlikte doğarsa, bu eski tapınak olan dünyaya bir titreyiş düşüverir." (İkbal, *Cavidnâme*, 15-16)

Ne ilginçtir ki büyük İkbal, bu sözleri manevî yolculuğunda, rehber edindiği Mevlana'ya sorduğu bir sorunun karşılığı olarak, yine Mevlana'ya söyletiyor. Mevlana, ikinci doğum için şunları da söylemiştir:

"Senin talihin yeni bir çocuk doğurmadıkça, kan, tatlı süt haline gelmez, bunu iyi bil." (Eflâkî, 2/170)

"Sende gizli bir kapı var. Altı yanı araştırıp durma. Gizli bir kapı var sende; her gece o kapıdan uçar gidersin. Bu dünya rahme benzer, onun için kanlar içmedesin, kanla beslenmedesin. Diri kimdir, bilir misin? Aşktan doğan kişi. Bizi aşkta ara, aşkı da bizde. Bazen ben onu överim, bazen o beni över." (Rumî, *Divan-ı Kebir*, 1/206, 263)

Elbette ki bu ikinci doğumla sonsuz hürriyet alanına geçiş bedava olmaz. Yine Fromm'u dinleyelim:

"İnsanla özgürlük arasındaki temel ilişkinin en etkili ifadesi kutsal kitaptaki insanın cennetten kovuluşuna ilişkin mitte sunulmuştur."

"Bu mit, insanlık tarihinin başlangıcını seçim yapma eylemiyle özdeşleştirir. Ama vurgu, bu ilk özgürlük eyleminin günahı ve yol açtığı acılar üzerinedir. Erkek ve kadın, cennet bahçesinde birbirleriyle ve doğayla tam bir uyum içinde yaşamaktadırlar. Barış vardır, çalışmaya gerek yoktur; seçim, özgürlük, düşünce diye bir şey yoktur. İnsanın bilgi ağacının meyvesini yemesi yasaktır."

"Otoriteyi temsil eden kilise açısından bu ilk eylem, temelde günahtır. İnsan açısındansa, insanın özgürlüğünün başlangıcıdır. Tanrı'nın buyruklarına karşı gelme, baskıdan kurtulup özgürleşmek ve insanlık öncesi bilinçsiz varoluştan insan düzeyine geçmektir. Otoritenin buyruğuna karşı gelmek, günah işlemek, olumlu anlam-

da ilk özgürlük eylemi, yani ilk insanca eylemdir. Mitte günah, formel açıdan tanrının buyruğuna karşı geliş, maddî açıdan bilgi ağacının meyvesinin yenilişidir."

"Bir özgürlük eylemi olarak karşı geliş, mantığın, aklın başlangıcıdır. Efsanede ilk özgürlük eyleminin başka sonuçlarından söz edilir. İnsan ve doğa arasında başta varolan uyum bozulmuştur. Tanrı, kadınla erkek arasında, insanla doğa arasında savaş ilan eder. İnsan doğayla ayrılmıştır, 'birey' olma yoluyla, insanlığa ilk adımı atmıştır. İlk özgürlük eylemini yapmıştır. Efsanede bu eylemin doğurduğu acılar vurgulanır. Doğayı aşan, doğaya ve başka bir insana yabancılaşan insan çıplak ve utangaçtır. Tek başına ve özgürdür ama güçsüzdür ve korkar. Yeni kazandığı özgürlüğü bir lanet gibidir, cennetin tatlı bağlarından kurtulup özgür kalmıştır, ama kendini yönetmek için, bireyselliğini gerçekleştirmek için özgür değildir."

"Doğayla, klanla, dinle özdeşlik, bireye güven verir. Özdeşleşen kişi, bir yere aittir, kökleri vardır, örgütlü bir bütünde tartışılmaz bir yere sahiptir. Açlık çekebilir ya da baskı altında ezilebilir ama en kötü acıyı çekmez: Bütünüyle yalnız ve kuşkulu olmanın acısını." (Fromm, *Özgürlük Korkusu*, 38-40)

Anlaşılan o ki, özgür benliğe kavuşmak için ödenmesi gereken çok ciddi bir fatura vardır. Özgürlüğü herkes sever ama bu faturayı herkes ödeyemez.

Hayat, bedavadan birçok şey verir ama, yaratıcı özgürlük asla bedavadan verilmez. İnsanın bu özgürlüğe kavuşması için kendisine ezberletilenleri, toplumu, çevresini, hatta bazen bütün dünyayı karşısına alması gerekecektir. Böyle bir olgunun getireceği yalnızlık,

birbaşınalık, itilmişlik, sıradan çileler gibi tahammül edilebilir türden değildir.

BAĞLARDAN KURTULUŞ GERÇEĞİ

Her doğum, bir 'bağlardan kurtulma' olayıdır. Birinci doğumda bu, ana rahmiyle anaya bağımlılıktan kurtulma şeklinde vücut bulur. Ruhsal doğumda bu kurtuluş, yaşadığımız toplumun, hatta yaşadığımız dünyanın bizi prangalayan bağlarından kurtulmak olacaktır.

Bağlardan kurtulmak, bireyselleşmek ve yaratıcı özgürlükle tanışmak demektir. Bu noktada yine **Erich Fromm**'u dinleyelim:

"Bebek annesiyle tek varlık olmaktan çıkınca doğar ve ondan ayrı biyolojik bir varlık olur. Bununla birlikte, bu biyolojik ayrılma bireysel insan varoluşunun başlangıcı olsa da, bebek işlevsel olarak uzun bir süre annesiyle tek varlık olarak yaşamayı sürdürür."

"İnsan kendisini dış dünyaya bağlayan bağları koparmadan önce özgürlükten yoksundur. Ama bu bağlar ona güvenlik verir, ait olma ve bir yerde kökleri olduğu duygusunu sağlar. Bireyleşme süreci tamamlanıp da birey ortaya çıkmadan önceki bu bağlara 'birincil bağlar' adını vermek istiyorum. Normal insan gelişiminin bir parçası olduklarından bu bağlar organiktirler. Bi-reysellikten yoksunluğu gösterdikleri gibi aynı zamanda bireye güvenlik sağlayıp yol gösterirler. Bunlar çocuğu annesine, ilkel bir toplumun üyesini klanına ve doğaya, Ortaçağ insanını kiliseye ve toplumsal sınıfına bağlayan bağlardır. Bireyleşme aşamasına varıldığında, birey bu birincil bağlardan kurtulmuş, yeni bir görevle baş başa kalmıştır. Dünyada yolunu bulup kök salmak ve bireyleşmeden önceki varoluşunda bulunan başka yollardan kendine güvenlik aramak zorundadır. Görülüyor ki, bu evrim aşamasına varıldıktan sonra özgürlüğün anlamı değişmektedir."

"Ana rahmindeki ceninden insanî varlığa ani denebilecek geçiş ve göbek bağının kesilmesi, bebeğin annenin bedeninden bağımsızlaşmasının başlangıcıdır. Ama bu bağımsızlık tam olarak gerçekleşmiş değildir. İşlevsel anlamıyla, bebek annesinin bir parçasıdır hâlâ. Yaşaması için her açıdan gerekli anne bakımına muhtaçtır. Yavaş yavaş bebek anneyi ve başka nesneleri kendinden ayrı varlıklar olarak görmeye başlar. Bu süreçte rol oynayan etkenlerinden biri, çocuğun nörolojik ve genel fiziksel gelişimidir, hem sinir sistemi hem de zihinsel olarak nesneleri kavrayıp hâkim olmasıdır. Kendi etkinlikleriyle çocuk kendi dışındaki dünyayla deneyime girer. Bireyleşme süreci eğitimle ilerler. Bu süreçte varolan belli engelleme ve yasaklamalar annenin rolünü değiştirerek onu amaçları çocuğun istekleriyle çelişen bir kişi haline getirir ve bazen de düşmanca ve tehlikeli bir kişiye dönüştürür. Eğitim sürecinin tümü değil, ama bir parçası olan bu düşmanlık, 'ben' ve 'sen' arasındaki ayrımın keskinleşmesinde önemli bir unsurdur."

"Bireyler arasında bu açıdan büyük farklılıklar var gibi görülse de, her toplumun kendine özgü bir bireyleşme düzeyi vardır ve normal bireyler bu sınırın ötesine geçemezler."

"Bireyleşme sürecinin diğer yönü de artan yalnızlıktır. Birincil bağlar güvenlik ve kişinin dışındaki dünyayla temel bir birlik sağlar. Çocuk bu dünyadan ayrıldıkça yalnız oluşunun farkına varır, bütün öbür varlıklardan ayrı olduğunu fark eder. Kişinin kendi bireysel varoluşuyla kıyaslandığında müthiş güçlü olan, çoğu kez de tehlikeli olan bu dünyadan ayrılmak, güçsüzlük ve kaygı duyguları yaratır. **O dünyanın bütünleşmiş bir parçası olduğu, bireysel eylemin olanak ve sorumluluklarından habersiz olduğu sürece kişinin bu dünyadan korkmasına gerek yoktur. Ama kişi birey olduktan sonra tek başına kalır ve dünyanın bütün tehlikeli, güçlü yönleriyle karşı karşıya bulur kendini."**

"Hayvanlar arasında, doğumda en çaresiz olanı insandır. Doğaya uyumu temelde içgüdüsel belirlenime değil, eğitim sürecine bağlıdır. 'İçgüdü, daha yüksek hayvan biçimlerinde, özellikle insanda, yok olmasa da azalan bir kategoridir."

"İnsan varoluşu, eylemin içgüdüler tarafından belirlenmekten çıktığı, doğaya uydurma zorlayıcılığını yitirdiği, hareket etmenin yolu kalıtsal olarak belirlenmiş işleyişlerle kısıtlanmadığı ölçüde başlar. Bir başka deyişle, insan varoluşu ve özgürlük baştan beri ayrılmaz bir bütünüdür. Burada özgürlük olumlu anlamında, yani bir şey için özgürlük değil; olumsuz anlamında, bir şeyden özgürlük anlamında kullanılmıştır. Bu da eylemlerin içgüdüyle belirlenmesinden özgürlüktür."

"Bu anlamda özgürlük belirsiz bir yetidir. İnsan, hayvanların sahip olduğu gerekli eylem donanımlarına doğuştan sahip değildir. Her hayvandan daha uzun süre boyunca anne ve babasına bağımlı kalır, çevresine tepkileri de otomatik olarak düzenlenmiş içgüdüsel eylemlerden daha yavaş ve daha az etkilidir. İçgüdüsel donanım yokluğunun yol açtığı bütün tehlike ve korkulardan geçer. Yine de, insanın gelişmesinin kaynaklandığı temel, işte bu çaresizliğidir. İnsanın biyolojik zayıflığı, insanlık kültürünün koşuludur." (Fromm, *Özgürlük Korkusu*, 32-33, 35, 37-38)

Yalnız Kalma Korkusu:

Korku başlıbaşına yıkıcı bir felakettir ama bu felaketin en kahırlısı yalnız kalmaktan doğan korkudur. İnsanı, asla olamayacağı yabancılaşmaların içine hem de bir kurtarıcı gibi iterek onun yaratıcı enerjisini tarumar eden bela yalnız kalabilme, kendi içini dinleyebilme gücünden yoksun olmaktır. Dikkat edilirse, Kur'an, iman ve tebliği önderi Peygamber'i daha ilk üç suresinde, gelecek zorlu mücadele için kodlarken ona gecelerin bağrındaki yalnızlığa tahammül dersi de vermektedir:

"Onların söylediklerine sabret! Ve güzelce ayrı kal onlardan." (Müzzemmil, 10)

Yalnızlığa tahammül gücü olmadan hiçbir şey yaratılamaz, tarih asla yaratılamaz.

"İnsanın kendi kendisini dinlemesi çok güçtür. Çünkü bu sanat, modern insanda pek ender rastlanan bir başka yeteneği, kendi kendisiyle yalnız kalabilme yeteneğini gerektirir. Biz, gerçekte 'yalnız kalma korkusuna' kapılmış bulunuyoruz. En sudan ve iğrenç beraberlikleri, en anlamsız etkinlikleri bile, kendi kendimizle yalnız kalmaya yeğ tutuyoruz. Kendimizle yüzyüze gelme olasılığından korkar gibi görünüyoruz. Bu, acaba kendi kendimize kötü bir arkadaş olacağımız duygusundan mı doğuyor? Kendi kendimizi dinleme fırsatını kaçırıp vicdanımızı bilmezlikten gelme işini sürdürüyoruz." (Fromm, *Kendini Savunan İnsan*, 160-161)

KUŞKU DUYABİLME GÜCÜ OLARAK ÖZGÜRLÜK

Kuşku duyabilme özgürlüğünün prototipi ve rehberi Hz. İbrahim'dir. O, bu özgürlüğü sadece insana karşı değil, Tanrı'ya karşı bile kullanmıştır. Bu kitabın önceki bölümlerinde de gösterdiğimiz gibi, İbrahim, hanîfliğin baş temsilcisidir. Ve **hanîflik kuşku duyabilme özgürlüğünün de sanatıdır.**

Kur'an, kuşku duyabilme özgürlüğünü insan olmanın kaçınılmazlarından biri olarak görmektedir. Hz. İbrahim gibi bir peygamberi bu kaçınılmazın baş temsilcisi yapması tesadüf veya fantezi değildir.

Kuşku hiçbir yerde kötülenmemiştir. Ya hanîflik ve Hz. İbrahim bahsinde olduğu gibi övülmüş yahut da tarafsız bir bakışla ortaya konmuştur. Mesela, Hz. İbrahim, ölülerin nasıl diriltileceği meselesinde kuşku duyduğunda Allah onu azarlamamış, itham etmemiştir. Sadece şunu sormuştur: "İnanmadın mı?" Demek ki, kuşku duyan, itham edilmiyor, kötülenmiyor; ona yardım ediliyor, kuşkudan çıkışın yolu-yöntemi, bu çıkışın koordinatları, yardımcı adresleri gösteriliyor.

Kur'an diyalektiğinde kuşku, kötülenmemiştir. Kur'an'ın kuşku karşısındaki tavrı nötrdür denebilir. Hatta bir yerde kuşku 'kalp marazı'na karşı bir kavram gibi verilerek âdeta savunulmuştur:

"**Kalplerinde maraz mı var yoksa kuşkuya mı düştüler yoksa Allah'ın ve Resulünün kendilerine haksızlık yapacağından mı korkuyorlar?**" (Nur, 50)

Burada kuşku, kalp marazıyla Allah ve peygamberin kötülük yapmasından korkmak yanında âdeta savunulmuştur. Yapılan, kuşku duyanların uyarılması ve kuşkudan kurtulmalarına yardımcı olmaktır. Kuşku bir yerde kötülenmiş (40/34) gibi görünüyorsa da dikkatli bir bakış oradaki kötülemenin kuşkunun zulme araç yapılması yüzünden olduğunu görmekte gecikmez. Yani sonuçta, kötülenen, Kur'an'ın tek düşmanı olan zulümdür. Elbette ki kuşkuyu zulme payanda veya araç yaptığınızda sizin o kuşkunuz da kötülenecektir. Bizatihi kuşku, tek başına kuşku hiçbir yerde doğrudan doğruya kötülenmemiştir.

Kuşku Anlamındaki Kelime ve Tabirler:

Reyb:

Reyb ve ondan üreyen sözcükler 30 küsur yerde geçer. Bunların 6'sında reyb, yine kuşku anlamında bir sözcük olan **'şek'** kelimesiyle birlikte kullanılmıştır ki çok güçlü kuşkuyu ifade için tercih edilir.

Kur'an kendisini kuşku-çelişme ve tutarsızlıktan âzade kitap olarak tanıtırken bu **reyb** sözcüğünü kullanmaktadır:

"**İşte sana o kitap! Kuşku/çelişme/tutarsızlık yok onda. Bir kılavuzdur o, sakınanlar için.**" (Bakara, 2. Ayrıca bk. 2/23; 10/37; 32/2)

Şek:

Kuşku anlamındaki bu kelime isim olarak 15 yerde kullanılmıştır. Şek, daha çok Kur'an'ın Yaratıcı katından indirildiğinde kuşku olarak belirmektedir. (bk. 10/94; 38/8; 40/34) Allah'ın ve ahiretin varlığından, Kur'an'ın dininden kuşku bunu izler. (bk. 10/94; 14/10; 34/21)

Kuşku Edatı 'Evelev':

'Ya öyle değilse!' anlamındaki bu edat-tabir, daha çok, özendirilen kuşkularda kullanılmaktadır. Örneğin, ecdat kabullerinin şaşmaz kanıt-tabu olarak öne sürülmesi kınanıp bunlardan kuşku duyulması gerektiği söylenirken bu **evelev** edatı kullanılmıştır:

"**Onlara, 'Allah'ın indirdiğine uyun!' dendiğinde: 'Hayır! Biz, atalarımızı üzerinde bulduğumuz şeye uyarız' derler. Peki, ataları bir şeyi akıl yoluyla kavrayamıyor, doğruya ve güzele ulaşamıyor idiyselerde mi?!**" (Bakara, 170; Mâide, 104; Lukman, 21; Zühruf, 24)

Benisrail peygamberlerinden birinin makul ve makbul kuşkusu verildikten sonra Hz. İbrahim'in kuşkusuna geçiliyor:

"**Ya şu kişi gibisini görmedin mi? Çatıları çökmüş, duvarları-damları yere inmiş bir kente uğramıştı da şöyle demişti: 'Allah şurayı ölümünden sonra nasıl hayata kavuşturacak?' Bunun üzerine, Allah, o kişiyi yüz yıllık bir süre için öldürmüş, sonra diriltmişti. 'Ne kadar** bekledin?' demişti. 'Bir gün veya günün bir kısmı kadar bekledim' dedi. 'Hayır, dedi, aksine, sen, yüz yıl kaldın! Yiyeceğine, içeceğine bak! Henüz bozulmamış. Eşeğine bak! Seni insanlara bir ibret yapalım diyedir bu. Kemiklere bak, nasıl yerli yerince düzenliyoruz onları ve sonra et giydiriyoruz onlara.' İş kendisi için açıklık kazanınca şöyle dedi o: 'Allah'ın her şeye kadir olduğunu biliyorum."

"Hani, İbrahim de şöyle yakarmıştı: 'Rabbim, göster bana, nasıl diriltiyorsun ölüleri?' 'İnanmadın mı?' diye sordu. 'İnandım, dedi, ancak kalbimin tatmin olması için!' Allah dedi: 'Kuşlardan dört tane al, onları kendine ısındırıp alıştır/onları doğrayıp parçalara ayır. Sonra her dağın üstüne onlardan bir parça koy. Sonra da onları çağır. Koşarak sana geleceklerdir. Bil ki, Allah Azîz'dir, Hakîm'dir." (Bakara, 259-260)

Bu ayetten anlıyoruz ki, bir kalpte imanla kuşkunun beraberliği mümkündür. Makul kuşku ile iman birlikte olabilir ve hatta bu birliktelik makbuldür. Bu birlikteliği kucaklama özgürlüğü Kur'an tarafından, hem de Hz. İbrahim gibi bir peygamberin kişiliğinde örneklendiriliyor.

"Toplumu ona karşı çıkıp kanıt getirmeye kalkıştı. O dedi ki, 'Allah hakkında benimle çekişiyor musunuz? Beni doğru yola O iletti. O'na ortak koştuğunuz şeylerden korkmam. Rabbimin dilediği dışında hiçbir şey olmaz. Rabbim bilgice her şeyi çepeçevre kuşatmıştır. Hâlâ öğüt almayacak mısınız? Hem siz, hakkında size hiçbir kanıt indirmediği şeyleri Allah'a ortak koştuğunuz halde korkmuyorsunuz da ben, ortak tuttuğunuz şeylerden nasıl korkarım!" (En'am, 80-81)

KUŞKUDAN KURTULUŞTA YARDIMCI ADRESLER

Kuşkudan kurtuluşun, başka bir deyişle hem özgür düşünüp hem de kuşkuya yenik düşmemenin yolu Kur'an tarafından önümüze konan beş adrese gitmekle elde edilir. Bu adresler, şunlardır:

1. **Kur'an:** Temel koordinatları ve kuşkudan kurtuluşun metafizik dayanaklarını verir.

2. **Akıl:** Din dahil tüm verileri kontrol mevkiine konan, Râgıb'ın ifadesiyle **yaratıcı irade tarafından 'komutan' atanan kuvvet ve rehber, akıldır.** Kur'an'a göre, Peygamberler akıldan sonra gelir. **Akıl, peygamberleri ve getirdikleri mesajları kontrol eder ama peygamberler aklı kontrol edemez.** Çünkü din meselesinde de komutan akıldır. Kur'an'ın bununla kastının 'işletilen akıl' veya 'aklı işletmek' (**taakkul**) olduğunu bu eserde defalarca ifade etmiş bulunuyoruz.

3. **İlim:** Akıl işletilince onun bir tür zorunlu ürünü olan bilim devreye girecektir. Bilim, tek üstünlük ölçüsü, tek saygınlık ölçüsüdür. Kur'an, bilime hiçbir yerde, hiçbir şekilde kötülük ve çirkinlik izafe etmez ama örneğin, imana kötülük ve çirkinlik izafe eder. Çünkü imanda sübjektivite vardır; oysaki ilim daima objektiftir.

4. **Tabiat kanunları:** Kur'an bunlara **kader** veya **sünnetullah** der. Bu kanunlara kafa tutarak veya onları görmezlikten gelerek kuşkudan kurtulmak da özgürlüğü kullanmak da mümkün değildir. Aksi iddia edildiğinde insanın yolu saçmalığa ve bunalıma çıkar.

5. **Mâruf:** Ortak-evrensel insanlık değerleri. Kur'an bu değerlere sürekli atıf yapmaktadır.

ÖZGÜRLÜĞÜN YARATICI DESTEĞİ: MELÂMET

> "Düşmanın yoksa, hayatta hiç başarılı olamadın demektir."
>
> Che Guevara

Varoluşun ıstırap faturasını ödemeye başlamak, Fromm'un tabiriyle, insanın **'ruhsal anlamda göbek bağını kesmek'** demektir. Şöyle diyor:

"Bedensel değil de ruhsal anlamda göbek kordonunu kesmek, insan gelişimi açısından hem büyük bir meydan okumadır hem de en zor ödevdir. İnsan bu birincil bağlarla annesiyle, babasıyla ve ailesiyle ilişki kurduğu sürece kendini korunmuş ve emin ellerde hisseder. O hâlâ bir cenindir, ondan başka biri sorumludur. O, kendini kendi eylemlerinin sorumluluğunu almış, kendi kararlarını veren, 'hayatını kendi eline alan' ayrı bir varlık olarak görmenin huzur kaçırıcı deneyiminden kaçınır. Bir çocuk olarak kalan insan, yalnızca ayrı bir varlık olarak kendinin tümüyle farkına varmayla ister istemez bağlantılı olan köklü bir kaygıdan kaçınmaz, aynı zamanda bir zamanlar bir çocuk olarak tadını çıkardığı korunmanın, sıcaklığın ve sorgusuz bir aidiyetin hoşnutluğunu da yaşar; ama büyük bir bedel öder."
(Fromm, *Psikanaliz ve Din*, 84)

MELÂMET GERÇEĞİ

Melâmet, çoğunluğun dayattığı çözümün veya bakış açısının karşısına dikilmenin vücut vereceği yalnızlık, korku, horlanma, saldırıya uğrama gibi olumsuzluklara karşı direncin motor gücüdür.

Kur'an, melâmet ahlakının özünü veren ayette, melâmet sahibi özgür benliğin karşısına, sadece toplumu değil, tüm insanlığı koymuş ve melâmet sahibi benliğin gerektiğinde tüm insanlığa bile karşı çıkması gerektiğine, çıkabileceğine vurgu yapmıştır:

"**O müminler ki, insanlar kendilerine, 'İnsanlar size karşı bir araya gelmiş, korkun onlardan!' dediklerinde, bu onların imanını artırdı da şöyle söylediler: 'Allah bize yeter! Ne güzel Vekîl'dir O!**" (Âli İmran, 173)

"**Onlar ki, Allah'ın peygamberlik beyyinelerini tebliğ edip O'ndan korkarlar, Allah'tan gayrı hiç kimseden korkmazlar. Hesap sorucu olarak Allah yeter.**" (Ahzâb, 39)

Bu karşı çıkış, yerini kalabalığa veya egemen iradeye teslim oluş alırsa "birey kendisi olmaktan çıkar; kültürel dizgelerin kendisine sunduğu kişiliği bütünüyle kabullenir ve böylece herkesin tıpatıp eşi, herkesin beklentisine uygun olur. 'Ben' ve dünya arasındaki karşıtlık ve onunla birlikte bilinçli yalnızlık ve güçsüzlük korkusu ortadan kalkar. Bu mekanizma, bazı hayvanların koruyucu renk değiştirme mekanizmasına benzetilebilir. Bu hayvanlar çevrelerine o kadar benzerler ki çevrelerinden neredeyse ayırt edilemez olurlar."

"**Kendi benliğinden vazgeçip robot gibi yaşayan kişi, artık yalnız ve kaygılı olmak durumunda değildir. Ama ödediği bedel ağırdır; bu bedel benliğinin yitirilmesidir.**" (Fromm, *Özgürlük Korkusu*, 158)

ÖZGÜRLÜĞÜN METAFİZİK DAYANAKLARI

Kur'an, insanın özgürlüğü meselesinde metafizik temelleri **ezelî mîsak, insanın kendi yaradılışına tanık tutulması,** Âdem'in yaradılışı ve **Hubûti Âdem** (Âdem'in cennetten kovuluşu) meselelerini irdelerken atmıştır.

EZELÎ MÎSAK: ÖZGÜRLÜĞÜN TEMEL DAYANAĞI

Kur'an, mîsak (antlaşma) kavramını üç anlamda Kullanır:

1. Tanrı-insan arası mîsak,
2. Tanrı-peygamberler arası mîsak,
3. Tanrı-İsrailoğulları arası mîsak.

Bu antlaşmaların birincisi kısmen, üçüncüsü ise tamamen ihanetle karşılaşmıştır. Meselenin bu yanına burada girmeyeceğiz. Merak edenler, *'Kur'an'ın Temel Kavramları'* adlı eserimizin "mîsak" maddesine bakabilirler. Burada ayrıntılayacağımız, mîsakın birinci kısmı olan Tanrı-insan arası mîsaktır.

Kur'an'da 25 yerde geçen mîsak, güvenmek ve inanmak anlamındaki **sika** kökündendir. Isfahanlı Râgıb, mîsakı, şöyle mânâlandırıyor: **'Yemin ve taahhütle pekiştirilmiş akit.'** Kur'an bu anlamda olmak üzere **ahd** (ahdleşme) tabirini de kullanmaktadır.

Kur'an, mîsak kavramıyla her şeyden önce, **Allah'la insan arasındaki mukaveleyi kast eder** ve insan hayatının bireysel ve toplumsal bütün boyutlarında bu kavramı hareket noktası olarak alır. **Yalnız bu mukavelenin varlığı bile insan özgürlüğünün zaman öncesi karakterini göstermeye yeter. Demek olur ki, Kur'an, insanı daha varlıklar âlemine ayak basmadan bile Yaratıcı kudretin karşısına özgürce mukavele imzalayabilecek bir ego (benlik) olarak koymaktadır. İnsan özgürlüğüne (daha doğrusu bir varlığın özgürlüğüne) bundan daha güçlü bir metafizik temel bulmak mümkün değildir.**

Kur'an'a göre, insan ruhuyla Allah arasında ezelde yapılmış bir mukavele vardır ve dünya hayatı bu mukavelenin icra yeridir. Kur'an, insanı bu mukaveleyi unutmamaya ve şartlarını yerine getirmeye çağırmaktadır. İman, bu ezelî mukavelenin bir kere daha hatırlanması ve itirafıdır. Kur'an ezelî mukavele konusunda şu açıklamayı getiriyor:

"**Hani, Rabbin, âdemoğullarının bellerinden zürriyetlerini alıp onları öz benliklerine şahit tutarak sormuştu: 'Rabbiniz değil miyim?' Onlar: 'Rabbimizsin, buna tanıklık ederiz.' demişlerdi. Kıyamet günü, 'Biz bundan habersizdik' demeyesiniz!**" (A'raf, 172-173)

Yaratıcı, insanoğullarının zürriyetlerini, kendisini kabul konusunda tanıklığa çağırmış ve onlar da özgür iradeleriyle Allah'ı bilme konusunda kendi benliklerine tanıklık etmişlerdir. Bunun ilk anlamı şudur:

İnsanın varlık yapısında Allah'ı bilme yetisi ve özgürlük duygusu, bir yaradılış gerçeği halinde mevcuttur. Kur'an böylece insanın bütün iyiliklere ve güzelliklere yaratılıştan yetenekli ve hazır olduğunu, ahlaksal yü-

kümlülüğün ve insan haklarının temelinde Allah huzurunda akdedilmiş hür bir mukavelenin bulunduğunu göstermektedir. Bunun zorunlu sonucu şudur:

İnsan hakları ve bu haklara ilişkin evrensel ilkeler insana, insanın bir bağışı değil, Yaratıcı'nın ezelden verdiği öz imkânlardır. Bu hak ve imkânlar, dünya planında anlam ifade eden ırksal, renksel, dinsel, bölgesel ayrımlarla belirlenemez, sınırlanamaz. Kur'an, bu işin, yaratılan ile Yaratan arasında, daha ilk anda özgür bir antlaşma ile karara bağlandığını söylemektedir.

Güzele ve iyiye yönelişin, ahlaksal davranışın temeline kozmik ve zaman öncesi bir mukavelenin konmuş olması, insanı, onur ve özgürlük burcunun ve yaratılıştan temiz ve yüce olduğuna ilişkin şuurun doruk noktasına çıkarır.

Mîsak kavramı şunu da göstermektedir: Allah'ın insanî 'ben'den ayrı düşünülmesi Kur'an'a uygun bir davranış olamaz. Meseleye ister bu âlemden geriye doğru bakalım ister ezelden bu âleme doğru bakalım değişen bir şey olmayacaktır.

Allah ile insanın, özgür iki benlik olarak daima birlikte düşünülmesi Kur'an'ın kaçınılmazlarından biridir.

Bu âlemden baktığımızda görünen şu: **Allah insana şahdamarından daha yakındır.** (Kaf, 16) Yani Allah ile insan arasında birinden veya birilerinden söz etmek şöyle dursun, **'ara'**dan bile söz edilemez.

Kur'an, insanla Tanrı münasebetinde 'ara' bırakmamıştır. Ara olmadığına göre aracı ve şefaatçı da söz konusu edilemez. Edilirse bunun adı, tartışmasız şirk olur.

Ezelden başlayıp bu âleme doğru bakarsak durum yine aynıdır: Cenabı Hak ezelde insan ruhunu muhatap alıp ona, bizzat kendisi, yani aracısız soru sormuş, insan bu soruya olumlu cevap vermiştir. Yani Tanrı ezelde, ruhlar âleminde de insanla münasebetini özgür bir ortamda arasız, aracısız yürütmüştür.

Ezelî mîsak, hem Hallâc sistemindeki **Enel Hak** bağlamında hem de **insan hakları** bağlamında üzerinde ciddiyet ve ehemmiyetle durulması gereken bir kavramdır. Meselenin ayrıntıları için bizim *Hallâc-ı Mansûr* adlı eserimizin birinci cildinin 7. bölümüne bakılmalıdır.

Kur'an, insandan sürekli olarak ahdi yani ezelî mîsakı bozmamasını istemekte ve ahdi bozanların hüsrana uğrayacaklarını belirtmektedir. Yeryüzündeki bozgun ve kargaşanın sebebi de ahdin bozulması (bk. Bakara, 27), yani insanın bizzat Tanrı'ya verdiği söze ihanet etmesidir.

Allah'ın bizimle ahdleşmesi, **Râgıb el-Isfahânî**'nin de belirttiği gibi, iki yolla olmaktadır.

1. Ahdleşme konusu olacak şeyi bir yaradılış gereği olarak varlık yapımıza koyması,
2. Vahiy ve peygamberler yoluyla ahdleşme konusunu bildirmesi.

Esasen, iman da, bir ahdleşmedir. Bu ahdleşmeye sadakat, insanlar arası münasebetlerdeki ahdleşmelere sadakatle kendini gösterir.

İNSANIN KENDİ YARADILIŞINA TANIK TUTULMASI

Allah, iblisin isyan serüvenini anlattıktan sonra, insana şunu soruyor:

"Hani, biz, meleklere 'Âdem'e secde edin' demiştik de iblis dışında hepsi secde etmişti. İblis, cinlerdendi. Kendi Rabbinin emrine ters düştü. Şimdi siz, benim beri yanımdan, onu ve onun soyunu dostlar mı ediniyorsunuz? Hem de onlar sizin düşmanınızken. Zalimler için ne kötü bir değiştirmedir bu! Ben onları ne göklerle yerin yaratılmasına, hatta ne de kendilerinin yaratılmasına tanık tuttum. Ben, sapıp gitmişleri yardımcı edinecek değilim." (Kehf, 50-51)

Bu ayetler çok önemli bir noktaya dolaylı olarak parmak basıyor: **İblis ve yâranı, ne kendilerinin yaratılışına ne de diğer varlıkların yaratılışına şahit tutulmuşlardır. Oysaki insan, kendi yaratılışına şahit tutulmuştur. İşte, iblisin, toprak varlık diye küçümsediği insanda fark edemediği üstünlüklerden biri de budur.** Demek olur ki, iblis, insanla Allah arasındaki ezelî mukavele gibi bir erişe sahip olmamanın bahtsızlığını da taşıyor. İblis bahsinin, bizce en önemli noktalarından biri, belki de birincisi budur ve bu nokta, bizim tespitlerimize göre, bugüne kadar henüz fark edilmemiş halde idi.

Buraya kadarki açıklamalardan şu sonuç da çıkmaktadır:

İnsan, maddesel âlemde vücut bulduktan sonra "Yap-yapma" emri almış bir robot varlık değildir. Onun iş yapıp değer üretmesi, Yaratıcı ile ezelde (matematik zaman öncesinde) gerçekleşmiş bir sözleşme ile yani karşılıklı rıza ile yürüyen bir sorumluluğun ürünüdür. **İnsanın sorumlu bir varlık olması bu ezel sözleşmesine dayanmaktadır, bir dayatmaya değil.** Aynen bunun gibi, **insanın haklarının temelinde de şunun bunun lütfu değil, bizzat Allah ile yapılmış özgür bir mukavele, başka bir deyişle özgürlük vardır.**

İnsan haklarının ve sorumluluklarının altına böyle bir

mukavelenin konması iki sonucu zorunlu kılar:

1. İnsanın onuru dorukta bir onurdur ve bu, onun, yaratılıştan gelen öz hakkıdır; birilerinin lütfu değildir.

2. İnsanın sorumluluğu, öyle "Olsa da olur, olmasa da" türünden bir sorumluluk değildir; çok ağır ve çok ciddi bir sorumluluktur. Bu yüzden, savsaklanması halinde ödenecek fatura, varlığın en ağır faturasıdır.

Ezeldeki mîsakın anlamı, "Sen Allah'ı tanı O da seni tanısın"dır. **Hallâc-ı Mansûr**'un deyimiyle bu, **nâsût ile lâhûtun birbirinin kadrini bilmeleri**dir. Hallâc'ın, yirminci yüzyıldaki zuhuru sayılan **Muhammed İkbal** (ölm. 1938) bu inceliği şu dizelerle ifadeye koymuştur:

"**Yaşamak, kendini 'ben' ile süslemektir; kendi varlığı için bir tanıklık istemektir. Toplum, Elest gününde toplanıp kendi varlığı için bir tanık istemiştir.**" (İkbal, *Cavidnâme,* beyt: 119-120)

Kur'an bize şunu söylemek hakkını bahşediyor:

İnsan ben'i de tanrısal Ben kadar eskidir.

Allah ezelde **"Ben sizin Rabbiniz değil miyim?"** diye sorduğunda "Evet, rabbimizsin!" diye cevap veren, insan ben'i idi.

Yoruma da, tartışmaya da mahal bırakmayacak kadar açık bir gerçektir bu!

ÂDEM'İN YARADILIŞI VE 'HUBÛT'

İnsan özgürlüğünün metafizik dayanaklarının en önemlilerinden biri de ilk insan ve ilk peygamber kabul edilen Âdem'in yaradılışı, cennetten kovuluşu ve kendisine isnat edilen günah (ezelî günah) meselesi münasebetiyle verilmiştir.

Kur'an, Âdem kıssasının bütün unsurlarını insanın özgürlüğünü temellendirmek, o özgürlüğün önemine dikkat çekmek için irdelemektedir.

Kur'an, Âdem kıssasına, şekil yönünden ve ayrıntıya itibar eden bir bakışla eğilmemiş, insanın yaratıcı-hür bir düşünce oluşturmasına yardımcı olmak için meselenin felsefî unsurlarına dikkat çekmiştir.

Hristiyanlığın aksine, Kur'an-ı Kerim, **Hubût-i Âdem** (Âdem'in cennetten sürülüşü) dediği olayı över ve insanlığın lehine bir gelişme olarak kaydeder. Gerçekten de Hubût-i Âdem, insanın seçme yeteneği olan bir benliğe kavuşmasını ifade etmek bakımından, hürriyet meselesinde son derece kıymetli bir olaydır. **Muhammed İkbal** şöyle diyor:

"Makina gibi, davranışları önceden belirlenmiş bir varlıktan hayır doğmaz. Bu itibarla **hürriyet, hayır için ilk şarttır.** Ancak seçme gücü olan fani bir benliğin kendisine açık olan yolların sayısız kıymetlerini nazara aldıktan sonra, ortaya çıkmasına müsaade etmek, cidden büyük bir tehlikeyi göze almak olur; çünkü **hayrı seçme hürriyeti, hayrın aksini seçme hürriyetini de içerir.** Cenabı Hakk'ın bu tehlikeyi göze almış olması, O'nun insana olan büyük güvenini gösterir. Bu güveni haklı çıkarmak şimdi insana düşen vazifedir. Belki de 'en güzel biçim' üzere yaratılıp, sonra da 'en düşük seviye'ye indirilen bir varlığın gizli kuvvetlerinin geliştirilmesini mümkün kılan tek şey, böyle bir tehlikenin göze alınmış olmasıdır. Kur'an'da söylendiği gibi: **"Sizi bir imtihan olarak, hayır ile de şer ile de deniyoruz."** Bu itibarla hayır ve şer birbirinin zıddı olmakla beraber, aynı bütünün içinde mevcuttur. **Soyutlanmış hakikat diye bir şey yoktur;** çünkü gerçekler sistematik ünitelerdir ki, bütün parçaları karşılıklı münasebetlerle anlaşılabilir." (İkbal, *Reconstruction of Religious Thought,* 80-82)

ÖZGÜRLÜĞÜN EN KİRLİ AYAK BAĞI: EZELÎ GÜNAH

Pavlus kristolojisinin aksine, Kur'an **aslî günah** (zelle-i asliyye) diye var edildiği günden beri insanın yakasını bırakmayan bir suç kabul etmemektedir. Kur'an, ilk insanın günahına, ebediyen sırtlarında taşıyacakları ve hatırladıkça eziklik, aşağılık duyacakları bir suç olarak bakmamış, aksine, onu insanın gelişme ufkunu açan bir imkân gibi değerlendirmiş ve daha ilginci, Yaratıcı'yı insanın yanında göstererek âdemoğullarının ümit ufuklarını aydınlık tutmuştur.

Ayrıca, bahtiyarlık duyacağımız bir sonuç olarak, Kur'an'ın çizdiği Âdem kıssasında insanın günahına sebep olarak insanın dışındaki bir varlık gösterilmiştir: **Şeytan.**

Ne demek ezelî günah?!

Kur'an, bir kere bu günahın affedildiğini açıkça söylüyor. Affedilmiş bir günah, sonraki insanlara nasıl intikal eder?

İntikal etmemiş bir günah için 'kurtarıcı' (redeemer) tedarik etmek ne demek oluyor?!

Kur'an, Hz. İsa'yı Tanrı'nın ruhu olarak nitelemesine rağmen, **Pavlus** kristolojisindeki **'Tanrı ile insan arasında aracı' (redeemer)** fikrine şiddetle karşı çıkmaktadır.

İkbal, Hristiyanlık'taki kilise otoritesiyle **'kurtarıcı-mesih'** fikrinin, **'insanın kendi kendine yetmezliği'** tezine dayandığını, Kur'an'ın, **'insanın bütün gelişme imkânlarını felç eden'** bu tezi yıktığını ifade etmektedir. (İkbal, *Islam As An Ethical and Political Ideal*, 67-68)

İnsanın kendine yetmezliğinin kaçınılmaz sonucu, insanın özgür iradeden yoksunluğu olacaktır. Kur'an bu noktada Hristiyan öğretiden tamamen farklı bir mesaj taşımaktadır. Kur'an, özgürlük ve irade bahsinde Tanrı'ya layık görüp kullandığı sözcükleri insan için de aynen kullanmıştır. Bu tabirlerin başında **'meşîet'** (istemek, irade etmek) gelmektedir. Bu kökten bir fiil olan **'yeşâu'** (ister, irade eder) fiili hem Tanrı için hem de insan için defalarca kullanılmıştır. Dahası: Kur'an, kelam kudretinin doruklarına çıkarak bu fiili Tanrı ile insan iradesinin birlikteliğini ifade etmek üzere de kullanarak **'oluş'** veya **'yaratıcı etkinlik'** dediğimiz şe'niyeti (oluşu), Tanrı ile insan arasında paylaştırmaktadır. Bunun örneklerini eserimizin muhtelif yerlerinde vermiş bulunuyoruz.

Hristiyanlığın Katolik dayatmalarına karşı çıkışıyla öne geçmiş mezhebi olan **Protestanlık**'ta bile böyle bir irade anlayışı yoktur. Daha doğrusu, orada da insanın iradesi yoktur. Şe'niyette insana hiçbir pay verilmemiştir. Protestanlığın babası olan **Martin Luther** (ölm. 1546), insanın ancak kendisinden güçsüz olanlar karşısında özgür irade kullanabileceğini, kendisinden güçlü olanlara karşı özgür iradesinin söz konusu olamayacağını talim ediyordu. "İnsanın, diyor Luther, özgür iradesi olamaz, o, her hal ve şartta bir esir, bir köle ve bir hizmetçidir. Fark şudur: İnsan ya Tanrı'nın kölesi olur yahut da şeytanın." (Luther'den naklen Fromm, *Fear of Freedom*, 64-65)

"Luther, bir ölçüde yığınların kendine bağlılığını kabul ediyor, onları destekliyordu ama; köylüler kilisenin otoritesine karşı çıkıp yazgılarının düzeltilmesi için kilisenin kabul edebileceği isteklerden öteye gidince onlarla işbirliğini bozmak zorunda kaldı. Köylüler devrimci bir sınıf olma yoluna girdiler, her türlü otoriteyi yok etmek ve ayakta kalması orta sınıfın çıkarına olan toplumsal düzenin temellerini yıkmak tehdidinde bulundular. Daha önce açıkladığımız tüm güçlüklere karşın, orta sınıf, hatta orta sınıfın alt tabakası bile, yoksullara karşı savunacağı ayrıcalıklara sahipti, bu nedenle de yalnız soyluların, kilisenin ve tekellerin değil, kendi sınıflarının da ayrıcalıklarını ortadan kaldırmayı amaçlayan devrimci hareketlere düşmandı."

"Ama Luther seslendiği toplumsal sınıfların üzerindeki önemsizlik duygusunu ortaya çıkarmakla kalmadı, onlara bir çözüm de önerdi. Birey kendi önemsizliğini kabul etmekle kalmayıp kendini mümkün olduğu ölçüde aşağılayarak, bireysel iradesini tamamen körelterek, bireysel gücünü yadsıyarak Tanrı tarafından kabul edilebilir olmayı umabilirdi. Luther'in tanrı karşısındaki konumu, mutlak bir boyun eğişti. Psikolojik kavramlarla söylenecek olursa inanç kavramı şu anlamı taşır: Tamamen boyun eğersen, bireysel önemsizliğini kabul edersen, her şeye kadir Tanrı seni sevmeye ve kurtarmaya razı olabilir. Kendini tamamen silerek bütün yanlışları ve kuşkularıyla bireysel benliğinden kurtulursan, hiçlik duygusundan da kurtulur, Tanrı'nın görkemine katılabilirsin. Kısaca, Luther, halkı Kilise otoritesinden kurtarırken, onları çok daha mutlak bir otoriteye boyun eğmeye, insanın tamamen boyun eğmesi konusunda ısrarlı ve kurtuluşun temel koşulu olarak bireysel benliğin yok edilmesini getiren bir Tanrı'ya boyun eğmeye zorluyordu. Luther'in 'inancı' boyun eğme koşuluna bağlı bir sevilme inancıydı. Bu çözüm, bireyin devlete ve 'önder'e mutlak boyun eğişi ilkesine çok benzer."

"Lutherci zihniyet şöyle der: 'Otorite sahibi olanlar kötü ya da inançsız da olsalar, otorite ve otoritenin gücü iyidir ve Tanrı'dan gelir. Bu nedenle, gücün olduğu ve serpildiği yerde bulunmasının nedeni, Tanrı'nın buyruğudur'. Ya da şöyle der: 'Tanrı, ne kadar haklı olsalar da yığınlarının başkaldırmasına izin vermektense, ne kadar kötü olursa olsun, hükûmetin ayakta kalmasını yeğler. Bir prens, ne kadar zorba olursa olsun, prens olarak kalmalıdır. Hükümdar olabilmek için ona boyun eğecek uyruklara sahip olması gerektiğinden, zorunlu olarak birkaç kişinin boynunu vurdurur." (Fromm, *Özgürlük Korkusu*, 76-79)

Katolik dayatmalara başkaldırının öteki ünlü öncüsü Calvin'in anlayışı ve yaptığı da Luther'inkinden farklı değildir.

"Almanya'da Luther'in öğretisinin yaptığı etkiyi Anglosakson ülkelerde yapacak olan Calvin'in tanrıbilimi, temelde Luther'inkine özdeş bir ruha sahiptir; hem tanrıbilim hem de psikoloji açısından. Calvin de kilise otoritesine karşı olduğu ve öğretilerinin körü körüne kabul edilmesini kınadığı halde, onun için din, insanın güçsüzlüğünden kaynaklanır. Kendini aşağılama ve insan gururunun kırılması, düşüncesinin yumuşak motifidir. Ancak bu dünyadan nefret eden kişi, gelecekteki dünyanın hazırlığına kendini verebilir."

"Calvin'in öğretisinde, insanlar kendini aşağılamalıdır, bu da Tanrı'nın gücüne dayanmanın yoludur. 'Hiçbir şey, kendimizi çekme, kendi sefaletimizin bilincine varmaktan gelen kaygı kadar bizi Tanrı'ya bütünüyle güvenmeye yöneltemez."

"Calvin, bireyin kendi kendisinin efendisi olduğunu düşünmemesini öğütler: 'Kendi kendimize ait değiliz; bu yüzden ne aklımız ne de irademiz, eylemlerimizi yönetmelidir. Kendi kendimize ait değiliz; bu yüzden, tenimize uygun olanı aramayı amaç edinmeyelim. Kendi kendimize ait değiliz; bu yüzden, mümkün olduğu kadar, kendimizi unutup bizim olan her şeyi de aklımızdan uzat tutalım. Tersine, biz Tanrı'ya aitiz; bu yüzden, onun için yaşayıp onun için ölelim. İnsanların başına gelebilecek en büyük felaket, kendi kendilerinin sözünü dinlemektir; kurtuluşun tek yolu da, önümüzden gidip bize yol gösteren Tanrı'yı izlemekten başka bir şey istememek ve bilmemektir."

"İnsanlar iyilikten tamamen yoksundurlar: 'Tanrı'nın katı yargısı huzurunda, lanetlenmeyecek nitelikte olan hiçbir eylem yoktur, eylemi yapan ne kadar dindar olursa olsun."

"Calvin'in ilahi takdir öğretisi budur. Augustinus, Aquinas ve Luther'in ilahi takdir öğretilerinin tersine, Calvin'de bu öğreti, sistemin bütününün temel taşlarından biri, belki de merkez öğretisi haline gelmiştir."

"Kurtuluş ve lanet, insanın hayatta yaptığı iyi ya da kötü şeylerin sonucu değildir, insan henüz dünyaya gelmeden önce yazgısı Tanrı tarafından belirlenmiştir. Tanrı'nın niçin bazı kişileri seçip bazılarını lanetlediği de insanın deşmemesi gereken bir gizdir. Tanrı'nın bunu yapmasının nedeni, sınırsız gücünü böyle göstermeyi istemiş olmasıdır. Calvin'in tanrısı, Tanrı'nın adaleti ve sevgisi düşüncesini koruma yolundaki bütün çabalara karşın, hiçbir sevgi ya da adalet niteliği olmayan bir zorbanın tüm özelliklerine sahiptir. Calvin, Yeni Ahit'e açıkça ters düşen bir biçimde sevginin ilahî rolünü yadsır ve şöyle der: 'Bilginlerin acımada öncelik konusunda ileri sürdükleri, hasta bir hayal gücünün sayıklamalarından öteye gitmez."

"Calvin'in kuramında, iki tür insan vardır: Kurtulmuş olanlar ve sonsuza dek lanetlenmiş olanlar. Bu yazgı insan doğmadan belirlendiğinden ve insan hayatta yaptıkları ya da yapmadıklarıyla bunu değiştiremeyeceğinden, ilke olarak insanların eşitliği yadsınmaktadır. İnsanlar yaradılıştan eşit değildirler. Bu ilke örtük olarak insanlar arasında dayanışma olmadığını da söyler, çünkü insanlar arasındaki dayanışmanın en güçlü temeli olan 'insanların yazgısının eşitliği' yadsınmıştır. Calvinciler safça, kendilerinin seçilmişler olduklarına bütün ötekilerin de Tanrı'nın lanetledikleri olduklarına inanırlardı."

"Açıkça görülüyor ki, psikolojik olarak bu inanç başka insanlara karşı derin bir nefret ve küçümsemeyi temsil etmektedir. Bu nefret, Tanrı'ya yükledikleri nefretin aynısıdır. Çağdaş düşünce, insanların eşitliğinin kanıtlarının artmasına yol açmışsa da, Calvincilerin ilkesi hiçbir zaman tam olarak susturulmamıştır. İnsanların ırklarına dayanarak temelde eşit olmadıklarını ileri süren öğreti, farklı bir neden uydurmayla aynı ilkenin doğrulanmasıdır. Bunun psikolojik sonuçları aynıdır."

"Etkinlik, istenen bir sonucu yaratmaya yönelik değildir, bir şeyin olup olmayacağını göstermeye yarar, bu şey de önceden belirlenmiştir ve kişinin kendi etkinliğinden ve denetiminden bağımsızdır. Bu mekanizma zorlanımlı nevrotiklerin bilinen bir özelliğidir. Bu tür kişiler, önemli bir girişimin sonucundan korktuklarında, cevabı beklerken, evlerin pencerelerini, sokaktaki ağaçları sayabilirler. Sayı çift çıkarsa her şeyin yolunda gideceğini, tek çıkarsa başarısızlık göründüğünü düşünebilirler."

"**Çaba ve çalışma, yazgıyı kesinlikle değiştiremezdi, çünkü yazgı Tanrı tarafından önceden belirlenmişti, bireyin çabasının hiçbir önemi yoktu. Çabanın tek işlevi, önceden belirlenmiş yazgının tahminiydi, aynı zamanda da telaşlı çaba başka türlü katlanılamayacak bir güçsüzlük duygusuna karşı bir güvenceydi.**"

"**Calvin'in tanrısı, yalnızca gücünü göstermek için insanlığın bir bölümünü sonsuza dek lanetlemiştir. Calvin'in kendisi de, kuşkusuz, bu Tanrı kavramına gelebilecek karşı çıkışlar konusunda kaygılıydı. Ama adaletli ve sevgi dolu bir tanrı kavramını ayakta tutabilmek için kurduğu sistem, hiç de inandırıcı değildir. İnsanlar üzerinde sınırsız bir baskı kurmak isteyen, onlardan boyun eğmelerini ve kendilerini aşağılamalarını talep eden bu zorba tanrı, orta sınıfın düşmanlık ve kıskançlığının yansıtılmasıydı.**" (Fromm, *Özgürlük Korkusu*, 80-89)

"**Luther ve Calvin öğretilerine göre, kişi, güçsüzlüğünü ve yapısındaki kötülüğü tamamen kabul edip bütün hayatını günahlarının kefareti olarak görürse, kendini aşırı derecede aşağılarsa ve durmadan çabalarsa, kuşkusunun ve kaygısının üstesinden gelebilirdi; bütünüyle boyun eğerek Tanrı'nın sevgisine layık olabilirdi ve Tanrı'nın kurtarmaya karar verdikleri arasında bulunduğunu en azından umabilirdi.**" (Fromm, age. 93)

İkbal (ölm. 1938), insan varlığını ve insanın yaratıcı kudretlerini tehdit eden bir numaralı belanın, Hristiyanlıktaki ezelî günahın yarattığı korku olduğunu iddia etmektedir. Ona göre, **'korku, bütün kötülüklerin, bütün şerlerin kaynağı'** (the sources of all evils) olarak görülmelidir. Luther ve Calvin düşüncesini tokatlarcasına şöyle diyor İkbal:

"İslam'ın temel hedefi, insanı korkudan âzade kılmaktır. Eğer korkunun, insana egemen olan ve onun ahlaksal ilerleyişini frenleyen bir kuvvet olduğu öne sürülürse insanın da şu değerlerin bir birleşimi olduğu dikkate alınmalıdır: Kuvvet, enerji, irade, sonsuzluk gücünün tohumu. O halde insanın aslî tabiatı iradeden oluşmaktadır; zeka ve kavrayıştan değil." (İkbal, age. 59-66)

Kur'an, günahta veraset ve intikal kabul etmez. Günahlarda kişisellik ilkesi esastır. Âdem'in günahı, faraza, affedilmemiş olsa bile, bu günahın sonraki nesillere intikali söz konusu edilemez. İlke şöyle konmuştur:

"Hiçbir günahkâr, bir başkasının günahını yüklenmez." (Fâtır, 18)

Buna mukabil, Kur'an, insanın ebediyyen övüneceği bir meziyeti, varlıkların isimlerinin bilinmesini, insanın bizzat kendisine malederek, ona ebedî bir ümit ve saadet kapısını daha o günden aralamıştır:

"Âdem'e isimlerin tümünü öğretti. Sonra onları meleklere göstererek şöyle buyurdu: 'Hadi, haber verin bana şunların isimlerini, eğer doğru sözlüler iseniz.' Dediler: 'Yücedir şanın senin! Bize öğretmiş olduğunun dışında bilgimiz yok bizim. Sen, Alîm'sin, her şeyi hakkıyla bilirsin; Hakîm'sin, her şeyin bütün hikmetlerine sahipsin. Allah buyurdu: 'Ey Âdem, haber ver onlara onların

adlarını.' Âdem onlara onların adlarını haber verince, Allah şöyle buyurdu: 'Dememiş miydim ben size! Ki, ben, göklerin ve yerin gaybını en iyi bilenim, A'lem'im. Ve ben, sizin açığa vurduklarınızı da saklayageldikleriniz de en iyi bilenim." (Bakara, 31-33)

Aslî-ezelî günah düşüncesine bünyesinde çok önemli bir yer veren **Hristiyanlık**'ta, insan daha doğuştan günahkârdır. Dünyaya gözlerini açar açmaz sırtında, utanmasına, ezilmesine, sefil olmasına sebep olan bir kambur bulunmaktadır. Bundan daha kötüsü, bu kambur bazı insanların aracılığı olmadan insanın sırtından düşmemektedir. Luther ve Calvin'e göre, bazı insanların aracılığı da bir işe yaramaz. İnsan, ezelden ebede hakir, ezik ve sefildir. Bu demektir ki, insan hiçbir zaman kendi imkânlarını kendi kullanabilen hür bir benlik olamayacaktır. Bu kapı ona ezelden kapatılmıştır.

Ezelî günah anlayışı insanı, **'kurtarıcı'** yaftalı birtakım güdücü sahtekârların hegemonyası altına sokar, vaftize muhtaç hale getirir. **Vaftiz gelince aforoz tehdidi meşrulaşır.** Aforoz, bir cellat kılıcı gibi insanın ensesine bindirilir. Böyle bir insan ya aforozu kotaranların kölesi olacaktır yahut da özgürlüğü seçmek pahasına, kendisine dayatılan dine karşı çıkacaktır. Bu seçim zorunluluğu insanı iki ihtimalle yüz yüze getiriyor: **Ateizm, deizm.**

Kur'an ikinci yolu seçerek Allah'a iman dışında bir kutsal ve kutsallık kabul etmeyenleri yani vaftizci-aforozcu güruhun anlattığı dini yaşamayı reddederek Allah'a imanı yeterli görenleri kurtaracağını bildirmektedir. Yani deizme kapı aralamaktadır. Kur'an şunu elbette ki insandan ve tarihten çok daha iyi bilmektedir:

İnsanoğlunun, geleneksel dincilik zebanilerinin anlattı-

ğı dini hayatına sokarak özgür olması mümkün değildir.

Deizm bu imkânsızlığı gören düşünürlerin önerdikleri kurtuluş gemisidir. Kur'an bu gemiye binenleri eninde sonunda kurtuluş adasına çıkaracağını bildiriyor. Kur'an'ın istediği, şirke ve ateizme sapılmamasıdır; çünkü o sapış kurtuluş gemisinin kaçırılması anlamına geliyor.

İslam dünyasındaki geleneksel-egemen dincilik burada da büyük bir şeytanlık sergilemektedir. Saltanat dinciliğinin **'şeytan evliyası'** avukatları, dünyayı karşı İslam'ı savunurken, "Bakın, Kur'an'a, ezelî günah anlayışı yok, aforoz yok, vaftiz yok. İslam böyle muhteşem bir özgürlük dinidir" diyorlar. Fakat sıra dinin yaşanması ve kotarılmasına geldiğinde tahakküm aracı yaptıkları din bezirgânlarıyla kitleler üzerinde hegemonya kurarak ezelî günah anlayışının en berbatını dolaylı yoldan kitlelerin ensesine bindirerek, halkı dincilik şeflerinin (efendiler, üstatlar, şeyhler, hazretler ve daha bilmem neler) kulu-kölesi durumuna düşürüyorlar.

Kur'an; din-islam-fıtrat kavramlarını aynı anlamda kullanır. Bunun amacı, yaradılıştan tertemiz olan insanın din adı altında ensesine boyunduruklar bindirilmesinin din dışı olduğunun tescilidir.

Din hayatında haraç ve huruç çetelerine yer olmamalıdır; oluyorsa o din rahmet olmaktan çıkar, belaya dönüşür.

Pavlus kristolojisi döneminde Batı'da ve bugünkü İslam dünyasında dönüştüğü gibi...

ÖZGÜRLÜĞÜN METAFİZİK DAYANAĞI OLARAK TANRI

> "Mümin Allah'a niyaz eder: 'Biz sana uyarız, sen de bize uy!'"
>
> Muhammed İkbal

İkbal, Kur'an'ın anlattığı Tanrı'nın özgürlükler açısından bizimle ilişkisini böyle açıklıyor. (*Cavidnâme*, beyt: 1129) İkbal'in bir şair edasıyla verdiği bu gerçek ondan yarım asır sonra, Batı'nın anıt düşünürlerinden biri olan **Erich Fromm** (ölm. 1980) tarafından şöyle ifadeye konmuştur:

"Tanrı, insanın üzerindeki bir gücün simgesi değil, insanın kendi gücünün simgesidir." (Fromm, *Psikanaliz ve Din*, 56)

"Tanrı mademki buyruklar gönderir, hesap sorar, o halde özgürlüğün kaynağı olamaz" diye düşünülmüştür. Felsefe tarihi böyle düşünenlerle doludur.

Burada o tartışmalara girmeyeceğiz. Bizim geldiğimiz nokta şudur: Tanrı, özgür bir benlik olarak, kudret sahibidir. Özgür benliklerin en güçlüsü O'dur. Bizler de özgür benlikler olarak O'nun bu kudretinden yararlanmalıyız. O, bu kudretinden yararlanmamızı bizim özgürlükten istifa etmemiz şartına bağlamamıştır. İstediği,

O'nunla uyumlu olmak, birlikteliktir.

Sonlu Olmayandan Destek Almak:

Buna **'mutlak hakikatten destek almak'** veya **'mutlaktan koordinat almak'** da diyebiliriz.

Özgürlük, mutlak dışındakilerden destek ve koordinat almamak olarak da tanımlanabilir. "Ben mutlakı da ötekileri de dışlarım" diyen ise koordinatı nefsinden alır. 'Ötekiler'in en tehlikelisi ise nefstir. Hiç kimse hem mutlakı hem de ötekileri dışlama gücüne sahip değildir. Ya mutlakı seçecektir ya ötekileri. En iyi yol, en akıllı yol, mutlaktan koordinat almak yani mutlakla uyumlu yaşamaktır. **Mutlakla bir biçimde bağlantısı olmayan düşünce, sonsuzluğa aday olamayacağı gibi özgür de olamaz. Çünkü böyle bir düşünce 'ötekiler'den kurtulamaz.**

Mutlak, tam bağımsız olandır. İnsan tam bağımsız olamadığı için tam bağımsız olan Mutlak gibi tam özgür de olamaz. Olduğunu sanır ama olamaz. İnsanın ancak **'sanal bir tam özgürlük'**ü söz konusu edilebilir. Çünkü insan bağımlıdır. Fromm şöyle açıyor bu noktayı:

"Hiç kuşkusuz, insan bağımlıdır; ölümün, yaşlanmanın, hastalığın etkisi altındadır; doğayı denetim altına alıp tümüyle kendi işine yarar bir hale getirse bile o ve onun dünyası evrende minicik lekelerdir. İnsanın kendi bağımlılığının ve sınırlanmışlığının farkına varması başka bir şeydir; bu bağımlılıktan, bağımlı olduğu güçlere tapmaktan zevk alması başka bir şeydir. Gücümüzün nasıl sınırlı olduğunu gerçekçi ve ılımlı bir biçimde kavramak bilgeliğin ve olgunluğun temel öğesidir; tapmaksa mazoşist ve kendini yok edicidir. Bunlardan

ilki alçakgönüllülüktür; öteki kendini aşağılamadır." (Fromm, *Psikanaliz ve Din*, 59-60)

Tam özgürlük iddia ve hayali, mutlakın mevkiine göz dikmektir ki **Sartre** bunu 'İnsan, Tanrı olma savaşı veren bir varlıktır" sözüyle muhteşem bir ifadeye kavuşturmuştur. İnsanın, Sartre'ın sözünü ettiği bu savaşta başarılı olamayacağını peşinen kabul etmesi, kendisinin hayrınadır, aksini yaparsa zarar eder.

Şirk, mutlaktan koordinat almak perdesi altında ötekileri kutsallaştırmak olduğundan özgürlüğün de en tehlikeli düşmanıdır. **Ateizm** yani **'küllî inkâr'** şirkten çok daha az yıkıcıdır.

Burada deistlerin durumuna da değinmek gerekir:

Deistler, en özgür ve aslî anlamıyla en dindar insanlardır. Zira onlar mutlaktan koordinat almakta, 'din' adı altındaki 'ötekiler'den, şirk şaibelerinden de uzak kalmaktalar. Başarı, işte budur.

Bir başka gerçek daha var: Tanrı'yla birliktelik ve uyum, özgür bireye güç kazandırmaktadır. Özgür birey daha güçlü olmaktan neden şikâyetçi olsun?! Mademki Tanrı, sınırsız güçleri olan bir özgür benliktir, O'nunla uyumlu olan bir özgür benlik özgürlüklerini kullanmada artı güçler kazanacaktır. Yani Tanrı ile uyumlu olmak sonuçta, özgürlüğü zayıflatmayacak, tam aksine güçlendirecektir. Bunun zorunlu sonucu şudur:

Tanrı ile uyumlu olmak, kölelik değil, akıllılıktır. Bu aynı zamanda yaratıcılıktır. Dahası: Bu, özgür benliğin gücünün doruğa taşınmasıdır. Alman ilahiyatçı **Friedrich Schleiermacher** (ölm. 1834) bu olguyu şöyle ifade ediyor:

"Sonlu olanın ortasında sonlu olmayanla bir olmak."

Büyük ilahiyatçı düşünüre göre, dinin ölümsüzlüğü işte burada, bunu sağlayabilmesindedir.

Bunun içindir ki, onun anlayışında **din, sonlu olan her şeyin sonsuz olduğunun ve varoluşunu sonsuz olana borçlu bulunduğunun, zamansal olan her şeyin ezelî-ebedî olduğunun ve ezelî-ebedî olana dayandığının bilincine varılmasıdır.**

Özellikle, Kur'an'ın tanıttığı Tanrı (Allah) böyle bir Tanrı'dır. Şimdi Kur'an'ın Allah'ını daha yakından tanımaya çalışalım:

Ve Kur'an'ın Allah'ı:

Allah; Kur'an'ın tanıttığı yaratıcı, yapıp-edici, varlığında kimseye muhtaç olmayan (varlığı kendinden olan) mutlak kudretin özel-zât ismidir.

Allah, Kur'an'ın bir numaralı konusu olan ulûhiyetin ifadeye konuluşunda temel kelimedir. Yaratıcı Kudret'i ifade için Kur'an'da en çok kullanılan kelimedir. İsim olarak, Allah şeklinde, **2690** küsur, bu isme işaret eden zamir olarak da **4000** civarında yerde kullanılmaktadır.

Allah kelimesinin etimo-filolojik yapısı da tıpkı delâlet ettiği kudret gibi bir sır olarak kalmıştır. Bu kelimenin kökü, dil kaynağı, türeyişi hakkında bugüne kadar kesinlik kazanmış hiçbir açıklama yapılamamıştır. **İkili (tesniyesi) ve çoğulu olmayan**, kendine özgü yapısıyla gramer kurallarına uymayan bir kullanım sergileyen **Allah** sözcüğü bir iman konusu olarak kalmaktadır.

Arap dilinin en önemli lügatlarından biri olan **Lisanu'l-Arab**'a göre, Allah kelimesinin etimolojisi hakkında otuza yakın görüş vardır. Çoğunluk, Allah kelimesinin, 'ilah' sözcüğünün zaman içinde aldığı bir şekil olduğuna kanidir. Batılı yazarların bir kısmına göre bu kelime, Cahiliye Arap Yarımadası'nın putlarından birinin adı olan **el-Lât** kelimesinin zamanla oluşmuş bir kullanımıdır. Kelimenin Âramîce'deki '**elâhâ**' sözcüğünden türediğini söyleyenler de vardır.

Kur'an'ın ilk muhatapları olan Arap Yarımadası toplumu, özellikle Mekke ve civarı halkı Allah'a inanan bir halktı. Arap Cahiliye şiirinde Allah kelimesi, aynen Kur'an'ın ve Müslümanların kullandığı anlamda kullanılmaktaydı. Tek fark şuydu: Cahiliye Araplarının Allah'ı, bir ilahlar panteonunun başı, en yücesi olan kudretti. Kur'an'ın Allah'ı ise tek ve biricik mâbud olarak tanıtılmaktadır.

Kur'an'ın Allah'ı, insanla kendisi arasında aracı, yaklaştırıcı, şefaatçı kabul etmemektedir. Kur'an'ın Allah'ı insana şahdamarından daha yakındır. (Kaf, 16) O halde Kur'an'ın Allah'ı ile insan bir 'ara' ile ayrılmamıştır ki o araya birileri girip de vasıtalık ve şefaatçılık yapsın. Bu demektir ki, Kur'an'ın Allah'ı, insanın özgürlüğüne engel çıkaracak, pranga vuracak tüm güçleri, aracıları dışlayan bir kudrettir.

İnsanla Allah arasında bir aracı aranacaksa bu bütün varlıktır. Kur'an bu 'aracıların tümünü ayet diye anmaktadır. Ancak bu 'aracılar', şirkin aracıları gibi yakınlaştırıcı ve şefaat edici değil, gösterici ve işaret edicidir. Tümü Allah'ın, insana şahdamarından daha yakın olduğunu, ondan başka bir mâbudun bulunmadığını gösterir. Yani **ayetler** bir panteon veya şirket yaratmaz. Tek mâbudun insanı çağıran ışıkları gibi insanla Allah'ın ilişkisini daha sıcak, daha anlamlı ve eylemli hale getirmede hizmet ederler. Ayetler, panteon üyeleri olmadıkları için hiçbirisi kutsal değildir, kutsal olan, onların Allah-insan arasındaki ayrılmazlığa sağladıkları destektir. Ayetlerin herhangi birini kutsallaştırmak da şirktir. Başka bir ifadeyle, Allah'a ait niteliklerin biri veya birkaçı ayetlerin herhangi birine verildiğinde şirket-panteon yaratılmış, ayetler şirk aracı yapılmış olur.

Kur'an'ın, Allah meselesinde birinci dereceden önemsediği, Allah'ın birliği (tevhit) konusundan çok, Allah'ın bir panteon üyesi olmadığı (şirk) meselesidir. Bunun içindir ki, Kur'an'ın Allah'ını tanımada, özellikle, yönlendirici bir kuvvet olarak hayata dahil etmede, tevhidi tanımaktan çok şirkin tanınması gerekir. Şirkin gereğince tanınmaması halinde, tevhitteki bilgi işe yaramaz halde kalmaktadır. Bu gerçeğin bizi götürdüğü bir başka nokta vardır ki Kur'an ona da açıkça temas etmektedir:

Kur'an, ateizm kavramına yer vermez.

Kur'an, insan yaradılışının ateizme müsait olmadığını, sadece gerçek Tanrı yerine sahte tanrılara inanabileceğini kabul etmektedir. O halde Kur'an'ın temel düşman olarak gördüğü ve mücadelesinin ana hedefi yaptığı **şirk, bir ateizm değildir, yedek ilahlı bir Tanrı inancıdır, yedek ilahlı bir dindir.**

Cahiliye dönemi dikkatlice tetkik edilir, Mekke şirkinin Allah'ı kabul etmenin yanında birtakım aracılara ihtiyaç duymasının müşrik gerekçeleri iyi incelenirse görülür ki, Cahiliye şirki Allah ile yedek ilahların (şürekâ) beraberlik meşruiyetlerini bu **'yaklaştırıcılara ihtiyaç'** üzerine oturtmaktadır. Kaf 16. ayet şirkin bu temel gerekçesini yerle bir ediyor.

Tevhit dini, şirk dinine diyor ki, yaklaştırıcıya, aracıya ihtiyaç yok, çünkü insanla Allah arasında 'ara' yok, uzaklık yok, mesafe yok. Kim kimi nereye yaklaştıracak!!!

Şirkin 'yaklaştırma' iddiası, temelden tutarsız olduğu gibi, bizzat kendisi bir şirk itirafıdır. **Allah'ın, kulundan ayrı ve uzak olduğunu iddia etmek de şirktir.** Kaldı ki böyle bir ayrılık var sayılsa bile, Kur'an, şirkin bu varsayımdan yararlanma yollarını da kapatmıştır.

Tüm bu kabullerin bizi getirdiği yer özgür insanın varolduğu yerdir. Çünkü bu kabuller, insanı, onu yaratan kudret dışında bir varlığa hesap vermek veya boyun eğmek veya böyle bir kudretin kontrolüne girmek gibi kayıtlardan kurtarıyor. Allah'ın kontrolü ise pranga vurarak değil de ilkeler ve öneriler göndererek gerçekleştiği için sonuçta insanın karar verme yetkisine dokunmuyor. Yani özgürlüğe pranga vurmuyor.

Dikkatli bir inceleme bize göstermektedir ki, **dinlerin özgürlüğe engel oldukları savının dayanağı, Tanrı'nın varlığı ve buyrukları değil, Tanrı adına devreye giren güçlerin tasallutlarıdır. Kur'an'ın bize ısrarla öğretmek istediği gerçeklerden biri de budur. Onun içindir ki, Kur'an, din temsilcilerine karşı çıkan ama Tanrı ile problemi olmayan deistleri ebedî kurtuluşları garanti edilmiş müminler olarak görmekte ve onlara sahip çıkmaktadır.**

Modern insan, 'tam özgürlük' teranesiyle Tanrı'yı dışlamayı en büyük hüner sandı ama bu aldatıcı hüner ona çok pahalıya mal oldu: Kurtulduğunu düşündüğü Tanrı'nın yerine onlarca modern put gelip oturdu. Fromm ne güzel söylüyor:

"**İnsan geleneksel otoritelerden kurtulup özgürleşerek 'birey' olmuş, ama aynı zamanda yalnız ve güçsüz kalmış, kendi dışındaki amaçlara araç olmuş, kendine ve başkalarına yabancılaşmıştır; ayrıca bu durum benliğini çökertmiş, bireyi zayıflatıp korkutmuş, yani bazı tutsaklıklara boyun eğmeye hazırlamıştır. Öte yandan, olumlu özgürlük, bireyin potansiyellerinin tam olarak gerçekleştirilmesine, etkin ve kendiliğinden yaşayabilmesine özdeştir. Özgürlük öyle kritik bir noktaya gelmiştir ki, kendi dinamizminin mantığıyla hareket ederek tam karşıtına dönüşme tehlikesiyle karşı karşıya kalmıştır.**" (Fromm, *Özgürlük Korkusu*, 223)

KUR'AN'IN ALLAH'ININ TEMEL EYLEMLERİ

İnsan Hayatında, İnsanın Bir Biçimde Paydaş Olmadığı Hiçbir Şeyi Yapmaz:

İyi de olsa yapmaz, kötü de olsa da yapmaz. "**Yehdî men yeşâu ve yudıllü men yeşâu**" mucize beyanı bunun iki kelimeyle ifadesidir. Onlarca yerde geçen bu tabir, esrarlı bir cümledir. O şekilde yapılandırılmıştır ki, insan hayatında her şeyi Tanrı ile insanın birlikte yaptığını ifade eder. Nitekim biz, *'Türkçe Meal'*imizde, eğer aksini gösteren bir karine yoksa, gramatik yapının verdiği imkânı kullanarak tercümeyi bu şekilde yaptık. Örneğin, **"Yehdî men yeşâu"**, şöyle tercüme edilmek gerekir: "Dilediğini/dileyeni hidayete erdirir." Aynı gramatik yapıyla kurulmuş olan **"Yudıllü men yeşâu"** cümlesi ise şöyle çevrilmelidir: **"Dilediğini/dileyeni saptırır."** (3/129; 5/40)

Bu ikili anlam, cümledeki 'yeşâu' (o ki ister) fiilinin öznesinin hem Tanrı hem de insan olabilmesi imkânından kaynaklanmaktadır. Anılan fiilin öznesi olacak zamir hem Tanrı kelimesine gidebilmekte hem de 'men' (insan) kelimesine. Doğrusu, zamirin her iki kelimeye de gitmesidir ki kelamın mucizeliği de buradadır. **Kelam öyle düzenlenmiştir ki, söz konusu edilen fiili Tanrı ile insanın birlikte gerçekleştirdiklerini zorunlu olarak ifade ediyor.**

Kur'an demek istiyor ki, insan varoluşunda yer alan her fiil tek başına ne Allah'a nispet edilebilir ne de insana. Fiil, Tanrı ile insanın ortak eseridir. Şöyle diyebilirsiniz: **İnsan ister, Tanrı yaratır.** Yani sonucun doğması için hem Tanrı'nın hem de insanın devreye girmesi kaçınılmazdır. Tanrı'nın devrede olması, Tanrı'nın mutlak kudret olmasının gereğidir; insanın devrede olması ise insanın sorumluluğunun icabıdır. Varlık ve yaratılıştaki **oluş düzeni** bu olduğu için, bu düzenin bir tür prospektüsü olan Kur'an'daki **kelam düzeni** de ona uygun kurulmuştur.

Peygamberler Dahil, Hiç Kimseye Vekâlet Vermez:

Kur'an'ın mahbatı (indiği benlik) olan Hz. Muhammed de dahil, hiç kimse insanın vekili olma hak ve yetkisine sahip kılınmamıştır. Bu hak sadece Allah'ındır:

"**Allah bize yeter! Ne güzel Vekîl'dir O!**" (Âli İmran, 173)

"**De ki, 'Ben sizin vekiliniz değilim.**" (En'am, 66)

"**Ben size vekil değilim.**" (Yunus, 108)

"O'nun berisinden veliler edinenlere gelince, onlar üzerine gözcü Allah'tır. Sen değilsin onlara vekil." (Şûra, 6)

Şirk Dışında Her Günahı Affeder:

Kur'an'ın Allah'ı, insan özgürlüğünün bir tür uzantısı olan ve insanın tekâmülünde çok hayatî bir yer tutan sürçmeleri, yanlışları, hataları (din dilinde bunlara günah denir) affeder. Tek istisna şirktir. Şirk bir günah değil, Allah düşmanlığıdır. (bk. Tevbe, 114) İşte bu yüzden, Tanrı, şirk içinde ölüp gidenleri affetmeyecektir. Nisa 48 ve 116. ayetler bu kuralın ifadesidir:

"Şu bir gerçek ki, Allah kendisine şirk koşulmasını affetmez, bunun dışında kalanı/bundan az olanı dilediği kişi için affeder. Allah'a şirk koşan, gerçekten büyük bir iftira bühtanı işlemiştir."

Bazı Seçkin Hizmetlerin Sahiplerine, 'Yaratıcılık' Vasfı Vermektedir:

Önce şunu bilelim: Müminûn suresi 14. ayet, birden fazla yaratıcıdan söz ediyor:

"Yaratıcıların en güzeli olan Allah'ın kudret ve sanatı ne yücedir!"

Bu **'ikincil yaratıcılık'** nedir? Kur'an'ın bir başka beyanı bize bu konuda ışık tutuyor: **Kur'an, 'Allah'ın yardımcılarından ve O'na yardım etmekten söz ediyor.** (Hac, 40; Muhammed, 7) Allah'a yardım anlamına alınacak büyük işler başaranlar, biraz önce değindiğimiz yaratıcılığa mazhar olanlardır denebilir. Bu konuda, belki de bütün zamanların en güzel teolojik açıklamasını, 20. yüzyılın dahi ilahiyatçısı **Paul Tillich** (ölm. 1965) yapmıştır diye düşünmekteyiz. Şöyle diyor:

"**Eğer yaratıcılıkla kastedilen yeniyi varlık alanına sürmekse insan her yönden yaratıcıdır: Kendisi açısından, dünya açısından, eşya ve kavramlar açısından. Ama eğer yaratıcılıkla kastedilen henüz varolmayan şeyin varlık alanına sürülmesi ise tanrısal ve beşerî yaratıcılıklar kesin çizgilerle farklılaşır. İnsan, elindeki malzemeyle, o malzemelerden tamamen farklı sentezler yaratabilir. Bu anlamda bir yaratma, esasında bir 'dönüştürme'dir. Tanrı ise gelişmeye müsait yeni sentezlerin malzemesi olacak varlıkları yaratır. Tanrı, insanı yaratır ve ona hem kendini hem de yaşadığı dünyayı yeni biçimlere sokacak dönüşümleri sağlama imkânı verir. İnsan, sadece kendine verilen malzemeyi dönüştürme anlamında yaratıcıdır. Başka bir deyişle, Tanrı birinci derecede ve aslî anlamda Yaratıcı'dır; insan ise ikincil ve varoluş anlamında bir yaratıcıdır.**" (Tillich, *Systematic Theology*, 1/256)

Temel Düşmanı Zalimlerdir:

Kur'an, bir tek düşman göstermektedir: Kavram olarak zulüm, kişi olarak zalim. İlke son derece açıktır:

"**Zalimlerden başkasına düşmanlık yoktur, olmayacaktır.**" (Bakara, 193)

Bu konu ayrıntıları '**Tek Düşman, Özgürlük Düşmanlarıdır**' başlığı altında birkaç fasıl sonra ayrıntılanacaktır.

Hiç Kimseye Zulmetmez:

Bu ilke de özgürlüğün kaynağını belirleme açısından önemlidir. Kimseye zulmetmeyen kudret, herkesi sadece özgür eylemlerinden sorumlu tutan kudret demektir. İnsan hayatı zulümlerle, dünya zalimlerle doludur. Kur'an dininin biricik düşmanı da zulüm ve zalimdir. Düşman hedef ilan edilen şirk de bir zulümdür. Hem de büyük bir zulümdür.

"Şirk gerçekten büyük bir zulümdür." (Lukman, 13)

İnsanlık tarihi, özellikle dinler çevresinde oluşan tarih, bir anlamda da zulümlerle mücadelelerin tarihidir. Ne var ki, bu zulümlerin hiçbiri Allah'ın iradesinin ve eyleminin eseri değildir. Zulümlerin tümü insan elinin eseridir.

"İnsanların ellerinin kazanmış oldukları yüzünden denizde ve karada bozgun çıktı. Allah onlara, yaptıklarının bir kısmını tattırıyor ki, geri dönebilsinler." (Rum, 41)

"Size gelip çatan her musibet, ellerinizin kazandığı yüzündendir. Allah birçoklarını da affediyor." (Şûra, 30)

İnsanın maruz kaldığı zulümlerin tümü, bizzat insanın üretimidir. (bk. Enfâl, 51; Tevbe, 70; Yunus, 44; Ankebût 40; Rum 9; Ğâfir 31. Ayrıca bk. Ra'd 11; İsra 97; Kehf 17)

Zalimlerin başbuğları olan firavunlar da insanın eseridir.

"İşte, toplumunu böyle küçümseyip horladı da onlar da ona itaat ettiler. Çünkü onlar yoldan sapmış bir toplum idiler. Onlar bizi bu şekilde öfkelendirince, biz de

onlardan öç aldık; hepsini suya gömüverdik." (Zühruf, 54-55)

Görülen zulümler, mazlum sanılanların önceki iktisaplarının karşılığı olabilmektedir. (Hac, 10)

Peki, "**Allah'ın bizim için yazdığından başkası bize isabet etmez.**" (Tevbe, 51) beyanı nasıl izah edilecek?

Allah, kanunları, kuralları koyar. O'nun yazdığı budur. Elbette ki O'nun yazdığından başkası olmaz. Siz o kanunların hangisini işletirseniz başınıza o kanunun sonucu gelir.

Takvayı Sadece Kendisi Nezdinde Üstünlük Sayar:

Takvayı, yani ibadetlerle kendisine yakınlaşmış olmayı, başka benlikler üzerinde hegemonya aracı yapmamaktan daha büyük özgürlük tavrı olamaz. İlke, insanlık tarihinin en büyük devrimlerinden biri, belki de en büyük devrimi olarak şöyle konmuştur:

"**Hiç kuşkusuz, Allah katında en seçkininiz, takvada/ dindarlıkta en ileri olanınızdır.**" (Hucurât, 13)

Devrimi getiren hüküm, açık ve kesindir:

Takva insanlar arasında bir üstünlük ölçüsü değildir, Allah katında bir üstünlük ölçüsüdür.

Takva, insanlar arası ilişkilerde, kamusal alanda bir üstünlük ölçüsü değildir. O halde, kamusal alan, dindarlığın sergileneceği bir alan olmamalıdır. Kur'an, eğer konuyu böyle düşünmeseydi, ilkeyi getiren ayet şöyle derdi: "En asil ve en üstününüz takvada en ileri olanınızdır." Öyle dememiştir. 'Allah katında' kaydını koyarak insan hakları ve dünyevî alanı ayrı tutmuş, takvanın insan hakları alanında bir değer ölçüsü yapılmasını engellemiştir. Aksini yapsaydı, Allah ile aldatılmaya bizzat kendisi yol açmış olurdu.

İnsanlar arası ilişkilerde üstünlük ölçüsü veya ölçüleri nedir? Kur'an bunun cevabını çok açık şekilde vermiştir. İnsanlar arası ilişkilerde üstünlük ölçüsü olarak şu üç değer esas alınmıştır: **Liyakat, ehliyet, gayret.**

İşte temel buyruklar:

"Şu bir gerçek ki, Allah size, emanetleri, onlara ehil olanlara vermenizi ve insanlar arasında hükmettiğinizde adaletle hükmetmenizi emrediyor. Allah size bu şekilde ne güzel öğüt veriyor." (Nisa, 58)

"Gerçek şu ki, insan için çalışıp didindiğinden başkası yoktur. Ve onun çalışıp didinmesi yakında görülecektir. Sonra, karşılığı kendisine hiç eksiksiz verilecektir." (Necm, 39-41)

"Her benlik kendi kazandığının bir karşılığıdır." (Müddessir, 38)

Takvaya gerçekten sahip olan, ehliyet ve gayret alanında kendini ispat edip insanlar arasında bu ispata dayalı olarak saygınlık kazanacaktır. Bundan kimsenin şikâyeti olamaz. Ancak daha baştan ölçüyü takva diye koyarsanız, ehliyet ve gayreti devreye sokmak zorlaşır. Hatta belki de ehliyet ve gayret birçokları tarafından tamamen dışlanır. Çünkü **takva alanı, ehliyet ve gayretin aksine, riyakârlık ve istismara en müsait alandır.** Ehliyet, li-

yakat ve gayret ise riyakârlıkla kotarılamaz. Onlar ya gerçekten vardır veya yoktur.

Bir adam abdestsiz namaz kılıp insanlara takva gösterisi yapabilir. Hatta hiç inanmadığı halde namaz kılabilir, hacca gidebilir. Bugün birçoklarının gittiği ve bu ziyaretlerini boy boy gazete ilanlarıyla reklam ettikleri gibi. Ama aynı adam, ehliyeti olmadan şoförlük, doktorluk, mühendislik yapamaz. Belirli saatlerde iş yerine gitmeden maaş alamaz. Çek ve senedini ödemeden borcundan kurtulamaz. Sahtekârlık yaparsa üç gün sonra yakayı ele verir, faturasını çok ağır biçimde öder. Oysaki takva adıyla sergilenen riyakârlık ve sahtekârlığın cezalandırılmasını şöyle koyun, fark edilmesi bile yıllar, hatta asırlar gerektirmektedir. Bu bekleyiş sürecinde nesiller, toplumlar, medeniyetler çürüyüp yıkılmaktadır.

İbadetler insanlar arası ilişkilerde bir biçimde üstünlük ve dokunulmazlık ölçüsü yapılırsa ibadet adına her türlü hak ihlali ve insan tacizi başını alıp gider. Bu gidiş, önce **din istismarı**nı, daha sonra din adına baskı ve **şiddet**i, bir adım ilerde de din adına **terörü**, kısacası **engizisyonu** getirir. İslam, tüm bu olumsuzlukların doğmasını önlemek üzere çok radikal tedbirler almıştır. Bunların belli başlıları şöyle sıralanabilir:

1. "Allah ile aldatılmayın!" emrinin verilmesi,

2. Din kıyafeti, din sınıfı, din adamı, resmî mabet, ibadette lider gibi kabul ve uygulamaların dinin bünyesinden çıkarılması,

3. Dinde baskı-zorlama ve manipülasyonun (ikrahın) yasaklanması,

4. Allah adına yönetme devrinin kapatılıp yönetimin halktan alınacak vekâlet (bîat) ve halkla danışma usulü (şûra) ile yürütülmesinin ilkeleştirilmesi,

5. Hakların ancak sahipleri tarafından bağışlanabileceğinin ilkeleştirilmesi; böylece herhangi bir insanın hakkının Allah tarafından bir başka insana bağışlanmasının mümkün olmaktan çıkarılması.

Tüm bunlar, dinin-imanın-dindarlığın ve ibadetin insan hakları ihlaline araç ve bahane yapılmasını önlemenin tedbirleridir. Ne yazık ki bu tedbirler, tarihin her döneminde, dini sömürü ve aldatma aracı yapanlarca ya tamamen yok edilmiş yahut da çeşitli oyunlarla işlemez hale getirilmiştir.

Takva kavramı istismarının mimarı ve kurumsallaştırıcısı Emevî saltanatıdır. Mısırlı düşünür **Nasr Hâmid Ebu Zeyd**'in de eserinde (*el-İtticâhu'l-Aklî fî't-Tefsîr*, 1-46) maharetle tespit ettiği gibi, Emevîler bir yandan Hz. Peygamber'in torunlarını katledip Ehlibeyt ocağını yerle bir ederken öte yandan, kitlenin takvaya saygısını şeytanî bir maharetle kendi saltanatlarının savunmasında kullanmayı başardılar. **İmamı Âzam**'ın da mensup bulunduğu **Mürcie felsefesi**, ameli imanın bir parçası olmaktan çıkarırken ne yaptığını gayet iyi bildiği gibi, Mürcie'yi baş düşmanlarından biri ilan eden Emevî de ne yaptığını çok iyi biliyordu. Mürcie, ibadeti imanın bir parçası saymayan görüşüyle, tamamına yakını sefih ve sarhoş olan Emevî halifelerine destek vermiş gibi görünse de, büyük kitle nezdinde 'takvayı-dindarlığı' kullanma imkânını onların elinden alıyordu. Emevî bu imkânın yitirilmesiyle doğan zararın, sefih halifelerin savunulabilmesinden doğan yarara nispetle büyük olduğunu gördü ve Mürcie'ye cephe aldı.

İKİNCİ BÖLÜM

Kendisinin Aldatma Aracı Yapılacağından Kaygılıdır:

Özgürlüğe saygının en önemli göstergelerinden biri de budur. En yüksek güce sahip özgür benlik, kendisinin, diğer özgür benlikleri prangalamak için aldatma aracı olarak kullanılmasına bizzat kendisi engel olmaktadır.

Kur'an dışında hiçbir din kitabının **"Allah ile aldatılmayın!"** şeklinde bir emir içerdiğine tanık olamazsınız. Kur'an, insanoğlunu, Allah ile aldatılmaması için uyarmakla da insanlık tarihinin en büyük devrimlerinden birini yapmıştır. Bu konunun ayrıntılı anlatımı için bizim *'Allah ile Aldatmak'* adlı eserimize bakılmalıdır.

KERAMETİN KUR'ANSAL ANLAMI: YARATICI ÖZGÜRLÜK

Geleneksel anlamıyla, özellikle tarikat literatüründeki şekliyle keramet, peygamberlerin yetkilerini kullanmak için birtakım insanları öne çıkarma ve dokunulmaz kılma aracı yapılan bir kavram olarak dikkat çekiyor.

Tarikat literatürünün anladığı ve anlattığı mânâda bir kerametin Kur'an ve sünnette hiçbir dayanağı yoktur. Ama tarih boyunca, Allah ile aldatma sektörünün temel baskı ve iğfal aracı olarak devrede tutulmuştur. Kur'an, tarikat çevrelerinin anladığı ve yaşattığı anlamda bir kerametten asla söz etmez.

Tarikat zihniyetinin düşündüğü anlamda kerametler, **mucizelerle** lütuflandırılmış peygamberlerde bile görülmez. **Tarikatlar** tarihinin, keramet sahibi olarak öne çıkardığı kişilere mal edilen '**harikalar**'ın hiçbirisine peygamberlerde bile rastlanmıyor. Eğer keramet dedikleri, belirleyici bir ölçü-değerse, şunu söylemek zorundayız: Tarikat çevrelerinin keramet sahibi kişileri, Kur'an'ın tanıttığı nebilerden çok üstün niteliklere layık olmalıdır. Böyle bir şeyin olabileceğini kabul ise insanı Kur'an dininin dışına çıkarır, yani kâfir eder. (Bu meselenin ayrıntıları, '**İslam Tarihinde Akıl ve Kur'an Nasıl Dışlandı**' adlı eserimizde verilmiştir.)

Eğer bir kerametten söz edeceksek, Rahman evliyasının kerameti, akıl ve iman değerlerindeki üretimden ibarettir. Bu değerlerde kim öne geçerse kerameti fazla insan o olur. **Gökleri, yerin, denizlerin altını fetheden, gen şifrelerini çözen üretimler dururken, onun bunun kalbinden geçeni okumayı keramet sanmak gerçekte bir tek büyüklüğün belgesi olabilir ki o da talihsizlikteki büyüklüktür.**

Keramet Konusunda Kur'an Ne Diyor?

Keramet sözcüğüyle aynı anlamda bir kök olan **'kerem'**in türevleri (kerîm, ikram, tekrîm, mükrim) Kur'an'da 50 civarında yerde kullanılmıştır. En çok kullanılan sözcük **Kerîm** sözcüğüdür.

Kur'an, en büyük kerametin özgürlük olduğunu, insanı diğer varlıkların üstüne çıkaran meziyetin ondaki özgürlük cevheri olduğunu söylemekte, bu cevherin hayata geçmesi için kavram ve kurum düzeyinde tedbirler getirmektedir.

Kur'an terminolojisi üzerine *'el-Müfredât fî Garibi'l-Kur'an'* adlı aşılmamış bir eser yazan **Isfahanlı Râgıb** (ölm. 502/1108) keramet Kur'an dilindeki yerini şöyle tanıtıyor:

"Kerem ve keramet, Allah'ı nitelemek için kullanıldığında, Allah'ın belirginleşen ihsan ve nimetlerini ifade eder. İnsanı nitelediğinde ise insandan zuhur eden övülesi nitelik ve huyları ifade için kullanılır. Bazı bilginlere göre kerem, hürriyetle aynı anlamdadır; ancak hürriyet, küçük ve büyük bütün özgürlük değerleri için kullanıldığı halde keramet sadece yüksek nitelikli öz-

gürlük değerleri için kullanılır." (Râgıb, krm mad.)

Büyük Râgıb, şaheserlerinden bir diğeri olan '**ez-Zerîa ilâ Mekârimi'ş-Şerîa**'da keremin hürriyetle aynı anlama geldiğinin altını çizmiştir. (s. 144) Kur'an, kerem sözcüğünü, karşıtı olan zillet, pısırıklık, boyun büküklük, bağımlılık anlamındaki '**hevn**' sözcüğüyle aynı ayette kullanmış ve iki kavram arasındaki zıtlığı çok açık biçimde göstermiştir:

"**Allah'ın hakir kıldığını/tasallut altına soktuğunu özgürleştirecek/lütuflandıracak kimse olamaz. Allah, dilediğini yapar.**" (Hac, 18)

Bu ayette özgürleştirmenin karşıtı olarak kullanılan '**yühin**' fiili, **hevn ve hevan** köklerinden gelen bir fiildir. Hevn ise Râgıb'ın beyanına göre, '**kimsenin tasallut ve küçümsemesi altına girmemek ve kimseyi de tasallut ve küçümseme altında tutmamak**' demektir.

Kerem kökünden sözcüklerin en çok kullanılanı **kerîm** sözcüğüdür. 27 yerde kullanılmıştır. Allah'ın isim-sıfatlarından biri de Kerîm'dir. (Neml, 40; İnfitar, 6) Cebrail'in sıfatlarından biri de Kerîm'dir. (Haakka, 40; Tekvîr, 19) Kur'an'ın sıfatlarından biri de Kerîm'dir. (Vâkıa, 77) Kerîm, aynı zamanda peygamberlerin de sıfatlarından biridir. (Dühan, 17)

Bütün bu kerîm sıfatları, niteledikleri varlığın aynı zamanda bir özgürlük idesi veya kaynağı olduğuna dikkat çeker. Kerîm sözcüğü mübalağa (ileri derecelik) kipi olduğundan bu kaynaklık ileri derecede olacaktır. Onun içindir ki, biz, Kur'an Meali'mizde Kerîm sözcüğünü Kur'an için anlamlandırırken 'özgürlüğün kaynağı' dedik. Aynı şekilde, Esmaül Hüsna'nın Kerîm maddesi-

ni anlamlandırırken de Allah'ı 'özgürlüklerin kaynağı' diye nitelendirdik. İslam dünyası ise Kur'an'ı asırlardır, köleliklerin kaynağı olarak algılamaktadır.

Arap dili lügatları, kerametin kökü olan keremin şu anlamlarına dikkat çekerler: **İzzet, onur, şeref, cömertlik, özgürlük.** Arap lügatçiliğinin anıtları olan **Ezherî** (ölm. 370/980) ve **İbn Manzûr** (ölm. 711/1311) aynı kelimeleri kullanarak şu bilgiyi veriyorlar: **"Kerem ve keramet, utanç verici şeylerden arınmışlık, onur ve izzet sahibi olmak demektir."** (Ezherî, *Tehzîbu'l-Lüga*, krm mad. İbn Manzûr, *Lisanü'l-Arab*, krm mad.) Aynı lügatlar kerametin de kerem sıfatlarıyla bezenmek anlamında olduğunu bildirirler. Demek oluyor ki, tarikat çevrelerinin iddia ettiği anlamda bir keramet her şeyden önce dil bakımından doğru değildir.

Lügatlardan felsefî eserlere geçersek şunu görmekteyiz: İslam filozofları **Farabî** (ölm. 339/ 950) ve **İbn Sina** (ölm. 428/1037), keremin özgürlük anlamı üzerinde ciddi biçimde durmuşlardır. (Ayrıntılar için bk. DİA, Hürriyet mad.) Farabî, *es-Siyasetü'l-Medeniyye* adlı eserinde hürriyeti, sosyoloji ve siyaset alanına taşıyarak 'fertlerin istek ve arzularını gerçekleştirme imkânı' olarak tanımlanmıştır. Farabî, meseleyi burada da bırakmaz. Erdemli devlet ve yönetimi incelediği *el-Medînetü'l-Fâzıla* adlı ünlü eserinde bu özgürlüğün ancak cemaî devlette gerçekleşebileceğini savunmuştur. **Cemaî devlet**, bugünkü tabirle **'halk devleti'** veya **'halk iktidarı'** demektir. Farabî, **'hürler devleti'** diye de nitelediği bu devlette vücut verilen birliklerden biri olarak **'hürriyet birliği'**ni öne çıkarmıştır. Cemaî devletin halkı, işte bu birlik aracılığıyladır ki, yönetenler üzerinde kendisi lehine baskılar yaratır. Bu noktada, Türkiye Cumhuriyeti'ni kuran **Müdafaayı Hukuk** kadrolarının, şeytanî hilafet yönetimine karşı oluşturdukları Cumhuriyet hükûmetine **'halk hükûmeti'** adını verdiklerini unutmayalım.

Gazalî (ölm. 505/1111), Farabî ve İbn Sina'nın keremhürriyet eşitliğiyle ilgili tespitlerini *Mîzanu'l-Amel* adlı eserinde aynen tekrarlamıştır.

Ne yazık ki, bunca filolojik ve felsefî tespite rağmen, Kur'an'da önemli bir yer tutan keramet ve kerem kavramlarındaki bu hayatî incelik Türkçe meal ve tefsirlerin hiçbirine aktarılmamıştır. Bu hayatî Kur'ansal kavram, gerçek mihverinden saptırılarak tasavvufun keramet anlayışına adapte edilmiştir. Sonuç şudur:

Kerem ve keramet, Müslüman coğrafyalardaki despotik raiyyeci yönetimlerin hesabına uydurularak 'ahlak güzelliği, egoist arzuları gemlemek, cömertlik' gibi karşılıklarla bloke edilip etkisizleştirilmiştir. Daha doğrusu, güdükleştirilmiştir.

Gerçek şu ki, **Kur'ansal bir kavram olan ve hem Tanrı'nın hem Kur'an'ın hem Cebrail'in hem de peygamberlerin sıfatlarından biri olan keremin ve ona bağlı olarak kerametin omurgasında özgürlük vardır.** Bunun kaçınılmaz üç sonucu olacaktır:

1. Kur'an'ın değer verdiği kerem ve keramet, esas anlamıyla, insanın sahip olması gereken özgürlüktür.

2. Bir sıfatı da Kerîm olan Kur'an, bir özgürlüklerin kitabıdır; temel amacı insanı varoluş asaletine kavuşturup özgürleştirmektir.

3. Bir adı da Kerîm olan Yüce Tanrı, bir özgürlükler kaynağıdır, öncelikle özgürlük bahşeden kudrettir,

daha sonra da sınırsızca cömerttir.

Özgürlük bahşetme ve cömertce vermede en yüce mertebe Allah'ındır. Onun içindir ki, O, Kur'an'ın vahyedilen ilk beş ayetinde kendisini **'Ekrem'** olarak tanıtmıştır. Ekrem, kerîm sıfatının ismu tafdilidir. Kerem niteliklerini en ileri anlamda taşıyan kudret veya benlik için kullanılır:

"**Oku! Rabbin Ekrem'dir/özgürlüğün gerçek kaynağıdır/en büyük cömertliğin sahibidir.**"

Böyle bakıldığında, keramet konusunda, gayrimüslim dünyadan bugünkü İslam dünyasına sıranın gelmesi pek mümkün görülmüyor. Çünkü bugünkü İslam coğrafyalarının kaderi hürriyet üzerine değil, despotizm ve Allah ile aldatma üzerine oturuyor.

Kerem kökünden türeyen sözcüklerin en önemlisi Kur'an'da insan için kullanılanı **tekrîm** sözcüğüdür. Üstün, hünerli, özgürlükle donatmak anlamındaki **tekrîm** İsra 62 ve 70. ayetlerde geçer. Birincisinde, iblis, insanın yaratılışından duyduğu sıkıntıyı ifade ederken insanı küçümseyen ve onunla alay eden sözünde **tekrîm**in fiil şeklini kullanmıştır:

"**İblis dedi: 'Şu mudur bana üstün kıldığın/bana karşı özgürlükle donattığın varlık?!**"

İkinci ayette, insanoğlunun **tekrîm** edildiği, evrendeki bazı varlıklara üstün kılındığı vurgulanmıştır. Unutmayalım, bütün varlıklara değil, bazı varlıklara. Ayet şöyle diyor:

"**Yemin olsun, biz, âdemoğullarını özgürlük/onur/üs-**

tünlükle donattık, onları karada ve denizde binitlerle taşıdık. Onları, güzel/leziz/temiz rızıklarla besledik. Ve onları, yarattıklarımızın birçoğundan üstün kıldık." (İsra, 70)

Bu ayet, geleneksel dinciliğin sürekli ileri sürdüğü **iki yalanı birden tokatlıyor:**

1. Kerametin, tarikatteki keramet anlamında olduğu yolundaki yalan,

2. İnsanın evrende, bütün varlıkların en üstünü olduğu yolundaki, çok eski dinsel gelenekten aktarılan yalan.

Ve Kur'an, insanın sahip bulunduğu kerameti, tüm insanların, yaratılıştan taşıdığı seçkinlikleri ifade için kullanmıştır; bir sınıfın farklılığını ve dokunulmazlığını ifade için değil. **İnsana yüklenen potansiyel değerlere kim daha çok sahipse kerametten en büyük payı o alır.**

Râgıb bu noktaya değinirken, **ihsan** (güzel düşünüp güzel iş yapmak) ve **ef'âl** (eylemler) kelimelerini kullanmıştır. Yani insana verilen keramet, onun varlık ve hayatta vücuda getirdiği güzel eserler, ürettiği güzel değerlerle belirginleşir.

Kur'an'ın Kerameti ve İslam Dünyasının Rezaleti:

İslam dünyasını, özellikle Türkiye'yi saran tarikat dinciliği, Kur'an'ın sözünü ettiği keremi (veya kerameti) yozlaştırmış, Kur'an dışı bir alana taşımıştır. Bunun sonucu olarak, birileri okyanusları aşar, gökleri fethederken, Müslüman kitleler su üstünde yürüyen, havada uçabilen, güzel rüyalar gören '**keramet sahipleri**' aramakla asırlarını harcamıştır. Kur'an'ın insandan beklediği **keramet** ise deniz altlarını tünellerle aşmak, kıtaları jetlerle geçmek, Ay'a gidecek araçlar yapmak, kısacası yerin altını ve üstünü bilgi, düşünce, gayret fetihleriyle donatmaktı. İslam dünyasını tasallutu altına alan akıl düşmanı dincilikler, Kur'an'ın istediği ve beklediği gerçek kerametleri gösterenleri **'gâvur, cehennemlik'** diye küçük gördü, böyle yaptığı için de kendi dünyasında böylelerini asla yetiştiremedi.

Kur'an'ın aradığı keramet sahipleri, tarikat hokkabazları değil; kuduz aşısını, elektriği, telefonu, bilgisayarı, uzay nakil araçlarını, gen şifrelerini... bulan insanlardır.

Tarikat çevrelerinin dillerine doladığı keramet, tabiat kanunlarını etkisiz kılan birtakım meziyetlerden oluşur. Oysaki Kur'an, **sünnetullah** ve **kader** dediği tabiat kanunlarının hiçbir şekilde değişmeyeceğini, değiştirilemeyeceğini açıkça ve defalarca ifade etmektedir. Kur'an'ın bu ayetlerini dikkate alarak baktığımızda **ilmin keşifleri dışında mucize aramak Kur'an'a aykırıdır.** Kur'an, Hz. Peygamber için bile Kur'an dışında bir mucizeden söz etmez. Geleneksel anlayışın peygamberlere, o arada Hz. Muhammed'e yakıştırdığı mucizelerin hiçbirinin Kur'anî ve tarihî mesnedi yoktur. Geleneksel saltanat dinciliği, putlaştıracağı tarikat şeflerinin 'kerametlerine' yol açmak için önce peygamberlere kendi hesabına uygun 'mucizeler' isnat etmiştir. Asrısaadet'te ve ondan sonraki ikiyüz yılı aşkın süre boyunca, bugünkü anlamıyla bir mucizeden bahis yoktur. Mucize tabiri yoktur. Ayet, bürhan, hüccet tabirleri sürekli kullanılır ama mucize tabiri hiç geçmez. Kütübi Sitte denen hadis kitaplarında bile mucize tabiri yoktur. Bu kitapların kullanımı için hazırlanmış ünlü **Concordance**'te mucize kelimesi yoktur. Bunun anlamı, mucize tabirinin İslamî literütüre hicrî 4. asrın başlarında girdiği veya sokulduğudur.

Kur'an dininde peygamberliğin kanıtı, belgesi, Kur'an'dır. Geleneksel dincilik Kur'an'ın yerine, Pavlus kristolojisinden aktardığı ve 'İslam' cilasıyla süsleyip püslediği bir **'mucizeler miti'** yerleştirmiş, bu mite uygun bir peygamber imajı geliştirmiştir. Bu peygamber, vahyin temel talebi olan ahlak üretme yerine insanların şaşkınlık ve hayranlığını celbeden yarı masal-yarı hezeyan 'mucizeler' üretir. Vahyî metinlerde bir kez bile geçmeyen bu Pavlusî tabirin dinleştirilmesi işini tarikat şefleri olan **'şeyhler'** yürütmüştür, yürütmektedir.

İbn Teymiye tam bu noktada şu muhteşem tespiti yapıyor:

"**Şeriat açısından bakarsak şunu söylememiz gerekir: Peygamberler yaradılışın kemale erdirilmesi için gönderildiler, fıtratı tağyir ve tebdil için değil.**" (İbn Teymiye, *Resâil ve Mesâil*, 4/130: **Mezhebü'l-İttihadiyyîn**)

Asrısaadet araştırmalarının bu yüzyıldaki en büyük âlimi sayılan Pakistanlı **Prof. Muhammed Hamidullah** (ölm. 2002) İbn Teymiye'nin tespitini, biraz daha Kur'anî bir çerçeveye oturtuyor:

"**Mucizeler, gönül ve kalbimizin uygun bulmadığı bir şeyi kabul etmemiz için bizi zorlayan olaylardır. Mucize bir tür cebir ve zor aracıdır. Cebir ve zor altında kalarak gösterilen bir itaat ve teslimiyet ise değer taşımaz. Kur'an'da bu konu pek açık bir surette gösterilmiştir.**" (Hamidullah, *Le Prophete de l'Islam*, paragraf: 224)

Hamidullah burada adını koymadan bir büyük illeti daha

deşifre etmektedir: Mucizeler, 'Dinde ikrahın olmaması gerektiğini' söyleyen Kur'an'ı korku ve zorlamanın kitabı yapmaktadır. Geleneksel dincilik, Kur'an'ın akıl, ilim, ikna gibi değerlerin işletilmesini isteyen iradesinin yerine korku, baskı, aldatma ve zorlamayı koymaktadır.

Kur'an'ın 'ayetler' dininden, Emevî arabizminin mucizeler dinine geçişin insanlığın önüne nasıl bir tablo çıkardığını gösteren şu rivayete ibret ve dikkatle bakalım:

Kadı Iyaz'ın 'Peygamber'in mucizelerini tanıtmakla' ünlü eseri **'eş-Şifa**'sında, ünlü mucizeler arasında, bütün peygamberleri ve İslam'ı tenzih ettiğimiz şu kancı ve kinci müşrik tabloyu da görüyoruz:

Hz. Peygamber namaz kıldığı bir sırada önünden geçen bir çocuğa öfkelenerek beddua etmiş, bu mucize bedduanın (!) ardından o çocuk derhal felç geçirip kötürüm hale gelmiştir." (Kadı Iyaz, *eş-Şifa*, 117)

İşe bakın, Taif günü kendisini taş yağmuruna tutup kanlar içinde bırakan müşriklere beddua etmesi istendiğinde bunu yapmayan, tam aksine onların aydınlığa kavuşması için dua eden bir peygamber, küçük bir çocuğu, namaz sırasında önünden geçti diye mucize bir beddua ile kötürüm hale getiriyor. Namazını bu anlayışla kılan bir peygamberin izinden gidenlerin namaz adına hangi cürüm ve cinayetlere başvuracaklarını buradan çıkarabiliriz. Nitekim tarih boyunca 'namaz' konusunda sergilenen tabloların büyük kısmı bu türden kan, dehşet, terör, zulüm tablolarıdır. Meselenin bu yanını biz, **'Kur'an'ın Lanetlediği Namazlar'** adlı eserimizde ayrıntılamış bulunuyoruz.

'Kötürümleştirilen çocuk' uydurması sadece bir imansızlığın değil, aynı zamanda vahim bir dehşetli bir barbarlığın ve vahim bir namussuzluğun da belgesidir. Ve ne yazık ki, bin yılı aşkın bir zamandır, din hep bu anlayışın gösterdiği istikamette yürüyüp gelişmiştir. Bu yürümenin bir sonucudur ki, yirminci yüzyılın son çeyreğinde Sivas'ta insanlar, tekbir nidaları eşliğinde benzin dökülerek diri diri yakılmış ve bu, büyük bir 'cihat' olarak ilan edilmiştir.

İnsanlık bunu gördüğünde 'Lanet olsun böyle dine de, böyle cihata da' demesin de ne yapsın!

Daha ürpertici bir şey söylemek zorundayız:

Bu **'kötürümleştirilen çocuk'** uydurması, Hz. Muhammed'in mucizelerinden biri olarak, çağdaş hatmül evliyacılık olarak gördüğümüz Nurculuğun lideri **Said Nursi** tarafından da ballandırılarak anlatılmıştır. (Nursi, ***Mektûbât,*** 19. mektup) Nursi, bu rezil uydurmayı eleştirip yerden yere çalması gerekirken tam aksini yaparak, Kur'an'ın beyyineler dini yerine Emevîci hurafe ve uydurmalar dinini tercih etmiştir.

Üçüncü Bölüm
ÖZGÜRLÜK VE YARATICI İSYAN

SALDIRGANLIĞIN TEK GEREKÇESİ OLARAK ÖZGÜRLÜK

Vahyin ve peygamberlerin, daha doğrusu Tanrı'nın tek düşmanının zulüm ve zalim olduğunu görmüştük. Mademki varoluşun tek düşmanı zulümdür o halde özgürlüklere tasallut, musallatlara saldırmanın tek gerekçesi olacaktır. Saldırının gerekçesini hazırlayan zulüm iki varoluşsal değere saldırıyı püskürtmeye yönelik bir savunma saldırısıdır:

1. Hayat hakkı,
2. Özgürlük.

Bu değerlerin birincisi geneldir, tüm canlıları kuşatır. Tüm canlılar, yaşam haklarını tehdit eden şeylere ve oluşlara mukavemet ederler, karşı çıkarlar.

İkinci değer, insana has bir değerdir ve 'insana özel' bir saldırı hakkı getirir. Bu değer, özgürlüktür. **Özgürlüğüne musallat olanlara saldırı sadece insan için söz konusudur.** Ve belki de insanı insan yapan, bu saldırı hakkının kullanılmasıdır. Tanrı'nın tek düşmanı zulüm olduğuna göre, Tanrı'nın elçileri olan peygamberlerin temel niteliklerinden biri de hayat ve özgürlük haklarına saldıranlara saldırmaktır. Bunun din dilindeki özgün adı **cihat** olarak belirlenmiştir. Kutsal mesajın cihat dediği budur; Allah ile aldatan özgürlük düşmanlarının kendileri gibi düşünmeyenlere saldırıları veya kendilerinden olmayanların mal ve servetlerini yağmalamaları değil. O ikincisi, 'cihat' adı altında çapulculuk ve cinayettir. Ne yazık ki bu çapulculuk ve cinayet, tarih boyunca, Tanrı'nın iradesi ters yüz edilerek, Tanrı adına aralıksız işlenmiştir. Ve bugün de işlenmektedir.

Bu noktada, Almanya doğumlu Amerikalı Musevî psikolog düşünür **Erich Fromm**'dan uzunca bir alıntı yapacağız. Fromm (ölm. 1980) şöyle diyor:

"**İnsanın yaşamsal çıkarlarına yönelik bütün tehditler arasında, özgürlüğüne yönelik tehdit, bireysel ve toplumsal bakımdan olağanüstü önem taşır. Bu özgürlük arzusunun kültürden ve daha belirgin olarak da öğrenme-koşullanmadan doğan bir ürün olduğu yolundaki kanının tersine, özgürlük arzusunun, insan organizmasının biyolojik bir tepkisi olduğunu ortaya koyan bol bol kanıt vardır.**"

"Bu görüşü destekleyen bir olgu, bütün tarih boyunca ulusların ve sınıfların, başarıya ulaşma olanağı varsa, hatta hiçbir başarı olanağı yoksa bile, kendilerini ezenlerle mücadele etmiş olmalarıdır. Gerçekten, İbraniler'in Mısırlılar'a karşı verdikleri kurtuluş savaşından, Roma İmparatorluğu'na karşı ulusal ayaklanmalardan, on altıncı yüzyıldaki Alman köylü ayaklanmalarından Amerikan, Fransız, Alman, Rus, Çin, Cezayir ve Vietnam devrimlerine kadar bütün insanlık tarihi bir özgürlük kavgası tarihi, bir devrimler tarihidir. Önderler, çok sık olarak, gerçekte amaçları halklarını köleleştirmek olduğu zaman, bir özgürlük savaşında halklarına önderlik ediyor oldukları sloganını kullanmışlardır. Başka hiçbir vaadin insan yüreğini daha güçlü biçimde etkilemeyeceğine, özgürlüğü bastırmak isteyen önderlerin bile özgürlük sözü vermeyi zorunlu bulmaları olgusu tanıklık etmektedir."

"İnsanda doğuştan bir özgürlük için mücadele etme tepisi bulunduğunu varsaymamıza yol açan bir başka neden, özgürlüğün, bir kişinin eksiksiz gelişimi için, akıl sağlığı ve huzuru için zorunlu koşul olması; özgürlükten yoksunluğun insanı sakatladığı ve sağlıksız kıldığı gerçeğinde yatar. Özgürlük, sıkıntının bulunmaması anlamına gelmez; çünkü her türlü gelişme ancak bir yapı içersinde meydana gelir ve her türlü gelişme sıkıntıyı gerektirir. Önemli olan, sıkıntının esas olarak bir başka kişi ya da kurumun yararına mı işlev gördüğü, yoksa özerk mi olduğudur. Bir başka deyişle, kişinin yapısında var olan gereksinmelerden mi kaynaklandığıdır."

"Özgürlüğe yönelik tehditler, yaşamsal çıkarlara yönelik bütün öteki tehditler gibi, savunucu saldırganlığı uyandırır. Öyleyse, çoğunluğun, özellikle de az gelişmiş ülkeler denen ülkelerdeki insanların özgürlükten yoksun olduğu bir dünyada saldırganlık ve şiddetin sürekli olarak ortaya çıkması şaşırtıcı değildir. İktidarla olanlar, sarıları, kahverengileri ve siyahları insan dışı varlıklar olarak, dolayısıyla da insan gibi tepki göstermesi beklenmeyen varlıklar olarak görmeye alışmamış olsalardı belki daha az şaşkınlığa ve kızgınlığa düşerlerdi."

"Kişinin yaşamını, özgürlüğünü ya da onurunu savunma tepisinin yarattığı bütün saldırganlık türleri gibi gerçek devrimci saldırganlık da biyolojik bakımdan aklîdir ve insan işlevselliğinin bir parçasıdır; ama bu gerçek, yaşama getirilen yıkımın, biyolojik bakımdan haklı gerekçelere dayandığı zaman bile, yine de yıkım olduğunu unutma yanılgısına düşürmemelidir bizi. Bunun insanlık bakımından haklı gerekçelere dayanıp dayanmadığına inanmak, kişinin dinsel, ahlaksal ya da siyasal ilkeleriyle ilgili bir sorundur." (Fromm, *İnsandaki Yıkıcılığın Kökenleri*, 251-253)

ÖZGÜRLÜĞÜN TEMEL AZIĞI OLARAK İSYAN

> "İsyan olmadan hür ve yaratıcı benlik ele geçmez."
>
> Muhammed İkbal

Kur'an'ın büyük vicdanlarından Pakistanlı filozof-şair **Muhammed İkbal**, başlığın altına koyduğumuz dizesinde (*Cavidnâme*, beyt: 1692) aynı anda hem kendi felsefesini hem de Kur'an'ın benlik ve özgürlük anlayışını özetlemiştir.

Özgürlüğün temel göstergesi isyan edebilmektir. Özellikle zulme ve zalimlere isyan. Bu isyan yoksa özgürlükten söz edilemez.

Kur'an'ın sadece birinci düşmanı değil, tek düşmanı zalimdir. Bunun içindir ki, Kur'an, tek düşmanına isyanı, idealindeki benliğin özgürlük belgesi olarak görmüştür.

İSYAN

Hucurât suresi 7. ayetteki isyan kökünden türeyen kelimeler Kur'an'da 30 küsur yerde geçer. Bunların 20 küsuru fiil halinde kullanımdır. Bu demektir ki, **isyan, varlık ve oluşta temel faaliyetlerden biridir.** İsyan edene *âsi* denir.

İsyan kelimesi, Râgıb'ın da beyan ettiği gibi, değneksopa anlamındaki **asa** kelimesiyle aynı köktendir. Ve **isyan, bir şeyi asa ile engellemek anlamındadır.** Daha sonra bu, geçirdiği değişim ve gelişimle, her türlü karşı çıkış anlamında kullanılmıştır. Biz burada, şu ana kadar işaret edilmemiş bir noktaya dikkat çekmek istiyoruz:

Kur'an'da 12 yerde geçen ve yalnız Hz. Musa'nın serüveni anlatılırken kullanılan **asa** (değnek, sopa) kelimesi, eğer isyan anlamında alınırsa -ki Kur'an'ın beyanı buna son derece müsaittir- bu büyük peygamberin en büyük mucizesi, Allah'a ve onun elçisine isyanla damgalanan Firavun'a (bk. 10/91; 73/16; 79/21) karşı isyan etmek olur. Kur'an bunu kendi terminolojisi içinde, Firavun'un yardakçısı büyücü ve yöneticilere karşı **Musa'nın asası** ifadesiyle vermiştir. Yani **Musa'nın en büyük mucizesi asa olmaktır.**

Acaba bu, bir değnek midir, yoksa asa kelimesinin esas delaleti olan isyan mıdır? Eğer böyleyse en büyük mucizelerden biri de, insana zulmü ve Allah'a isyanı meslek edinmiş zalimlere karşı isyan olacaktır. Şimdi, isyan kavramının Kur'an'daki diğer kullanımlarını değerlendireceğiz.

Bir noktanın altını daha çizmek istiyoruz:

İsrailoğulları'nın danayı ilahlaştırma tutkuları tanıtılırken, o dananın öldürülmesi emredilmektedir. Bunun sembolize ettiği esas anlam, danayı tanrılarından biri haline getiren Mısır yönetimine isyandır.

Bu gerçeğe, tefsir tarihinde, bizden önce sadece müfessir **Elmalılı Hamdi** (ölm. 1942) üstat dikkat çekmiştir. O mesaj, anılan danayı kesmenin Mısır yönetimine isyan anlamına geleceğidir. Zaten Musa'nın çağrısının ilk hedefi de bu isyandı. Yani Mısır putperestliğinin bakaraya tapan anlayışına isyan. Elmalılı, mesajı çok güzel yakalamıştır:

"**Bakara zebh etmek o zaman Beniisrail üzerinde hâkim olan Firavun hanedanının tanrılarını boğazlamak olacağından Beniisrail için ihtilal ilanı demek olurdu. Böyle müthiş bir emrin elbette ki icra kabiliyeti bulunamazdı, hatta tasavvur bile edilemezdi.**" (Elmalılı, *Tefsir*, 1/382)

Musa'nın asasıyla vuruşun sembolize ettiği isyan da budur. Zulmün sembolü firavunların etkileri, güçleri nasıl büyü ile büyücülerle sembolize edilmişse adaletin sembolü Musa'nın zulme isyanı da asa (değnek, sopa) ile sembolize edilmiştir.

Kur'an, insanın insana isyanından söz etmez. Yani bu noktada tarafsız bir tavır takınmıştır. Ancak, Mümtehine 12. ayette geçen '**mâruf** konusunda isyan etmemek' ifadesine bakarak **münker** konusunda isyanın geçerliliğine hükmedilebilir. Allah'a ve resullere isyansa, tıpkı küfür ve **fısk** gibi, Allah'ın sevmediği bir bozukluktur. (Hucurât, 7)

İsyan konusunun ilginç noktalarından biri, belki birincisi şudur: Kur'an hem insanın hem de şeytanın Allah'a ilk ters düşmelerini isyan olarak nitelendiriyor:

"**Âdem rabbine isyan etti.**" (Tâha, 121)

"**Şu bir gerçek ki, şeytan, Rahman olan Allah'a karşı âsi olmuştur.**" (Meryem, 44)

Demek olur ki, **oluşun sadece eksi kutbunda değil, artı**

kutbunda da, yaratıcı-hür benliğin kıvılcımını, isyan tutuşturuyor. Kur'an, bu isyanın ilk kez Allah'a karşı sergilendiğini ve bunun (yani Âdem'in isyanının) bağışlandığını söyleyerek (bk. 2/37; 20/122) isyanı tanımaktan değil, sürdürmekten ve ilahlaştırmaktan kaçmanın gereğine dikkat çekiyor.

Âdem'in zellesi ve sonra bağışlanması, yaratıcı-hür benliği elde etmede isyanın gerekliliğini; şeytanın inadı ise, isyanı ilahlaştırmanın tahribini anlatmaktadır. **Yapmak için yıkmakla, yıkmayı ilah haline getirmek ayrı şeylerdir.** Nebiler de birer isyan önderidirler ama onların isyanı fıtrat düzenini yozlaştıranlara karşıdır. Hz. Musa da Firavun da birer âsi idi. Ama Musa, iyiye ve güzele isyan edene isyan içindeydi. Bu yüzden onun isyanı mucize, Firavun'un isyanı hüsran olmuştur.

Bütün yaratıcı ruhlar, derece derece birer âsidir. **Mevcuda isyan etmeyen benlik varoluş sırrını yakalayamaz.** İsyanı tanımayan ruh, alışkanlık ve geleneğe yenik düşer. Alışkanlıksa yaratıcı gücün afyonudur. Ölümsüzün kandilini yakan ve kubbeye zaman üstü ses, renk, desen ve ahenk bırakan, isyanın nefesi ve parmaklarıdır.

Yaratıcı ruhta isyan, önce mevcuda isyandır. Mevcuda isyan, insanoğlunun en çetin işidir. Bunun içine ana-babaya karşı çıkmak gibi zorluklar bile girer. Mevcuda isyanın tanrısal sembolü **Hz. İbrahim**'dir.

Yaratıcı yürüyüşte her oluş bir İbrahim gerektirir.

Hz. İsa, isyanının bu yanına ilişirken şöyle diyor: "**Ebeveynine karşı çıkmayan bana öğrenci olamaz.**" (Thomas, 54/2-3) Çünkü mevcut, en iyi şekliyle bile, yerinde sayıştır. İleri geçmek; duranı itmek, onun üstüne basmakla olur. İşte bu, isyandır. Ve ileri gidenler, çürümeyi bekleyenlerin iğrenç çığırtılarıyla sürekli rahatsız edilirler. Hayatı durdurmak, insanı pörsütmek isteyen karanlığın iğrenç sesidir bu. Yaratıcı ruhun ayağına dolanmış pis uykucunun homurtusudur bu. Nebiler asıp kesmiş, **Sokratlar** zehirlemiş, **Galileler** tehdit etmiş, **Hallâclar, Molla Lütfiler** boğmuş, **Aynul Kudatlar, Nesîmiler** yakmış kahpe bir homurtudur bu.

Yürüyen ruhun her anı, bir öncekine isyandır. Çünkü yürüyen ruh "her an yeni bir iş ve oluştadır" (Rahman, 29) Yürüyen ruhların en büyüğü, bir hadisinde diyor ki: "Ben her gün yetmiş kez tövbe ederim." O, günaha tövbe etmiyordu. Çünkü günahtan arınmıştı. O, bir önceki anı, bir sonraki anın ayağı altında bir kadavra görüyor ve ondan Allah'a sığınıyordu. Ve yürüyüşü öylesine hızlıydı ki, normal insanlardan yetmiş kez fazla görüyordu eskinin kokuşmuşluğunu ve her görüşte Allah'a sığınıyordu.

Yaratıcı isyan, günahı tanıyan ve fakat ona esir olmayan ruhun tavrıdır. Yıkıcı isyansa, günaha ve tahribe yenik düşenlerin saplantısıdır. Birincisi nebilerin, ikincisi onlara düşman ruhların isyanıdır. Oluş, bu iki isyanın sürekli düellosudur. İnsanlığın büyük evladı **Hallâc,** bu nükteye dikkat çekerken şöyle diyor şaheseri **Tavâsîn**'inde:

"Ahmed (Hz. Muhammed) ile iblisten başka hiç kimseye iddiacı olmak yaraşmamıştır. Şu var ki, iblisin gözden düşmesine karşı Ahmed için gözün gözü açıldı. İblise, 'Secde et!' dendi, Ahmed'e, 'Bak!' İblis secde etmedi, Ahmed de sağa sola bakmadı."

Yani ilk anda ikisi de emre karşı isyan sergiledi. (Hallâc'ın bu sözleri ve geniş izahı için bk. Öztürk, *Hallâc-ı Mansûr,* 2. cilt, 11. bölüm)

Anlaşılan o ki, Kur'an isyan konusunda iki tehlikeden sakındırmak istiyor: **İsyanı hiç tanımamak ve isyanı ilahlaştırmak.** Birinci hal melek-insan hayaline esir olmaktır ki Kur'an, insanın yaradılış gerçeğine aykırı olan bu kabule değer vermez. (bk. 2/30; 33/72) Ne ilginçtir ki, meleklerden söz eden ayetlerden biri, onları, "kendilerine emrettiği hususlarda Allah'a isyan etmezler." (Tahrîm, 6) diye tanıtıyor. Oysaki insan, **zalim ve kan dökücü** olarak nitelendirilir. Yani insan, isyanı tanıyan ve kullanan bir varlıktır ve bu yüzden üstündür. Ölümsüz gerçek, ölümsüz nebi tarafından şöyle ifadeye konmuştur:

"Eğer günah işlemeseydiniz Allah sizi yok eder, yerinize günah işleyen bir topluluk getirirdi." (Müslim, tevbe 11; Tirmizî, cennet 2) Bu söz, din dilinde bir adı da günah olan isyanın hayat ve oluştaki yerine dikkat çeken eşsiz bir beyandır.

İsyan kavramını günümüz İslam dünyası bağlamında değerlendirirsek şunları söyleyebiliriz:

İslam dünyası büyük isyanlara ve büyük âsilere muhtaçtır. **Kur'an'a göre, en büyük engeli aşmak, boynumuzu bukağılayan tabuları kırmaktır. Bunu ancak büyük hamlelerin yaratıcısı dev âsiler yapabilir.** Ne yazık ki İslam dünyası, bukağılarını kırmak için isyan yerine koltuk ve mide uğruna savaşıyor. Onun isyanları Kur'an'ın menzil ve maksatlarına yönelik değildir. Olsaydı dünyanın kaderi çoktan değişirdi.

Genelde tüm dünya, özel olarak da İslam dünyası gerçek İbrahimlere muhtaçtır. Gerçek İbrahim özlemi iyi kavranamaz ve hedefine yönelemez ise sahte İbrahimler zuhur eder ve o zaman isyan, oluş ve eriş yerine ölüş ve bitiş getirir. Bunun içindir ki Kur'an, isyanın en büyük önderine şu emri vermiştir:

"De ki: 'İşte benim yolum budur. Ben Allah'a, basiret üzere çağırırım. Ben ve beni izleyenler." (Yusuf, 108)

Allah ile aldatanlar, kitleleri, cücelerin hüsranını yürüyen ruhların isyanı gibi göstererek de aldatırlar. Bu da şeytanın bir oyunudur. Gerçekten de şeytan, isyanların hedefini saptırmada da büyük bir ustadır. Ve insana verdiği zararların en büyüklerini bu hedef saptırmayla gerçekleştirir.

Biz, burada, soruyu, **'tarih yaratan ruhlar'**ın kimliği açısından cevaplamaya çalışalım. **Bir başına sergilediği devrimlerle çağların rotasını değiştiren büyük ruh**, isyanıyla ilgili olarak şu cevabı verebilir:

Ben, tarih önünde, isyanım kadar büyüğüm!

ÖZGÜRLÜK VE İSYANIN MOTOR GÜCÜ İBLİS Mİ?

> "Göklerin ve yerin esası ve bunların dayandıkları gerçek, iki ışıktan ibarettir: Muhammed Mustafa'nın ışığı, iblisin ışığı."
>
> Aynulkudât Hemedânî

İBLİSE OLUMLU BAKANLAR

Hem genel düşünce tarihinde hem de Müslüman düşünce tarihinde şeytana olumlu bakan bir dizi düşünür vardır. Onlara göre iblis, insanın yaratıcı-özgür benliğini kazanmasında birinci derecede rol oynayan varlıktır. Allah onu varoluş bünyesine, işte böyle bir rolü oynasın diye sürmüştür. Şeytana olumlu bakanlar diye tanıtmaya çalıştığımız Müslüman düşünürler bir şeytancılık oluşturmak ve rahmanî disiplini şeytanının güdümüne vermek gibi bir niyet ve hareket içinde değillerdir. Yaptıkları, son derece felsefî bir iştir:

Şeytan, varlık ve oluşun iki kutuplu yapısında karanlık-negatif kutbun başıdır. O halde ondan alınacak dersler vardır. Lanetli, kovulmuş diye görmezlikten gelmek İblis'in şerrinden kurtulmak değil, o şerrin savunmasız bir biçimde tam kucağına düşmek olur.

İblisi bu gözle gören düşünür ve şairler, onu felsefî planda ele almış, şairane üsluplarla tanıtmışlardır. Bu düşünürlerin hiçbirisi, dinin '**dinci şeytancılık**'ta olduğu gibi şeytana uyarlanması, insanın Allah ile aldatılması gibi niyetler asla taşımamaktadır. Tam tersine, onlar iblisi yakından tanımak ve tanıtmak suretiyle insanın Allah ile aldatılmasına giden yolları tıkayıcı bir rol oynamışlardır.

İblisi varlık ve oluşta aktif bir kudret olarak görmek başkadır, onu pratik-dinsel hayatın güdücüsü haline getirmek suretiyle din içi bir şeytancılık yaratmak başkadır. Dinci şeytancılığın mimarları, şeytanı belki de ağızlarına hiç almayan insanlardır. Ama onlar, şeytanın benliklerine akıttığı egoizm, şehvet, haset, bölücülük, doymazlık gibi bozukluklar yüzünden şeytanın eline düşmüş ve şeytan tarafından kullanılmışlardır.

Onlar, şeytanı anmadılar, onun yoluna gitmek gibi bir niyet taşımadılar ama fiilleriyle şeytanın tüm isteklerinin gerçekleşmesine zemin hazırlayıp şeytancılığın dini kuşatmasına zemin hazırladılar. Onlar şeytanı hiç tanımadılar; şeytan onları tanıdı, onlara sokuldu ve onları kullandı.

Şeytanı aktif bir oluş ilkesi halinde öne çıkarıp tanıtanlar ve ondan ders alınması gerektiğini söyleyenler ise şeytancılığın yaratacağı kaosu din hayatından kovmayı amaç edinen düşünce adamlarıdır. Onlar şeytanı tanıdılar; şeytan onlara sokulamadı ve onları kullanamadı.

Hallâc: Nur ve Narın Birlikteliği

Yaratıcı isyanın en büyük temsilcileri olarak iblis ile Hz. Muhammed'i gören ve aynı zamanda tarihin en büyük isyancılarından biri olan sûfî şehit **Hallâc-ı Mansûr** (ölm. 309/921), İblis'in hem isyanına hem de gayret ve heyecanına ışık tuttuğu eseri **Tavâsîn**'in 'Ezel ve İltibas Tâsini' bölümünde şöyle konuşuyor: (Hallâc'dan alınan parçalar ve açıklamaları için bk. **Hallâc-ı Mansûr** adlı eserimiz, 2/137-142)

"Ahmed (Muhammed) ile İblisten başka hiç kimseye iddiacı olmak yaraşmamıştır. Şu var ki İblisin gözden düşmesine karşın Ahmed için gözün gözü açıldı."

"İblise, 'Secde et!' dendi; Ahmed'e, "Bak!" İblis secde etmedi, Ahmed de sağa-sola bakmadı." (Yani ikisi de isyan etti)

"İblis önce yakarmış, Hakk'ın yoluna çağırmıştı. Ama sonunda kendi kuvvetine sığındı. Ahmed ise önce iddiada bulunmuştu, fakat sonunda kendi gücüne bel bağlamaktan vazgeçti. "

"Ahmed şöyle diyordu: 'Ancak senin yardımınla hareket eder, yalnız senin yardımınla yükselirim.'"

"Ey kalplerimizi çekip çeviren,
Seni yeterince övemem ki ben!"

"Gök sakinleri içinde iblis gibi bir tevhit eri yoktu. Fakat gözden düştü; sonsuzluk yolculuğunda lütuftan uzaklaştırıldı. Tanrı'ya, hiç kimseyi işe katmamak üzere ibadet etmişti. Ve tam bireyciliğe varınca lanetlendi. Ve daha fazlasını isteyince de huzurdan kovulup uzaklaştırıldı. Hak ona, 'Secde et!' demişti. 'Senden gayrıya secde etmem!' diye karşılık verdi. Hak dedi: 'O halde, lanetim üzerine dökülecek.' O yine, 'Senden başkasına secde etmem!' diye tekrarladı."

"Hak, İblis'e sordu: 'Kibirlendin mi?' Cevap verdi: 'Seninle sadece bir lahzalık beraberliğim bulunsaydı bile kibirlenmek ve cebbarlık (ezip horlama, kırıp geçirme) bana yakışırdı. Oysaki ben ezelden beri seni tanıyan biriyim."

"İblis ile Musa Tur Dağı'nın yamacında karşılaştılar. Musa sordu: 'Ey İblis, Âdem'e secde etmekten seni alıkoyan neydi?' İblis cevap verdi: 'Tek Tanrı davası! Eğer Âdem'e secde etseydim senin gibi olurdum. Biliyorsun, sana bir kerecik 'Bak şu dağa!' dendi de (Kur'an, A'raf, 143) hemen bakıverdin. Oysaki bana bin kere secde etmem emredildiği halde, inancıma olan sımsıkı bağlılığım yüzünden Âdem'e secde etmedim. Musa dedi: 'Fakat emre karşı gelmiş oldun!' Cevap verdi İblis: 'O bir imtihandı, emir değil!' Musa dedi: 'Ne olursa olsun, suretini değiştirdiğinde kuşku yok!'"

İblis konusunu bu anlayışla yani iblisi tevhit, bağlılık, sebat, atılganlık, ıstırabı göğüsleme, aşk ve sevgide vefa gibi üstün değerlerin sembolü olarak ilk kez gündeme getiren Müslüman düşünür Hallâc'dır. Daha sonra onun bu yaklaşımı, 520/1126'da ölen **Ahmet Gazalî**'de yankılanacak, **Aynulkudat**'la derinleşecek, **Attâr, Mevlana, İkbal** gibi anıt şair-düşünürlerin şiirinde yeni söylemlere vücut verecektir.

İblis ile Musa'ya yaptırılan konuşmada hem şeytan meselesine hem hayır ve şerrin kaynağı problemine hem isyana hem de diyalektik ve düalitenin yarattığı temel soruya el atılıyor: Kötülük, ikinci bir ilah tarafından yaratılmıyor, onu da tek olan Tanrı, birtakım hikmetlere bağlı olarak kendi iradesiyle varlık alanına sürüyor. Bunun için, şer ve kötünün başı sayılan iblise, yerine getirilmeyeceği bilinen bir emir veriliyor, emre karşı çıkılınca da diyalektiğin **antitez,** polaritenin **negatif** kutbu vücut buluyor. İkbal bu negatif gücü, **'varlığın dişi prensibi olan karanlık'** diye tanıtıyor. (İkbal, *The Development of Metaphysics in Persia,* 13) Hallâc, bu oluş gerçeğini açıklamak için iblisi kullanıyor ve Tanrı'nın ona verdiği emri, yerine getirilmesi gereken bir emir değil, iblise yönelik bir imtihan olarak anlıyor.

Şeytanı; yapıcı, yüceltici bir güç olarak ilk kez sahneye çıkaran Hallâc burada özgün düşüncelerinden birini sergilemektedir. Hallâc konusunun aşılmamış otoritesi **Massignon** (ölm.1962), emir ve irade ayrımına dayandırılan bu düşünceyi Hallâc'ın dört büyük orijinalitesinden biri saymaktadır.

Hallâc'a göre, Allah'ın emri ayrı, iradesi ayrıdır. **Allah bir şeyi emredince onu istemiştir denemez. Nitekim iblis'e:** "Secde et!" **emrini yöneltmiştir ama iradesi kendisinden başkasına secde edilmemesi yönündedir. İblis bunu bildiği ve tevhide aykırı bulduğu için Âdem'e secde etmeyi reddetmiştir.**

İblis'in büyük ıstırabının arkasında da bu emir-irade farkı yatmaktadır. Hallâc, emir ile irade arasında kalmaktan doğan bu ıstıraba işaret ederken şu ünlü beyti önümüze koyuyor:

**"Onu suya fırlattı, elleri başı üstünde bağlı
Ve seslendi ona: 'Dikkat et, sakın ıslanma!"**

İblis'in, bu paradokstan doğan ıstırabı, **Hallâc** sonrası şairlerce de dile getirilmiştir. Bu noktada, ünlü sûfî şair **Senaî** (ölm. 545/1150)nin **'İblisin Feryadı'** şiirinin altını çizmek gerekir. (Bu konuda bk. Schimmel, *The Mystical Dimensions of Islam,* 194-195)

Hallâc'ın bu kıyamet koparan yaklaşımı, İslam düşünce tarihinde derin izler bırakmış ve art arda bir yığın yeni yaklaşıma vücut vermiştir. Örneğin, **Ahmed Bin Yahya el-Murtaza** (ölm. 840/1337), bu Hallâcî İblis görüşünü peygamberler konusundaki şu soruyla yeniliyor:

"**Resuller ölüme yenik düşürülürken iblisin kıyamete kadar baki tutulmasının hikmeti nedir?**" Cevap şu oldu: "Kendisinden müstağni kalamayacağımız tek varlık Allah'tır. Nebilere gelince, Allah art arda nebi göndererek insanları tek peygambere bağlı kalmaktan kurtarmıştır. İblise gelince, Allah onun yok edilmesinde yarar görseydi elbette onu yok ederdi. Onun kıyamete değin yaşatılmasında bir zarar görseydi elbette onu yaşatmazdı. Demek oluyor ki iblisin ölümüyle doğacak zarar, yaşamasıyla vücut bulan zarardan daha büyüktür." (Ahmed b. Yahya b. el-Murtaza, *el-Münyetu ve'l-Emel*, 2)

İblis devam ediyor:

"O'nun hakikati üzerine yemin olsun ki ne tedbirde hata ettim ne de takdiri reddettim. Tasviri değiştirmeye kalkışmış da değilim."

"Bu oluşlarda benim kudretimin de etkisi vardır."

"Bana ebedler boyu ateşiyle azap etse de O'ndan gayrısına eğilmem. Ne bir kişi önünde secde ederim ne de bir ceset huzurunda diz çökerim. Ne oğul tanırım ne karşıt; davam sadıklar davasıdır."

"**Aşk konusunda gerçek bağlılardanım ben!**"

"Çirkini tanımayan, güzeli hiç tanıyamaz."

"Hak ona şöyle dedi: 'Seçme yetkisi bende, sende değil!'
Cevap verdi İblis: 'Seçmelerin, takdir etmelerin tümü
senin! Benim seçimim de senin. Evet, benim için de sen
seçtin, ey her şeyi Yaratan-yapıp eden! Âdem'e secde etmemi emrettiğin halde irade etmemekle beni engelleyen
de sensin!'"

"Sözlerimde hata ettimse uzaklaştırma beni senden!
Çünkü yakarışları işiten sensin! Ona secde etmemi dileseydin elbette ki bu emre itaat ederdim."

"Ârifler içinde seni benim gibi iyi tanıyan birini bilmiyorum."

Ünlü sahabî müfessir Abdullah **İbn Abbas** (ölm. 68/687) şu kanıdadır: **Azâzîl**, iblisin, melekler arasından kovulmadan önceki adıdır. O zamanlarda İblis yeryüzünde bulunuyordu ve meleklerin ilimde en yükseği idi. Kibirlenmesi bu yüzdendir. Yine İbn Abbas'a göre, iblis, meleklerin yeryüzünü imarla görevli olan cin takımındandır. (bk. Taberî, *Tarih*, 1/86)

Anlaşılan o ki, İbn Abbas, yani Asrısaadet'in en büyük Kur'an yorumcusu sayılan bir sahabî bile, iblisin son tahlilde, yeryüzünde yapıp edici, değer üretici bir güç olduğunu kabul ediyor. Hallâc'dan, yaklaşık üç yüz yıl önce... Hallâc'ın iblis görüşü, İbn Abbas'ın birkaç cümle ile ifade edilen görüşünün, şairane bir açılımı olarak görülebilir.

"Tevhit yolunun en seçkin sözcüleri onun kapısında dilsiz düştüler; ârifler öğrendiklerinden ve öğrettiklerinden utandılar. Onlar içinde secdeyi en iyi bilen yalnız oydu. Varlıkların, gerçek varlığa en çok yaklaşanı, en çok gayret göstereni o, ahdine en vefalısı, Tanrı'ya en yakın olanı oydu."

"Melekler Âdem'e secde ettiler, müsaade üzerine. Ve iblis secde etmemekte direndi: Uzun bir zaman geçirmişti müşahede (Tanrı'yı görme) üzerine."

Hallâc'ın bu son cümlesi, büyük yorumcusu **Baklî** tarafından şöyle açıklanmıştır: "**İblis'in bu müşahedesi, melekût âlemini** (ruhsal âlemi) **müşahede idi; Tanrı'yı müşahede değil. Eğer Tanrı'yı müşahede olsaydı, onun için 'Kâfirlerden oldu'** (Bakara, 34) **denmezdi.**" (Baklî, *Şathıyyât*, aynı bölüm)

AHMET GAZALÎ: AŞK ÜSTADINA SAYGI

Tam adı **Mecdüddin Ebul Fütûh Ahmet bin Muhammed el-Gazalî** olan **Ahmet el-Gazalî** (ölm. 520/1126)nin ana eseri **'Sevânihu'l-Uşşâk'**, iblis ve aşk meselesinde onun en sadık ve seçkin öğrencisi olan şehit veli **Aynulkudat Hemedanı** (525/1131) tarafından **'Levâih'** adıyla Farsça'ya çevrildi. Ahmet Gazalî'nin iblisle ilgili düşüncesinin özeti şudur:

"**Tevhidi İblis'ten öğrenmeyen zındıktır.**" (Massignon, *Textes Inedits*, 96)

Gazalî için iblis, aşk ve sebatın elle tutulur tek örneğidir. Allah'ın "**Âdem'e secde et!**" emrine karşı çıkışı da Allah'a olan bağlılık ve aşkının bir zorlamasıdır. Böyle bir olgu, iblisi ne tevhit dışına çıkarır ne de ondan tevhit dersi alınmasına engel olur. Tam aksine, bu olgu iblisi tevhit meselesinde esas öğretici ve örnek konumuna yükseltir.

Gazalî'nin, iblisi aşk üstadı olarak öne çıkaran görüşü, kendisinin en seçkin öğrencisi olan **Aynulkudat Hemedanî** tarafından çok daha ileri boyutlara götürülerek temsil edilmiştir. Aynulkudat'ın, üstadı Gazalî'den bir farkı da şiirdeki derinliği ve felsefî konuları şiir yoluyla ifade edişteki üstünlüğüdür. (Bu konuda bk. Schimmel, *The Mystical Dimensions of Islam*, 196)

AYNULKUDAT HEMEDANÎ: İBLİS VE MUSTAFA SIRRI

Ahmet Gazalî'nin en seçkin öğrencisi olan Aynulkudat Hemedanî, üstadı Ahmet'i "Efendim, rehberim ve sultanım" diye anmaktadır. O, üstadının iblisle ilgili düşüncelerini daha ilerleterek ve daha açık bir dille ifade ederek topladığı husûmet yüzünden 33 yaş gibi genç bir çağında, Hemedan'da derisi yüzülerek katledildi. Cesedi, ders verdiği medresenin girişinde bir süre asılı tutulduktan sonra üzerine yağ dökülerek yakıldı.

Aynulkudat, iblisle ilgili düşüncelerini **Temhîdât** adlı Farsça eserinde sergiler. Bu eserin özellikle onuncu bölümü, göklerin ve yerin esasını Muhammed Mustafa ile iblisin ışığının oluşturduğunu anlatır. Temel fikir şöyle ifade edilmiştir:

"Göklerin ve yerin esası ve bunların dayandıkları gerçek iki ışıktan ibarettir: Muhammed Mustafa'nın ışığı, iblisin ışığı." (Aynulkudat, *Temhîdât*, 258)

Aynulkudat'a göre, aşk, iddia ve erdiriciliğin iki temsilcisi vardır: Hz. Muhammed, İblis. Gerçeğe varmak için bu ikisini rehber edinmek gerekir. Rehber edinmek, mutlaka uymayı gerektirmez. Kendisine uyulmaması gerektiğini bize anlatan kişi veya güç de bir rehberdir. Tabii ki birincisi keyifli bir rehber olurken ikincisi zorluklara, sıkıntılara, keyifsizliklere dayanmayı gerektiren bir rehberdir. Şeytanın böylesine suçlanmasının sebebi belki de budur.

Yeni Ahit'te ve buna bağlı olarak Hristiyan teolojide İblis, İsa'nın karşıtını, daha doğrusu karşıt ilkesini sembolize eder. Hallâc-Gazalî-Hemedanî sisteminde de iblis, Muhammed'in karşıtı olan ilkenin sembolüdür.

Gerçeğin, cemal (güzellik, mutluluk, rahatlık, rahmet) şeklinde tecellisi Muhammed Mustafa'dadır ki o **"Biz seni Âlemlere rahmet olman dışında bir şey için yaratmadık."** (Enbiya, 107) ayetinde ortaya konmuştur. Aynı gerçeğin **celal** (çirkinlik, kahır, ıstırap ve mutsuzluk) tecellisi ibliste vücut bulmaktadır ki o, **"Lanetim kıyamet gününe değin senin üstündedir."** ayetinde ifadeye konmuştur. (age. 73)

Aynı gerçek ibliste dalâlet, Hz. Muhammed'de rahmet ve hidayet şeklinde tecelli etmektedir. Bu ikisi gerçeğin fonksiyonel olması için kaçınılmazdır. Bunların birini iyi, ötekini kötü ilan etmek bizim kısır bakışımızın bir sonucudur. Esasta bu ayrımlar mecazîdir; gerçeğin özüne-ruhuna ilişik değillerdir.

Tanrısal aşkın bütünlüğü, Hz. Muhammed ile iblisin birlikte düşünülmesi ve yüceltilmesiyle ele geçer. Onlar, çift kutuplu gerçeğin karşılıklı uçlarıdır; biri ötekisiz düşünülemez. Ezelden ebede, tüm oluş ve erişler iki nurun aydınlığıyla gerçekleşir: Muhammed Mustafa'nın nuru, iblisin nuru. (Aynı eser, 30)

İblis-Muhammed ilişkisi dertle deva ilişkisine benzer.

Tekâmül için bu ikisi de gereklidir. İblisten dertlenen Mustafa'dan deva bulur. Bu, bu şekilde devam edip gider.

İblis, küfrü; Mustafa imanı sembolize eder. Küfür ile iman da birbirine muhtaçtır. Küfür, fenayı; (ölümlülüğü) iman, bekayı (sonsuzluğu) temsil eder. Ve **fena** olmadan **beka** anlaşılmaz. (age. 232-233)

Yaratıcı tek olduğuna göre ışık ve iman gibi karanlık ve sapıklık da Tanrı'nın mahlûkudur. Bu mahlûklardan biri (hidayet) Muhammed'e, ötekisi (dalâlet) iblise havale edilmiştir. Yani Muhammed de iblis de Tanrı'nın verdiği görevi yapmaktadır.

Tanrı'nın isimleri zıtlık ilkesine göre düzenlenmiş isimlerdir. Bu isimlerin her biri kendisinin zıddıyla bilinir. Bu isimlerin, varlık ve oluşta cemal ve lütuf ifade edenlerini Hz. Muhammed, celal ve kahır ifade edenlerini iblis temsil etmektedir. O halde iblis de Muhammed kadar gereklidir. (bk. Hamit Algar, *Encyclopaedia Iranica*, Eblis mad. 7/656-661)

İnsanın durumu diğer varlıklardan çok farklıdır. Diğer varlıkların her biri tek görev yapmak üzere şartlanmıştır. İnsan ise özgürlüğü kullanmak üzere şartlanmıştır. Onun için seçme imkân ve yetisi insanın bir tür mecburiyetidir. Her varlık bir şeye müsahhardır yani yaratılıştan mecbur ve mahkûm edilmiştir; insan da özgür seçme imkânını kullanmaya müsahhardır. Su için söndürmek, ateş için yakmak nasıl onların doğası ise insanın doğası da özgürlüktür.

O halde iblis de, tıpkı Mustafa gibi Tanrı'nın iradesine uygun olarak görevini yapıyor. Bu görevin dalâlet (karanlık ve sapıklık) kutbunda olması ibilisi görev yapmayan varlık durumuna düşürüp Tanrı'nın iradesi dışına çıkarmaz. (age. 189-190)

Tam bu noktada bir Kur'ansal gerçeği ifadeye koyalım: Kur'an'da, Allah'ın yani göklerin ve yerin nuru olan (Nur suresi, 35) ışığın isim-sıfatları yani **Esmaül Hüsna** (eğer tamlama şeklindekileri de sayarsak) 99'dur. Kur'an'da, göklerin ve yerin karanlığı, karanlık ilkesinin kotarıcısı olan şeytanın adı da tam 99 kez geçiyor: 88 yerde şeytan kelimesiyle, 11 yerde iblis kelimesiyle.

Bir ürpertici gerçek de şudur: Kur'an'da melek kelimesi de tam 88 yerde geçmektedir. Melekler, "**Allah'ın kendilerine emrettiği konularda asla isyana gitmezler, kendilerine emredileni yerine getirirler.**" (Tahrîm, 6) Yani onlar Rahman'ın ışık ilkesini işletmede görev yapan emir erleridir. Şeytan ise, yine aynı Rahman'ın karanlık ilkesini işletmede görev yapan emir eridir. Ve Kur'an, bu iki prensip arasında 88'e 88 bir eşitlik olduğuna dikkat çekmiştir.

Yaratılışı özgürlükle eşitlenmiş insan, eşit güçte iki merkezin ortasındadır. Kendi seçimiyle bu yana veya öteki yana gidecektir.

Sonuçta, Tanrısal plandan baktığımızda bir **düalite** (ikilik, iki ilahlılık) yoktur. Tek ilah, tek Yaratıcı, tek süreç esastır. Işık ve karanlık kuvvetleri O'nun emrinde, onun planına uygun olarak hareket etmektedir. İsviçreli antropolog düşünür **Jakob Bachofen** (ölm. 1887) üzerinde olduğumuz gerçeği unutulmaz bir güzellikte ifade etmiştir:

"Yaratıcı, üretici etkinliğe karşılık eritip yok eden bir etkinlik daha vardır, İki güç sonsuz bir savaşıma kilitlenmiştir. İki eşit akım birbirine karşı koyar ve zıtlaşmalarıyla yaradılışın sonsuz gençliği korunur." (Bachofen, *Din ve Anaerki*, 88)

İnsanın farkı, kendisine ışık veya karanlık kutupta yer alma karakteri verilmek yerine, seçim karakteri verilmiş olmasıdır. İnsanı sorumlu kılan, ondaki özgürlük, serbest seçim fıtratıdır.

Tanrı, iblise verdiği laneti de tıpkı Âdem'e verdiği ruh gibi kendine nispet etmiştir. Âdem için "Ona ruhumdan üfürdüm" demiş, iblis için de "Lanetim üzerine olacak" buyurmuştur. Gerçek olan şu ki, Âdem'de de ibliste de Tanrı'dan bir şey vardır. Birinde **celal**, birinde **cemal**. (age. 225-226)

Mustafa da Tanrı'dan bir ışıktır, iblis de. Fark şu ki, Mustafa Tanrı'nın nurundan bir ışık, iblis ise Tanrı'nın narından (ateşinden) bir ışıktır. Nitekim Hz Muhammed şöyle buyurmuştur:

"Allah benim ışığımı kendi izzetinin nurundan, iblisin ışığını ise yine kendi izzetinin narından yaratmıştır." (age. 267)

Tanrının Rahman ve Rahîm sıfatları olduğu gibi **Cebbar** (zorlu, dilediğinde ezen) ve **Mütekebbir** (yüceliğin mutlak sahibi) sıfatları da vardır. Muhammed bu sıfatların Rahman ve Rahîm olanına, iblis ise Cebbar ve Mütekebbir sıfatlarına mazhar kılındı. Yani Mustafa'da rahmaniyet, İblis'te cebbariyet tecelli etti. Unutulmaması geren şu ki, bu tecellilerin ikisi de haktır. (Aynı eser, 227)

Tanrı, melekler âlemine açık bir biçimde "Âdem'e secde edin!" emrini verirken, görünmeyen âlemin derinlerinden iblise, "Benden başkasına secde etmeyin!" diye seslendi. (ag. yer)

Bu anlayış daha da ileri götürülmüştür: 17. yüzyılın başlarında yaşayan bir Bengalli şair, **Seyyid Sultan**, kaleme aldığı **İblisname**'de şunu savunuyor: Allah, şeytanı lanetledikten sonra bile, meleklere, üstadları olan iblisi takdis etme emrini vermiştir. O gerçi bizatihi melek değildi ama meleklere hocalık yapmıştı. Melekler üstadlarına saygıda kusur etmemeliydiler. (Schimmel, *The Mystical Dimensions of Islam*, 193; *Gabriel's Wing*, 208)

Fütüvvet ve aşk yolunun en büyük iki yolcusu, Mustafa ile iblistir. Diğerleri bu yolun sadece tıfıllarıdır. Oluş ve erişin tüm iniş-çıkışları, tüm dava ve kavga Mustafa ile iblis arasında dönüp duruyor. (age. 223)

Tanrı'ya ancak aşk sayesinde ulaşılır. Ve iblisi dışlayarak ne aşkı ne Tanrı'yı ne de hayatı ve gerçeği tanıyabiliriz. Tanrı'ya aşk iki parçaya bölünüp biri bir ere, diğeri bir başka ere verildi. Birinci er Mustafa, ikincisi iblistir. Mustafa'ya verilen aşktan bir zerreye sahip olan mümin hale gelir. İblise verilen aşktan bir zerreye sahip olan ise ya kâfir ya mecusi yahut da putperest oluverir. Müslümanlıktan putperestliğe kadar bütün yollar Tanrı yolunun değişik konak yerleri, değişik menzilleridir. (age. 284-285)

MUHAMMED İKBAL: YARATICI BENLİK ATEŞİ

Son birkaç yüzyılın en büyük Müslüman düşünürü sayılan **Muhammed İkbal**'in iblis anlayışında, diğer konularda olduğu gibi, Mevlana'nın rolü belirleyicidir.

Mevlana'ya göre, İblis takdis edilecek bir varlık değil, acınacak bir varlık olarak öne çıkarılmalıdır. O, **tek gözlüdür**. Âdem'in içindeki hazineyi görememesi de bundandır. Aslında o aşkı bilmemekte, tek gözünün saplandığı zekâyı, aklı her şey sanmaktadır.

İblis kurnazdır ama aşktan yoksun olduğu için hem kendine hem de başkalarına acı vermektedir. O, umutsuz, çaresiz, yalnız, ayrılık derdiyle melankolik hale gelmiş bir bahtsızdır.

İblisin İkbal'de büründüğü renk ve desenler, kendinden öncekilerden büyük ölçüde farklıdır. O, bir yerde iblis anlayışının omurgasını veren şu Farsça mısraı önümüze koymaktadır: "**Zî rek ez iblis o ışk ez Âdem est**" (**Akıl iblisten, aşk Âdem'dendir.**"

İkbal, aşkla Âdem'i, akılla iblis'i eşitleyen bu yaklaşımını garip bir yolculuğa çıkarır ve şu noktaya vardırır: Akıl, Batı'nın karakteristiğidir, aşk Doğu'nun. (Schimmel, *Gabriel's Wing*, 136) **Çünkü İkbal şöyle düşünüyor: Allah dünyanın Batı'sını iblis'e verdi, Doğu'yu kendine ayırdı.**

İkbal'in, bütün dehasına rağmen, burada, Batılı sömürgecilere duyduğu öfkeden evrensel ilkeler çıkarmaya kalkarak yanıldığını ve bütün ruhuyla bağlı olduğu Kur'an'ın onaylamayacağı bir tespit yaptığını söylemek zorundayız.

İkbal'in iblis anlayışı üzerinde bir hayli yazılmıştır. Biz onun iblis anlayışı hakkındaki değerlendirmemizi, '**Hallâc-ı Mansûr**' adlı çalışmamızın '**Hallâc'ın Etkileri ve İkbal**' bölümünde ayrıntıladık.

İkbal'in iblis anlayışını merak edenlere, anılan eserimizin o bölümüyle İkbal'in ana eseri **Cavidnâme**'nin en hayatî bölümü saydığımız '**Müşteri Feleği**' bölümünü okumalarını önereceğiz.

İkbal'in iblis anlayışı, İkbal uzmanı Schimmel tarafından ele alınmıştır. **Cavidnâme Şerhi**'nden bazı satırlar verelim:

"**İblis, yalnız büyük muvahhit değil, aynı zamanda insanlara seçme özgürlüğünün kullanılmasını öğreten üstaddır. Onun itaatsizliği ve Âdem'i baştan çıkarıp cennetten kovulmasına sebeb olması vuku bulmasaydı insan, iyi ve kötü arasındaki farkı göremezdi, seçme zevkini bulamazdı. İblis sayesinde insan, seçme kudretine sahip oldu. İkbal'in eserlerinde iblis hiçbir zaman Allah'ın düşmanı değil, daima insanın düşmanı olarak görünmektedir.**"

"İblisin bu hususiyeti İkbal'in hem konferanslarında hem de şiirlerinde çok büyük bir rol oynamaktadır.

"İblisin edebiyatta oynadığı rol (**J. Van den Vondel, Calderon, Leconte de Lisle, Baudelaire, Mauricac, Sartre, Carducci, Leopardi, Huysmans, Shelley, Hugo, De Vingy, Dostoyevsky, Poe, Bernanos** vs.) bir yana bırakılsa bile modern psikoloji de şeytanî prensibin mânâsı ile meşgul olmuştur. **Jung**'a tabi olan psikolojik ekol, bu probleme çok önem vermektedir."

"**İkbal'in iblis tasavvuru, modern Batı'nın ilim ve edebiyatında da rastlanması mümkün olan pek mühim ve düşündürücü bir dünya görüşünün ifadesidir.**" (Alıntı için bk. Schimmel, *Cavidnâme Şerhi*, 254-258)

Schimmel'in bu tespitleri kadar doğru olan bir nokta da şudur: Doğu ve Batı'dan alınan tüm örnekler, Hallâc'dan çok sonraki yüzyılların isimleridir. Bunun anlamı ise şudur:

Bugün, dinden sanata, felsefeden psikolojiye kadar, iblis denen negatif kuvvetle ilgili olarak paylaşılan kabulün tarih içinde ilk fikir babası Hallâc'dır.

Kısacası, Hallâc-İkbal yaklaşımı bize iblis konusunda, **Şemsi Tebrizî** (ölm. 1247) tarafından dile getirilen şu tespitin gerçeğin ta kendisi olduğunu gösteriyor:

"Bakabilirsen, İdris'te de ibliste de bir mânâ vardır. Bir vakitte bu dersin mânâsı yürür, başka bir vakitte o dersin mânâsı." (Şems, *Makaalât*, 276)

Şems'in 13. yüzyılda dile getirdiği bu gerçek, antik Çağ'ın büyük filozofu **Herakleitos** tarafından şöyle ifadeye konmuştur:

"Yukarı çıkanla aşağı inen yol tek ve aynıdır."

İSYANIN METAFİZİK DAYANAĞI MESELESİ

İsyanlar düellosunda kararı, düellonun taraflarına bırakmak kısır döngüyü egemen kılmak olur. İsyanlar düellosunda kararın düellonun taraflarının üstünde bir kudrete bırakılması kaçınılmazdır. O kudret, Tanrı'dır.

Tanrı'dan ölçüt ve ışık almayan bir isyan, amacına ulaşamaz.

Çünkü isyan, mahiyeti itibariyle bir **'mevcudu aşma iradesi'**dir. Mevcudu aşmanın içine insanın kendi nefsi de girmektedir. İnsan kendi basit ben'ine isyan ederek üstün ben'ine ulaşmanın peşindedir. O üstün ben, Tanrı adıyla sembolize edilmektedir. İnsanın kendine isyanı, üstün benliğe ulaşmak için basit benliği vasıta yapmaktır. **Hiçbir isyancı, bütün iradeleri belirleme gücüne sahip olan iradeye kafa tutarak bir yere varamaz. Ancak o 'mutlak belirleyici'ye itaatten sonradır ki isyan anlamlı hale gelir.**

İsyanın Yaratıcı kudretten kod ve koordinat alması, isyanı anarşi olmaktan kurtarır. **Anarşi** gayesizliktir, oysaki isyan gaye ve idealizmin varoluş haline gelmesidir.

"Tabiat üstü düzende yer almadıkça hareket hatalı, noksan ve başarısız olur. Tabiat üstü, menfaatten arınmış sayılabilecek her hareketin yegâne kaynağıdır. İsyancı olmak istersek, insanın Allah'a bir iştiraki oluruz. Hür hareket bu tür bir iştiraki gerçekleştirir. İnsan, Allah'la birlikte hareket halindedir. Hareket, gerçek bir isyandır. Hareket, 'eşyayı ve kendi eliyle kendisini değiştirme'ye yönelik bir plan içerisinde kendini gerçekleştiren insanın mukadderatını yapmaya uzanır. Allah, hareketin dışında değildir ve insan asla O'nsuz harekete geçemez. Tabir caizse, birbirinden ayrılmış iki varlık yoktur. Bu, iştirak veya ulûhiyete iştirak, isyanın özünü teşkil eden insanın aşkınlığına özlem olgusudur."

"Hareket hürriyeti, bizde hareketi yaratan isyan mânâsına gelir. Sadece isyan eden hürdür veya en azından gerçekten hür olan sadece odur. Acaba o, hürriyetini hangi kaynaktan almaktadır. Ahlakîliğin fışkırdığı bu ilahî kaynak, Allah'ın iradesi, yani mutlak iradedir; başka ifadeyle bu, Allah olma iradesidir. Böylece Allah meselesi ahlak meselesiyle birleşmiş oluyor. Allahsız ne gerçek ahlak olur ne de gerçek anlamda isyan. Her dinin temelini bir ahlak sistemi, bir isyan doktrini teşkil eder: İçinde bulunduğu durumla yetinen insanın yanılgısına karşı isyan."

"Istırabın yolu ulûhiyetin yoludur. Dinler ve Doğu bilgeliği tarafından kadercilik adı altında haksız yere mahkûm edilen ilahî irade önündeki bu itaatkârlık, gerçekte mistikteki en büyük güçtür. Bu ıstırap dostluğu, kurtarıcıdır. Mistiği, Stirner'in canavarca bencilliğinden, Rousseau'nun yalnızlıkta artan safça gururundan ve marazî güçsüzlüğünden ve nihayetin karanlık ve sonuçsuz kötümserliğinden koruyan bu duygudur. Ruhu bütün iradelerin er geç ulaşmak ümidiyle yöneldiği ilahî iradenin kaynağına doğru götüren de yine bu duygudur." (Nurettin Topçu, *İsyan Ahlakı*, 199-201)

"Mutlak, bütün hareketlerimizde yaşamakta, fiilerimizin hiç birisi ondan kaçamamaktadır. Bizi belirleyen yüce varlığı böylece tanımak, âdeta insanın kendi kendisini belirlemesidir, kendi hareketinde Allah'ı tanımasıdır. Bu, bir ölçüde Allah olmaktır. İnsanın kurtuluşu, hayatı ve insanı değiştiren bu bilgiyi elde etmekten ve böylece kendi kendini tayin etme gücünü kazanmaktan ibarettir. Sanatkârın vehim ve zaaf içerisinde, mistiğin ise kahramanlık ve cesaretle aradıkları kurtarıcı güç, işte budur." (age. 208)

Mutlak güçten enerji ve esin almayan isyan ya başarısız olur yahut da sadece yıkıcı isyan olur. Eğer bu isyana da 'özgürlüğün kullanılması' diyorsak (ki diyoruz) o zaman bunun adı **'özgürlüğün kötüye kullanımı'** olacaktır. Böyle bir isyanın felsefe tarihinde önde gelen temsilcisi Alman filozofu **Max Stirner** (ölm. 1856) olmuştur.

MAX STIRNER'İN İSYANI VEYA ANARŞİZM

"Stirner, bireysel varlığın bencilliğini, dışarıdan gelerek onu kısıtlamaya çalışan her şeyin karşısına koyar. Tabiata ve topluma, devlete ve insanlığa, ahlaka ve dine isyan eder. Bunlar birer hayaletdir. Hiçbir sınırlamayı kabul etmeyen, benliğin haricinde onu engelleyecek olan her şeyi ortadan kaldırmak gerekir. Böylece insan hür ve mutlu ve sadece kendisine ait olacaktır. Gerek Allah, gerek insanlık tarafından savunulan davalar bencildirler; 'bu büyük bencillere hizmet etmektense, ben kendim bencil olacağım'. İyilik ve kötülük boş laflardır. Beni ne ilahî olan ilgilendirir ne de beşerî, beni ilgilendiren şey, yalnızca bana ait olandır. Benim için hiçbir şey benliğin üstünde değildir."

"Gerçekte insan, kendisini ruh saymak suretiyle daima

dünyaya üstün görmüştür. Allah'a boyun eğmek suretiyle sadece, 'ana-baba boyunduruğundan kurtulmakla kalmamış, her türlü beşerî otoriteden de kurtulmuştur.' Stirner'e göre **'Ruhülkudüs'** en mükemmel ruh olmuştur. İnsanın ideali, beşeriyetin boyunduruğundan kurtulmak olduğu gibi, Ruhülkudüs'ün boyunduruğundan da kurtulmak olmalı, kendi benliğini 'her şeyin merkezi' kılmalıdır. İnsan, kendisi olmayan her şeyin karşısına benliğini koymalıdır. 'Dünyada' benliğin dışında 'korunacak hiçbir hakikat yoktur. Nesneler birbiriyle çelişki halindedirler, onlar hakkındaki hükümlerimizin hiçbir ölçüsü yoktur.' İster sonu kozmolojiye varan dünyevî hakikatlerin araştırılması, ister bir teolojiye götüren ilahî hakikatlerin araştırılması olsun, her ikisi de aynı derecede sonuçsuz ve gereksizdir. Hakikati olmayan bu dünyada beni ilgilendiren tek şey, sadece benliktir. Bu hakikî ve meşru bencillik, kendi kendisini tanıyan bir bencilliktir."

"Başkaları için gösterilen itina ve beslenen sevgi tamamıyle bencil olmalıdır. Bu anlamda, insan kendi kalbini bu sevgiyle beslemek üzere sevmelidir, başkasını kendisi gibi emsalsiz bir öz teşkil ettiği nisbette sevmelidir. Benliği tehdit eden ve onun noksansız bencil gelişmesini engelleyen **hayaletler** nelerdir? Benlik bunlardan nasıl kurtulabilir? Bunlar 'Ruhülkudüs, hakikat, kral, kanun, iyilik, şeref, kamu menfaati, düzen, vatan vs.dir.' Din hayaleti ortadan kalktığında, yerini ahlak hayaleti alır. Bütün bu hayaletleri kutsallaştıran, insandır. Kendi kendilerine bunların hiçbir kutsal yanları yoktur, çünkü tamamıyla hayal mahsulüdürler. Düşüncemi, yargımı ve şuurumu kanunlara onlar bağlar. Ruhülkudüs gibi, insanlık ruhu da bir hayalettir. Benim ruhum gerçektir ve bencilliği tatmine çalışır. Bir başka hayalet olan devlet, 'çalışma köleliği' üzerine kurulmuştur. Çalışma hür olsun ki devlet batsın'. Toplum da bir hayalettir. Sosyalizm de liberalizm de aynı derecede sahte ve adaletsizdir. 'Birisinde sadece devlet emredici idi, öbüründe ise sadece toplum mal sahibidir.' Dolayısıyla 'ferde ne emretme ne de mülkiyet hakkı tanınmaktadır: Birisi devlete aittir, diğeri topluma. Bir komünist rejimde 'işçi, bir işçiler toplumunun üstünlüğüne boyun eğer. Nasıl ki burjuva, rekabeti itirazsız kabul ediyorsa."

"**Sadece insana has olan tenkitçi düşünüş bütün bu hayaletleri yıkabilir. Tek var olan benliğin bencilliğine meydanı boş bırakmak için teoloji antropoloji, tarafından tahtından indirilmeli, ateizm evrensel olmalıdır.**"

"İnsan bir davranışta bulunurken başkalarının menfaatlerine göre hareket etmesi gerekmediği gibi, kendi menfaatinden de kaygı duymamalıdır, kendi içgüdülerine boyun eğmeli, sadece kendi gücünü ortaya koymalıdır. Yani, kendi içgüdüsünün ardından gitmelidir."

"Sahip olduğum tek şey var, o da gücümdür. Bana başkası, yani tabiat, Tanrı veya halk tarafından bahşedilecek olan bir hak, bana yabancı olacak, asla benim olmayacaktır. Doğrusunu söylemek gerekirse bu, hak da olmayacaktır. 'Benim için neyin hak olacağına karar vermek yetkisi sadece bana aittir. Bencil hukuka göre adalet, benim istediğim şeyden ibaret olacaktır. Bu bireysel irade devletle çatışma halindedir. Devlet ve millet benliğin düşmanlarıdır. Bunlardan kurtulmak için bir tek yol kalmıştır: Devlete itaat etmemek, kanuna itaat etmemek, devlete ve kanuna bütün gücüyle karşı koymak, gücünü göstermek ve tek kelimeyle anarşiyi istemektir. 'Devletin elindeki gücün adı 'hukuk'tur, aynı güç ferdin elinde 'suç' adını alır'. Suç, ferdin gücünün kendisi tarafından kullanılması demektir, ancak suç yoluyladır ki, fert devletin gücünü yıkabilir."

"Hakkın benlik tarafından güç kullanılarak aranması, meşrudur ve zorunludur. Özel mülkiyet, benin mülkiyeti tek meşru mülkiyettir. 'Dünya bana aittir.' Mal sahibi olan sadece bireydir, ne Tanrı ne insan ne de insan toplumdur. 'Mülkiyeti tayin edecek tek şey' hukukun tek kaynağı olan kuvvettir. Nasıl ki köle hür olmak için efendisine saygı göstermeyi terk ediyorsa, mal sahibi olmak için de başkasının mülkiyetine saygıyı bırakmak gerek. Sevgi, benliğin malıdır; kaynağını şahsî menfaattan alır. 'İlişkiler,' 'dünya zevkleriyle' eşdeğerlidir. Bundan başka her ideal sahtedir. İnsan ne olabilirse odur. Artık insanın 'bir bitki veya hayvandan daha farklı hiçbir ödevi yoktur."

"Hakikatler, bir hile ile düşünce tarafından üretilen sözlerdir. İnsan olmasa hakikat hiçbir şeydir. Benliğin üstünde hakikat yoktur. Hakikatin ölçüsü benliktir. Bana, kendi benliğimin dışında hiçbir istikamet verilmeyecektir. Gerçekte, ben tek benliğim, emsalsizim. Hiçbir kavram beni ifade edemez ve anlatamaz. Benim özüm olarak verilen hiçbir şey benim sınırlarımı tayin edemez, bunlar sadece isimdirler. İster Tanrı olsun isterse insan bana üstün olan her varlık, benim tek ve emsalsiz oluşum karşısında zayıflar ve bu şuurun ışığında solar gider." (Topçu, age. 174-179)

Olumsuz (veya yıkıcı) isyanın en tipik temsilcileri, nebileri katletmekle lanete uğrayan Yahudilerdir. Yahudilerin isyanlarında Allah'ı öfkelendiren bir başka unsur daha vardır: Onlar, isyanı da namertçe sergilerler, isyanda da riyakârlık ederler. **"Dinledik, isyan ettik"** derler. Dinlememek şeklindeki isyanın mert tavrına mukabil, bunlarınki tiksindirici bir ikiyüzlülüktür. Allah'ı öfkelendiren bir namertliktir. (2/93, 4/46)

BİR İSYAN FORMULÜ OLARAK KELİMEİ TEVHİT

ESRARLI FORMÜL: LA VE İLLA

Kur'an dininin bütün kodları Kelimei Tevhit formulünde saklıdır. Bu kodların ilki, Kur'an mesajının öncelikle isyana uyarlanmış olmasıdır. Kur'an insanı her şeyden önce **"La!"** (hayır) diyecektir. Hayır diyemeyenler **"İlla"** (Evet, Allah) diyemezler, deseler de bu, varoluşa katkı sağlayan bir deyiş olamaz. Çünkü özgürlük temeli yoktur. Özgürlük temeli olan bir söylemin öncelikle **'la'** (hayır) diyebilmesi gerekir.

Kur'an insanı, gerektiğinde Allah dışındaki her şeye (masivaya) "Hayır!" diyebilmelidir. Bu yeti ve dirayet, hayatın bütün alanlarında, özellikle siyaset ve kamusal alanda işlevsel kılınmalıdır. Tek düşmanı zulüm olan bir kitabın mesajının anahtar kelimesi elbette ki 'Hayır!' olacaktı. 'Hayır' diyemeyen bir bireysel veya toplumsal benlik zulme karşı çıkamaz. Ve bu karşı çıkış yoksa öteki değerlerin hiçbiri bir anlam ifade etmez.

Bu gerçeğin uzantıları olarak Kur'an **'abdi memlûk'** olmayı, raiyyeleşmeyi, zulme sessiz kalmayı yasaklamış, sorgulamanın motoru olan aklın işletilmesini ısrarla emretmiştir. Ve eklemiştir:

"Yeryüzünde debelenenlerin Allah katında en şeriri,

akıllarını işletmeyen sağır dilsizlerdir." (Enfâl, 22)

"Allah, aklını işletmeyenler üstüne pislik indirir." (Yunus, 100)

Kur'an, yaratıcı sorgulamanın temel şartının "Hayır!" diyebilme güç ve yetisi olduğunu temel mesaj olarak insanlığın idrakine Kelimei Tevhit formülüyle ilk adımda iletmekte ve "Hayır!" diyemeyen benliklerden özgür tevhit insanı, Kur'an mümini olamayacağını bir varoluş yasası halinde belirlemektedir.

İşte bunun için, bu eserin en hayatî bahisleri olarak **isyan** ile **şirk** bahislerinin altını çizmek isterim. İsyanı, bu bölümün başında etraflıca inceledik; şimdi meseleye şirk açısından yaklaşalım.

Özgürlüğün en büyük düşmanının şirk olduğunu, bu eserin birinci bölümünde inceledik. Şirki devre dışı bırakmanın Kur'ansal formülü Kelimei Tevhit'te verilmiştir. Kur'an'ın insanlığa armağan ettiği mesajın ve dinin esasını ifade eden cümle, Kelimei Tevhit diye anılan şu cümledir:

"La ilahe illellah!"

Bu cümle alışılmış şekliyle şöyle tercüme edilegelmiştir: "Allah'tan başka Tanrı yok."

Bu çeviri yanlış olmamakla birlikte eksiktir, Kelimei Tevhit formülünün esrarlı çerçevesini vermekten uzaktır. Mesajı tam yakalamak için kelime kelime tercüme yapmak gerekir ve o tercüme şudur:

"Hiçbir ilah yok, sadece Allah var."

Bu cümleyi daha iyi anlamak için bir Hintli şairin şu dizesini anmalıyız:

"La süpürgesiyle yolu temizlemeden illellah sarayına varamazsın!"

Kelimei Tevhit, insanı Yaratıcı'nın sarayına götürecektir, amaç budur; fakat bu amaca ulaşmak için saraya giden yolu temizlemek lazım. O yolu temizleyecek süpürge ise **'la'** süpürgesidir.

ZITLIK İLKESİ VE ZITLAR

İslam'ı en taze çağında zehirleyip bir saltanat ideolojisine dönüştüren Emevî krallığının, tevhidin anlatılmasına ne derece izin verdiğini tartışabiliriz ama şirkin tanınmasına asla izin vermediğinden eminiz. Onlar bilmekte idiler ki tüm kavramlarını **zıtlık ilkesi** üzerine oturtan ve anlatmak istediği her şeyi o ilkeyi esas alarak anlatan Kur'an'ın ruhu olan tevhidin gereğince kavranması için onun zıddı olan şirkin çok iyi bilinmesi kaçınılmazdır. Ve Emevî, İslam'ı rahat sömürebilmek için, işte bu kaçınılmazın tanınmasını engellemiştir. O engellemenin açtığı kahırlı ve karanlık süreç, ne yazık ki asırlardır devam ediyor. İslam dünyası bugün de şirki gereğince tanımıyor. Çünkü Emevî kalıntısı saltanat dincileri şirkin tanınmasına izin vermiyorlar. Böyle olunca da tevhidi tam kavrayıp hayata geçiremiyor. Ve 'din' adı altında özgürlükler katili yarı müşrik bir dini yaşıyor, yaşatıyor.

Varlık ve oluşu tanımada temel ilke zıtlıktır. Din de zıtlık ilkesiyle tanınır. Bu ilke tevhit-şirk polaritesi halinde işler. Bunun en çarpıcı görünümü tevhidin formül cümlesi olan **Kelimei Tevhit**'te dikkat çeker:

"La ilahe illellah: Allah'tan başka ilah yok; sadece Allah var!"

Dikkat edilirse formülde öncelikle sahte ilahlar siliniyor, onun ardından gerçek Tanrı öne çıkarılıyor. Yani **'olması gereken'** gösterilmeden önce **'olmaması gereken'** tanıtılıyor. 'İllellah sarayı'nın kapısı açılmadan önce 'la' (yok) süpürgesiyle yollar temizleniyor.

Kelimei Tevhit, Kur'an dininin temel kabullerinden en küçük ayrıntılarına kadar tüm alanlarda işler. Dinin adı İslam'dır. İslam, teslimiyet demektir. Tevhit formülünü uyguladığımızda durum şu oluyor: **Hiçbir teslimiyet yok, sadece Allah'a teslimiyet var.** "İslam, Allah'a teslimiyettir" demek işin yarısıdır. Amacın tamamına ulaşmak için şöyle demeliyiz: **İslam, Allah'tan başka hiçbir kudrete teslim olmamaktır.**

Devam ettirelim: **Hiçbir ibadet yok, sadece Allah için ibadet var. Hiç kimseye secde yok, sadece Allah'a secde var. Hiç kimse için oruç yok, sadece Allah için oruç var.**

Tevhit böylece, hayatı yaşayan insanla hayatı veren kudret arasında sürekli bir beraberlik kurar. Buna Kur'an dilinde 'ihsan' denir. Ve ihsan, şöyle tanımlanmıştır: **Her an Allah'ı görüyormuşsun gibi davranmak.** Sen O'nu görmüyorsan da O seni görüyor.

Kelimei Tevhit'le formüllendirilen zıtlıkta, kutuplardan herhangi birini gereğince tanımadığınızda ötekini gereğince tanımanız da mümkün olmaktan çıkar. Bu da sizi, o kutupla ilgili tüm tespit, tavır ve eylemlerinizde yanlış yapmaya mahkûm eder. İslam dünyası bugün şirki tanımıyor. Böyle olunca tevhidi yani dinini tanıması mümkün olmuyor. **Tevhit tanınmayınca tevhit dininin**

vaatleri insan hayatına girmez. Tevhitten beklenen bereket, barış, nimet, esenlik, mutluluk uzaklarda, göklerde kalır.

Bugün dünya şirkin pençesindedir. Esasen, insanlığın büyük çoğunluğunun şirke bulaşmamış bir imandan yoksun olduğu ve olacağı Kur'an'ın açık beyanları arasındadır:

"**Onların çoğu, müşrikler durumuna düşmüş olma hali dışında Allah'a iman etmez.**" (Yusuf, 106)

Rabbin bu beyanı, elbette ki haktır ve tecelli edecektir. Etmiştir. İnsanlık dünyası, şirkin onlarca türüyle yara bere içinde kıvranmaktadır.

Dünyayı şirke karşı uyaran ve donatan kaynak Kur'an idi. Bunun içindir ki, biz hep şunu söylüyoruz: **Kur'an'ın iman çocuklarının şirki tanımaz hale gelmeleri, insanlığın maruz kaldığı en büyük talihsizlik olmuştur.**

İslam dünyası şirkin pençesinde kıvranmaktadır. Belini doğrultamamasının sebebi budur. **Allah, hiçbir kitleyi günahları, eksikleri yüzünden perişan etmez; perişanlık ve hüsran sadece şirkin sonucudur. Şirk, insanın emek ve üretimini işe yaramaz hale getiren tek beladır.** Kur'an bu gerçeğin altını defalarca çizmesine rağmen, geleneksel yaklaşımlar buna gereken önemi vermemiş veya verememiştir.

Dünya ve ahirete ilişkin tüm üretimleri boşa çıkaran bir numaralı bela şirk, iki numaralı bela ise şu üç başlı sapmadır:

1. Allah'ın ayetlerini örtüp inkâr etmek,

2. Peygamber katletmek,
3. Adaleti ayakta tutanları katletmek.

Bu üç başlı sapmayı sergileyenler için, dünya ve ahirete yönelik üretimlerin tümünün heba olması yanında korkunç bir azap da öngörülmüştür. (bk. Âli İmran, 21-22)

Emek ve üretimleri işe yaramaz hale getiren bu belaların tümü (bir tanesi hafifletilmiş olarak), İslam ümmetinde vardır. O hafifletilen cürüm, peygamber katlidir:

İslam ümmeti peygamber katlememiştir ama peygamber evladı katletmiştir. Peygamber ashabı da katletmiştir. Emek ve üretimi işe yaramaz kılan diğer cürümlerin tümü, İslam dünyasında, hem de defalarca tekrarlanmış olarak mevcuttur.

İslam dünyasının en büyük felaketinin şirk olacağını ve bu şirkin gizli-maskeli bir yapıda olacağını, Hz. Muhammed asırlar önceden haber vermiştir. Ve bunun, ümmeti adına kendisini korkutan bir numaralı tehdit olduğunu da söylemiştir.

Kelime tevhit formülü bizim bahis konusu ettiğimiz özgürlük de dahil, akla gelebilecek tüm alanlarda ve kavramlarda uygulanabilecek esrarlı bir cümledir.

Özgürlüğe varmak için yoldaki tüm engelleri temizlemek gerekir. Sûfî düşüncenin tarikat katranıyla kirlenmemiş özgün şekli, işte bu anlayışla baktığı içindir ki, gerçek özgürlüğün Yaratıcı'ya kullukta saklı olduğunu söylemiştir.

Kelimei Tevhit, işlevini tam yaptığında insan, kendisini yardıma çağıran Yaratıcı dışında hiçbir güce, kişiye ba-

ğımlı, köle olmayacaktır. La süpürgesi Allah dışında ne varsa tümünü silip süpürecektir.

Bir Kur'ansal gerçeğe daha dikkat çekmeliyiz:

La'da birçok şeyin hatta her şeyin silinmesi var ama ben'in, benliğin silinmesi ve inkârı yok. Allah, sildiği veya silinmesini istediği bir benliğe şu hitapları yöneltmez:

"Ey iman sahipleri! Eğer siz Allah'a yardım ederseniz, Allah da size yardım eder ve ayaklarınızı sağlam bastırır." (Muhammed, 7)

"Allah, kendisine yardım edene elbette yardım eder." (Hac, 40)

"Ey iman sahipleri! Allah'ın yardımcıları olun! Hani, Meryem'in oğlu İsa, havarilere, 'Allah'a gidişte benim yardımcılarım kimdir?' demişti de, havariler, 'Biz, Allah'ın yardımcılarıyız!' cevabını vermişlerdi." (Saf, 14)

Muhammed İkbal bu son satırlarda ifadeye konan gerçeği şöyle özetlemiştir:

"Mümin Allah'a şöyle niyaz eder: 'Biz sana uyuyoruz, sen de bize uy.'" (*Cavidnâme*, beyt: 1129)

TEK DÜŞMAN, ÖZGÜRLÜK DÜŞMANLARIDIR

> "En önemli şey, dünyanın neresinde olursa olsun her haksızlığı size yapılmış gibi hissetme kabiliyetinizi koruyabilmenizdir. Bir devrimcinin en önemli özelliği, budur."
>
> Che Guevara

Kur'an terminolojisinden baktığımızda, zulmü özgürlük düşmanlığı veya özgürlüklere tasallut olarak tanımlayabiliriz. O halde zulmü tek düşman ilan eden bir kitap, elbette ki her şeyden önce, özgürlüklerin kaynağı kitap olarak anılacaktır.

Kur'an, tek düşmanı zulüm olan kitaptır.

Işıksızlık anlamındaki zulmetle aynı kökten gelen **zulüm** kelimesi Kur'an bünyesinde küfür, şirk, kötülük, baskı, özgürlüklere ve inançlara tasallut, işkence, haksızlık anlamlarında kullanılmıştır. Dil bilginleri ve müfessirlerin büyük çoğunluğu zulmün Kur'an terminolojisindeki anlamını şöyle vermektedirler: "**Bir şeyi ait olduğu yerin dışında bir yere koymak**" (Râgıb, zulüm mad.). Bundan da anlaşılır ki zulüm, varlık düzeninde yozlaşma ve yabancılaşmaya sebep olmaktadır. Ve bu anlamda **en büyük** zalim, insandır. Çünkü yaradılış düzenini ve tabiattaki denge ve ahengi bozan tek varlık insandır. Nitekim Kur'an, insanın kötülüklerinden şikâyetçi olan melekleri konuştururken onun iki tipik kötülüğüne dikkat çeker: **Bozgunculuk, kan dökücülük.** (2/30). Ahzâb suresi 72. ayette ise insanın iki tipik noksanlığı olarak bilgisizlik ve zalimliğe yer verilir.

Zulmün **karşıtı adalet**tir ki, o da 'her şeyi yerli yerinde yapmak, yerli yerine koymak' anlamındadır.

Zulmün Üç Başı:

Kur'an'daki zulüm kavramı aynı anda üç olumsuzluk ifade etmektedir:

1. **Yönetimde despotizm,**
2. **Emperyalizm (sömürü ve istila),**
3. **Cehalet (akıl ve ilim düşmanlığı).**

Zulmün kelime anlamında hem despotizm hem istila hem de karanlık var. **Karanlık,** Kur'an dilinde cehaletin öteki adıdır. Kur'an'ın kelam mucizesi, onun bütün düşmanlarını bir tek kelimeyle ifade etmesine imkân vermiştir. O kelime zulümdür. Zulüm hem akıl ve ilim düşmanlığının hem de özgürlük ve adalet düşmanlığının adıdır.

Kur'an, bir din kitabı olarak bilinmekle birlikte tek düşman olarak dinsizliği veya ateizmi değil, zulmü hedeflemiştir. Bu, tarihin, din alanındaki en muhteşem devrimlerinden biri, belki de en muhteşemidir. Ve bu satırların yazarına göre, bu, peygamberler tarihinin en büyük mucizesidir. Bir din kaynağının, düşmanlık kıstası olarak sadece zulmü esas alması, tarihin tanıdığı en sarsıcı tespittir.

Kur'an, bir tek insan tipine düşmanlığa izin vermektedir: Zalim:

"Zulme sapanlardan başkasına düşmanlık edilmez."
(Bakara, 193)

Zulme düşmanlık, zulme karşı savaşmak hakkını verir. Zulme karşı savaş, zulme uğrayanların Müslümanlığı kaydına bağlanmamıştır. Kayıt, bizzat Kur'an tarafından 'insan' diye konmuştur. Hangi dinden, ırktan, bölgeden ve renkten olursa olsun, insan. Nisa suresi 75. ayet bu gerçeğin temel beyyinesidir. İkinci sırayı, Şûra suresi 39-42. ayetler almaktadır:

"Size ne oluyor da Allah yolunda ve 'Ey Rabbimiz bizi, halkı zulme sapmış şu kentten çıkar; katından bize bir dost gönder, katından bize bir yardımcı gönder!' diye yakaran mazlum ve çaresiz erkekler, kadınlar, yavrular için savaşmıyorsunuz!" (Nisa, 75)

"Kendilerine zulüm ve haksızlık gelip çattığında, yardımlaşırlar/kendilerini savunurlar. Bir kötülüğün cezası, tıpkısı bir kötülüktür. Fakat affedip barışmayı esas alanın ücretini bizzat Allah verir. O, zalimleri hiç sevmez. Zulme uğratılışı ardından kendini savunana gelince, böyleleri aleyhine yol aranamaz. Aleyhlerine yol aranacak olan şu kişilerdir ki, insanlara zulmederler ve yeryüzünde haksız yere saldırılarda bulunurlar. İşte böyleleri için acıklı bir azap vardır." (Şûra, 39-42)

Kur'an'ın zulüm dışında bir düşmanı yoktur.

Şirk de zulüm başlığı altına girdiği için düşman hedeftir. Zulüm dışındaki diğer düşmanlar, ana başlık olan zulmün alt bölümleridir.

Zulüm başlığı altına girmeyen günahlar, düşman hedef belirlemede yeterli sebep değildir. Sadece bu bile, Kur'an'ın asırlar öncesinden **'hukuk devleti'** gerçeğini öne çıkardığının kanıtıdır.

ZALİMLERE EĞİLİM GÖSTERMEYİN!

Özgürlük düşmanlarına yani zalimlere bırakın destek vermeyi, en küçük anlamda eğilim göstermek bile insanı Allah'ın düşmanı konumuna getirir.

Kur'an, açık zulme dikkat çektiği gibi örtülü, maskeli, pasif zulme de dikkat çekmektedir. Bu ikinci tür zulüm, zalime seyirci kalmak şeklinde sergilenen zulümdür ki zulmün en kahpe türüdür. Bu kahpe tür, zalime, yaptığı işin normal hatta iyi olduğu kanaatini verir. **Pasif zulüm**, zalim üreten bir zulümdür. Zulme meşruiyet kazandıran bir namertliktir:

"Zulmedenlere eğilim göstermeyin! Yoksa ateş sizi sarmalar. Allah'tan başka dostlarınız kalmaz, size yardım da edilmez." (Hûd, 113. Ayrıca bk. Bakara, 193, Nisa, 105)

Zulme dolaylı destek daha çok **aydınlar ve servet kodamanları** tarafından verilmektedir. Bu iki zümre, itibar görmek, daha çok kazanmak için, imkânları elinde tutan zalim odaklara, 'susarak' destek verirler. Onlar için her zaman **"Söz gümüşse sükût altındır."** Aydınlar susunca, zulüm kökleşir! Bir coğrafyada vücut bulan tüm zulümlerde o coğrafyanın aydınlarının tartışmasız payı vardır. Aydının uyarı görevini yaptığı toplumlarda zulüm bulunabilir ama egemen olamaz.

Kur'an, bu noktada, **'birikim sahipleri'**nden söz etmektedir. Aydınlarda bilgi birikimi vardır, servet sahiplerinde mal ve imkân birikimi. Birikim sahiplerinin susması, zulmü kader haline getirir ve bu kader, ülkeleri de uygarlıkları da çökertir:

"Sizden önceki kuşakların söz ve eser/birikim sahibi olanları, yeryüzünde bozgunculuktan alıkoymalı değiller miydi? Ama içlerinden kurtarmış olduklarımızın az bir kısmı dışında hiçbiri bunu yapmadı. Zulme sapanlar ise içine itildikleri servet şımarıklığının ardına düşüp suçlular haline geldiler. Halkı iyilik ve barış için gayret gösterenler olsaydı, Rabbin o kentleri/medeniyetleri zulümle helâk edecek değildi ya!" (Hûd, 116-117)

Zulüm her toplumda olmuştur, olacaktır; ama zulmün egemenliği başka bir kavramdır. **Aydınlar susunca zulüm sadece 'olmaz', egemen olur.**

'DARULHARP', İSLAMSIZLIK DEĞİL, HUKUKSUZLUK ÜLKESİDİR

Geleneksel fıkhı ve onun tutucu yorumlarını dokunulmaz kılan **siyaset dinciliği**, geleneksel fıkıhtaki **'savaş alanı'** (darulharb) kavramını Müslümanların egemen olmadıkları tüm topraklar için kullanmaktadır. Bu bir saptırmadır.

Kur'an, inanç farklılığının değil, hukuk devleti yokluğunun üstüne yürümektedir. İslam fakîhlerinin 'dâru'l-islam-dâru'l-harb' (barış yurdu-savaş yurdu) ayrımlarındaki 'dâru'l-islam', son tahlilde inanç yurdu değil, barış yurdu demektir. 'Dâru'l-İslam', hukukun egemen olduğu devletin adıdır. Bunu bir 'inanç yurdu' olarak göstermekse ya konuyu gereğince incelemeden konuşmanın yahut da bir saptırmanın ürünüdür.

Klasik kaynaklar dikkatle incelendiğinde görülür ki, **darulharbin tespitinde omurga nokta, din patenti değil, Müslümanların kahır ve zulüm altında inlemeleri ve dinlerine ait hükümlerin hiçbir yürürlük imkânı bulamamasıdır.** Son tahlilde, küfürden maksat budur; yönetenlerin müslüman inancı taşımamaları değil. Klasik fıkıhçılar bu noktada ilginç bir yaklaşımla, darulharp sayılan toprakları **'daru'l-kahr'** (Serahsî, *el-Mebsût*, 30/33) veya **'daru'l-kahr ve'l-galebe'** (Cürcânî, *Şerh's-Sirâciye*, 82) olarak adlandırmışlardır ki zulüm ve despotizmin egemen olduğu ülke demektir. O halde, İslamî hükümlerin eksik uygulanması ve inanç farklılığı bir ülkeyi darulharp yapmaz.

Bugün için **darulislam, hukuk devleti niteliği taşıyan her yönetimdir.** Dini-imanı ne olursa olsun. Darülharp ise hukuk devleti olmayan, hukukun üstünlüğüne yer vermeyen yönetimlerin yürürlükte olduğu coğrafyalardır. Aksi olsaydı, **Almanya** başta olmak üzere, Batı ülkelerinde çalışan on milyonu aşkın Müslüman cuma kılamaz, oruç tutamaz, nikâh kıyamaz, hatta şehadet getiremezdi. Bu noktadan hareket eden **Prof. Dr. Ahmet Yüksel Özemre** (ölm. 2008), bize göre de isabetli bir yaklaşımla, Hristiyan Batı ülkelerinin darulharp sayılamayacağını savunmaktadır. (Özemre, *İslamda Aklın Önemi ve Sınırı*, 181-185)

Özemre'nin vardığı sonuç, onun gibi bir atom fiziği profesörü değil, **'yüzyılımızın hadis allâmesi'** unvanını almış bir din bilgini olan **Nâsıruddin el-Elbanî** tarafından da aynen tekrarlanmaktadır.

TEK SAVAŞ GEREKÇESİ ZULÜMDÜR

Kur'an, dinler tarihinde savaşa izin veren belki de tek kutsal kitaptır. Kur'an'ın izin verdiği savaşın meşruiyeti için zulme uğramış olmak yani özgürlükleri tasallut altına girmiş olmak şarttır.

Kur'an saldırı savaşına izin vermez. Din yaymak için savaşa da izin verilmemiştir. Tek gerekçe zulümdür, zulme uğramaktır. Zulüm varsa savaş, bir insanlık borcu haline gelir. Bu insanlık borcundan kaçılmaz. Kaçanlar onursuz olur. Savaşla ilgili temel ilkeyi koyan ve bu konunun ilk inen ayetlerinden ikisi olan beyyineler şöyledir:

"Kendilerine savaş açılanlara savaşma izni verilmiştir. Çünkü onlar zulme uğratıldılar. Allah onlara yardıma elbette kadirdir. Onlar sırf, 'Rabbimiz Allah'tır!' dedikleri için yurtlarından haksız yere çıkarıldılar." (Hac, 39-40)

Savaşın gerekçesini ve sınırlarını gösterdiği kadar, meşruiyeti doğmuş bir savaşta dikkat edilecek en önemli hassasiyeti de gösteren bir beyyine de Bakara 190. ayettir:

"Sizinle çarpışmaya girenlerle Allah yolunda siz de çarpışın. Ama haksız yere saldırmayın/çarpışmada zulme sapmayın. Çünkü Allah, sınır tanımaz azgınları sevmez."

Demek ki, savaş savunma savaşı da olsa o savaşta zulme sapılmayacak, o savaş da evrensel değerler uğruna ve o değerler korunarak verilecektir. Bu üç ayet savaş konusunda inen ilk ayetlerdir. (Zerkeşî, *el-Bürhan*, 1/75) Bu ayetler, hem bütün zamanların savaş gerekçelerini bildiriyor hem de Hz. Muhammed'in Arap müşriklerle savaşlarının gerekçelerini gösteriyor.

Zulme uğratılanlara savaşma izni verildiği söylendiğine göre, **meşru bir savaşın ancak savunma savaşı olacağını kabul gerekir**. Ayet ayrıca; zulme uğratılmanın, topraklara yani vatana tasallut ile imana tasallut yani özgürlüklere saldırı olduğunu göstermektedir. **Savunma savaşı, vatan ve özgürlük değerlerine saldırıya karşı, saldırı savaşı ise bu değerlere tasallut için yapılır.**

Saldırı savaşı cinayettir.

Savaşın bir cinayet olmaktan çıkması için savaşanın zulme uğramış ve bu sebeple Yaratıcı'dan **'izin'** almış olması gerekir. Bu izin çıktığında, hiçbir ikiyüzlülüğe kaçılmadan, insan onuru için savaşılacaktır.

Kur'an, meşruluğu belirlenmiş bir savaşla ilgili taktikler de vermektedir. Bu taktikleri veren ayetleri bağlamlarından kopararak tek başlarına değerlendirenler, Kur'an'ı bir saldırı kitabı gibi gösterme yoluna gidebilmektedirler. Oysaki Kur'an, meşruluğu kesinleşmiş bir savaşla ilgili taktikler vermektedir. Bunun garipsenecek bir yanı olamaz. Bir kitap, meşruiyeti doğmuş bir savaşa izin veriyorsa o savaşın başarılı olması için elbette taktikler de verecektir. Bundan daha makul, daha gerçekçi ve dürüst ne olabilir?!

Hz. Peygamber'in savaşlarının tümü savunma savaşıdır. Çünkü o, doğup büyüdüğü Mekke'den hicret ettiği günden itibaren sürekli saldırı altında olmuş, bunun için de sürekli savaş halinde bulunmuştur. Peygamber'den sonraki savaşlara gelince onların çok az bir kısmı bu niteliktedir. Muaviye'nin despot bir **Emevî kralı** olarak idareyi ele aldığı gününden itibaren ise savaşlar İslamî-Muhammedî niteliklerini yitirmiş, toprak gaspı ve tagallüp savaşına dönüşmüştür.

ÜÇÜNCÜ BÖLÜM

Emevîlerin yönetimindeki müslüman coğrafyalarda meşruiyeti doğmuş olan tek savaş, Emevî yönetimine karşı savaştı.

İMAMI ÂZAM'IN ZULME KARŞI SAVAŞ RUHU

Emevîlere bu gözle bakan düşünürlerin başını **İmamı Âzam Ebu Hanîfe** (ölm. 150/767) çekmektedir. O, bu anlayış ve imanla verdiği büyük mücadelenin faturasını hayatıyla ödemiştir ama tarihe Kur'an imanı adına ölümsüz bir mesaj ve hatıra bırakmıştır. Biz onun bu ölümsüz hatırasını insanlığa tanıtmak için **'Arapçılığa Karşı Akılcılığın Öncüsü İmamı Âzam Ebu Hanîfe'** adlı eserimizi yazdık.

İmamı Âzam'ın İslam felsefesi bakımından mensup olduğu **Mürcie** mezhebinin büyük çoğunluğunun savunduğu fikirlerden biri de, zalim devlet başkanı ve yönetime silahla karşı çıkmanın gerekliliğidir. (Eş'arî, *Makaalât*, 451) İmamı Âzam'ın 'Mürcieliği'nin Arapçı iktidarları rahatsız etmesinin gerçek sebebi işte bu **'zulme karşı çıkış'** fikridir. İmamı Âzam'a saldırının arka planındaki temel gerçek de budur.

İmamı Âzam, zulme silahla karşı çıkış fikrini bir kelamcı-fakîh düşünür olarak savunmakla kalmamış, bu fikre bağlı olarak sergilenen isyan eylemlerinin hemen hemen tümüne maddeten de destek vermiştir. Çünkü ona göre, despotizme karşı çıkıp hakkı ayakta tutmak, imanın en belirgin niteliklerinden biri ve ibadetlerin en yücesidir. Bu karşı çıkış öylesine yücedir ki, bu yolda **'bir gaza, elli hacdan üstündür.'**

BOYUNDURUKLARI KIRMAK

Boyundurukları kırmak **"Din insan içindir, insan din için değil"** anlayışının egemenliği gerekir. "İnsan din içindir" diyen bir dinin boyunduruk kırması şöyle dursun, bizzat kendisi en kırılmaz boyunduruk olur. Büyük düşünür **Erich Fromm** (ölm. 1980) bu noktada **'insancı din-otoriter din'** ayrımı yapıyor ve bazı ayrıntılar veriyor:

"İnsancı dinlerde insanın amacı en büyük gücü elde etmektir, en büyük güçsüzlüğü değil. Erdem kendini gerçekleştirmektir, boyun eğmek değil. İnanç, kişinin duygu ve düşünceleriyle edindiği deneyime dayanan yargılarının kesinliğidir, önerene duyulan saygıdan dolayı önermeleri kabul etmek değildir. Hüküm süren ruh hali sevinçtir. Otoriter dinlerdeyse hüküm süren ruh hali keder ve suçluluktur." (Fromm, *Psikanaliz ve Din*, 45)

"İlk Hıristiyanlığın insancı olduğu, otoriter olmadığı İsa öğretilerinin ruhundan ve ayetlerden anlaşılır. İsa'nın davranış kuralı olan 'Tanrı'nın krallığı sizin içinizdedir', otoriter olmayan düşünüşün sade ve açık bir ifadesidir. Ne var ki, yalnızca birkaç yüzyıl sonra Hristiyanlık yoksulların, gösterişsiz köylülerin, esnafın ve kölelerin dini olmaktan çıkıp da Roma İmparatorluğu'nu yönetenlerin dini haline gelince Hristiyanlık içindeki despot eğilim egemen oldu." (age. 55)

"İnsancı dinlerde Tanrı insanın üst benliğinin suretidir,

insanın potansiyel olarak ne olduğunun ya da ne olması gerektiğinin bir simgesidir; oysa otoriter dinlerde Tanrı aslında insana ait olanların biricik sahibidir: Aklın ve sevginin. Tanrı daha kusursuz bir hale geldikçe insan daha kusurlu bir hale gelir. İnsan kendine ait en iyi nitelikleri Tanrı'ya yansıtır, böylelikle de kendini yoksunlaştırır. Madem tüm sevgi, tüm bilgelik, tüm doğruluk Tanrı'ya ait ve insan bu niteliklerden yoksun, öyleyse insan önemsiz ve değersizdir. İnsan ilk önce önemsizlik hissine kapılır ama sonra tümüyle âciz ve güçsüz bir hale gelir; tüm yetenekleri Tanrı'ya yansıtılmıştır. Bu yansıtma mekanizmasının tam olarak aynısı mazoşist, itaatkâr bir kimsece kurulan kişilerarası ilişkilerde de gözlemlenebilir. Bu tür ilişkilerde kişilerden biri diğerine karşı korkuyla karışık hayranlık duygusu besler ve kendi yeteneklerini ve arzularını diğerine atfeder. Bu, insanların, en insanlık dışı düzenlerin önderlerini bile aşırı bilgelik ve iyilik nitelikleriyle allayıp pullamasına neden olan mekanizmanın aynısıdır." (age. 56-57)

KUR'AN'DA BOYUNDURUK KIRIŞ

Kur'an'ın en hayatî tabirlerinden biri olan **'fekkü rakabe'**, boyunduruğu kırmak, boynu özgürleştirmek anlamındadır. Temel beyyine şöyle diyor:

"**İnsan, sarp yokuşa atılamadı. Sarp yokuşun ne olduğunu sana bildiren nedir? Özgürlüğü zincirlenenin bağını çözmektir o. Yahut da açlık ve perişanlık gününde doyurmaktır o: Akrabalığı olan bir yetimi yahut ezilmiş, boynu bükük/perişanlık içinde sürünen bir yoksulu. Sonra da iman eden ve birbirlerine sabrı öneren, merhameti öneren kişilerden olmaktır o. İşte böyleleridir uğur ve bereket dostları.**" (Beled, 11-18)

Bu beyyineler, aynı anda, hem özgürlükçü olmanın hem de özgürleştirmenin ne anlama geldiğini gösteriyor. Sayılan niteliklere sahip olan benliktir ki hem özgürdür hem özgürlükçüdür hem de özgürleştirendir.

Bu beyyineler şunu da gösteriyor: **Özgürlükçü ve özgürleştirici olmak, insanları işini ve aşını sağlayan imkânlara kavuşturmaktır. Yani özgürlükçülük ve özgürleştirmek bir anlamda sosyal devleti kurmak, sosyal adaleti ve sosyal demokrasiyi egemen kılmaktır.**

Şu da gösterilmiştir: Özgürlükçü olmak önce insanların işini ve aşını sağlamak, hakkı ve merhameti tavsiye etmek, bundan sonra anlam ifade eder. İşte bu beyyine (ayet 17), dinciliğin, kitleleri aldatan ikiyüzlülüğünü deşifre ederek dinci siyasetin belini kırıyor. Dincilik, bu ayetlerde gösterilen yaklaşımı tersine çevirmektedir: Kitleler karşısında merhamet, din, iman, Allah, ahiret edebiyatları yaparak, gasp ettiği arazilere, talan ettiği haram paralarla sıra sıra camiler (Kur'an bunlara zarar veren mescitler diyor) kurarak toplumu Allah ile aldatmakta, sonra, aç mideleri susturup bastırmak için yemek çadırları (yallama çadırları) oluşturmaktadır. Büyük kitle bu aldatma yoluyla susturulup bastırılırken, dinciliğin has adamları, ağababaları Maun talanlarıyla halkın, kamunun, devletin imkânlarını soyup kasalarına aktarmakta ve milletten söz açılınca da hiç çekinip sakınmadan **"Biz bu milletin a... koyacağız"** demekteler. Çünkü aldatıp soydukları millet denen sürünün bunların a... koymayacağından, böyle bir şeye asla tevessül etmeyeceğinden emin bulunuyorlar.

Büyük kitle istediği gibi davranabilir ama bendeniz bu milletin bir ferdi olarak, tam bu noktada talancıların sövmesinden bana isabet eden kısma cevap hakkımı kullanarak diyorum ki, "**Ey talancılar, ben sizin a... koyacağım!**" **Evet, Allah'ın izni ve tarih diyalektiğinin desteğiyle er veya geç sizin a... koyacağım.**"

PRANGALARI KIRMAK

Boyunduruğu kırmak anlamındaki 'fekkü rakabe'nin bir başka ifade edilişine **A'raf suresi 157.** ayette, Hz. Muhammed'i tanıtan cümlede rastlıyoruz. Hz. Muhammed, orada, prangaları kıran nebi olarak tanıtılıyor.

Demek ki, Kur'an, aynı zamanda pranga kıran kitaptır. Kur'an; insanın kaderini Yaratıcı ile, kaderi yaşayacak olanın eline vermek için, başkalarının prangacılık yapmasına da savaş açan bir kitaptır. Pranga kırmak, bazen, pranga vurmayı meslek edinenlerin ellerini kırmak şeklinde bir zorunluluk haline gelebilmektedir.

Kur'an, prangaları nasıl kırıyor? Her şeyden önce, insanın, kendisi dışındaki varlıklar karşısında prangasızlığı sağlanmıştır. Defalarca belirtilmiştir ki, insan, evrenin mahkûmu değil, hâkimi olmaya adaydır. Tüm varlıklar, insanın emrine boyun eğdirilmiştir. Böylece Kur'an; dini; 'insanın, zorlu tabiat kuvvetleri karşısındaki aczine bir çıkış yolu arama kaygısının kurumsallaşması' olarak tanıtan materyalist-pozitivist anlayışı dışlamaktadır. Kur'an'ın dini, tabiat karşısındaki zavallılığa çözüm aramanın değil, tabiatın sonsuz nimetlerinden bir '**seçkin varlık**' sıfatıyla yararlanmak üzere, tabiatla barışmanın (tabiatı barbarca tahrip etmenin değil) ve böylece insanı da tabiatı da var eden kudretle kucaklaşmanın yoludur.

Kur'an dininin, '**barış ve esenlik**' anlamındaki '**silm**' ve '**selam**' köklerinden türeyen '**İslam**' kelimesiyle adlandırılması, felsefî fantezi veya politik beceri değil, kozmik bir gerçeğin ifadeye konuluşudur. **Barış yoksa doğa ile de Tanrı ile de kucaklaşmak zorlaşır.** Bunun bir anlamı da şudur: İslam, sadece bir sonuç değildir; aynı zamanda birkaç sebebin de tek sözcükle ifadesidir. **Barış, mutluluğun hem sebebi hem de sonucudur.**

İkinci olarak, insanın kaderini bağımlılık altına alan yedek ilahlar sistemine yani şirke savaş açılmıştır. İnsanın bir tek 'yüce'si vardır: Varlığın esası, yani Allah. **Allah'ın yerine veya yanına kurulmak isteyenlerle konulmak istenenlerin tümü şirk aracı yani puttur.**

Tüm putlar; ister dini, ister dinsizliği sembolize etsinler, insan kaderini prangalamanın araçları olduklarından, kırılmalıdır. Allah'ın yerini almaya kalkan Firavun'la, Allah'ın yanına konan **Lât** ve **Menât** kadar, Peygamber'in yerine konan **'mürşit'** maskeli sahtekârlar ve bunların türbeperest sömürü ideolojileri de puttur. Çünkü bunların tümü, insanın, yarınlarını kendi eliyle oluşturma imkânını ortadan kaldırmakta, kitleleri pranga mahkûmuna çevirmektedir.

Üçüncü olarak, **sürüleşmeye karşı çıkılmış,** insan, sürüleşmeye isyana çağrılmıştır. Bakara suresi 104. ayette verilen bu mesaj, Türk insanına ilk kez, bizim yaptığımız Kur'an çevirisinde tanıtılmıştır.

Bakara 104. ayette, Peygamber'e bile **"Râina"** denmesi yasaklanıyor. Çünkü Kur'an, toplumun sürü, bireyin davar haline gelmesini insan onuruna hakaret sayıyor. **İnsan onuruna hakareti dinleştiren bir lider, peygamber olamaz. Gerçek anlamda lider de olamaz.** O halde, Kur'an'ın insanı, **raiyye** (davar sürüsü) olamaz, raiyyeleştirilemez. Toplumu raiyye (padişahın kulu) yapan yönetimler, sloganları ne kadar 'dinci' olursa olsun, Kur'an'ın gözünde din dışıdır.

Bilmeliyiz ki, Kur'an'ı tebliğ eden Peygamber'in en büyük mutluluğu ve en yüce uğraşı, insanın sürüleşmesini engellemek, başka bir deyişle, prangaları kırmak olmuştur. Aksini yapsaydı zaten peygamber olmazdı. Şimdi, mezarlık kitabı yaptığımız için üzerimize ölü toprağı dökerek bizi cezalandıran kitabı açıp **Âraf suresi 157.** ayeti okuyalım. Orada, Hz. Muhammed'in, peygamberlik görevleri sayılmıştır. Bunlardan biri de şudur:

"O Peygamber, kendisini izleyenlerin sırtlarındaki ağırlıklarını indirir, üzerlerindeki prangaları-zincirleri, bağları söküp atar."

Demek oluyor ki, Hz. Muhammed, pranga kıran ve pranga kırmanın yollarını gösteren bir **'özgürlük peygamberi'**dir. Ona saygının ilk adımı, bu gerçeği kabul ve ilanla atılır, Arap fistanı giymekle değil. Özgürlük peygamberinden nasiplenmek, özgürlük ve dürüstlük eri olmaktır, Müslümanları kandırmak için, haram lokmalarla pislenmiş ağızlarla bol bol **salavât** getirmek değil.

Özgürlük düşmanlarının, o düşmanlarla işbirliği yapanların, kul hakkı yiyip insan hakkı çiğneyenlerin, emeğe ihanet edenlerin getirdikleri salavât Hz. Muhammed'e saygı değil, hakarettir.

Kur'an, kendini arslana, ona karşı çıkan yaygaracı, akıl dışı, örfçü müşrik ekipleri ise **yabani eşek** sürüsüne benzetir. **Arslan, özgürlüğün timsalidir.**

ABDİ MEMLÛK OLMAMAK

> "Dik dur ve gülümse. Bırak neden gülümsediğini merak etsinler."
>
> Che Guevara

Allah insanı kulluğuna çağırırken onu abdi memlûk yapmak istemiyor, partner yapmak istiyor. Onun içindir ki Kur'an, abdi memlûk olmayı nefretle kınamaktadır.

Kelime anlamıya abdi memlûk, **'birilerine mülk olmuş, eşyalaşmış kişi'** demek. Kısacası, özgürlüğü olmayan insan demek.

Kur'an'ın, insan onuruna aykırı bularak eleştirdiği ve insanın insanlığını, yaratıcılığını elinden almakla suçladığı **abdi memlûk olmak** nedir? Eşyaya dönüştürülmüş, kullaştırılmış insan demek; daha doğrusu, insan kılığında eşya, kula kul olmuş insan demek abdi memlûk.

Abdi memlûk'un iğretiliği, bönlüğü, yaratıcılıktan, özgürlükten, isyan ve direnişten uzaklığı bakın nasıl eleştirilmiş:

"Allah şöyle bir örnekleme yaptı: Hiçbir şeye gücü yetmeyen, başkasının eşyası durumunda bir kul/köle ile bizden bir güzel rızıkla rızıklandırdığımız ve ondan gizli-açık dağıtan bir kişi. Bunlar aynı olur mu?! Allah şöyle bir örnekleme de yaptı: İki adam; birisi konuşmaz; hiçbir şeye gücü yetmez; efendisi/yöneticisi üstüne sadece bir yük. Efendi onu nereye gönderse hiçbir hayır getiremez. Şimdi bu adam, dosdoğru bir yol üzerinde bulunup adaleti özendiren kişi ile aynı olur mu?" (Nahl, 75-76)

İslam dünyasının biricik derdi ve belası bu: **Kula kulluk.** Ve daha büyük belası da şu:

Kula kulluğu Allah'a kulluk sanmak. İslam dünyası, abdi memlûk olmaya tahammülü kader bilen bir buçuk milyarlık bir kitle. Parası var, nüfusu var, toprakları çok değerli, tarihi, kültürü zengin, dini mükemmel. Ama kahır ve sefaletten kurtulamıyor. Boyunduruk altında. Zelil ve perişan. Neden? Sebep tek:

İslam dünyası, abdi memlûk olma illetinden kurtulamıyor. Bu illet, acaip bir illet. Bir illet ki, devası, sadece ona tutulanın elinde. Derdi çekenin kurtulmaya, acı ilacı içmeye karar vermesi şart. Aksi halde dünyanın hiçbir tabibi, isterse lokman hekim olsun, çare bulamaz. Evrensel insanlık değerleri çareyi göstermiş; umursayan yok. İslam dünyasının iman kaynağı olan kitap da yolu göstermiş; onu dinleyen de yok. Peki, ne olacak?

"Gerçek şu ki Allah, bir toplumun mâruz kaldığı şeyleri, onlar, birey olarak içlerindekini/birey olarak kendilerine ilişkin olanı değiştirmedikçe, değiştirmez." (Ra'd, 11)

İslam dünyası her şeyden önce insanının iç esaretini değiştirmeli, bireyin beynindeki ve ruhundaki prangaları kırmalı, yani kula kul olmaktan kurtulmalı. Kula kulluğa isyan etmeli. Yoksa sürünmeye devam eder. Çünkü kula kulluk bitmedikçe kahır ve utanç da bitmez.

Kula kulluğu din yapanların din diye dayattıklarını uygar dünya ilkellik, barbarlık, bazen de yamyamlık olarak görüyor. Sonra da siz kalkıp bu dünyadan "Bize ve dinimize saygı gösterin!" diye talepte bulunuyorsunuz. Aklınızı işletmediğinizin bir kanıtı da bu...

Frankfurt'ta 'Müslüman' bir adam, 11 yaşında bir kızla evleniyor. Nikâhı kıyan, kula kulluk illetinin fıkıh simsarı, paralı imam. Olay duyulunca, **'gâvur' devletin organları soruşturma açıyor. Suçun adı: Irza tecavüz. 11 yaşındaki kızı 'evlilik' adı altında kapatan kişinin savunması şu: "Dinimiz izin veriyor."** (Cumhuriyet, 4 Şubat 2005)

Kimse çıkıp sormuyor: Dinin değişmezlerinin kitabı Kur'an'da 11 yaşında kızla evlenme var mı? Yok! Kim verdi din adına bu izni? Din üzerinde saltanat kuran sarıklı despotlar, Arap âdetlerini dinleştiren fistanlı zorbalar. Peki, siz bu despotların hurafelerini neden hâlâ din diye dünyanın önüne çıkarıyorsunuz?

Frankfurt'taki olay da bir şey mi? Mısır'da yönetime getirilen terör ve karanlık örgütü **İhvanülmüslimîn** kadroları, iktidara gelir gelmez, anayasayı değiştirip, 11 yaşındaki kızlarla evlenme izni, ölmüş eşle altı saatlik bir süre cinsel temas ruhsatı çıkarmaya kalktılar. Hem de anayasayla düzenleyerek. Kalktılar ve belalarını bulup iktidardan uzaklaştırıldılar.

Ortadoğu'daki (ve Türkiye'deki) yaşayan firavunlar bunların din olduğunu, bunlara karşı çıkanların Allah'ın kulluğuna ters düşeceklerini söylüyorlar. Ve siz de korkup pısıyorsunuz. Allah'a kul olmayı kula kul olmakla eşitleyen firavunluklara karşı çıkma, hatta onları eleştirme duygusuna sahip değilsiniz. Böyle ise sizi kim kurtarabilir? Hiç kimse. Kurtarmak adı altında toprağınızı işgal edip nimetlerinizi sömürebilirler ama kurtaramazlar.

Kurtuluşun emaresi bile yok. O emare ne? Haçlı firavunlarla, onların içteki uşakları sarıklı Ebu Cehillerin ittifakıyla yürütülen Atatürk düşmanlığını bırakıp mazlumların öncüsü **Mustafa Kemal**'in idrak, strateji ve mirasından yararlanmak. Görünürde başka bir yol yok. Ve siz, görünürdeki yola asla ayak basmıyorsunuz.

Abdi memlûktan özgür insana geçmedikçe ölümsüz hiçbir şey üretemezsiniz. Demokrasiyi de kuramazsınız. Kula kulluğun; bir çuval kömüre, üç paket makarnaya oy verdiren zilleti, demokrasiyi bir tuluat oyununa çevirip pisletir. Abdi memlûktan insana geçmedikçe demokrasiye ulaşamazsınız; çünkü özgürlüğe ve 'yaratıcı ben'e ulaşamazsınız; insan suretinde robotlara ulaşırsınız. Bu robotlar sizin işlerinizi çok güzel görebilirler ama insan denen o esrarlı ve isyancı varlığın yaratacağı değerlere asla imza atamazlar. Yani kısa vadede kârlı çıkarsınız ama uzun vadede hüsrana uğrarsınız.

Türkiye'de kurulmakta olan demokrasiyi, Ilımlı İslam vs. gibi sahte din modelleriyle yok etmek için kulluk sistemini yeniden getirmek istiyorlar.

İslam, bizzat Kur'an'dan çıkan tanıma göre, **'Allah dışında hiçbir kişiye ve şeye teslim olmamaktır'.** İslam'ın, Kur'an'ın dediği bu. Bugünkü İslam dünyasının yaşadığı ise bunun tersine döndürülmüşü:'Allah dışında her şeye ve herkese teslim olmak.' Yani, kula kulluk.

İslam dünyası Allah'a değil, kula kul olmuş durumda. Bu kulluk, asırlardır içerideki 'Müslüman' isim ve resimli despotlara, sarıklı ve takkeli şeytanlara kulluk şeklinde yürüyüp gitti. Bugün ise İslam dışı despotlara, istavrozlu şeytanlara kulluk noktasına geldi.

Haçlılara kulluk bugünün aldatılmış Müslümanı için âdeta kader. Öyle bir kader ki bu, aksini savunanlara ilk düşman olan, Müslümanın bizzat kendisi.

Yahudi-Hristiyan Batı'nın bu ülkedeki en yaman temsilcilerinin yanında, nerede görsem, 'en güçlü ve dirayetli İslamcı cemaat' öncülerinden biri var. Batılı kurmayların çanta taşıyıcıları hep onlar. 'Mustafa Kemal Ankarasının şerrinden Haçlı Brüksel'in şefaatine sığınmak yeğdir' şeklindeki soysuz sloganı üretenler de o zillet çocukları.

Bunlar Allah'ın günahkâr kulları değil. Keşke öyle olsalar! **Bunlar, Ehli Salîb'in sadık kulları.**

Allah'ın günahkâr kullarını insafsızca din dışı ilan etmeyi dindarlık diye satıp aldatılmış Müslümanların sırtından servet yapıyorlardı. O dönemi bitirdiler. Bir de baktık, Ehlisalîb'in sadık kulları oluvermişler. Çünkü ikbal o tarafa döndü. Müslümandan alacaklarını aldılar.

Sizin anlayacağınız, **Müslümanın en büyük düşmanı, en kahırlı belası, bizzat kendisi.** Kur'an, şöyle demektedir:

"Allah, aklını işletmeyenler üzerine pislik atar" (Yunus, 100)

Allah'ın bir kitle üzerine pislik atması başka nasıl olur? Gökten tezek veya kazurat yağacak değil ya!

SÜRÜLEŞMEMEK, SÜRÜYE UYMAMAK

Bakara suresi 104. ayette **"Bizi davar güder gibi güt!"** demeyin" buyrulmaktadır. Bunun anlamı ve hikmeti nedir?

Bakara suresi 104. ayetteki **"Râina"** sözü "Bize çobanlık et" demektir. **Raiyye,** davar sürüsü, **râî** de çoban anlamındadır. Kur'an bu söylemiyle, **insanın davar sürüsüne benzer bir teslimiyetle kaderini birilerinin eline vermesine karşı çıkıyor.** Kur'an, sürüleşen kitlenin başına bir 'râî' (çoban) geçireceğini söylüyor ve buna da çıkıyor.

Başına bir çoban dikip onun sürüsü haline gelen kitlenin akıl adına yaptığı tek şey, sürüye katılmayı haklı göstermeye yönelik **aklîleştirme** (usavurum) olacaktır. Bu usavurum, dıştan bakıldığında 'aklı işletmek' **(taakkul)** gibi görünebilir ama gerçekte o bir **'şeytanet'** (aklı sömürme) olmanın ötesine geçemez. Firavunî yöneticiler bunu bildikleri için kitleyi sürüleştirmeyi temel uğraş edinmişlerdir. O uğraşta başarılı olduklarında gerisi, kendilerinin ıslıkla güdeceği bir sürünün kotarımından ibaret kalacaktır.

Sürüleşmek, aklın gereklerinin tersine gitmenin namıdiğeridir.

SÜRÜLEŞMENİN NAMIDİĞERİ: ÇOĞUNLUĞA UYMAK

Sürüleşmenin Kur'an dilindeki namıdiğeri 'çoğunluğa

uymak'tır. **Çoğunluğa uymak, yine Kur'an'ın tabirleriyle, "dalalete saplanmak' ve 'pisliğe bulaşmayı beceri sanmak'tır.**

Bizim ve Kur'an'ın ne demek istediğini daha iyi anlamamız için bu 'çoğunluk' kavramının Kur'ansal algılanışını yakından görelim. **'Kur'an'ın Temel Kavramları'** adlı anahtar eserimizin "çoğunluk" maddesini alıntılayacağız.

Çoğunluk-Çokluk:

Çoğunluk ve çokluk anlamında **kesret** sözcüğü (ve türevleri) kullanılır. Kur'an bununla daha çok **mal ve evlat çokluğunu** kasteder ve bu çokluktan medet ummayı bir aldanış ve yozlaşma olarak görür.

Kesrete değinen ayetler, hayranlık verici bir yaklaşımla bir gerçeği daha ifadeye koymaktadır:

İnsanlık tarihi boyunca çoğunluk daima iğretinin, kötünün ve değersizin yanında olmuştur ve olacaktır.

Bu konuya açık ve net biçimde değinen ayetler 30'a yakındır. (Örnek olarak bk. 10/92; 2/ 243; 11/17; 12/38, 40, 68, 103; 30/30; Gâfir, 61, 82) Temel ilke şudur:

Çokluk gücün, çoğunluk gerçeğin ölçüsü değildir.

Mal ve evlat çokluğuna yani **niceliğe güvenip niteliği ihmal** etmek ve çokluğun verdiği sahte gurura aldanmak Muhammed ümmeti için büyük bir yıkım ve düşüş belirtisi olarak gösterilmiştir. Ne ilginçtir ki, Tevbe suresi 25. ayet sadece 3 tanesinin adını andığı Asrısaadet savaşlarının birini, **Huneyn Savaşı**'nı, Müslümanlara çokluğa aldanmamaları konunusunda ders vermek üzere gündem yapar.

Çoklukla övünmenin aldatıcılığını bir ibret tablosu halinde ve bir evrensel ilke olarak şu ayette bulmaktayız:

"Pisin çokluğu seni hayrete düşürse de pisle temiz bir olmaz." (Mâide, 100)

Bu temel anlayışının bir uzantısı olarak Kur'an, nüfusu bol toplum değil, nüfuzu kuvvetli toplum istemektedir. Yani **Kur'an, insan meselesinde niceliğe (sayıya) değil, niteliğe (keyfiyete) önem vermektedir.**

Kur'an, nüfusun sayısını öne çıkarmayı, bununla övünmeyi, bunu yarış konusu yapmayı yani **tekâsürü** putperestliğin bir görünümü olarak tanıtmakta ve açıkça kötülemektedir.

"Cemaatiniz çok da olsa size zerre kadar yarar sağlayamaz. Allah, inananlarla beraberdir." (Enfâl, 19)

Burada sayısal çoğunluğa karşı nitelik öne çıkarılmıştır. İman bir nitelik-değerdir, sayısal değer değil. Kur'an, yetenekli, üretken, yapıp-eden insan aramaktadır. Sadece fotoğraf ve nüfüs kâğıdıyla **'insan'** olan yığınların Kur'an'ın istediği **'emanet taşıyıcı'** sorumlu varlık olmaları söz konusu edilemez.

Çokluk tutkusunun yani tekâsürün en yıkıcı belirişi dizginsiz nüfus artışıdır.

Koyun Doğa-Aklî Doğa:

Sürüleşmeyi yasaklayan Kur'an, aklın işletilmesini ısrarla

emretmekte, aklını işletmeyenleri **'sürüngen canlılar'**a (devâbb) benzetmektedir. Bu mesaj, çağımızın büyük düşünürlerinden **Erich Fromm** (ölm. 1980) tarafından seçkin bir fark edişle dile getirilmiştir. Fromm, sürü tabirini aynen kullanıyor. Ve buradan hareketle insanda bir **'koyun doğa'**, bir de **'aklî doğa'** belirliyor. Kendisini dinleyelim:

"Koyun doğamız ve insan doğamız arasındaki bölünme iki tip yönelme için temel oluşturur: Sürüyle yakınlık kurmaya yönelme ve akla yönelme. Usavurma, koyun doğamız ve insancıl düşünme yeterliğimiz arasında bir uzlaşmadır. Bunlardan insan doğamız, bizi yaptığımız her şeyi aklın yoklamasıyla sınamamız gerektiğine inandırır; bu nedenle de akıldışı düşüncelerimizin ve kararlarımızın akla yatkın olduğunu göstermeye yöneliriz. Ama koyun olduğumuz için de akıl bizim asıl rehberimiz değildir; bize tümüyle farklı bir ilke, sürüye bağlılık ilkesi rehberlik eder."

"Aklın gelişmesi ve tam olarak ortaya çıkması özgürlüğün ve bağımsızlığın tümüyle elde edilmesine bağlıdır. Bu elde edilinceye kadar insan, kendi topluluğunun çoğunluğunun doğru olmasını istediği şeyi doğru olarak kabul etmeye yönelecek; insanın yargıları da sürüyle bağlantı gereksinimi ve sürüden soyutlanma korkusu tarafından belirlenecektir. Pek az kişi, ilişkinin kopması tehlikesine karşın soyutlanmaya göğüs gererek gerçeği söyleyebilir. Onlar insan soyunun gerçek kahramanlarıdır, onlara göre hâlâ mağaralarda yaşıyor olmamız gerekirdi. Kahraman olmayan büyük çoğunluk içinse aklın gelişimi, her bireye tam anlamıyla saygı duyulduğu ve devlet ya da başka bir topluluk tarafından kuklalaştırılmadığı; bireyin korkmadan eleştirebildiği ve gerçeğin peşinden gitmenin insanı kardeşlerinden soyutlamadığı, bunun yerine onu başkalarıyla bir hissettirdiği bir toplumsal düzenin ortaya çıkışına bağlıdır." (Fromm, *Psikanaliz ve Din*, 65-66)

Tam bu noktada, Kur'an'ın **'çoğunluğa itaat'** ve Fromm'in **'sürüye uyma'** tabirlerini hatırlatmak isterim. Kur'an şöyle diyor:

"Yeryüzündeki insanların çoğunluğuna itaat edersen seni Allah yolundan saptırırlar. Sadece sanıya uyarlar onlar ve sadece saçmalarlar." (En'am, 116)

Fromm, ayrıntı veriyor:

"Uyma sözcüğüyle kastedilen, insanın kendi kültürü içindeki insanların çoğunluğu gibi hareket etme yeteneğidir. Bu görüşe göre toplumun ve kültürün onayladığı var olan davranış modelleri akıl sağlığı ölçütlerini belirler. Bu ölçütler evrensel insanî normlarca modellerin 'doğruluğu'nu itirazsız kabul eden ve bunlardan sapmayı yanlış, dolayısıyla da sağlıksız bulan bir toplumsal göreceliği yansıtır. Toplumsal uyumdan başka bir şey hedeflemeyen tedavi, bu modellere uyumu sağlayarak ancak nevroz kaynaklı aşırı düzeydeki acıları insanın doğasında var olan ortalama acı çekme düzeyine indirebilir." (Fromm, *Psikanaliz ve Din*, 79)

Şunu da hemen ekleyelim: Tarih boyunca din adına ahkâm kesenlerin büyük kısmı, insan benliğinin özgürlük ve yaratıcılık yolunda uyanması için değil, bireyin sürüyle uyuşumu için uğraşmıştır. Yani onlar Tanrı adına birer **'yaratıcı benlik mimarı'** olmak yerine despotlar için birer **'sürüye uyum danışmanı'** oldular. Bu danışmanlıkta tekkeler, öncelikle birer morfinleme kurumu olarak, tarih boyunca daima başrollerde olmuşlardır.

Faslı yazar **Fatıma Mernissî** altı çizilesi bir tanıklıkta bulunuyor:

"**Tekkedeki evliya, kapitalist toplumdaki psikiyatristin rolünü yerine getirir, hoşnutsuzluğu sağaltım sürecine kanalize eder ve böylece bu hoşnutsuzluğun resmî iktidar yapısıyla mücadele etme potansiyelini ortadan kaldırır. Dolayısıyla evliyalar, kadınlara kendilerini sistemin baskısına uyarlamalarında yardım ederler. Hınç ve kin dalgası, daha tekkenin eşiğinde yok olur gider. Evliyayla kurduğu temasın dünyayı etkileyecek, değiştirecek ve onu kendi koşullarına daha iyi uyacak hale getirecek mekanizmayı harekete geçirdiği inancı haricinde, kadınlara kalan bir şey yoktur. Bu anlamda tekkeler, kadınların toplu enerjilerinin ve mücadeleci güçlerinin, zihinlerini meşgul etmeye, patlama potansiyellerini düşürmeye, onları tarafsızlaştırmaya çalışan yabancılaştırıcı kurumlara harcandığı mekânlardır. Sendikal veya siyasal hareketlere karşı çıkan yönetimdeki yetkililerin, geleneksel evliya ritüellerini teşvik etmeleri, Üçüncü Dünya politikasında çok iyi bilinen bir taktiktir.**" (Mernissî, *Kadınların İsyanı*, 58)

İSLAM TARİHİNİN DRAMI

İslam tarihinde "Raiyyeleşmeyin" emrinin tam tersi egemen kılınmıştır. Türk-İslam tarihinden bir örnek verelim: Altı asrı aşkın bir zaman ömür sürmüş **Osmanlı İmparatorluğu**'nda kitlenin hukuksal adı **raiyye** (çoğ. reâya) konmuştur. Yönetilenler **raiyye** olunca yönetenler de **râî** yani çoban olmaktadır. Bu çobanlara sonraki zamanlarda bir de '**Allah'ın gölgesi**' unvanı verilmiştir. Böylece kitle bu kutsal çobanlara teslim olmayı kader haline getirmiştir. Ve bu, 'İslam' adına yapılmıştır. Oysaki İslam Allah'a teslim olmaktır. Bunun tevhidin formül cümlesine (**La ilâhe illellah**) uygun sonucu Allah'tan başka bir kudrete veya kişiye teslim olmamaktır.

Hal böyle iken, raiyyeleşerek yönetenlere teslim olmakla İslam nasıl barışır? Hiçbir şekilde barışmaz! Ne var ki, **İslam toplumları İslam'ın anlamının Allah dışında birilerine teslim olmamak olduğunu henüz öğrenmiş değiller.** Öğrenselerdi 'İslam yönetimi' adı altında tepelerine binmiş bulunan çeşitli despotizmleri yaşatmazlardı.

Despotları tepemizde tutmamanın anlamı, bir despotu atarak başka bir despotu getirmek değildir. **Despotizmi defetmenin bir tek anlamı vardır: Kişilerin egemenliği yerine hukukun egemenliğini koymak yani hukuk devletini inşa etmek. Tarih tartışmasız bir şekilde göstermiştir ki, bunun yolu da cumhuriyet ve laiklikten geçer.**

Laiklik olmadan özgürlük değerlerinin hiçbirini yaşatamazsınız. Laiklik olmadan despotizmin devre dışı tutulması mümkün değildir. Çünkü laiklik olmadan dincilik prangalarının kitlenin boynundan çözülmesi olası değildir. Dahası: Vicdanların dincilik tasallutundan azade kalması olası değildir.

Raiyye olmamanın (veya laikliği işletmenin) hukuksal-sosyolojik anlamı, cumhuriyeti esas almaktır. Allah adına yönetme devri peygamberliğin bitirilmesiyle bitirilmiştir. Yönetim kitle adına olacaktır. O halde, yönetenleri kitle seçecek ve gerektiğinde verdiği vekâleti geri alarak onları yönetimden uzaklaştıracaktır. Bu Kur'an buyruğu asırlardır işletilmemiştir. Çünkü o buyruk, İslam'a en taze çağında musallat olan Emevî saltanatı tarafından çiğnenmiş ve buyruğun tam tersi dinleştirilmiştir. Kelam, tefsir, hadis, fıkıh kitapları bu müşrik saltanat hırsının dinleştirdiği Kur'andışılıklarla doludur. Müslüman kitleler bugün bunları, **'ulemanın, selef-i salihînin, eimme-i kübranın içtihatları'** adıyla kutsallaştırıp uğursuz bir sfenks gibi Kur'an beyyinelerinin üstüne oturtmaktadır. O sfenks parçalanmadıkça Müslüman kitlelerin güzel ve mutlu yarınları olamaz.

Özgür irade veya **işleyen demokrasi**nin sadece metafizik temelleri değil, sosyo-politik temelleri de atılmıştır Kur'an'da. Üstü örtülen beyyinelerden birine de bu noktada rastlıyoruz.

Demokratik siyasetin vazgeçilmez zeminine ve demokrasinin Kur'ansal tanımına altyapı oluşturan beyyinelerin en önde gelenleri Zümer suresinin 17 ve 18. ayetleridir. Şöyle deniyor:

"Müjde ver o kullarıma ki, onlar, sözü dinler de onun en güzeline uyarlar. İşte bunlardır, Allah'ın kılavuzladıkları; işte bunlardır, akıl ve gönül sahipleri." (Zümer, 17-18)

Sözü dinleyip de en güzeline uymanın tek yolu vardır: Konuşanları, fikir beyan edenleri susturmamak, daha doğrusu onların önünü açmak. Yani tam özgür ve tam katılımcı bir ortam yaratmak ve yaşatmak. Ne kadar çok insan ne kadar özgürce konuşursa 'sözlerin en güzeline uymaları' beklenen kitle o kadar isabetli seçim yapar. Sonuçta toplumun ve insanlık kervanının yürüyüşü düzenli ve mutlu olur. Bu ayete **'bilimsel özgürlük'** bağlamında yer veren Suriyeli fakîh-düşünür **Dr. Mustafa Sibaî** (ölm. 1964), bu satırların yazarı tarafından Türkçe'ye çevrilen eserinde şunları söylüyor:

"Bu ayetlerde, aklın tarihinde ama ondan önemlisi dinler tarihinde ilk kez rastlanan bir şey buluyoruz ki o da şudur: Görüş ve düşünceleri dinleyip de onların en güzeline uyma yetisine sahip olanlar, aklı işletenlerden başkası olamamaktadır. Allah'ın hidayet nasip edip başarılarını övdüğü kişiler bunlardır. İşte bu, hem felsefenin hem de dinler tarihinin tanık olduğu gelişmelerin en muhteşemidir." (Sibaî, *İslam Sosyalizmi*, 80)

ESKİ VE MODERN RAİYYELER

Raiyye olmak veya raiyyelik bir patent, marka ve sistem meselesi olmaktan çok bir zihniyet ve psikoloji meselesidir. Onun içindir ki Kur'an, Bakara 104. ayetteki mesajını, sistem veya markadan değil de bireyden, zihniyetten yürüyerek vermiştir.

Şarlo Dehasının Gösterdiği:

Modern dünya, raiyyeliği, modern meydana taşımıştır: Fabrikaya, sinemaya, parlamentoya, film setine, tiyatro sahnesine, futbol alanına. Yüzyılımızın sadece en büyük komedyeni değil, aynı zamanda en büyük İngiliz filozoflarından biri olarak da kabul edebileceğimiz Yahudi dahi **Charlie Chaplin** (ölm. 1977), namıdiğer **Şarlo**, ünlü eseri **Modern Zamanlar**'da, bize müthiş bir giriş sahnesi vermektedir: Büyük bir kulvarda bir yerlere gümbür gümbür akarak giden büyük bir koyun sürüsü (raiyye), hemen arkasından, benzeri bir kulvarda, fabrikalarına akıp giden benzeri bir insan sürüsü. Değişik olan sadece giysileri ve bacak sayıları. Biri dört bacaklı, öteki iki bacaklı. Bu ikisi arasında fark yok. Yani insanlığın raiyyeliği kostüm ve dekor dışında pek fazla değişmemiştir.

Şarlo, daima ezilenlerden yana kullandığı o müthiş dehasıyla vereceğini vermiştir.

Eski raiyyeleştirmeler sultanlar, krallar, derebeyleri, Allah ile aldatan ruhban takımı, şeyhler eliyle oluyordu. Modern zamanlarda Allah ile aldatanlar, şeyhler aynen duruyor. Krallar ve sultanlar devreden çıktılarsa da onların yerine daha fazlasıyla yeni putlar geldi: **Demokrasiyi çarpıtan diktatörler**, krallar ve sultanlardan çoğu yerde daha kötü ve kahpe çıkmaktadır.

Kapital ve Makine Putları:

Modern zamanların en büyük ve en yıkıcı raiyyeleştirme putları kapital ve makinedir. Bu iki putun hangisinin ötekinden doğduğu tartışılabilir ama birbiriyle kopmaz bir ilişkiye sahip oldukları tartışılamaz. **Kapital, makinenin insanın yerine geçmesini, makine de kapitalin tanrılaşmasını sağlamıştır.** Böylece bu iki put birbirlerine olan şükran borçlarını ödemeyi sürdürmektedirler

İnsanoğlu makineyi kendisine hizmet etsin diye icat etti ama ne yazık ki bu makine insana hizmetten çok onu köleleştirmenin aracı oldu. **İnsan makineyi değil, makine insanı esir etti.**

Adından az önce bahsettiğimiz **Charlie Chaplin** namıdiğer Şarlo, esasında bir materyalist-sosyalist olmakla birlikte makinenin insanı sürüklediği dramı ve bizzat makinenin kendi sefaletini en iyi gösteren düşünürdür. Onun **'Modern Zamanlar'** adlı muhteşem filmi, makinenin insan özgürlüğünü nasıl yok ettiğini, insanı nasıl esir aldığını gösteren eşsiz bir eserdir. **Erich Fromm**'un aşağıdaki satırları, makine konusunda Şarlo'nun tuttuğu ışığın bir yansıması olarak görülmelidir:

"**İnsan, kendi ürettiği makinelerin efendisi olacağına hizmetkârı haline geldi.** Oysa insan bir nesne haline getirilmez ve tüketimin verdiği tüm tatmin duygusuyla bile içindeki yaşam güçleri sürekli sürüncemede tutulamaz. **Tek bir seçeneğimiz var, o da insanın tekrar makineleri denetim altına alması, üretimi bir amaç olarak değil, bir araç olarak görmesi ve insanlığın gelişimi için kullanmasıdır; aksi takdirde, bastırılmış yaşam enerjileri kendilerini kaotik ve yıkıcı bir biçimde dışa vuracaklardır. İnsan, can sıkıntısından ölmektense tüm yaşamı yok edecektir.**" (Fromm, *İtaatsizlik Üzerine*, 46)

Fromm haklı olarak şunu iddia ediyor: Kapital (sermaye), bireylerin ekonomik ve psikolojik kaderlerini onların dışından belirleyen bir güç haline geldi. Fromm, bir başka eserinde bu konuya değinirken **Tawney**'den bir alıntı yapıyor:

"**Kapital, bir hizmetkâr olarak düşünüldü ama bir efendi konumuna yükseldi. Bireyden ayrı ve ondan bağımsız bir hayatî güce dönüşerek hâkimiyeti ele geçiren bir ortak haline geldi ve kendi arzularına göre vücut verdiği teşkilatlanmaları insana dayattı.**" (Fromm, *Fear of Freedom*, 50)

Kapitalizm kutsallaşınca onun temel tanrısı olan **kapital**, kitleleri raiyyeleştirmenin de temel ilahı oldu. Kur'an'ın kapitale korkunç biçimde bindirmesi boşuna değildir. Kur'an, kapitali ilahlaştıranları '**Allah'a savaş açmış olanlar**' diye damgalamaktadır. Mübalağa yaptığımız kaygısına asla düşmeden şunu söyleyebiliriz: **Kur'an, kapitale savaş açmış bir kitap olarak da anılabilir.**

KENDİ KADERİNE SAHİP OLMAK

Kendi kaderi hakkında söz sahibi olmak, insan onurunun bir göstergesidir. Kur'an, bağlılarının bu onuru tüm canlılığıyla korumalarını istiyor. **"Dinde baskı ve zorlama yoktur. Işıkla karanlık net bir biçimde birbirinden ayrılmıştır."** (Bakara, 256) ilkesinin korumak istediği temel değerlerden biri de andığımız onurdur.

Kur'an, bütün yaratıcılıkların çekirdeği ve motoru olan bireyin devlet otoritesinin baskısı altında eriyip gitmemesi için yönetim erkinin arkasına Allah'a vekâleti değil, topluma vekâleti koymuştur. Böyle yapmıştır ki, zulüm ve kötülüğe sapan yönetimler, kitlenin başından uzaklaştırılabilsin.

Davarlaşmaya giden yollar tıkanmıştır. Yönetimin **'şûra'** ve **'bîat'**e bağlanması bunun tartışılmaz kanıtıdır. **Şûra, yönetenlerle yönetilenlerin birbirlerini denetlemeleri sistemidir.** Bîat ise, yönetenlerin yönettiklerinden sosyal mukavele ile yetki almalarını ifade eder. Bunları bugünkü dünyada karşılayabilecek en uygun kelimeler **cumhuriyet** ve **demokrasi**dir. (Bu konularda geniş bilgi için bizim, *Yeniden Yapılanmak* adlı eserimizin, **İnsan Hakları ve Hukuk Devleti** bölümüne bakılabilir.)

Kitlenin raiyyeleşmesi yani davar sürüsüne dönüşmesi, yönetenlerin, halkı, 'Allah'ın vekili, gölgesi' sıfatıyla yönetmeleri halinde vücut bulan bir beladır.

FİRAVUNLARA İTAAT ETMEMEK

Kur'an'a göre, firavunları üretenler, zalimlere uşaklık edenlerdir.

Hiçbir zalim, kendisine sessiz kalan bir kitlenin dolaylı desteği olmadan yaşayamaz. Hele, din, zulme uşaklık aracı yapılmışsa firavunların bir biçimde ve değişik adlar altında zuhur etmesi kaçınılmazdır.

Kur'an'dan öğrenmiş bulunuyoruz ki, mazlum bildiğimiz birçok halk aslında **pasif zalim** oldukları için ezilip horlanmıştır ve horlanmaktadır. Mazlum gerçek mazlumsa zalimin uzun süre egemen olması söz konusu değildir. Zulüm, din veya dinsizlik adı altında uzun süre devam ediyorsa bunun sebebi zalimlere uşaklığı hüner sanan bir halkın, en azından bir satılmışlar ekibinin varlığıdır. Bu ekip, 'pasif zalimler ekibi'dir. Pasif zalimlik; zulme başkaldırması gerekirken, küçük çıkarlar veya gizli imansızlıklar yüzünden zalimlere karşı sessiz kalan, böylece onlara dolaylı destek veren kişi veya toplumların sıfatıdır. Kur'an'ın bu noktadaki tezi şudur: Aktif zalimlerin birçoğunu, pasif zalimler, yani zulme bir biçimde uşaklık edenler yaratmıştır.

Kur'an'ın bu anlamda devrim yaratan tespiti Zühruf suresinin 54-56. ayetlerinde verilmiştir. O ayetlerdeki mesajının ayrıntılarıyla firavun zulüm ve siyasetlerinin Kur'an açısından geniş bir tahlilini **'Firavun'** adlı eserimizde yapmış bulunuyoruz.

SÂDET VE KÜBERAYA İTAAT ETMEMEK

Kur'an, Allah'a kul olmak ve ona ibadet etmek için herhangi bir insanı aracı yapmayı, şefaatçı bilmeyi, birilerine haraç veya komisyon vermeyi en büyük düşmanlarından biri olan şirkin eylemleri arasında görmektedir. Sâdet ve küberaya itaat özgürlükten vazgeçmenin bir başka ifade şeklidir.

EFENDİLERLE AĞALARIN MAHVETTİĞİ KİTLE

Mahvolan kitle Müslüman camiadır. Asırlardır mahvolmuş durumdadır. Mahvoluşun sebebi ise o kitlenin **'efendi'** ve **'ulu'** diye başında tuttuğu putlaştırılmış despotlardır.

Efendiler ve kodamanlar tabirini, gelenekten veya siyasetten almış değiliz. Tabir de ona yüklenen anlam da doğrudan doğruya Kur'an'dan alınmıştır.

Efendiler ve kodamanlar tabiri Ahzâb suresi 67. ayette ve tam bizim kullandığımız anlam ve bağlamda kullanılmıştır. Bu kullanım, Kur'an'ın en büyük mucize ihbarlarından biridir ki, İslam ümmetinin felaket sebeplerinin en önde gelenini tanıtmaktadır. Şimdi bu mucizeler mucizesi ayeti, bünyesinde yer aldığı anlam kümesinin bütünü içinde görelim:

"Hiç kuşkusuz, Allah, inkârcı nankörleri lanetlemiş ve onlar için çılgın bir ateş hazırlamıştır. Uzun süre kalacaklardır onun içinde. Ne bir dost bulacaklardır ne de bir yardımcı. Gün olur, yüzleri ateşin içinde evrilip çevrilir de şöyle derler: 'Lanet olsun bize! Keşke Allah'a itaat etseydik, keşke resule itaat etseydik!' Ve derler ki, 'Rabbimiz! Biz, efendilerimize/mallara ve kitlelere egemen güçlere/karanlık adına egemenlik kuranlara/yılan, akrep, kurt, arslan gibi korku salanlara/kalp karanlığını temsil edenlere ve ekip başlarımıza/kodamanlarımıza/putlaştırdığımız kişilere itaat ettik de onlar bizi yoldan saptırdılar! Rabbimiz, onlara iki kat azap ver; onları büyük bir lanet ile lanetle!" (Ahzâb, 64-68)

Verdiğimiz beyyinelerde kullanılan omurga kelimeler **'sâdet'** ve **'kübera'** kelimeleridir. İkisi de çoğul kullanılmıştır. Tâbiûn müfessirlerinden **Katâde bin Diâme** (ölm. 118/736), ayetteki **'efendiler ve büyükler'** tabirinden maksadın **'şer ve şirkte reislik edenler'** olduğunu söylemektedir. Rivayet tefsirinin babası sayılan **Taberî** (ölm. 310/922) **'sâdet'**i **'sapıklıkta öncüler'**, **'kübera'**yı da **'şirkte öncüler'** olarak anlamlandırmış, sonuç olarak da şunu söylemiştir:

"Bunlar şer ve şirkte reis olanlardır."

Son dönem müfessirlerinden Iraklı **Mahmut el-Âlûsî** (ölm.1854), ayette geçen **'efendiler ve büyükler'** ifadesiyle ulemanın kastedildiğini söylemektedir: "**Bunlar, bir biçimde küfrü telkin edip onu halka süslü püslü gösterirler.** (Âlûsî, *Ruhu'l-Meânî*, cüz, 22)

Ayette tanıtılanların bir kısmı şerde yani haksızlık, zulüm ve kötülükte reistir, bir kısmı da manevî hayatı perişan etmede reistir. Kur'an'ın tezi şudur: **Bu şer ve şirk** öncüleri, kendilerine itaat edenler buldukça palazlanır, yücelir, ilahlaşırlar. Bu süreçten iki kötülük putu doğar:

1. Maddî-sosyal hayata egemen olan despot put, firavun,

2. Manevî-ruhsal hayata egemen olan Allah ile aldatıcı put (efendi, şeyh, veli vs. adıyla kutsallaştırılan şeytan evliyası).

Kur'an, **Zühruf** suresinde getirdiği devrimle bu tipleri üretenlerin bunlara itaat edenlerin ta kendileri olduğunu bildirmiştir. Dikkat edilmelidir ki, Zühruf suresinde de Ahzâb suresinde de **'put yaratma'**nın sebebi olarak kullanılan kelime aynıdır: **İtaat.** Yani maddî ve manevî despotlara itaat. İtaat kelimesi iki ayette de fiil kullanımdır ve geçmiş zaman kipi seçilmiştir. Bu da gösterir ki, ayette dikkat çekilen bela **'tasavvur edilmiş bela'** değil, **'tahakkuk etmiş bela'**dır.

67. ayette kullanılan omurga kelimelerden birincisi olan **'sâdet'**, efendi, mallara ve kitlelere egemen olan güçlü kişi, karanlık adına egemenlik kuran, vahşi ve zehirli hayvanlar gibi korku salan, kalp katılığını temsil eden kişi demek. İkinci kelime olan **kübera** ise ekip başı, kodaman, putlaştırılmış kişi demek. Kur'an, bu kelimenin tekilini, iki yerde, put anlamında kullanmıştır. (Enbiya, 58, 63) Aynı kökten ve aynı anlamda olan **'Ekâbir'** sözcüğü ise **'toplumun mücrimleri'** yani ağır suçluları olarak nitelendirilmiştir. (En'am, 123)

Unutmayalım ki **bütün putlar, putlaştırılmış kişilerin birer dönüşümüdür.** Mekke oligarşisinin taptığı putlar da başlangıçta saygın insanlardı. Onları yücelte yücelte tapılacak ilahlar haline getirdiler. Eski Yunan'ın tanrılar panteonundaki ilahlar da başlangıçta birer ünlü ve saygın kişi idiler. Bu kişilerin her ölenini Yunan paganizmi 'ona saygı' adı altında panteona koydu ve zaman içende her birine ilah payesi verdi.

Yunan panteon geleneği, İslam tarihinde tarikatlar tarafından tarikat şefleriyle onların türbelerine uygulanan ilahlaştırma yönteminin prototipidir. Elbette ki İslam tarihinde iş bu kadar açık ve pervasız yapılamamıştır; çünkü Kur'an tevhidi ve Hz. Peygamber'in icraatı buna açıkça karşıdır. Bu bilindiği içindir ki, putlaştırma tezgâhı önce peygamberi putlaştırarak ondan gelecek engellemeyi ustalıkla saf dışı etmiş, ardından da keyfine uygun kim varsa onları birer alt-ilaha dönüştürüp tarikatlar panteonuna eklemiştir.

Tarikat şecereleri, Eski Yunan'ın ilahlar panteonunun İslam cilasıyla ortaya sürülen versiyonları olarak görülebilir.

Klasik tefsirler, Ahzâb suresinin mucizeler mucizesi 67. ayeti üzerinde hiç durmamıştır. Bazılarında bu ayetin sadece metni verilmekle yetinilmiştir. Hatta bazılarında (mesela Hanefîliğin müfessir fakîhi **el-Cassas**'ın *Ahkâmu'l-Kur'an*'ında) ayetin metni bile kayda geçirilmemiştir. 'Müfessirlerin Babası' unvanını taşıyan **Fahreddin er-Râzî** (ölm. 606/1209), ünlü tefsiri *'Mefâtîhü'l-Gayb*'da bu ayetteki yaratıcı devrime tek kelimeyle değinmez. Diğer ayetlerde verdiği ve bazen sayfalarca sürdürdüğü o kılı kırk yaran açıklamalarının tek cümlesini bu ayetin tefsirinde göremezsiniz. **Elmalılı Hamdi** (ölm. 1942) üstadın da aynı yolu izlediğini, bu ayetle ilgili tek cümle söylemediğini görmekteyiz.

ALLAH'TAN BAŞKASINA TESLİM OLMAMAK

Özgürlüğün, tabir yerinde ise Kur'ansal tapu senedi, bu kitabın getirdiği dinin adında tescillidir. Görelim:

TESLİMİYET

Bir Kur'ansal terim olarak teslimiyet veya teslim sadece Allah'a teslim olmak anlamındadır. Tarikatlar tasavvufu bu kavramı, teorik olarak esasına uygun şekilde tanımlar ama uygulamada Kur'ansal çerçevesinin tamamen dışına çıkarır ve Allah'a teslimiyeti tarikat şefine teslimiyete dönüştürür. Bunun pratik anlamı, tarikata kapılanan kişinin özgürlükten ve yaratıcı benlikten istifa etmesidir.

Teslim, alışılmış şekliyle 'Allah'a teslim olmak' diye tercüme edilir. Kur'an verileri dikkate alındığında bu tercüme eksik bir tercümedir. Tam tercüme şöyle olmak gerekir: Sadece Allah'a teslim olmak. Yani O'ndan başkasına teslim olmamak. **Teslim, biri 'olmak', ötekisi 'olmamak' şeklinde iki boyuttan oluşur. Olmak boyutu Allah'a teslim olmak, olmamak boyutu ise Allah dışındaki hiçbir şeye teslim olmamaktır.**

Sadece Allah'a teslim olmak ifadesindeki **'sadece' kaydı**, tevhitteki teslimiyetin omurgasıdır; o varsa teslim vardır, o yoksa yoktur. Bu 'sadece' sistemine ilişkin bir açıklamayı, *'Şirk'* adlı kitabımızdan özetleyerek aktaralım:

İslam'ın omurgası olan 'Allah'a teslimiyet'in nasıl anlaşılması gerektiği, imanın formül cümlesi olan **Kelimei Tevhit**'te gösterilmiştir. Kelimei Tevhit, Kur'an dininin bütün alanlarında geçerli bir **'ölçüt formül'**dür. Bu ölçüt formül iki kısımdan oluşuyor.

1. **Nefy (Allah dışındakileri yok saymak),**
2. **İspat (sadece ve sadece Allah'ı esas almak).**

Cümleyi özgün kuruluşuna uygun olarak hatırlayalım:

"**Başka ilah yok, sadece Allah var.**"

Kur'an böyle bir formül vererek, her alanda geçerli bir kalıp belirlemiştir. Buna göre, Allah'ın bir ilah olduğunu kabul yetmez; sadece O'nun ilah olduğunu kabul gerekir. Allah'a ibadet etmek de yetmez, ibadeti sadece O'na yapmak gerekir. Bu **'sadece'** kaydı göz ardı edildiğinde ortaya **şirk** çıkar. Yani Allah'ın yanında yedek ilahların da olduğu bir din.

Mekke müşriklerinin dini böyle bir dindi. Müşrikler Allah'ı kabul ediyor, O'nun en yüce ilah olduğuna inanıyorlardı. Ama O'nun yanında yöresinde başka ilahları da vardı. Kur'an, Mekke müşriklerinin Allah'ı kabul ettiklerini, Kâbe'de namaz kıldıklarını açıkça bildiriyor. Onlar İslam'a dinine **ateist** veya dinsiz oldukları için karşı çıkmadılar, Allah'ın yanına yöresine bazı ilahları konmadığı için karşı çıktılar.

O halde, **ilah yalnız Allah olacaktır, ibadet yalnız Allah'a yapılacaktır.** Ve tabiî ki, teslimiyet de yalnız Allah'a olacaktır. Daha açıkçası, Kur'an'ın anladığı mânâda 'Müslüman' olmak için Allah'a teslim olmak yetmez, Allah dışında bir varlığa teslimiyetin insan hayatından çıkarılması yani tam özgürlüğün gerçekleşmesi gerekir.

Kula kulluk varsa, Kur'an'ın Allah'ına kul olamazsınız.
İşte, Kur'an'ın anladığı ve anlattığı dindarlığın özü, esası budur. Bu öz ve esasta herhangi bir zedelenme varsa, Kur'an'ın istediği dindarlıktan söz edemeyiz. Bir adam hem şeyhe teslim olarak hem türbeye dilek çaputu asarak, öte yandan, ibadetlerinde Allah'tan ahiret, insanlardan da dünyalık bekleyerek Müslüman olamaz. Ya biri ya öteki.

Kur'an'ın aradığı dindarlığın esası **'fazla ibadet'** değil, sadece Allah'a ibadettir. Sadece Allah'a teslim olmak, sadece O'na ibadet etmek, sadece O'ndan yardım dilemek, sadece O'na güvenmek. Akla gelebilecek **tüm alanlarda omurgayı bu 'sadece' oluşturur.** 'Biraz var', epeyce var', büyük ölçüde var' yetmez. Yani **'tam teslimiyet'** olacak.

Tam teslimiyet varsa ibadet eksikliği zarar vermez. Çünkü ibadet imandan bir parça değildir ki o azaldıkça iman da azalsın. **İmamı Âzam**'ın büyük iman ve dehası bunu ilkeleştirdi. Tam teslimiyet varsa insan, Allah'ın her hal ve şartta dostudur. Şöyle düşünüyordu **Ebu Hanîfe**: Tam teslimiyet yoksa hiçbir ibadet fazlalığı, insanın Allah düşmanı olma ihtimalini sıfırlayamaz. İşte buydu, ölümsüz İmamı Âzam'ın savunduğu. (Ayrıntılar için bizim *İmamı Âzam* adlı eserimize bakılabilir.)

Tam teslimiyette kusur varsa ibadetin çokluğu zarar vermemekle kalmaz, insanı batırır. Çünkü teslimiyet zaafıyla birlikte yürüyen fazla ibadet riya getirir. Şirkin en sinsi şekli olan riya mutlak ve muhakkak batışın göstergesidir. **Allah'a tam teslimiyet dindarı, muvazaalı teslimiyet dinciyi yaratır.**

Allah'a teslimiyet tam gerçekleştiğinde ortaya, Kur'an'ın âdeta kutsadığı, hayatın en değerli varlığı olarak gösterdiği **'dindar'** tip çıkar. Kur'an, tam teslimiyetle dindar sıfatını almış insanı şöyle yüceltmektedir:

"**İş onların sandığı gibi değil! Kim güzel düşünüp güzel davranışlar sergileyerek yüzünü Allah'a teslim ederse, Rabbi katında ödülü vardır onun. Korku yoktur böyleleri için; tasalanmayacaklardır onlar.**" (Bakara, 112)

"**Güzel düşünüp güzellikler sergileyerek ve özü sözü doğru bir halde İbrahim'in milletine uyarak yüzünü Allah'a teslim edenden daha güzel dinli kim olabilir? Allah, İbrahim'i dost edinmişti.**" (Nisa, 125)

"**Güzel düşünüp güzel davranarak yüzünü Allah'a teslim eden, en sağlam kulpa yapışmıştır.**" (Lukman, 22)

"**Allah'a çağırıp/yakarıp barışa/hayra yönelik iş yapan ve 'Ben, Müslümanlardanım/Allah'a teslim olanlardanım' diyen kimseden daha güzel sözlü kim vardır?!**" (Fussılet, 33)

Tam teslimiyet getirmeyen ibadettense tam teslimiyet getiren günahlar yeğlenmelidir. Çünkü günahkârın Allah'ın merhametine sığınma hak ve ümidi açıktır. Ama riyakârın böyle bir hakkı ve ümidi olamaz. Çünkü riya şirktir ve şirke sapanın kurtuluşu yoktur. Kur'an'dan bu ilhamı ve kanıtı aldığımız içindir ki biz, en gür sesimizle şunu haykırabilmekteyiz:

Gizli şirk riyaya saparak ibadetlerini başlarına bela eden maskeli müşrikler, günahkârlara kurban olsunlar. Keşke onların da günahkârlar gibi ümitleri, rahmet beklentileri olsa. Ama yoktur. Onlar, günahkârları

dinsiz-imansız diye horlayıp dururken, bir gün gelecek, o horladıkları günahkârlar onların enselerine basarak cennete girecekler.

Yine Kur'an'ı dinleyelim:

"Şu bir gerçek ki, 'Rabbimiz Allah'tır!' deyip sonra, dosdoğru yürüyenler üzerine, melekler ha bire iner de şöyle derler: 'Korkmayın, üzülmeyin! Size vaat edilen cennetle sevinin. Biz sizin, dünya hayatında da ahirette de dostlarınızız. Cennette sizin için nefislerinizin arzuladığı her şey var. Orada sizin için istediğiniz her şey var. Gafûr ve Rahîm Allah'tan bir ikram olarak." (Fussılet, 30-32)

Kur'an'ı bilenler bilirler ki, şu ayetlerde vaat edilenlerden yoksun kalacak olanlar ibadeti eksik, hataya bulaşmış, ama eksiğini mertçe itiraftan asla çekinmemiş günahkârlar değil, ibadetleriyle kasılıp kabararak onu bunu imansız-kâfir ilan etmeyi din haline getirmiş dinci riyakârlardır.

Samimi dindarlık vasfını elde etmeye çalışmak yerine riyakâr dinciliği yeğleyenler, varlıklar dünyasının en şerir, en habis unsurlarıdır. İddiaları, giysileri, fotoğrafları, bulundukları mevki ve istismar ettikleri değerler ne olursa olsun, bu gerçek değişmez. Böylelerinin, bu gerçekleri bilmeyen halkı Allah ile aldatarak kendilerini 'dokunulmaz, makbul adam' ilan ettirmeleri de hiçbir şeyi değiştirmez.

Teslimiyet, insan hayatında iki olumsuzluğu dışlamak istemektedir:

1. Din alanında 'dinsel otorite' diye anılan şürekâyı

(Allah'a ortak koşulanları) dışlamak,
2. Siyasal alanda despotları dışlamak.

Bu gerçeği kayda geçiren **İkbal,** Batı'da birinci dışlamanın mümessili olarak **Luther'**i, ikinci dışlamanın mümessili olarak da **Rousseau'**yu görmektedir. İkbal, bu ilkelerin Batı'da, Hristiyanlığa rağmen egemen kılınmasını Kur'an gerçeklerinin bilinçsiz bir şekilde (unconsciously) kabul ve itirafı olarak görmektedir. (İkbal, *Islam As An Ethical and Political Ideal*, 164-165)

Kur'an, bu yapısıyla İslam'a iki anlam yüklemektedir:

1. **Tüm varlıkların Yaratıcı'ya teslimiyeti** (3/83),
2. **Tüm insanların Yaratıcı'ya teslimiyeti.**

Bu ikinci teslimiyetin tam olması için, Allah dışında bir kuvvet veya kişiye teslimiyet olmamalıdır. Yani sadece Allah'a teslimiyet olmalıdır. Kur'an buna, 'Âlemlerin Rabbi'ne teslimiyet' diyor. (bk. 2/131; 27/44; 40/66) Bu iki anlam, İslam'ın da anlamıdır. Kur'an, insanlığı, işte bu anlamda bir islama girmeye çağırmaktadır. (bk. 2/208; 5/16; 10/25) Kamp dinine dönüştürülmüş bir sözde islama değil. Bu anlamda bir barış ve esenlik dinine teslim olanlara, nüfus kayıtlarına bakarak "Sen mümin değilsin" denmemelidir. (bk. 4/94) Laf ve iddiaya değil, eyleme bakılmalıdır. Eylem, silm ve selam eylemidir. Ve **Selam,** İslam'ı din olarak takdir eden Yaratıcı'nın isimlerinden biridir. (bk. 59/23)

Teslimiyeti gerçekleştirememiş bir İslam kabul ve itirafı, sadece sosyolojik anlamıyla bir İslam kazandırmakta, Allah katında değer ifade etmemektedir. Bu noktaya maharetle parmak basan ölümsüz Râgıb şöyle diyor:

"Dinsel anlamda İslam iki görünüm arz eder: 1. İmanın altındaki mertebe, 2. İmanın üstündeki mertebe. Birincisi, dil ile ikrardır ki, onun sayesinde insanın kanı güvende olur. Bu durumda derûnî iman olabilir de olmayabilir de. Bu anlamda İslam, Hucurât suresinin 14. ayetinde ifadeye konmuştur: 'Bedevîler 'iman ettik' dediler. Söyle onlara, 'Siz iman etmediniz ama Müslüman olduk deyin.' İmanın üstündeki mertebe ise dil ile ikrara kalp ile itikat, fiil ile yaşamak ve Allah'ın bütün takdir ve icraatına teslimiyettir. Bu mertebe, Hz. İbrahim'in, 'Teslim oldum âlemlerin Rabbine' (Bakara, 131) ve Hz. Yusuf'un, 'Canımı, sana teslim olmuş halde al' (Yusuf, 101) ayetinde ifade edilen rıza halidir." (Râgıb el-Isfahanî, *el-Müfredât*, slm mad.)

AKLI İŞLETMEK VEYA HAYVANLIĞA İSYAN

Kur'an, dolaylı bir ifadeyle de olsa, aklını işletmeyenlerin (aklı olmayanların değil, olan aklı işletmeyenlerin) hayvanlaşacağını, bununla da kalmayıp hayvandan daha sefil duruma düşeceklerini söylemektedir.

Aklı işletmenin Kur'an dilindeki adı, taakkuldür ki daha çok **akletmek** diye tercüme edilir.

Akletmek, aklı çalıştırmak, akıllı davranmak, eşya ve olaylara akılla yaklaşmak anlamlarındaki **taakkul,** akıl kelimesinden türeyen bir sözcüktür.

Kur'an, akıl kelimesinden türeyen fiilleri 46 yerde kullandığı halde akıl kelimesini isim olarak hiç kullanmamıştır. Bu, mucize mesajlardan biridir. Kur'an bu tavrıyla şunu demek istemiştir: Ben, aklın varlığını yeterli görmem, aklın faal kılınmasını isterim. Başka bir deyişle, Kur'an, cevher olarak aklı yeterli görmüyor, işlevsel akıl istiyor. Bu yüzden akla yer veren ayetlerin tümünde akıl kelimesinden türeyen fiiller kullanmaktadır.

Kur'an terminolojisinin aşılmamış ustası **Râgıb el-Isfahanî** (ölm.502/1108), aklı, **'ilmi kabule yatkın olan kuvvet'** diye tanımlıyor ve ekliyor: "İnsanın, bilimden, kendisi aracılığıyla yararlandığı kuvvete akıl denmektedir." (Râgıb, *el-Müfredât*, akl mad.)

Ölümsüz **Râgıb**, tam bu noktada, Kur'an'ın akıl ile ilim arasındaki 'olmazsa olmaz' bağlantıyı gözler önüne koyan şu iki ayetini kaydediyor:

"**Bu bizim, insanlara vermekte olduğumuz örneklerdir ki ilim sahiplerinden başkası onlara akıl erdiremez.**" (29/43)

"**O küfre sapanların durumu bağırıp çağırma dışında bir şeyi işitmeyen varlıklara seslenenin durumuna benzer. Sağırdırlar, dilsizdirler, kördürler. Bu yüzden akıllarını işletemezler.**" (Bakara, 171)

Bilimle akletmek arasında kaçınılmaz bir bağın varlığına dikkat çeken Kur'an, her şeyden önce kelamı (sözü) anlamayı bir akletme işi olarak görmektedir. **Kelam**, akledilerek okunmazsa tahrife uğrama tehlikesiyle yüz yüze kalır. (bk. 2/75) Peygamberlere gelen vahyin, onların hitap ettikleri toplumun diliyle gelmesi kelamın akledilebilmesi içindir.

"**Biz, görevlendirdiğimiz her resulü, ancak kendi toplumunun diliyle gönderdik ki onlara açık seçik beyanda bulunsun.**" (İbrahim, 4)

Bunun bir uzantısı olarak, Kur'an vahyi de, İslam'ın çekirdek kuşağı olan Arap toplumunun diliyle indirilmiştir ki kelamı akledebilsinler. Zaten kelam, Arapça'dan başka bir dille gelmiş olsaydı onlar buna itiraz edeceklerdi. Kur'an bu noktaya da parmak basıyor:

"**Eğer biz onu yabancı dilde bir Kur'an yapsaydık elbette şöyle diyeceklerdi: 'Ayetleri ayrıntılı kılınmalı değil miydi? Arap'a yabancı dil mi?'/ister yabancı dilde, ister Arapça!**" (Fussılet, 44)

İşte bu itirazlar olmasın ve kelam, üfürme ve fal bakma aracı yapılmasın diye, muhataplarının diliyle indirildi. Kur'an şöyle diyor:

"Biz onu sana, aklınızı çalıştırasınız diye, Arapça bir Kur'an olarak indirdik." (Yusuf, 2. Ayrıca bk. 43/3)

Vahyi, insanı ve evreni birer '**kitap**' gören ve bu üç kitabın ayetlerle dolu olduğunu yüzlerce kez tekrarlayan Kur'an tüm bu ayetlerin gereğince okunabilmesi için aklı işletmenin kaçınılmazlığına dikkat çekmektedir. (Örnek olarak bk. 2/73, 242; 3/118; 24/61; 57/17) **Akıl işletilmezse sadece zorbalar, despotlar, firavunlar, nemrutlar değil, tabiat kuvvetleri, de insanı köleleştirir. Animizm, natürizm, putperestlik bu ikinci tür köleleştirmenin (veya köleleşmenin) sonuçlarıdır.**

Akletmek veya aklı işletmek insanla hayvanın ayırıcı özelliklerinin de ilkidir. Eğer insan, yaradılışının hakkını verip aklını işletmez ise sadece hayvanlaşmakla kalmaz, hayvanların en kötüsü durumuna düşer:

"Yeryüzünde debelenenlerin Allah katında en kötüsü, akıllarını işletmeyen sağır dilsizlerdir." (Enfâl, 22)

Bu ithamın muhatabı hayvanlar olamaz, çünkü onların akılları zaten yoktur. Muhatap, aklı olduğu halde işletmeyen, daha doğrusu, dilinin ve kulağının hakkını akıllı bir varlığa yakışır biçimde vermeyen insanlardır. Üzerinde olduğumuz noktada şu ayet daha açık bir kanıttır:

"Yoksa sen bunların çoğunun işittiğini, akledip düşündüğünü mü sanıyorsun! Onlar hayvanlar gibidirler, hatta yolca, hayvanlardan daha şaşkındırlar." (Furkan, 44)

Kur'an, aklın çıplak mülkiyetinin varlığı ile yetinmeyi insana yakışan bir tavır olarak görmüyor. Aklın intifa hakkının kullanılması gerekir. Aklının çıplak mülkiyetini taşıyıp intifa hakkını başkalarına veren, yani aklını onun bunun ipoteği altına sokan kişi veya toplum, fotoğrafıyla insan olsa da gerçekte hayvandır, hatta hayvanlardan 'daha şerir ve sapık' durumdadır.

Bu duruma düşen kişi ve toplumlara Kur'an'ın reva gördüğü âkıbet gerçekten ürperticidir. Bu ürpertici âkıbet, bir kozmik varlık kanunu halinde şu şekilde verilmektedir:

"**Allah, pisliği, aklını işletmeyenler üzerine bırakır.**" (Yunus, 100)

Kur'an, 'Allah'ın indirdiği ile hükmetmeyenlerin sapık ve inkârcı olduklarını bildirir. **Allah'ın indirdiği ile hükmetmeyenler, dinciliğin dedikleri değildir. Kur'an'ı dikkatlice okuyanlar hemen anlarlar ki, 'Allah'ın indirdiği' başlığının altına ilk yazılacak olan, akıldır.** Çünkü o, peygamberlerin tebliğinden önce, o tebliğe muhatap olmamış olanlar da dahil, tüm insanlarda bulunan tanrısal bir cevherdir.

Akıl, vahiyden daha önce, daha geneldir. Bu öylesine şaşmaz bir gerçektir ki, İslam din bilginleri, akıl ile vahyin çatışmış gibi görünmesi durumunda aklın esas alınacağını söylemişlerdir. Bu söylem onlara, Kur'an'ın öğrettiği tartışmasız bilgilerden biridir. **Isfahanlı Râgıb**, anıt eserlerinden biri olan ***ez-Zerîa ila Mekârimi'ş-Şerîa*'da 'Peygamberlerin ve Aklın İnsanları Gerçeğe ve Tanrı'ya (Hakk'a) İleten İki Kılavuz Oluşu'** başlığı altında şu muhteşem satırları yazmıştır:

"**İzzet ve celal sahibi Allah'ın insanlara iki peygamberi vardır:**

**1. İçten dışa olan (bâtın) peygamber,
2. Dıştan içe olan (zâhir) peygamber.**

"Bunların birincisi akıl, ikincisi, bildiğimiz peygamberlerdir. Hiçbir insan, bâtın peygamberden gereğince yararlanmayı öne almadan zâhir peygambere yol bulamaz. Bâtın peygamber, zâhir peygamberin çağrısının sağlık ve geçerliliğini bilmede esastır. Eğer bâtın peygamber olmazsa zâhir peygamberin sözünün kanıtlığı ve bağlayıcılığı olmaz. Bu böyle olduğu içindir ki Allah, kendisinin birliğinde ve peygamberlerinin doğruluğunda kuşkuya düşenleri akla gönderir. Başka bir deyişle, onları peygamberlerinin söylediklerinin doğruluk ve tutarlılığı konusunda akla başvurmaya çağırır."

"Akıl komutandır, din asker." (Râgıb, *ez-Zerî'a*, 207)

Büyük Râgıb'ın, bu satırların ardından attığı başlık ise şudur: '**Akla Dayalı İlimlerle Donanmamış Olanların Peygamberlikten Kaynaklanan İlimleri Anlamada Yetersiz Olacakları.**' Râgıb'ın bu başlık altında yazdığı satırlardan birkaçını da verelim:

"Akla dayalı bilgiler ve tespitler gözlere ve kulaklara vücut veren hayat gibidir. Kur'an ise görme ve işitme güçleriyle algılanan bir varlıktır. Ölünün görüp işitmesi imkân dışı olduğu gibi, akla dayalı bilgilerden yoksun olanın dinsel gerçekleri kavraması da imkân dışıdır. Allah'ın: 'Sen, ölülere duyuramazsın, sağırlara da çağrıyı ulaştıramazsın.' (Rum, 52) ayetiyle gösterdiği gerçek, işte budur." (age. 209)

Akıl, neden '**komutan**' durumundadır? Râgıb, eserinin, akıl ile tutkuyu (şehvet, heva) karşılaştıran bölümünde bu soruya şu yanıtı veriyor:

"**Akıl, sahibinin hem lehinde olanı gösterir hem aleyhinde olanı. Tutku ise sahibine sadece onun lehinde olanı gösterir.**" (age.106)

Bunun açık anlamı şudur: **Akıl, objektiftir; geneli, herkes için geçerli olanı gösterir. Tutku ve istekse sübjektiftir; sadece hoşa gideni, nefsi okşayanı gösterir.**

Bu tespiti, din meselesine uygularsak şunu görürüz: Akıldan uzaklaştırılan iman (ve din) sübjektifleşir, kişiselleşir, nefsanîleşir. Böyle olunca da gerçeğe ve genele sırt dönerek, kişinin egosuyla eşitlenir. Bu noktaya geldiğinizde iman, yapıcı-yaratıcı bir mutluluk kaynağı olmaktan çıkar, yıkıcı bir tahrip gücüne dönüşür. Kur'an'ın, imanı sürekli bir biçimde akıl ve bilimle kucaklaştırması, insanı bu olumsuz sonuçtan korumaya yönelik en hayatî tedbirdir.

Anlaşılan odur ki, eğer Allah adına, O'nun dini adına konuşmak gibi bir hak ve ödevden söz edeceksek bilmeliyiz ki bu hak öncelikle aklın ve varlık kanunlarının hakkını verenlerindir. Akla ve o kanunlara tersliği âdeta dinleştirmiş benliklerin "**Allah, aklını işletmeyenler üzerine pislik atar**" diyen bir kitabın dini adına iddiaları olmamak gerekir.

AKLIN KULLANIMINA SINIR KONMAMIŞTIR

Aklın, özgürlüğü sağlayan ve yaşatan bir kudret olarak işlevsel olması için onun kullanımına sınır konulmaması gerekir. Geleneksel tahakküm ve kölelik dinciliği, Kur'an'ın açık beyanları karşısında aklın işletilmesine karşı çıkamamış ama melanetini başka bir yolla yine devreye sokmuştur. Demiştir ki, aklın işletilmesi veya akıl, vahiy ve sünnetle sınırlıdır.

Bu iddia, Kur'an'ın yüzlerce ayetine açıkça iftiradır, tam bir imansızlık ve Kur'ansızlık itirafıdır.

Kur'an, aklın kullanımına en küçük bir sınır koymamıştır. Allah'a varışın akıldan çok aşk yoluyla olacağı mealindeki sûfî söylem de **'Aklın Kur'an ve sünnetle sınırlı olduğunu'** iddia eden geleneksel teolojik söylem de Kur'an'a tamamen aykırıdır. Kur'an, aklın kullanımını sınırlamaktan ima yoluyla bile söz etmemiştir. Tam tersini söylemiş, **'aklını işletmeyenler üzerine pislik atılacağını'** hükme bağlamıştır. (Yunus, 100)

Geleneksel söylemin aklı prangalaması önce fıkıh alanında gerçekleşti. Çünkü Emevî zorbalığına yani zalim devlet yönetimine karşı çıkış öncelikle fıkıhla oluyordu. İlk iki asırda fıkıh, aynı zamanda bugünkü ilmikelamı da ifade ettiğinden, ilk pranganın da fıkıh ve ilmi kelama aynı anda vurulduğunu belirtmek zorundayız. İlginç olan şu ki, bu prangaya ilk karşı çıkış da fıkıh bünyesinde gerçekleşmiştir. İlmikelam ve fıkıhta aklı bloke etmeye karşı çıkışın ilk mücadelesini veren **İmamı Âzam Ebu Hanîfe** (ölm. 150/767) oldu ve bu mücadelesinin faturasını hayatıyla ödedi. Ama onun açtığı çığır, 11. yüzyıla kadar sürüp giden bir onurlu mücadelenin motoru olarak sürekli devrede oldu. Ta **Gazalî**'nin talihsiz zuhuruna kadar...

Aklı tasavvuf alanında prangalamak fıkha nispetle daha sonraki bir zamanda vücut buldu. Akla pranga vurmanın tasavvufun nitelikleri arasına girmesi, İslam tarihinde aklı bloke etmenin öncülüğünü yapmış olan Gazalî'nin, **el-Munkızü mine'd-Dalâl** (Dalâletten Kurtaran) adlı ün-lü ve talihsiz eseriyle gerçekleşti. Gazalî'nin kurtulduğundan söz ettiği **'dalâlet'**, ne yazık ki aklın rehberliğidir. Bu rehberlikten kurtulmayı hidayet sanan Gazalî'ye bunun nasıl olacağı asırlardır sorulmamıştır.

Günümüz **siyasal İslam**'ı, aklı mahkûm ederken, özellikle **laikliği itham** ederken 'Allah'ın indirdiği ile hükmetmeyenlerin, kâfir, zalim ve fasık oldukları' mealindeki Kur'an ayetlerine (Mâide, 44, 45, 47) yollama yapmaktadır. Yollama yapılan söz doğrudur ama o yollama ile amaçlanan doğru değildir. Allah'ın indirdiğine atıf yapanlar bazı gerçekleri görememekte veya görmezlikten gelmekteler. Bir kez daha gösterelim:

DİN DE AKLIN DENETİMİNE VERİLMİŞTİR

Esas peygamber, bâtınî (içsel) peygamber akıldır. O halde Allah'ın indirdiği ile hükmetme gayesi taşıyanların öncelikle teslim olacakları değer akıldır.

'Allah'ın indirdiği' başlığının altına ilk yazılacak olan akıldır. Listenin başına o yazılacak ve Râgıb'ın söylediği gibi, o aynı zamanda komutanlık mevkiine oturtularak yola öyle devam edilecektir. Aksi halde, yürüyüş felakete çıkar. Nitekim İslam dünyasında felakete çıkmıştır.

Kadı Abdülcebbar'ın Tespiti:

İslam düşünce tarihinde aklın işletilmesinin ve onayının dinin kabul edilebilirliğinin de ölçüsü olduğunu ilk dile getiren düşünür olarak gördüğümüz **Mûtezile imamı Kadı Abdülcebbar** (ölm. 415/1024) şaheseri *el-Mûğnî*'de şu tespiti yapıyor:

"Akıl ve ilimle ispatı yapılamayan şey itikat konusu da olamaz. Böyle bir şeyin inkârı gerekir. Bunun içindir ki, Kur'an'ın kalpte olan bir mânâdan ibaret olduğunu, aklî-zarûrî delille ispatını istemenin söz konusu edilemeyeceğini söylemek Kur'an'ın reddedilmesini istemekle aynı anlama gelir." (Kadı Abdülcebbar, *el-Muğnî*, Halku'l-Kur'an, 14-15)

Dahi kadımız, aynı eserinde **'Mükellef, Yükümlü Tutulduğu Şeyin Mahiyetini Dinsel Nakillere İhtiyaç Duymadan Aklıyla da Bilebilir'** diye bir fasıl açmıştır. O fasılda söylediklerinden bir özet nakledelim:

"Nakillerin sıhhatini tespitte ihtiyaç duyulan aklın, kendi tespitlerinin sıhhatini belirlemede nakillere muhtaç olduğunu söylemek doğru değildir. Nakilden maksadın Kur'an ve sünnet olduğu bellidir. İşte bu ikisinin güvenilir olup olmadığını ancak ilimle tespit ederiz. Çünkü Allah hikmet sahibidir, çirkinlik ve abesle meşgul olmaz. Allah'ı bilmeye ulaşmanın yolu da aklın sağladığı delillerdir. Bu noktada nakillere ihtiyaç duyulmaz."

"Eğer aksini söylersek yani aklın yerine nakli koyarsak peygamberin her söylediğini bir başka peygamberle kanıtlamak gerekir. Ve bu durum bir teselsül ile ilk peygambere kadar gider. Peki, o ilk peygamberin söylediğini ne ile doğrulayacağız? Akılla. Yani, her hal ve şarta nakillerin doğruluğunu belirleyecek olan akıldır."

"O halde, aklını işleten bir varlığın akıl yoluyla bilinecek şeylerde nakle ihtiyacı olmaz. Mesela, zulmün kötülüğünü bilmek için nakle ihtiyaç yoktur." (Abdülcebbar, age. el-Aslah, 151-153)

Abdülcebbar ve Râgıb'ın yaklaşımları, onlara yakın

çapta bir düşünür olan **İzzuddin bin Abdüsselam** (ölm. 660/1262) tarafından da esas alınmış ve geliştirilerek tekrarlanmıştır. İzzuddin aynen şöyle diyor:

"Dünyada esas olan yararların (maslahatlar) ve bozgunların (mefsedetler) belirleyici olanları akılla bilinir. Bu belirleyiciler, dinlerde de esas olan belirleyicilerdir. Akıllı bir varlık için bu belirleyicilerin dinin bildiriminden önce keşfedilebileceği inkâr edilemez." (İzzuddin bin Abdüsselam, *Kavâidü'l-Ahkâm*, 6)

"Şunu bilmeliyiz ki, daha yararlı olanı daha az yararlı olana, daha az zararlı olanı daha çok zararlı olana tercih yetisi, Cenabı Hak tarafından insanın tabiatına yerleştirilmiştir. Ancak, âhirete ilişkin yararlar ve zararlar sadece nakille (dinsel verilerle) bilinir." (age. 7, 9)

İzzuddin, dünya ile ilgili meselelere, fıkıhtaki ifadesiyle muâmelâta (beşerî alanla ilgili işlere) **'mâkulü'l-mânâ'** (anlamı akılla bilinecek şeyler) demekte, akılla bilinmesi mümkün olmayan, ancak Tanrı'nın vahyi ile bilinebilecek alana da **'taabbudî'** (iman ve ibadetle ilgili) alan demektedir. **Muamelât alanı ta'lîlî (nedenleri irdelemeye dayalı) bir alandır.** Yani bu alanda akıl **'neden ve niçin?'** diye soru sorup ona göre yöntemler bulur, kurallar koyar. Taabbudî alan ise bunun gibi değildir; orada neden ve niçin mekanizması işletilemez. Çünkü bu soruların cevabını akıl bulamaz. Orada dinin vahye dayalı verilerini içtihatsız kabul edip uygulamaya koymak gerekir. (İzzuddin, anılan eser, 19)

ECDATPERESTLİĞE İSYAN VEYA HANÎFLİK

> "İnsan, kıyıyı kaybetmeyi göze almadıkça yeni okyanuslar keşfedemez."
>
> Andre Gide

FELIX CULPA VEYA HANÎFLİK

Hristiyan kültür ve fikir geleneğinde seçkin bir yere sahip bulunan felix culpa (feliks külpa) tabiri, kutsal günah, mesut suç, erdirici hata demek. Anılan geleneğe göre, felix culpanın en muhteşem örneği Hz. Âdem'in zellesidir. Hristiyan anlayışa göre, o zelle (yani ezelî günah) sayesindedir ki İsa bir kurtarıcı olarak dünyaya geldi. Yani insanlığın İsa'ya sahip olabilmesini felix culpa sağladı.

Tüm yaratıcı, özgürleştirici hamleler birer felix culpa ürünüdür. Daha doğrusu, **özgürlük bir felix culpa ürünüdür.**

Kur'an'daki hanîflik (ecdat kabullerine karşı çıkmak) kavramı bu felix culpa kavramının namıdiğeridir. Hanîflik veya felix culpa bahsinde çağdaş ilahiyatçı filozof **Paul Tillich**'in şu söylemi çok önemlidir:

"Dinin menfaati için dine hücumda başarılı olmak, Tanrı'nın dine karşı verdiği savaşın en önemli zaferidir." (Attack against religion for the sake of religion is an important victory in the fight of God against religion." (Tillich, *Christianity and Encounter*, 58)

Daha Kur'ansal konuşalım:

Tevhidin ve tevhit öncüsü peygamberlerin şirke karşı verdikleri savaş, 'Tanrı'nın dinin menfaati için dine karşı verdiği savaş'tır. Çünkü şirk, tevhide karşı bir dindir. Tarihin en zorlu, an inatçı ve en kahredici dini şirk dinidir. Ve bütün peygamberle onların iman çocukları şirk dinine karşı savaşı Tanrı'nın dostu olmanın göstergesi saymışlardır.

Andığımız bu savaşın onur bayrağını en ileri burçlarda dalgalandıran tevhit önderi, Hz. İbrahim'dir. Onun içindir ki, zamanlarüstü kitap, felix culpa veya hanîflik bahsinde omurgaya Hz. İbrahim'i koymuştur. Ne tipik kaderdir onun kaderi: Savaştığı şirk dinini, babası temsil ediyordu. **Hz. İbrahim, Tanrı adına, şirk dinine karşı savaşırken karşısına dikilen en büyük düşmanı babasıydı. Yaratıcı ruhun kaderi, işte böyle bir kaderdir.** O kaderin arkaplanını görüp tanımak için Kur'an'daki hanîflik kavramını iyi tanımak lazım. Şimdi o kavramı görelim.

HANÎF

Hanîf, ataların geleneklerine, muhafazakârlığa karşı çıkan kişi demek.

Şunu unutmayalım: **Yaratıcı özgür benlikle toplumun egemen kabulleri arasında uyuşmazlığın bulunması varoluşun temel kanunlarından biridir.** Hz. İbrahim'in şahsında prototipine kavuşturulan bu gerçek, hanîflik kavramıyla verilmiştir.

Mevcut düzene daha iyi ayak uyduran kişi, egemen güçler için makbul, varoluş gerçeği için zararlıdır.

Kur'an'da 10 yerde tekil, 2 yerde de çoğul halde (hunefa) geçen bu kelime, hem bütün müminlerin, hem de Hz. İbrahim'in sıfatı olarak kullanılmaktadır.

Esasen İbranice bir kelime olan hanîf, atalar dinine ve atalar geleneğine aykırı davranan zındık, sapık demektir. Kur'an, putperest anlayışın kötülemek ve dışlamak için kullandığı bu tabiri, tarihin önünde tersine çevirerek, doğrunun ve iyinin savunuculuğunu yapma uğruna kahra ve zulme uğramış yaratıcı ruhları ödüllendirmek üzere, onların onur unvanına dönüştürmüştür.

Kur'an, şunu demektedir: Yaratıcı-hamleci ruhlara yapmadığını bırakmayan ve onları sapıklık, geleneklere saygısızlıkla suçlayan putperest zihniyetlerin olumsuzluk aracı yaptıkları ad ve unvanları, birer onur belgesine dönüştürerek büyük ruhları ödüllendiriyorum. Bu ruhların başında **Hz. İbrahim** gelmektedir. O, akıl dışı, sapık, vicdansız geleneklerin, ata kabullerinin tümüne karşı çıkmış, hatta bu kabullerin taşıyıcısı olduğu için babasına bile karşı çıkmış ve bu yüzden ateşe atılacak kadar ağır işkencelere maruz bırakılmış en büyük hanîftir.

Arap dilinin büyük sözlüklerine baktığımızda şunu görüyoruz: Kur'an, hanîfliği, **yaradılış düzenine aykırı gidişlerden yüz çevirip dosdoğru olana yönelmek** şeklinde mânalandırıyor:

"Sen yüzünü, bir hanîf olarak dine, Allah'ın, insanları

üzerinde yarattığı fıtrata çevir. Allah'ın yaratışında/yarattığında değiştirme olmaz. Doğru ve eskimez din işte budur. Fakat insanların çokları bilmiyorlar." (Rum, 30)

Yaradılış bazen fıtrat, bazen de hanîflik olarak tanıtıldığına göre fıtratla hanîfliğin aynı anlama geldiklerini söyleyebileceğiz. Kur'an'ın, fıtratı bir din olarak tanımlayan ayeti, dolaylı bir şekilde hanîflik kavramını da tanımlamaktadır. Adı geçen ayet (Rum, 30) fıtrat dini ile hanîflik arasında çok yakın bir ilişkinin, hatta bir örtüşmenin varlığını açıkça göstermektedir.

Felsefî Boyut:

Hanîflerin, yani Kur'an müminlerinin mücadele etmesi gereken temel belaların başında, geleneğin dinleştirilmesi yani ecdatperestlik veya 'muhafazakârlık' gelmektedir. Böylece hanîflik, mevcudu ilahlaştırmayı, yeniye göz açtırmamayı egemenliğinin olmazsa olmazı gören zihniyetlere karşı çıkışın yolunu açan idrakin metafizik temelidir.

Ecdatperestliğin, namıdiğer muhafazakârlığın esasını değişmeye tahammülsüzlük oluşturduğuna göre, hanîfliğin esasını da sürekli değişme, sürekli yeninin peşinde koşma oluşturacaktır. Hepimiz biliriz ki aydınlanmanın esası da budur.

Türk siyasal hayatına saltanat dincisi siyasetlerin bir sloganı olarak Yahudi teorisyenlerin tavsiyesiyle vurulan 'muhafazakârlık' damgası, dinci siyasetlerin kuramcılarından birinin kalemiyle (ve tabiî ki dincilik adına) şöyle tanımlanmıştır:

"Muhafazakârlık, aydınlanmanın kimi olumsuz sonuçlarına, dönemin siyasal projelerine ve bu siyasal projeler doğrultusunda toplumun dönüştürülmesine ilişkin öneri ve uygulamalara muhalif olarak ortaya çıkan, rasyonalist siyaseti sınırlamayı ve toplumu bir tür devrimci dönüşüm projelerinden korumayı amaçlayan; yazar, düşünür ve siyasetçilerin eleştirilerinin biçimlendirdiği bir siyasal felsefeyi, bir düşünce geleneğini ve zaman içinde onlardan türetilen bir siyasal ideolojiyi ifade etmektedir." (Koç, 85)

Batı'da, aydınlanmanın önemli filozoflarından biri sayılan **Hegel** (ölm. 1831), Doğu'nun kör-topal kalmasının sebeplerinden birinin de muhafazakârlık diye anılan yeniye karşı çıkış, yeniye hayat hakkı tanımamak olduğunun altını çizmekte ve bu yaptığıyla âdeta onlarca Kur'an ayetini tefsir etmektedir. Kur'an, muhafazakârlığı, ecdat kabullerini dokunulmaz kılmayı, şirkin temel belirtilerinden biri saymakta ve müminlerini 'hanîf' olmaya, yani, muhafazakârlık prangalarını parçalamaya, sürekli yenilenmeye, bizzat onun tabiriyle **'her an yeni bir iş ve oluşta olmaya'** (Rahman, 29) çağırmaktadır.

O halde, hanîf olmak veya muhafazakâr olmamak, **'töresel ve alışılmış olanı ilkeleştirmemek'**tir. Bizzat Hegel bu tanımı kullanmakta ve buradan hareketle, Doğu'yu, âdeta devrimci bir Kur'an mümini gibi (örneğin bir Muhammed İkbal konuşuyor gibi), şu yolda eleştirmektedir:

"Asya'da ilke, töresel olandır. Töresellik bireyin içine işlemiştir. Ve töresellik zamanla bireyin özgür iradesi gibi algılanır olmuştur. Töreselle öznel istencin bütünmeşmesi söz konusudur. Ürküntüsüz, rahat yaşanan töresellik henüz ahlaklılık düzeyine çıkmamıştır. Öznelerin bireysel istenci, hukuk ve yasaların dolaysız

geleneğinde, alışkanlığında görülür. Bu nedenle, birey, genel erkle rahat bir birlik içerisindedir." (Kula, 117)

Alışılmışa aykırı düşünme konusunda, bir başka aydınlanmacı filozofun, Nietzsche'nin söylediklerine gelince, onun bu konudaki sözü hanîfliğin tanımı gibidir. **Nietzsche** (ölm. 1900), özgür düşünceli bireyi tanımlarken kullandığı şu cümle ile hanîfliğin de tanımını vermiş gibidir:

"Özgür düşünceli kişi; kökeni, çevresi, toplumsal konumu ve görevi ya da dönemin egemen görüşlerinden dolayı kendisinden beklenenden değişik düşünen kişidir." (Nietzsche'den naklen Kula, age. 523)

ECDAT KABULLERİNE İSYAN

Özgürlüğün, özgür benliğin, özgürleşmenin önünde en çetin, en zehirli ve ve en kahpe engel ecdatperestliktir. Kur'an'ın işte bu yüzden, ecdatperestliğe hücumu çok ağır ve ısrarlıdır.

Ecdatperestlik:

Baba, ata, ecdat anlamındaki **eb** (çoğulu: abâ') Kur'an'da 110 küsur yerde geçmektedir. Bu kullanımın büyük çoğunluğu, **'atalar-ecdat'** anlamındaki çoğul kullanım olan **âbâ'** sözcüğüyle gerçekleştirilmiştir. Kullanımın esasını, ecdadın bir değerler taşıyıcısı olarak öne çıkarılmasını dinleştiren müşriklere verilen cevaplar oluşturur.

Müşrik yaklaşım, şirkin temel özelliklerinden biri olarak, geçmiş ecdat kabullerinin değişmez-dokunulmaz, kutsal bir yapı oluşturduğunu, bu kabullere dokunmanın zındıklık veya dinsizlik olacağını iddia etmektedir. Kur'an'ın en büyük kavgası, işte bu iddia sahiplerine karşı veriliyor.

Kur'an, peygamberlerle onların karşısına dikilen şirk zümreleri arasında tarih boyunca sürüp giden kavganın esasını, ecdatperestlikle akıl ve bilginin mücadelesi olarak tescil etmektedir.

Temelde iki tez söz konusudur:

1. Şirkin tezi:

Güvenilir, dokunulmaz ve kutsal olan, atalardan bize devredilen gelenek ve kabullerdir. İyinin, doğrunun ve güzelin ölçütü bu geleneksel değerlerdir. Bunların muhafaza edilmesi ise dinin ta kendisidir.

2. Tevhidin tezi:

Güvenilir, dokunulmaz ve kutsal olan, aklın ve bilimin verileridir. İyinin, doğrunun ve güzelin ölçütü bu verilerdir. Din ise bu verilerle peygamberlere vahyedilenin kucaklaşmasıyla vücut bulur.

Bu iki tezin kavgası çok zorludur. Birinci tezin temel söylemi şudur:

"**Ayetlerimiz, karşılarında açık seçik beyyineler halinde okunduğunda, delilleri sadece şöyle demek olmuştur: 'Doğru sözlüler iseniz atalarımızdan kanıt getirin.**" (Dühan, 36; 45/25)

İkinci tez, yani peygamberler tezi ise şu söylemi öne çıkarmaktadır:

"Eğer doğru sözlü kişiler iseniz bundan önceki bir kitap yahut bir bilgi kalıntısı getirin bana!" (Ahkaf, 4)

"Eğer doğru sözlü iseniz bana ilimle haber verin." (En'am, 143)

Ecdatperestliğin esası dikkate alındığında onu **gelenekçilik** veya **muhafazakârlık** olarak anmak mümkündür. Ve bu durumda şunu söylemek de mümkün olacaktır:

Gelenekçilik veya muhafazakârlık, mutlak anlamda alındığında şirktir.

Gelenekçilik veya muhafazakârlığın şirk başlığı altına girmemesi için tüm değerlerinin akıl ve bilim denetimine açılmasını kabul etmesi gerekir. Eğer bu anlamda bir gelenekçilik olabilirse onun şirk olmayacağını söylememiz mümkün olacaktır. Ne var ki, böyle bir muhafazakârlık tasavvuru eşyanın tabiatına aykırıdır ve insanlık tarihi boyunca da görülebilmiş değildir.

Kur'an, gelenekçiliğin yani ecdatperestliğin karşısına akılcılık ve bilimciliği koymaktadır. Temel karşıt kavramlar bizzat Kur'an tarafından belirlenmiştir: **Akıl ve ilim.** Kur'an bu noktada, âdeta felsefî tanımlamalar getirmektedir. Sarsıcı eleştirilerden bazıları şunlardır:

"Onlara, 'Allah'ın indirdiğine uyun!' dendiğinde: 'Hayır! Biz, atalarımızı üzerinde bulduğumuz şeye uyarız.' derler. Peki, ataları bir şeyi akıl yoluyla kavrayamıyor, doğruya ve güzele ulaşamıyor idiyseler?!" (Bakara, 170)

"Onlara, Allah'ın indirdiğine ve resule gelin dendiğinde şöyle derler: 'Atalarımızı üzerinde bulduğumuz şey bize yeter.' Peki, ataları hiçbir şey bilmiyor, doğru yolu bu-

lamıyor idiyseler de mi?" (Mâide, 104)

"İnsanlardan öylesi var ki, Allah uğrunda ilimsiz, kılavuzsuz ve aydınlatıcı bir kitaba dayanmaksızın mücadele eder. Böylelerine, Allah'ın indirdiğine uyun dendiğinde şu cevabı verirler: 'Hayır, biz atalarımızı üzerinde bulduğumuz şeye uyarız.' Peki, şeytan onları, alevli ateşin azabına çağırmış olsa da mı?" (Lukman, 20-21)

"Onlara bundan önce bir kitap verdik de ona mı yapışmaktadırlar? Hayır, sadece şunu söylemişlerdir: 'Biz atalarımızı bir ümmet/bir din üzerinde bulduk; onların eserlerini izleyerek biz de doğruya ve güzele varacağız." (Zühruf, 21-22, 23)

Müşrik mantık, atalara izafe ederek yaptığı her şeyin iyi ve güzel olduğunda, bunun için de ecdadı izlemeyle Allah'ı izlemenin aynı anlamı ifade ettiğinde ısrarlıdır:

"İbrahim; babasına ve toplumuna şöyle demişti: 'Şu başına toplanıp durduğunuz heykeller de ne? Dediler: 'Atalarımızı onlara kulluk/ibadet eder bulduk.' Dedi: 'Vallahi, siz de atalarınız da açık bir sapıklık içine düşmüşsünüz.' Dediler: 'Sen gerçeği mi getirdin yoksa oynayıp eğlenenlerden biri misin?" (Enbiya, 53/55)

"İbrahim'in haberini de oku onlara. Hani, babasına ve toplumuna şöyle demişti: 'Siz neye ibadet ediyorsunuz?' Dediler: 'Birtakım putlara tapıyoruz. Onların önünde toplanıp tapınmaya devam edeceğiz.' Dedi: 'Yalvarıp yakardığınızda sizi duyuyorlar mı? Size yarar sağlıyor yahut zarar veriyorlar mı?' Dediler: 'Hayır! Ancak atalarımızı böyle yapar halde bulduk.' Dedi: 'Gördünüz mü neye ibadet ediyormuşsunuz! Siz ve o eski atalarınız! Şüphesiz, onlar benim düşmanım. Ama âlemlerin

Rabbi dostum." (Şuara, 71-77)

Ecdatperestlik şirki, peygamberlere kin ve öfkesini, sürekli olarak ataların rahatsızlığı kaygısına dayandırır:

"Sen bize, atalarımızı üzerinde bulduğumuz şeyden bizi çeviresin de bu toprakta devlet ve ululuk ikinizin olsun diye mi geldin? Biz, ikinize de inanmıyoruz." (Yunus, 78)

Ataların bıraktığını muhafazayı din yapan şirk çocuklarının peygamberlere yönelik itham ve hakaretlerinin özünde hep **'ataların tâciz edilmesi'**nden doğan öfke vardır:

"Ayetlerimiz açık seçik kanıtlar halinde karşılarında okununca şöyle derler: 'Bu adam, atalarınızın kulluk/ibadet etmekte olduklarından sizi vazgeçirmek isteyen birinden başkası değil." (Sebe', 43)

"Dediler ki, 'Sen, yalnız Allah'a ibadet edelim de atalarımızın kulluk etmekte olduklarını terk edelim diye mi bize geldin? Eğer doğru sözlü isen hadi bizi tehdit ettiğini bize getir." (A'raf, 70)

"Dediler ki, 'Ey Sâlih! Sen bundan önce, aramızda aranan/ümit beslenen bir kişi idin. Şimdi kalkmış, atalarımızın kulluk ettiklerine kulluk etmemizi mi yasaklıyorsun?" (Hûd, 11/62)

"Resulleri dediler: 'Gökleri ve yeri yaratan Allah hakkında mı kuşku? O sizi, günahlarınızı affetsin, belirli bir süreye kadar size zaman tanısın diye çağırıyor.' Şöyle cevap verdiler: 'Siz de bizim gibi birer insandan başka şey değilsiniz. Atalarımızın kulluk ettiklerinden bizi yüz geri çevirmek istiyorsunuz. Hadi, açık bir kanıt

getirin bize!" (İbrahim, 10)

Muhafazakârlık Şirkinin İki Rahatsızlığı:

Şirkin veya ecdatperestliğin tevhit dininden ve peygamberlerden iki büyük rahatsızlığı var:

1. **Ataların dokunulmazlığına karşı çıkılması,**
2. **Mal ve servetlerle ilgili statükoya karşı çıkılması.**

Şirkle tevhidin bütün kavgası budur. Peygamberlerle şirkin kavgasının esası, **teolojik cedel** değil, şirkin yaşamasını sağlayan **panteon statükoculuğuna karşı** çıkılmasıdır. İlk peygamberden sonuncusuna kadar dava hep budur. Kur'an'ı okuyan bunu hemen görür. Hiçbir şeyi göremese de bunu görür. Eğer bunu da göremiyorsa o zaten Kur'an'ı okumasın.

Peygamberler ve tevhit devrimi, şirkin 'dokunulmaz' ilan ettiği iki şeye 'dokunuyor', hem de çok sarsıcı biçimde dokunuyor: Ecdat kabulleri, mal ve servet.

İslam adına iddiası olan bir söylem ve siyasette bu dokunma yoksa onda tevhidin imanı yok demektir. Böyle bir söylem, bu iki şeye dokunmak yerine bir de onları 'daha da dokunulmaz' kılmaya âlet oluyorsa onun imanı ve dini olmadığı gibi, namusu da yoktur. Çünkü inanmamakla kalmıyor imanı paravan yaparak kitleleri aldatıyor. Bu ikincisi namussuzluktur. Kısacası, bu tür söylemlerle din avukatlığı yapanlar, Maun suresi mücrimi melun ve alçaklardır.

Buraya kadar verdiğimiz ayetler, ecdatperestlik şirkinin daha çok ataların kabullerini kutsallaştıran sapıklığına vurgu yapmıştı. Şimdi, şirkin ikinci büyük rahatsızlığına vurgu yapan ayeti görelim:

"**Dediler ki, 'Ey Şuayb! Namazın/duan mı emrediyor sana, atalarımızın tapar olduğunu terk etmemizi yahut mallarımızda dilediğimiz gibi davranmaktan vazgeçmemizi?**" (Hûd, 87)

Karşı çıkışın gerekçesi şirkin en beyinsiz söylemi halinde önümüze konmuştur:

"**Biz, eski atalarımız arasında böyle bir şey duymadık.**" (Mü'minûn, 24; 28/36)

Görüldüğü gibi, gelenek ve ecdat şirkinin istediği, Allah'ın tamamen terki değildir; ataların ve geleneklerin terk edilmemesi, bir de mala mülke yani mal ve servet konusunda oluşturulmuş despotizme dokunulmaması.

Ataların kutsallığı ve servetler korunmak şartıyla Allah'a, ibadete, mabede yer verilmesi, muhafazakârlık şirkini rahatsız etmemektedir. Tam aksine (Emevîlerin Cahiliye'yi öne çıkaran hilafetleriyle **küresel kapitalizm hizmetkârı Ilımlı İslamcı siyasetler**in icraatında da gördüğümüz gibi), bu anlamda bir uzlaşı, gelenekçilik şirkinin sevdiği ve ustalıkla uyguladığı bir yöntemdir. Tevhidin asla kabul edemeyeceği bir numaralı uzlaşı ise işte bu uzlaşıdır.

Gelenekçi-muhafazakâr putçuluğun bütün derdi, atalarından görüp öğrenmediklerini, yani yeniyi tepelemektir. Çünkü yeni onlara '**atalarının ve kendilerinin bilmedikleri bazı şeyleri öğretiyor.**' (bk. 6/91) Eşyanın, atalarının koymadığı isimlerle anılmasına bile tahammülleri yoktur. (bk. 7/71; 12/40; 53/23)

Atalarından miras almadığı şeylerin onun hayatına girmesi şirk zihniyetini kudurtuyor. Kur'an bu noktaya parmak basarken şöyle diyor:

"Ayetlerimiz size okunuyordu da siz ökçeleriniz üzerine gerisin geri dönüyordunuz. Büyüklük taslayarak, gece boyunca hezeyanlar savuruyordunuz. Sözü gereğince düşünmediler de ondan mı, yoksa kendilerine, ilk atalarına gelmeyen bir şey geldi diye mi? Yoksa resullerini tanımadılar da bu yüzden mi onu inkâr ediyorlar? Yoksa 'Onda bir cinnet mi var' diyorlar! Hayır, o kendilerine hakkı getirdi ama onların çoğu haktan tiksinen kişilerdir." (Mü'minûn, 66-70)

Kur'an, tevhidin ana eylemini 'eskiyi iptal' olarak tescil etmektedir.

Bunun içindir ki tevhidin mustarip taşıyıcıları ve tebliğcileri olan peygamberlerin şirk tarafından konmuş ortak adları **'mubtılûn'** (tekili: mubtıl) olarak kayda geçmiştir. **Mubtıl,** hüküm ifade etmekte olan mevcudu iptal eden, hükümsüz kılan demek.

Bütün nebiler birer mubtıldır. Geldikleri toplum ve devirde hazır buldukları anlayış, hüküm ve kabulleri iptal eder, yerine yeni ve yaratıcı olanı getirirler. Şirkin bu iptal eyleminden şikâyeti zorludur:

"Sen onlara bir mucize getirsen, gerçeği örten nankörler/inkâr edenler mutlaka şöyle diyeceklerdir: 'Siz peygamberler, eskiyi hükümsüz kılanlardan başkası değilsiniz!' İlimden nasipsizlerin kalpleri üzerine Allah işte böyle mühür basıyor." (Rum, 58)

Dördüncü Bölüm
İSLAM DÜNYASINDA ÖZGÜRLÜKLERİ BOĞAN CENDERELER

DÖRT BÜYÜK CENDERE

İslam dünyasında özgürlükleri boğan cendereler, Kur'an'ın verileri doğrultusunda Muhammed İkbal tarafından belirlenmiştir. Müslümanları ölümün kucağına almış bulunan bu cendereler 4 tanedir:

1. Tefeci,
2. Vali,
3. Molla,
4. Şeyh. (*Cavidnâme*, beyt: 1801)

İkbal'in ana eseri Cavidnâme'yi büyük bir vukufla Türkçe'ye çevirip şerheden Alman âlimi rahmetli **Prof. Dr. Annemarie Schimmel**, İkbal'in tespitine esas olan 1801 numaralı beyti şöyle açıklıyor:

"Bugünkü İslam dünyasında dört büyük tehlike mevcuttur: Murabahacı, vali, molla, şeyh!"

"Bugünkü İslam dünyasında dört büyük tehlike mevcuttur ki, onun hayatına engel oluyorlar: Birisi, ticaret bakımından halktan riba almak sûretiyle onun maddî imkânlarını imha eden tefeci ve daha geniş bir manada, gayrimeşru ticarî teşebbüslerle uğraşanlar. İkincisi validir yani burada, insafsız hükümetin mümessili ki, halkın kuvvetlerini istismar ediyor. Üçüncüsü molladır: Eskimiş, kemikleşmiş ananevî tefsirlere sarılan, hiç yeni bir hamleye müsaade etmeyen, halkı, asırlar boyunca kullanılan, hayat soluğunu kaybetmiş olan ayinlerle meşgul olan, içtihat kapısının hicretin dördüncü asırdan beri kapanmış olduğunu iddia edip çağdaş ilimlerden kaçınan, ayrıca da İslamiyetin dinamik tabiatından haberdar olmayan softa, yeni inkişaflara engel olduğu için Müslümanların manevî ölümüne sebep olmuştur. Dördüncüsü ise, şeyhtir: Yani İkbal'in, reddettiği panteistik tasavvufun mümessili, vahdeti vücut fikirleri vasıtasıyla halkın faaliyetini aksatan, onu tam bir uykuya yatıran ve her gelene baş eğmesini öğreten mürşid ki, İkbal onun aleyhinde 'Esrâr-i Hudî'den başlayarak son eserlerine kadar savaşmıştır. Dünyanın hiçbir kıymetinin bulunmadığını, selametin yalnız zayıf bir tevekkül ve bir cennet ümidinden olduğunu ileri süren bu mürşitler, Müslümanların yaratıcı kuvvetlerin kırmışlardır."

"Bir Farsça şiirinde, İkbal, ruhsal önder olmak iddiasında bulunanlara dair şöyle demiştir: 'Bizim pirler, yalnız saçların ağarmasından dolayı pir oldular, çocukların maskaraları oldular. Onların gönülleri, 'Lâ ilâh'ın nakşından habersizdir, heveslerin putlarından bir puthanedirler! Saçlarını uzatan herkes hırka giyer eyvah, dini satan bu tüccardan sakın! Müridleriyle beraber gece gündüz seyahattadır, milletin zaruretlerinden habersizdirler!" (Schimmel, *Cavidnâme Şerhi*, 335-336)

Tefeci ve Yönetici (Vali) Cenderesi:

İslam dünyası asırlardır, servet ve zulüm kodamanlarının egemenliği altında yaşıyor. Hz. Peygamber, bu gerçeği şu mucize ihbarında insanlığın vicdanına iletmiştir:

"Hilafet (devlet yönetimi) benden sonra otuz yıldır. Ondan sonrası azmış krallar dönemi olur"

İşte bizim söylediğimizin dayanağı tarihin verileriyle Hz. Peygamber'in bu mucize ihbarıdır.

İkbal, Müslüman kitlelerin dört ölüm cenderesinde kıvrandığını söyler ve bunların ilk ikisinin de tefeci ve vali yani servet zalimleriyle yönetim zorbaları olduğunu ifade ederken bu gerçekleri elbette çok iyi biliyordu.

Vali ve **tefeci** cenderesinin ne olduğuna en yakın ve taze kanıt, Türkiye Cumhuriyeti'nin yönetimini emperyalizmle işbirliği sayesinde ele geçiren dinci **AKP** yönetimidir. Bu yönetimin iki ana vasfı (veya zulmü) oldu:

1. Halkı ve devleti soyup talan etmek,
2. Halka, özellikle aydınlara, düşünenlere, basına, haksızlıklara karşı çıkma yüreği taşıyanlara yaptığı amansız ve tarifsiz zulüm.

Ünlü **17 Aralık Operasyonu** ile bütün dünya gördü ki, AKP denen Emevî dinciliği yönetimi bir zulüm, soygun, **Maun ihlali** ve talan yönetimidir. İstifa etmek zorunda kalan dört bakanın, bu bakanlardan ikisinin oğullarıyla başbakanın oğlunun başını çektikleri talan sürecinde, rüşvet, kaçakçılık, ihale ve imar suiistimalleriyle milyar avrolar götürülmüştür.

Türkiye'nin, dünyanın ve işini yapması başbakan tarafından her türlü müdahaleyle engellenen yargının ortak kanaatine göre, bütün bu soygunların baş aktörü, güdücüsü, soyguncuların koruyucusu, avukatı, iktidarın başbakanı sıfatını taşıyan zat, yani **Recep Tayyip Erdoğan** olarak kabul ediliyor. Genel kanı budur. Bunun doğru olmadığını ispatın tek yolu vardır: İtham edilen RTE ekibinin yargı önüne gidip orada aklanması. Ne var ki, RTE ve ekibi yargı önüne gitmeyi asla kabul etmemiş, yargı önüne gitmemek için anayasadan kanunlara, tüzüklerden yönetmeliklere kadar hukuk mevzuatını, polislerden hâkimlere ve savcılara kadar devlet görevlilerini oradan oraya sürerek kendisinin ve ekibinin takibine yeltenenleri tarumar etmiştir. Nihayet **TBMM**'deki çoğunluğuna dayanarak yaptığı anayasaya aykırı düzenlemelerle yargının bağımsızlığını yok edip kuvvetler ayrılığını ortadan kaldırmış ve sonuç olarak hukuk devletini felce uğratmıştır. **RTE,** yargıyı hükûmetin güdümüne alıp hukuk devletini etkisiz kılmakla kendisi ve ekibi hakkındaki genel kanaatin yerindeliğini bizzat kendisi göstermiş bulunuyor.

Molla Cenderesi:

Dini, çıkarlarını elde etmenin ve halkları Allah ile aldatmanın bir aracı yapan karanlık dinci tip, Türk ve Hint akılcı Müslüman literatüründe **'molla'** diye anılmıştır. Ve molla tipin nasıl bir insanlık düşmanı ve dünyanın başına nasıl bir bela olduğunu anlatan en güzel deyişlerden birini Hint sûfî prens-şairi ve molla zulmünün mağdur ve maktûlü olan **Dârâ Şikûh** (ölm. 1659) söylemiştir.

"Cennet, mollanın olmadığı yerdir" veya **"Cennet orada, mollanın olmadığı yerdedir"** diye tercüme edilebilecek olan bu dize, **Schimmel**'in eserindeki şekliyle öyledir: **"Paradise is there, where there is no molla."** (Schimmel, *The Mystical Dimensions of Islam,* 362)

Bütün zamanların en kahırlı ve katranlı musibeti olan molla tip, Müslüman dünyanın kaderini dikenleyen temel belanın ta kendisidir. Hallâc ve benzeri büyük benlikleri katleden de odur. İkbal'in bir numaralı lanet ve şikâyet objesi de odur.

İslam dünyasını yerinde saydıran 'eski'nin temsilcisi, İkbal'e göre, kişi olarak molla ve şeyh, kurum olarak da geleneksel kalıplara hapsolmuş fıkıh ve tasavvuftur. Bu böyle olduğu içindir ki İkbal'in temel hücum hedeflerinden biri de kokuşmuş kuralları din haline getiren ruhsuz ve uyuşuk din adamı tipidir. Bu tip, fıkıh-felsefe-kelam alanında konuştuğumuzda molla, tasavvuf alanında konuştuğumuzda şeyhtir.

Temel nitelikleri bilgisizlik, tembellik, sığlık, iftira, haset ve düşmanlık olan molla tip İkbal'in mürşidi Mevlana tarafından da ağır biçimde eleştirilmiştir. Hallâc'ı katlettikleri, Mevlana tarafından da yerden yere çalındıkları için İkbal onlara daha bir heyecanla saldırmaktadır. Onlara çok ağır biçimde beddua ediyor:

"**Menfaat ve kayıp kaygusundan kurtulamayan bu insanları öldür, mahvet!**" (*Armağan-ı Hicaz*, 2)

Bu molla takımı dini, cehaletlerinin karanlığında perişan ediyorlar:

"**Din, bilginlerle kıymetli, bilgisizlerle hor ve zelil oluyor. Bilgisizin elinde din, ineğin önünde yasemen gibidir.**" (*Cavidnâme*, 1631)

Mürşit Mevlana Rumî, bu berbat tabiatlı tipi çok daha ağır biçimde eleştirmiştir. Şöyle diyor:

"**Ümmetin, gönülleri zayıf olanlarının, sırları bilmeye tahammülleri yoktur. Bunlar, Allah'ın hikmetlerinden habersiz, insan suretinde eşeklerdir.**" (Eflakî, *Menâkıb*, 422)

Mevlana'nın oğlu **Sultan Veled** (ölm. 712/1312) de bu kof tipe ağır hücumlar yöneltmiştir. Diyor ki, "**Bunlar, yağlı çörek ve helva taşıyan eşeklere benzerler. Eşeklerin yiyeceği, saman ve arpadır. Onlar bu nimetleri başkaları için taşırlar.**" (Sultan Veled, *Maarif*, 378)

O halde, dinin metaını bu 'eşek sürüsü'nün taşıması, bunların o metaı değerlendirdiği anlamına gelmiyor. Metaı onların elinden alıp gerektiği şekilde değerlendirmek, özgür-yaratıcı Hak erlerinin işidir.

İkbal, Armağân-ı Hicaz'da, hem de başlık atarak bu '**benlik katili**' tipi deşifre etmiştir:

SÛFÎ VE MOLLA

"Farzedelim molla hazretleri ekşi suratlıdır, özü kabuktan ayırmaz. Eğer molla bu Müslümanlığımı görüp beni Kâbe'den kovarsa haklıdır."

"Frenk, Kâbe ve mabetten avlayacağını avladı. Tekkelerden, 'Bunları yapan Allah'tır, ondan başka varlık yoktur' sesi yükseldi. Hikâyeyi mollaya anlattım. 'Ya Rabbi, âkibeti hayrolsun' diye dua etti."

"Şeyh ve mollanın eserisin. Kur'an'daki hikmetten hayat almıyorsun. Kur'an ayetleri ile senin alâkan Yasîn okutup rahat ölmekten ibaret."

"Karşına Kur'an'dan bir ayna as, derhal nevrin dönerse, kendinden kaç, yaptığın işleri tartmak için bir terazi edin. Kıyametleri önceden kopar."

"Şeyh ile mollaya benden selam olsun, Allah'ın emirlerini bize söylediler. Fakat onların tevili Allah'ı da Cebrail'i de Peygamber'i de hayret içinde bıraktı."

"Herkesi kâfir ilan eden molla, cehennemden söz etti. Bir kâfir ondan daha güzel bir söz söyledi: O köle, kendi hallerini bilmediği için cehennem başkasının yeridir dedi."

"Dervişlik hırkası altında dünya çıkarı elde etmeye çalışan bir pîr, oğluna şu öğüdü verdi: 'Bu devrin nemrutları ile dost ol; ancak onların desteği ile İbrahimlik yapabilirsin." (*Armağan-ı Hicaz*, 41-42)

İkbal'in, tutuculuğun temsilcisi olarak gördüğü şeyh ve molla tipe, şiirindeki hücumu çok ağırdır. Şu ithama bakın:

"Gözleri nergis gibi nursuz, göğüslerinde gönül zenginliği kalmamış vaizlerle softalar, mevki ve rütbeye tapıyorlar. İslam'ın şan ve şerefi ayağa düştü. Vaizimiz gözünü puthaneye dikti. Dini mübîn müftüsü fetva sattı." (*Esrar-ı Hodî*, 65)

İkbal'in bir numaralı **'benlik katili'** görüp sarsıcı biçimde eleştirdiği tip, molladır. Molla, onun üstadı Hallâc'ın ve mürşidi Rumî'nin tiksindiği karanlık engel olmakla kalmaz, bizzat İkbal hakkında **'kâfir'** fetvası veren bir şerefsizlik-imansızlık örneği olarak da dikkat çeker. İkbal'in hayat defterinin belki de en ıstıraplı ve ibretli sayfası şudur:

İlk şiirlerindeki hür ve yeni hava, gelenekçi-tabucu çevreleri öylesine rahatsız etti ki, softa ve mollalar, **Pîrzâde Muhammed Sıddîk Saharanpûrî** adlı bir müftüden bu şiirlerin küfür olup olmadığını sordular. Tipik mollalardan biri olan **karanlık ruhlu, katran yürekli müftü, İkbal'in şiirlerinin 'küfür" olduğu yolunda fetva verdi.** (Schimmel, *Cavidnâme Şerhi*, Önsöz, VIII)

İkbal'in molla takımıyla münasebeti işte böyle başlamıştır. Ancak olayın daha tarihsel bir zemini de vardır:

İkbalin yetiştiği kültür çevresinde molla tip, alâmeti farikası samimiyet ve çalışkanlık olan Hak adamının eskiden beri karşıtı ve düşmanı olarak sembolleşmiştir. (bk. Schimmel, *Sind Halk Şiirinde Hallâc,* 41-42) İkbal, mollayı, gerçek müminin baş belası olarak gösterirken bu geleneğe bağlı kalmıştır.

Bizim tetkiklerimize göre, Allah adamının sürekli ayağına dolanan molla tipin, ismi açıkça verilerek şikâyet ve nefret konusu edilişi, Türk mistik şiirinin babası sayılan **Hoca Ahmet Yesevî** (ölm. 562/1167) ile başlar. Yesevî, hem de Hallâc'ın çilesini anlatan bir şiirinde, altına rahatlıkla 'İkbal' imzası atabileceğimiz bir üslupla, Hallâc'ın karşısına mollayı koymakta ye onu karanlığın, idraksizliğin, vahşet ve dehşetin temsilcisi olarak göstermektedir. (bk. Kemal Eraslan, *Divanı Hikmet'ten Seçmeler,* 331)

İkbal'in gözünde molla, kabalığın, sığlığın, hokkabazlığın, Allah'ın dinini rezil etme pahasına nefsinin çıkarlarını kollamanın sembolü, ruhsuz, basiretsiz tiptir:

"Mollanın gönlü gam nedir bilmez. Bir bakışı vardır ama gözü hiç yaşarmaz. Onun mektebinden kaçtım; zira onun Hicaz'ında zemzem yoktur." (*Armağan-ı Hicaz,* 35)

Düşünmeyen beyinle görmeyen gözün timsali olan molla, göğsünde gönül taşımamakla da dikkat çeker. Böyle olunca da onda aşk ve coşku arayamazsınız. Aşk ve coşkusu olmayan benlik ise İkbal'e göre, mümin olamaz. Şunu söyleyebiliyor İkbal:

"Bağrında bir ah çekiş bulunmayan o eğri külahlı fakîh de Müslüman ha!" (age. 31)

Fedakârlık, yaratıcılık, hür düşünce eri olan Kur'an müminine karşı bencillik, taklitçilik, tutuculuk ve fesatçılık örneği olan molla, kutsal kavramların yazılı olduğu levhalar taşıyan bir hayvana benzer. Onun tüm derdi bedeni, eti-kemiği ve bir de kinidir. Şu ifadelere bakın:

"Mollanın cenneti şarap, huri ve oğlandır; hürlerin cenneti ise sürekli yürüyüştür. Mollanın cenneti yemek, uyku ve şarkıdır; aşıkın cenneti ise varlığı ibretle gözlemektir. Mollanın haşri, mezarın çatlaması ve sûrun sesidir; heyecanlandırıcı aşk ise başlıbaşına bir kıyamet sabahıdır." (*Cavidnâme*, beyt: 1101-1102)

İslam'ın maruz kaldığı gerilik ve zillet, İkbal'e göre, molla tahribatının ürünüdür. Baş eseri Cavidnâme'nin önemli bir kısmında açık veya dolaylı, molla zihniyeti eleştiren İkbal, **Merkür Feleği'**nde mollaya en ağır tenkitlerini, **Sait Halim Paşa**'nın ağzından sıralamıştır. 681-688. beyitler mollaya hücumun belki de tarihteki en ağırıdır:

"Hak dini, kâfirlikten daha kötü bir adla anılır oldu; çünkü molla kâfir üreten bir mümindir. Bizim gözümüzde çiğ damlaları deryaya dönüşüyor; onun gözünde ise bizim deryamız bir çiğ damlasıdır. Bu Kur'an satan adamın hilelerinden dolayı Cebrail'in bile haykırdığını gördüm. Onun gönlü, hakikate göklerin ötesinden de uzak-

tır; ona göre, Kur'an bir efsanedir. Peygamber'in dininden onun nasibi yoktur; yıldızları olmadığı için onun göğü simsiyahtır. Görgüsü az, zevksiz, geveze. Millet onun lakırdıları yüzünden parça parça oldu. Medrese ve molla ile Kur'an'ın sırları arasındaki ilişki, kör doğmuş biri ile güneşin ışıkları arasındaki ilişkiye benzer. Kâfirin dini savaş planları yapıp kotarmaktır; mollanın dini ise 'Allah yolunda' diyerek fesat çıkarmaktır,"

Molla, özellikle **fesat sembolü** olarak gösterilmektedir. Molla, cihat adı altında sürekli fesat üretir. Bu kutsal kılıfı geçirilmiş fesat öylesine zehirli ve onursuzdur ki, cenneti bile birbirine katar. İkbal şöyle konuşuyor:

"Allah, mollayı cennete gönderdiği zaman ben de hazırdım. Dilimi tutamadım, tevazu ile dedim ki, 'Affet, ama o, huri şarap ve yeşilliklerle meşgul olmayacak. Cennet; kavga, gürültü patırtı yeri değildir. Oysaki çekişme ve safsata bu adamın yaratılışında vardır. Onun görevi milletlere ve dinlere pislik atmaktır. Halbuki cennette ne cami var ne kilise ne de ateş tapınağı." (Schimmel, *Cavidnâme Şerhi*, 214)

Mollanın fesatçılığı, ondaki imanı bir yapıcı kuvvet olmaktan çıkarıp bir yıkıcı güç haline getirmiştir. **"Bir tek yıkım ilhamı, bir milleti Atilla ve Cengiz ordularından daha fazla tahrip eder"** diyen İkbal'in fesat sembolü gördüğü mollanın yüzyıllardır süren tahrip ilhamının, İslam ümmetine ödettiği fatura konusunda neler düşündüğünü tahmine kalkmak bile insanı ürpertiyor. Mollayı bir yıkım ve çürütme aracı gören İkbal, onun oyununa gelmiş kitleleri uyandırmak için şöyle feryat ediyor:

"Gel, bu ümmetin işini bir yoluna koyalım; hayat kumarını mertçe oynayalım. Şehrin mescidinde öyle

feryat edelim ki mollanın göğsündeki gönül erisin!"
(*Armağan-ı Hicaz*, 57)

İkbal'in mollaya da bir mesajı vardır ve o mesajın özeti şudur: **"Sen henüz insan olamamışsın!"** Kendisinden dinleyelim:

"**Senin Allah'a erişmen mümkün değildir. Zira daha beşer makamı dâhi senin için örtülüdür. Senin namazında Hakk'ın ne celâli ne cemali vardır. Senin ezanın bize seher vaktini dahi bildirmez.**" (*Darb-ı Kelîm*, 12)

Şeyh Cenderesi:

İkbal bunu, **'pîrizm'** (şeyhperestlik) olarak da anıyor.

Tarikat şeyhinin ölüm cenderesi öncelikle yaratıcı özgür beni yok etmek üzere kurulmuş bir ölüm tuzağıdır. O, Allah'ın insana verdiği yaratıcı özgür iradeyi insanları müritleştirerek yok etmiş, onun yerine şeyhe tapma şeklinde bir putperestlik koymuştur. İkbal şöyle diyor:

"**Şeyhin metaı efsanelerdi, onun hadisleri zan ve tahminden ibarettir. Onun sözde islamı hâlâ zünnar bağlar; onun yüzünden Kâbe'nin haremi manastıra döndü. Onun kendisi de Brehmen oluverdi.**" (*Armağan-ı Hicaz*, 49)

Eskiyi ilahlaştırarak Kur'an'ın ruhunu boğan ve benlik sırrını kirleten ikinci musibet, tarikat şeyhi denen Allah ile aldatma şefidir. İkbal'in deyişiyle 'sûfî' tip. Sûfî ile İkbal, Kur'an'ın mistik disiplinine bağlı gerçek dervişleri anlamaz; hatta onları öteki tipten ayırır. Aksi nasıl düşünülebilir ki, İkbal, mürşidi Hallâc ve Mevlana olan bir düşünce adamıdır. Açıktır ki, İkbal'in saldırdığı tasavvuf ve sûfî, Kur'an dışı dinin kendine has meskenet mistisizminin kokuşmuş dünyası ve temsilcisidir. Başka bir deyişle, İkbal, tasavvufun, **İranlı Hâfız**'da sembolleştirilen afyonlu türüne karşıdır. Bu tür, Allah için değil, **muğbeçe** (şarap sunan genç oğlan) için yanıp tutuşan bir kurumdur. Ve İkbal, Müslüman'a, şöyle sesleniyor:

"Destan yaratan kahraman Rüstem'le meşgul ol, muğbeçe ile değil." (*Cavidnâme*, beyt: 1547)

İkbal, mistik arınmaya ve bunun disiplini olan tasavvufa son derece saygılıdır. Sahte sûfîlere saldırması da bu saygının bir gereği olarak karşımıza çıkıyor. Allah eri olarak gördüğü gerçek 'derviş' tipe de büyük saygı duymakta, onu tevhit mesajının sâdık temsilcisi olarak görmektedir:

"**Dervişler, putları tavaf etmezler. Müslüman veya kâfir tüm diğerleri putperesttir. Yiğit derviş zamana emredip der ki, 'Sen, Hakk'ın kuluna tâbi olacaksın."** (*Darb-ı Kelîm*, 17)

Bu derviş tanımı, açık bir Hallâcîlik ifade etmektedir. Çünkü zamana, **"Hakk'ın kuluna tâbi olacaksın!"** diye emir vermek **Enel Hak** demenin bir başka ifadesidir.

Kur'an'a dönüş gerçekleştiğinde, olması gereken tasavvuf da gelecektir. İkbal, bunun özlemi içindedir. Beklentisini şöyle dile getiriyor:

"Yeni bir Müslümanlık keşfet ki, onun tasavvufu miskinlikten, mahkûmluktan, ümitsizlikten ebediyen arınmış olsun. Namaz kılmasına izin verilen ahundumuz, Hindistan'da Müslümanlık hür sanıyor." (age. 33)

Tarikat bezirgânı tiplerle onların şefi olan 'şeyh' tipi, **Maun suresi ihlalcileri dinci soyguncu** olarak gösteren şu eleştiriye bakın:

"**Benlikten yoksun kalan Harem şeyhi, Müslüman'ın ihramını satıp kendine ekmek parası yapmıştır.**" (age. 18-19)

Anlaşılan o ki, İkbal'in hücum ettiği tasavvuf, insanın hür ve yaratıcı ben'ini iğdiş etmede bir tür morfin gibi kullanılan **meskenet mistisizmi** olarak karşımıza çıkmaktadır. **İkbal, köleleşmeye mazeret arayanların tarih boyunca hep tasavvuf, keramet, ilham, fenafillah yaftalarını kullandıkları kanısındadır.** Parmağını yaranın tam üstüne basıyor:

"**Mahkûm köle, daima bir pîrin kerameti peşindedir; hür insan ise bizzat kendisi keramettir.**" (age. 32)

Morfin gibi uyuşturucu olarak kullanılan bir tasavvufun 'mürşit' lakaplı şeflerini İslam'a ve insana kötülük yapmakla itham eden İkbal, bu sahtekâr şeflerin, esasında kuralcı mollalardan farklı olmadığına inanıyor:

"**Lâ ilahe illellahta gizlenen aşk remzi, şeyhe bir şey söylemez. Zira onda fakîh kafası vardır.**" (age. 23)

Molladaki kofluk, şeyh lakaplı sahtekârlarda ruhsal sığlık halinde belirir:

"**Şeyhin malı eski masallar, sözü hep zan ve tahmindir. Onun Kâbesi Budist mabedi, o da bir brehmendir.**" (*Darb-ı Kelîm*, 32)

Bu demektir ki, sahte tasavvuf, Kur'an'ın dinamik ruhundan çok, Hint dinlerinin uyuşturucu ikliminden beslenmektedir. Bu dinden beslenen benlikler, Kur'an'daki îsar (başkalarının mutluluğunu öne almak) ahlakı yerine kendi nefslerinin selametini düşüneceklerdir. Böyleleri, insanın çilesini çekerek pîr (yaşlı, beli bükük) olmuyor, saçları ağardığı için **pîr** adını alıyor:

"Bizim pirler, yalnız saçların ağarmasından dolayı pîr oldular; çocukların maskaraları oldular. Onların gönülleri 'lâ ilâh'ın nakşından habersizdir, heveslerin puthanesinden bir puthanedir. Saçlarını uzatan herkes hırka giyiyor. Aman, dini satan bu tüccardan sakın! Müritleriyle gece gündüz dolaşmaktadır, milletin ihtiyaçlarından habersizdir." (*Esrar-ı Hodî*, 65)

"Melekût âleminin felsefesi, lâhûtî ilim eğer İslam dünyasının derdine derman olmayacaksa on para etmez. Bu gece yarıları ibadetler, bu murakabeye dalışlar, eğer senin benliğini muhafazadan âciz ise on para etmez. Güneşi ve Ülker yıldızını avlayıp ele geçiren akıl, senin ruhanî cezbelerine iştirak etmiyorsa o cezbelerin hiçbir değeri yoktur. Dilinle istediğin kadar Kelimei Tevhidi zikret, ne fayda? Eğer gönlün ve görüşün Müslüman değilse bu sözlerin hiçbir değeri yoktur." (*Darb-ı Kelîm*, 16)

Sahte tasavvufun en büyük tahribi, tarikat perdesi altında tefrika yaratmasıdır. Bu illet, sömürebilmek için kitleyi parsellere bölmenin kutsal kılıflı yoludur. İkbal bu oyuna ağır bir darbe indirmek için şöyle diyor:

"Bir milleti diri ve ayakta tutan, aralarındaki fikir birliğidir. Bu birliği bozan şey, istediği kadar 'ilham' diye anılsın, hakikatta dinsizlik ve küfürdür." (age. 16)

İkbal, halkı **ilham ve keramet lakırdıları**yla oyalayıp aldatan softa tipe nihayet şunu söylüyor:

"Sen ancak kerametler âlemini göz önünde bulunduruyorsun. Ben ise dünyayı amel ve iş yeri olarak değerlendiriyorum. Tasavvur ve hayal dünyası insanı hayretlere düşürür. Fakat bu hayat ve ölüm dünyası ondan daha ziyade hayret vericidir." (age. yer)

Tekkelerin Bugünkü İşlevi:

Tasavvuf-tarikat meselesinde İkbal'in geldiği son nokta şudur:

Kur'an'a dönüş ve dini yeniden yapılandırma gerçekleşmedikçe, eski sûfî kalıplardan ruhsal yükseliş beklenemez. Ona göre:

"**Tekkelerde benliği yaratmak ve yetiştirmek imkânsızdır. Bu rutubetli alev, kıvılcım saçmaz.**" (age. 62)

İkbal bu anlayışıyla, bir yandan üstadı **Hallâc'**ın '**tekkesiz hizmet'** modeline atıf yapmış olurken öte yandan kendisinden 93 yıl önce vefat eden Türk ârif ve müceddidi **Kuşadalı İbrahim Halvetî'**nin tasavvuf tarihinde bir devrim sayılan şu tespitine katılmış oluyor:

"**Tekkeleri meyhaneye, kerhaneye çevirdiler; buralardan artık hayır çıkmaz. Yeryüzüne dağılıp iş ve değer üretin.**"

Mektupları dışında yazılı hiçbir eseri bulunmayan ve kültür dünyasına ilk kez bizim yaptığımız bir doktora teziyle tanıtılan Kuşadalı, bu devrim fikrinin ilk uygulaması olarak, bir yangında yok olan tekkesini bir daha yaptırmamış, yaptırmaya kalkanlara şöyle diyerek engel olmuştur:

"Artık tekke ile seyrusülûk devri bitmiştir. Yeryüzüne dağılıp Allah'ın bütün kullarına hizmet edin." (Bu konuda ayrıntılar için bizim **'Kuşadalı İbrahim Halvetî'** adlı eserimizin **Sülûk** bahsine bakılmalıdır.)

Bunları yazarken, gönlüm ve vicdanım şunu da söylüyor: "Keşke İkbal, Kuşadalı'nın fikirleriyle tanışabilseydi. Ve keşke İkbal, 'tekkeleri kapatmakla itham' edilen Mustafa Kemal'i tanıyabilse, onunla bu konuları yüz yüze konuşabilseydi!"

Bu zaman ve zemin bakımından mümkündü ama olmamıştır işte!

ÖLÜM CENDERELERİNDEN KURTULUŞ

İkbal, dört ölüm cenderesinden kurtulup özgür benliğe kavuşmanın yolu olarak alışılmış ve ezberletilmiş düzene **isyan**ı öneriyor, Armağan-ı Hicaz'daki şu ölümsüz seslenişe bakın:

"Kıyam zamanını kendin belirle! Aşk ve çılgınlık namazının ezanı yoktur. Allahu Ekber'in yanışı beş vakit namaza sığmaz. İsyan namazının Fâtiha'sı iki dünyaya meydan okumaktır. Ne bahtiyardır o millet ki, doğan çocukları onun kâinatında kıyametler koparır. Namerdin mertten daha çok yararlandığı bir dünyayı altüst et." (***Armağan-ı Hicaz***, 46, 52, 57,60)

BÎAT VE ŞÛRANIN SAPTIRILMASI

Özgürlüğün sosyal işleyişini bîat ve şûra ilkeleri sağlıyor. Sürüleştirilmenin (raiyye olmanın) onursuzluğundan kurtulup özgür benlikler olmanın en esaslı güvencelerinden biri olarak, yönetimde bîat ve şûra sistemi getirilmiş ve bu ilkelere herkesten önce, 'özgürlük peygamberi' uymuştur. Şimdi bu ilkeleri irdeleyelim.

İslam dünyası, özgürlüğün temel kavramlarından biri olan bîatı, putçuluğun ve köleliğin temel kavramlarından biri haline getirdi.

BÎAT

El sıkışarak ahdleşmek anlamındaki bîat, Kur'an'da fiil halinde (mübâya'a) 6 yerde geçmektedir. Bugünkü dilde bunun karşılığı mukaveledir. Hukukta bu, bir konuda tarafların iradelerinin uyuşmasını ifade eder. Devlet reisinin kabul edildiğini gösteren rıza beyanına da bîat veya mübaya'a denmektedir.

Kur'an, bîatı iki yerde (2/282; 9/111) hukuksal anlamda, diğer yerlerde ise Hz. Peygamber'le her konuda irade uyuşumunu ifade etmek anlamında kullanmaktadır. Peygamber'le yapılan bu bîatleşmelerin en ünlüleri Hicret'in hemen öncesinde gerçekleşen **Akabe Bîatları** ile Hicret'ten 6 yıl sonra gerçekleşen **Hudeybiye Antlaşması** sırasındaki **Rıdvan Bîatı**'dır. (bk. Kur'an, 48/ 10-18)

Kur'ansal Bir İlke Olarak Bîat:

Bîat kavramıyla bize verilmek istenen evrensel-zaman üstü mesaj nedir?

İniş sebebinin özelliği beyyinedeki mesajın genelliğine engel olmayacağına göre, bîat kavramının bizim için süreklilik ifade eden bir ilkesel yanı, bir özü olmalıdır. O nedir? Soruyu şu şekilde de sorabiliriz:

Kur'an neden bazı durumlarda Hz. Peygamber'i, hitap ettiği toplumdan sosyal mukavele ile taahhüt, hatta onay almak durumunda bırakıyor?

Açıkça bilmekteyiz ki, hiçbir peygamber, Allah'ın kendisine vahyettiği buyruklarda insandan onay almak zorunda değildir. Hatta bu konuları insanların aklî kabullerine arz etmek mecburiyeti bile yoktur. Böyle bir şey peygamberliğin ruhuna aykırıdır. Peygamberlik, Allah ile insan arasında uzlaşma suretiyle buyruk getiren bir kurum olarak düşünülemez; böyle düşünmek Kur'an'ın ulûhiyet anlayışına aykırı olur.

Peygamber, bir Hak elçisi olarak kendisini görevlendiren Yaratıcı'nın iradesine teslim olmuştur. O iradenin kendisine bildirdiklerini, onlara hiç dokunmadan, muhatabı olan insana iletir, bildirir; gerekirse uygulamalı bir biçimde gösterir. Bu **tanrısal-kozmik görevi yaparken hiç kimseden onay, tasvip almaz. Kimseyle istişare, müzakere etmez. Böyle bir şeye ihtiyacı yoktur.** Hal böyle iken, Tanrı elçisi Hz. Muhammed neden muhatabı olan insan topluluğundan bazı konularda defalarca bîat almış yani sosyal mukavele ile taahhüt ve onay talep etmiştir?

Bîat almaya bağlanan konular, nebinin **nübüvvet** (peygamberlik) alanına giren konular değildir. Bunlar onun **imamet** (yönetici, komuta edici) yönüne ilişkindir. Yani bunlar **diyanet** (din işleri) konusu değil, **siyaset** konusudur. Bu ikinci alanda nebi, yöneteceği kitleden vekâlet ve onay almak zorunda bırakılmıştır. Mümtehine suresi 12. ayete göre, bu sosyal mukavele, toplumun sadece erkek bireylerinden değil kadın bireylerinden de alınacaktır. Ne ilginçtir ki, anılan ayet bu bîati yani sosyal mukaveleyi düzenlerken şu ifadeye de yer vermektedir:

"İyilik ve güzelliği belirlenmiş bir işte sana isyan etmemeleri hususunda seninle bîatleşmek isterlerse o kadınlarla bîatleş."

Bu, insanlığın bugün bile tam yakalayamadığı bir demokrasi ilkesidir. Ben buna **'Kur'ansal demokrasi'** diyorum.

Demek oluyor ki, meşru davranma ilkesine terslik söz konusu olduğunda bîat, geçerliliğini yitirecek, sosyal mukaveleye göre verilen yetki geri alınacaktır. **Böyle bir şey nebinin vahiy alıp tebliğ ettiği konularda söz konusu olabilir mi? Elbette olamaz. Burada söz konusu olan, peygamberin bir beşer sıfatıyla toplumu yönetirken, yöneteceği insanlardan vekâlet almasını düzenleyen bir beyyinedir.** Yönetimin bir beşerî kurum olduğu, bu kurumun işletilmesinde, Peygamber de dahil, herkesin kitleden irade beyanı almasının kaçınılmazlığı gösterilmektedir. İlkesel bir ifade kullanırsak şöyle diyeceğiz:

İdare erkinin arkasında, yönetilen toplumun iradesi ve onayı olacaktır. Yönetim erki kutsala, Allah'tan alınmış yetkiye dayandırılamaz. Kur'an, peygamberliğin bittiğini ilan eden bir kitap olarak bunun altını özellikle çizmektedir. Çünkü idare erkini kutsala, Allah'a dayandırma yetkisi olabilecek tek insan peygamberdir. Ve peygamberlik bitmiştir. O halde, artık insan hayatında Allah'a ve kutsala dayanarak yönetme söz konusu olmayacaktır, olmamalıdır.

Bu evrensel ilkenin, bizzat Hz. Muhammed'in kişiliğinde uygulaması yapılarak, tabir caizse, su baştan kesiliyor ve insan kitlelerinin yönetiminde toplumun iradesi belirleyici kılınıyor. Kısacası, sadece despotizmin beli kırılmıyor, monarşi, oligarşi, hanedanlık zihniyetlerine dayalı sultanlık, krallık yönetimlerine de son veriliyor.

Bireylerin özgür iradelerinin esas olduğu **cumhuriyet** sistemine, yani yöneteceklerin, halk tarafından seçilip yetkilendirilmesine dayalı sisteme geçiliyor. Ve bunun ilk uygulaması da bizzat Peygamber'in şahsında yapılıyor.

Bîatle alınan yetkiye dayanarak toplumu yönetenler, yönetimlerinde bir ilkeyi daha sürekli yürürlükte tutacaklardır: Şûra.

Şûra, bîatla getirilen seçme ve seçilme özgürlüğünün yönetim boyunca işlemesinin de özgürlük ruhuna uygunluğunu sağlayan Kur'ansal kavramdır.

Sosyal mukavele ile alınan yetki, mutlak, değişmez, zaman üstü yetki değildir. Bir hak asla değildir. Bir emanettir. Kullanımda tutulması için de **'marûfa aykırılığın olmaması'** şartı getirilmiştir. (bk. Mümtehine, 12) Bu şart, şûra ilkesiyle normatif güvenceye bağlanıyor.

ŞÛRA

Şûranın kök anlamı, arı kovanından bal almak ve

satılacak hayvanı pazarda dolaştırıp görüşe sunmaktır. Göstermek, tanıtmak, belirtmek anlamlarındaki **işaret** de aynı kökten gelir. Türkçe'deki **müşavere, meşveret, istişare** ve **işaret** kelimeleri de aynı köktendir. Bütün bu kelimelerde ortak yan, danışıp bilgi alma, görüşe başvurma, isabetli fikri bulmak için tartışmadır. Bu, günümüz terimleriyle konuşursak bir **demokrasi** sistemidir.

Kur'an, bizzat Hz. Peygamber'i de müşavereye çağırarak şûra sisteminin yaradılış düzeninde yer aldığını vurgulamıştır. Âli İmran 159. ayet Peygamber'e şu emri veriyor:

"İş ve yönetimde onlarla müşavere et."

Bu ayet, merhamet, yumuşaklık, katılıktan kaçınma, bağışlama, af dileme gibi niteliklere de yer vermekte ve bunların **şûra** ilkesinin işlemesinde kaçınılmaz olduklarını, Kur'an'ın tanrısal üslubu içinde göstermektedir.

Kur'an'ın insanında ve onun oluşturduğu toplum ve evrende düzen şûra üzere yürür. Şûra adını taşıyan surenin 38. ayeti bu evrensel ilkeyi şöyle koyuyor:

"Onların iş ve idareleri, kendi aralarında bir şûra iledir."

İslam tarihinde Hz. Peygamber devri istisna edildiğinde, iş ve yönetimin Kur'an'ın buyrukları yönünde gitmediğini söylemek bir borçtur. Hz. Peygamber'in hemen ardından yönetimi ele geçirmek için oyun ve entrikalar başlamış, bir süre sonra da **Muaviye**'nin hile, zehirleme ve kan dökme ile elde ettiği idare, babadan evlada bir Arap saltanatı haline gelerek Kur'an'ın denetiminden çıkmıştır. O günden bu güne kadar insanlık bu Kur'ansal şûra ilkesinin uygulandığını görebilmiş değildir.

Bütün İslam tarihi, bir saltanatlar kavgası görünümü arz eder. Bir kavga ki, baba oğluna, kardeş kardeşine, ana evladına acımamıştır.

İslam dünyası, cılız bir iki deneme dışında, Kur'an'ın şûra ilkesini hâlâ ihlal eder bir manzara sergilemektedir. İslam dünyasında şûra ilkesinin yerini despot, ihtiras tutkunu liderlerin ve kadroların hegemonyası almış bulunuyor. Kur'an'ın insanı, bu hegemonya ve putlarını yere indirmedikçe, Kur'an'a fatura ettiği hiçbir iddia ve aktörlük kendisini sürünmekten kurtaramayacaktır.

Kuran, şûranın **evrensel ilke boyutunu** vermekte, şekil ve işleyiş yönüne dokunmamaktadır. Bu da, ilkeyi zaman ve mekân üstü kılmanın Kur'ansal yoludur. **İlkenin yöntem yanı insana bırakılmıştır.** Buna dayanarak diyebiliriz ki, **Kur'an, yönetim şekli getirmiyor, yönetime hâkim olması gereken zamanüstü ilkeleri veriyor.** İlkeler değişmez; şekil ve yöntem değişir.

Şûra bahsinin önemli sorularından biri, belki de birincisi şudur: Hz. Peygamber, vahiyle belirlenmeyen hususlarda içtihat ederek fikir yürütüp bir karara varmaya memur idi. İşte bu noktada, herhangi bir insan gibi şûraya başvurmak durumundaydı. Nitekim onun hayatında bu tür meşveretler çok olmuştur.

Peygamberin vahiyle belirlenmiş hususlarda müşavere yoluna gitmesi ise ümmete yol göstermek, şûranın önemine ilişkin örneklik etmektir. O, vahyin el attığı konularda, vahyin buyruğuna aynen uymakla birlikte, yine de istişare edebilir. Ancak bu istişarede, o, alınacak kararın vahiy doğrultusunda vücut bulmasını mutlaka sağlar. Çünkü "Onlarla müşavere et" emri mutlak emirdir. Hz. Peygamber buna mutlaka uyar, uymuştur.

Hz. Peygamber'in, "Bu konuda vahyin emri budur" diye kesip atma hakkı vardır. Ancak o, Allah'ın insanlara rahmetinin bir eseri olarak bu yolu seçmiyor. Nitekim şûrayı emreden Âli İmran 159. ayet geldiğinde o şöyle buyurmuştur:

"**Allah ve Elçisi'nin müşavereye ihtiyaçları asla yoktur. Ancak Allah, bana müşavereyi emretmekle ümmetime rahmet göstermiştir.** Şunu da bilin ki, benim ümmetimin şûra yolunu seçenleri, doğruyu ve iyiyi mutlaka yakalayacak, şûrayı terk edenleri de sürekli hata ve sapıklık sergileyeceklerdir." (bk. Elmalılı, *Tefsir,* 211217)

Şûranın bireysel, toplumsal ve evrensel boyutları vardır. Bu boyutların her birinde şûra, zaman ve mekânın şartlarına göre işletilecektir. Burada Kur'an'ın istediği, işin esası olmaktadır ki o da, **cumhuriyet** ve **demokrasinin** işletilmesidir. Bunun yöntemi, şekli, yaşanan zamanın şartları dikkate alınarak belirlenecektir.

Şûra emri, ilim ve düşünce kadrolarının faaliyetlerinde, **içtihadın bir işleyişi** olarak yürür: Bunun sonunda da **icma** (fikir birliği) doğar. Vahyin açıkça belirlediği hususlarda şûra ve **içtihat** söz konusu olmayacağına göre, **icma da değişkendir.** İcma ile bugün varılan sonuç, yarın bir başka şûranın bir başka icmaı ile değiştirilebilir. Çünkü **nass ile belirlenmemiş konularda, hükümlerin değişmesi esastır.** Aksi takdirde hayatla çekişmeler başlar ve şûra emri etkisiz kalır.

Özetleyelim:

Kur'ansal anlamıyla, yönetenlerle yönetilenlerin birbirlerini karşılıklı denetlemeleri olan şûra, yönetim boyunca sürekli işleyecek ve sosyal mukaveleye aykırılığın ortaya çıktığını gösterdiği anda, mukavele bozulacak ve yetki (emanet) geri alınacaktır.

Kur'an, bîat ve şûra ilkeleriyle insanlığın yakın zamanda tanıdığı hukuk devleti kavramının evrensel temellerini atmış, bu temeller üzerine oturan mutluluk yönetiminin ilk uygulamasını da Hz. Muhammed'in eliyle ve onun şahsında örneklendirmiştir.

Ne yazık ki, bu ilkeler, Hz. Peygamber'in ölümünden sonra hayata asla girmemiş, ilk iki halife dönemindeki kısmî uygulama da üçüncü halifenin hanedanlık sistemini başlatması üzerine sona erdirilmiştir. Hz. Ali'nin, tekrar esasa dönmek isteyen siyasetleri ise onun şehitliği ile sonuçlanan bir başarısızlığa uğramıştır. Ve sonuç ne yazık ki şudur:

Kur'an'ın buyruklaştırdığı **şûra, yönetenlerin yönetilenleri, yönetilenlerin de yönetenleri denetlemelerinin Kur'an dilindeki ifadesidir.** Şûrayı, 'yönetenlerin danışman tutmaları' olarak tanıtıp iğdişleştirenler, raiyyeciliğin avukatlığı adına Kur'an'a iftira edenlerdir. Bunlar bilmezler mi ki Firavun'un, Neron'un, Hitler'in, Stalin'in, Saddam'ın, Recep Tayyip'in de danışmanları vardı.

Kur'an'ın istediği şûranın omurgasında danışmanlık değil, denetleme var. Türkiye Cumhuriyeti'ni kuran ve Cumhuriyet devrimlerine vücut veren **Müdafaayı Hukuk** kadroları, bunu çok iyi bildikleri içindir ki, onların oluşturduğu **Türkiye Büyük Millet Meclisi**'nde, Meclis kürsüsünün hemen arkasına Kur'an'ın şûrayı emreden şu buyruğu yazılmıştır: **"Ve emruhum şûra beynehum."** Yani **"Kur'an müminlerinin iş ve yönetimleri, aralarında işleyecek bir şûra ile olacaktır."**

Şûra, kitlenin tartışma ve eleştirileriyle işleyecektir. Despot yöneticinin karşısına diz çöken 'danışman' yaftalı kuklaların sorulan sorulara verdikleri yalaka cevaplarla değil. Yani şûra, bir denetleme sistem ve mekanizması olarak çalışacaktır. **'Aralarında bir şûra'** tabirinin zorunlu sonucu budur.

İslam dünyası, 1923 yılında Mustafa Kemal Atatürk'ün eliyle vücut bulan Türkiye Cumhuriyeti'nin kuruluşuna kadar bîat ve şûra ilkeleriyle bağdaşmayan sistemlerle yönetilmek gibi Kur'an dışı bir kaderin mahkûmu yapılmıştır.

Bin beşyüz yılı aşkın bir zaman süren ve daha uzun bir zaman süreceğe benzeyen bu mahkûmiyet dönemi, İslam Peygamberi tarafından **'Meliki adûdlar'** (zulümle azmış sultanlar) dönemi olarak adlandırılmıştır. Tarihsel terimlerle ifade edersek bu dönem **halifeler veya hilafet** dönemidir.

Halifelik veya hilafet, Kur'an'ın insanoğluna bir varoluş nimeti halinde bahşettiği özgürlüğü yok eden bir zulüm ve hukuksuzluk sistemi oldu. Şimdi bu özgürlük katili sistemi kısaca görelim.

ÖZGÜRLÜK VE HALİFELİK

MELİKİ ADÛDLAR: ZALİM HALİFELER

İslam Peygamberi'nin 'meliki adûd' (azıp kudurmuş zalim kral) olarak nitelediği halifeler yani **Muaviye** ile başlayan dönemin bin yılı aşkın zamanlık halifeleri birkaç suçun faili olarak lanetliler kervanına katılmaktadır. Bir kere, binlerce, onbinlerce masum insanı katletmişlerdir. Bu maktuller içinde (mesela Osmanlı sarayında) katledilmiş onlarca bebek, seçkin ilim ve din adamları, şeyhülislamlar da vardır.

İkinci önemli suçları ise işledikleri veya imzalarıyla fermana bağladıkları akıl almaz zulümlerdir.

Bu zalimler, kendilerini 'Peygamber'in (Emevî halifeleri Allah'ın) vekili, halefi' olarak adlandırmakla da lanetlik hale gelmişlerdir. Çünkü bu sıfatı kullanmaları 'Allah'a ve Peygamber'e eziyetin ta kendisidir ve bu eziyete sebep olanlar, bu eserin ilgili faslında da gördüğümüz gibi, lanetlenmiştir. Düşünün, Muaviye'nin oğlu mel'un **Yezit**, 'Allah'ın vekili' sıfatıyla anılmıştır. **Hz. Hüseyin** ise bu mel'una karşı çıktığı için Allah'a karşı çıkmakla itham edilerek katledilmiştir. İşte halifelik bu. Hz. Peygamber'in bunları **'meliki adûd** (azgın, ısırıcı, zalim krallar) olarak adlandırmasının nasıl mucize bir ihbar olduğunu bir kez daha düşünelim ve şimdi, bu zalimleri daha yakından tanımamıza imkân verecek bazı ayrıntıları kayda geçirelim:

Hilafet ve Halife:

Kur'an'da halife kelimesi iki yerde (2/30; 38/26), çoğulu olan **halâif** sözcüğü dört yerde (6/ 165; 10/14,73; 35/39), hem halife hem de **halîf** kelimesinin çoğulu olan **hulefa** kelimesi de üç yerde (7/69,74; 27/62) geçmektedir. Bunların hiçbirinde siyasal bir anlam yoktur. Tasavvu-fun dile getirdiği şekliyle (insan Allah'ın halifesidir anlamında) bir kullanım da yoktur. Kelime daima, önceden gelip gitmişlerin, birey ve toplum olarak yerine geçiş ifade etmektedir.

Kur'an'ın halife sözcüğünü kullandığı ayetlerde göstermek istediği gerçek şudur: Sizden öncekiler de birçok imkân ve kudrete sahip kılındı ama görevlerini savsakladıkları için hesap ve azaba müstahak hale geldiler. Şimdi siz onların yerine geçirildiniz. Görevlerinizi savsaklarsanız Allah sizin de hesabınızı görür ve yerinize başka birilerini geçirir. Yani siz, birilerinin halefi oldunuz, birileri de sizin halefiniz olur.

İnsanı Allah'ın Halifesi Kabul Etmek:

Kur'an'ın hiçbir ayeti insanın Allah'ın halifesi olduğunu söylemez, böyle bir şeye işarette bile bulunmaz. Bu konuda sürekli delil gösterilen 2. sure 30-33. ayetlerin söylediği, insanın Allah tarafından yeryüzüne 'halife' (daha önceki insan benzeri bir neslin halefi) olarak gönderileceği ve bunun gerekçesinin de insanın sahip kılındığı bilme yetisi olduğudur.

'Allah'ın halifesi' tabiri, Kur'an'ın sergilediği tevhide zıttır, küfürdür. Allah'ın halefi olamaz ve böyle bir iddia Kur'an'dan asla onay alamaz!

Kendisini 'Allah'ın halifesi' olarak anan ilk kişi, Emevî saltanatının kurucusu ve Ehlibeyt katili Muaviye bin Ebu Süfyan (ölm. 60/679) **olmuştur.** O, kanlı oyunlarla halifelik makamını eline geçirdikten hemen sonra kendisini 'Allah'ın halifesi' ilan etmekten de çekinmemiştir. (bk. DİA, Hilafet mad.)

Halifeyi Devlet Başkanı Anlamında Değerlendirmek:

Bugünkü kullanım şekliyle hilafet ve halife kavramları Kur'an ve sünnet kaynaklı değil, siyaset kaynaklıdır. İşin esasının bu olduğunu fark eden ve bunu dürüstçe ifadeye koyanlardan biri de 11. yüzyılın büyük fakîhi **Maverdî** (ölm.450/1058) olmuştur. Ünlü eseri *el-Ahkâmu's-Sultaniyye*'de, devlet başkanı anlamında hilafetle ilgili şu tespiti yapıyor:

"Bu makam ne Kur'an'ın ne de sünnetin buyruğudur; bu makamın meşruiyeti sadece icma' iledir." (Maverdî; age. ilgili bölüm)

Hilafet kavram ve kurumu dinsel değil, yönetsel ve siyasal bir kurumdur. Din içinde değil, siyaset ve idare disiplinleri içinde değerlendirilmelidir. Hilafet sözcüğüne sonraki zamanlarda yüklenmiş siyasal anlamlara destek sağlamak için Kur'an'daki halife sözcüğünü kanıt göstermek, bir saptırmadır. **Kur'an'ın insan için kullandığı halife kelimesi ontolojik bir anlam taşımakta, siyasal bir yönü bulunmamaktadır.** Siyasal anlamda halife söylemi isabetli veya isabetsiz bulunabilir, yine siyasal anlamda savunulabilir; bu ayrı bir meseledir. Değişmeyecek gerçek şudur:

Hilafeti, geleneksel din anlayışının dayattığı gibi anlamak, Kur'an'ın, yönetim erkinin arkasına koyduğu **'bîat ve şûra'** yani cumhuriyet ve demokrasi ilkelerini anlamsız kılmakta, despotizm yasallaşmakta, hatta dinleşmektedir. Oysaki bizzat Hz. Muhammed şöyle buyurmuştur:

"Kisra öldüğünde artık ondan sonra kisra olmayacak, kayser öldüğünde de artık ondan sonra kayser olmayacaktır." (Beyhakî, ***Delâilü'n-Nübüvve***, 4/393)

Hadisteki **kisra,** Doğu krallarına, **kayser** ise Batı krallarına verilen addır. Demek ki, bu iki krallık türü de tarihe karışacak ve Kur'an vahyinin gelişiyle birlikte kitlelerin yönetim biçimi **bîat ve şûra** olacaktır. Yani **yönetenler, kitle tarafından seçilecek ve yine kitle tarafından görevden uzaklaştırılacak. Oligarşi, hanedan saltanatı, despotizm, monarşi bitecek. Peygamberlik bittiğine göre, hiçbir kişi ve zümre, kitleleri Allah adına yönetemeyecek, böyle bir iddia ile ortaya çıkamayacak.**

Ne yazık ki, Kur'an vahyinin bu en hayatî ilkesi, hilafet kavramının yozlaştırılmasının ardından, Kur'an'ın düşman ilan ettiği yönetim biçimlerinin savunulmasında kanıt olarak kullanılmış ve Müslüman kitleler, asırlarca aldatılmıştır. Kitle şunu bilememiştir:

Geleneksel saltanat dinciliğinin dayattığı krallık anlamındaki 'halifelik', Kur'an ve İslam kaynaklı değil, Bizans kaynaklıdır.

Hz. Muhammed'den Sonraki Devlet Reislerini 'Peygamber'in Halifesi' Olarak Anmak:

Son Peygamber'in halifesi (halefi) olabileceğini düşünmek ve savunmak, Kur'an'ın peygamberlik anlayışı açısından bakıldığında açık bir sapmadır.

Allah, peygamberliği sona erdirmiştir. Allah, eğer peygamber göndermeye devam edecek olsa elbette ki görevlendirecek birini bulurdu. Peygamberliği bitirdiğine ve bu kurum O'nun tanrılık tasarrufları içinde olduğuna göre, Hz. Muhammed'den sonra ne vekâleten ne de asaleten bir peygamber olmayacak, hiçbir insan, peygamberlik yetkileriyle donanmış kabul edilmeyecektir. O halde, son temsilcisi bu âlemden ayrılmış bir kurumda halefler olamaz. Kısacası, **Hz. Muhammed'in halifesi olamaz, olmaz.** Devlet başkanlığı görevini kutsal bir desteğe ulaştırmak için onu **'Peygamber'in yerine geçen kişiler kurumu'na dönüştürmek** dinin tüm verilerine aykırıdır.

Geleneksel halife anlayışına destek sağlamada kullanılan hadisler, teorik açıdan senedi ne olursa olsun, İslam dışıdır. Kur'an'ın peygamberi böyle sözleri söylemiş olamaz. İlk dört halife de, ötekiler de sadece **'devlet reisi'**dir. İyisi vardır, kötüsü vardır. İyilikleri ve kötülükleri kendi içlerinde ve ait oldukları kurallar içinde değerlendirilir. Vahyin ilkeleri açısından bilinmesi gereken şudur: Peygamber'in halefi olmaz, hiç kimseye Peygamber'in halifesi denemez.

Halife ve hilafet kavramlarıyla ilgili saptırma, özellikle ırkçı Arap hegemonyasının güçlendirilmesi için kullanıldı. Tabiî, yine Hz. Peygamber'e yalanlar isnat edilerek.

Halifenin, Tüm Müslümanların Birliğini Temsil Ettiğine İnanmak:

Böyle bir inancın da siyasetin ötesinde bir değeri yoktur. Siyasal anlamda savunan savunur; tutarlı olur veya olmaz. Ama bunu din buyruğu gibi ortaya sürmek tam bir saptırmadır.

Müslümanların birliğini kişi olarak Hz. Peygamber, kaynak olarak da Kur'an temsil eder. İslam, ruhban sınıfına karşı olduğu için Müslümanların birliği bir din sınıfı veya din temsilcisi tarafından savunulamaz. Din sınıfı olamayacağına göre, bu sınıfın lideri diye biri de söz konusu olamaz.

İslam evrensel bir dindir. **Ne devlet şekli önerir ne de tek devlet veya tek bayrak fikri taşır. Bu tür iddiaların tümü, kitlenin duygularını sömüren siyasal söylemlerdir. O halde, İslam, yüzlerce devlet şekli, yüzlerce devlet başkanı tarafından kabul edilebilecek ve edilmesi gereken bir ortak yaratılış değeridir.** Bunun özel bir devleti ve özel bir başkanı olamaz. Her devlet, Kur'an'ın evrensel ilkelerini korumakla yükümlü olmakla birlikte yalnız kendisini ve kendisine yetki veren kitleyi temsil eder. Bunun aksini yapmak, birilerini veya bir kişiyi kutsal ve dokunulmaz kılarak rableştirir. Buna bir de '**Peygamber'in halifesi**' unvanı eklenince dört başlı bir Kur'andışılık vücut bulur. Bu çarpıklığın Müslümanlara nelere mal olduğunu anlamak isteyenler tarihi bir kez daha dikkatlice okumalıdır. Tam bu noktada, **Mustafa Kemal Atatürk**'ün, hilafetle ilgili, başka bir benzerine rastlayamadığımız şu sözlerini hatırlatmak yararlı olacaktır:

"**Türk tarihinin en mutlu devresi, hükümdarlarımızın halife olmadıkları zamandır. Bir Türk padişahı, hilafeti her nasılsa kendisine mal etmek için nüfuzunu, itibarını, servetini kullandı. Bu sırf bir tesadüf eseriydi. Peygamberimiz, ashabına dünya milletlerine İslamiyet'i kabul ettirmelerini emretti, bu milletlerin hükûmetleri başına geçmelerini emretmedi. Peygamberimizin zihninden böyle bir fikir asla geçmemiştir. Hilafet demek, idare, hükûmet demektir. Bütün Müslüman milletleri idare etmek isteyen bir halife buna nasıl muvaffak olur?! Bütün İslam milletleri üzerinde tek halife fikri hakikatten değil, geleneksel din kitaplarından çıkmış bir fikirdir." (Sadi Borak, *Atatürk ve Din*, 91-92)

İmamı Âzam'ın Tavrı:

İmamı Âzam, hilafetin, Peygamber Ehlibeyti'nin yani Hz. Ali evladının hakkı olduğuna inanıyor, bu hakkın onlardan gasp edilerek alındığını iddia ediyordu. Ancak onun bu inanç ve anlayışı bir mezhep saplantısı değildi. O, **Ehlibeyt imamları da olsa, hilafet makamına gelişin ilk şartı olarak seçimi öngörüyordu.**

İmamı Âzam, yaşadığı devrin bütün hilafet yönetimlerini, özellikle Emevî yönetimini bir zulüm ve İslamdışılık icraatı olarak görmüştür.

İmamı Âzam, Hz. Ali ve evladının bütün tavır ve davranışlarında haklı olduklarını, onlara karşı çıkanların tümünün de âsi, azgın ve binnetice fâsık olduklarını kabul eden bir anlayışa sahiptir. Hilafetin Peygamber evladına ait olduğu fikrinden hiçbir cayma ve kayma göstermemiştir. Bu anlayışının bir icabı olarak **Emevî halifelere bîat etmediği gibi, Abbasî halifelerine de bîat etmemiş, onların verdikleri görevleri de reddetmiştir.** Ve bu kararlılığını hayatı pahasına sürdürmüştür.

Ebu Hanîfe'nin, ilk Abbasî halifesi es-Seffâh'a bîat ettiği yolundaki rivayet doğru olsa bile, bu bizim söyledi-

ğimizi değiştirmez. **Büyük İmam, Ehlibeyt'in hukukunu koruyacağına inandığı Abbasîleri güçlendirmek için onlara destek anlamında bîatı vermiş olabilir.** Ancak Abbasîlerin icraatını gördükten sonra bu desteğini hemen geri çekmiş ve onlara karşı başlatılan isyanların yanında yer almıştır. Nitekim hayatına son verilmesi ikinci Abbasi halifesi olan el-Mansûr'un eliyledir.

HZ. PEYGAMBER'İN HİLAFET KONUSUNDAKİ MUCİZE İHBARI

Halifelik konusunda belirleyici tespit, bizzat Cenabı Peygamber tarafından insanlığın ve tarihin vicdanına iletilmiştir. Şimdi bu mucize ihbarı, **'Asrın Hadis Allâmesi'** diye bilinen **Nâsıruddin el-Elbanî**'nin *'el-Ahâdîs es-Sahîha ve'z-Zâîfa'* adlı 30 ciltlik şaheserinden, açıklamarının bir kısmıyla birlikte verelim:

"Hz. Peygamber şöyle buyurmuştur:

'Hilafet benden sonra otuz yıldır; ondan sonra azgın krallığa dönüşür.' (Ebu Davud, Tirmizî, Tahâvî, İbn Hibbân, İbn Ebî Âsım, Hâkim, İbn Hanbel, Ebu Ya'la el-Mavsılî, Ebu Hafs es-Sayrafî, Huseyme bin Süleyman, Taberânî, Ebu Nuaym, Beyhakî)

"Şimdi yıl hesabına bakalım: Ebu Bekir'in halifeliği 2 yıl, Ömer'inki 10 yıl, Osman'ınki 12 yıl, Ali'ninki 6 yıl."

Toplamı otuz yıl. Ondan sonraki dönem yani Muaviye ile başlayıp halifeliğin **Müdafaai Hukuk** cumhuriyeti ile ortadan kaldırıldığı güne kadarki dönem **'krallık'** dönemi oluyor. Bilindiği gibi, Hz. Peygamber, H. 11 yılının Rebiulevvel ayında vefat etti. Muaviye ise H. 41 yılında. Muaviye, Hz. Peygamber'in vefatından 30 yıl sonra Hz. Hasan'ı devre dışı bırakarak hilafete el koydu. Elbanî'nin verdiği bilgileri izlemeye devam edelim:

"**Saîd bin Cümhan**, bu hadisle ilgili olarak otuz yıllık süreyi hesaplayan Süfeyne'ye '**Benu Ümeyye, hilafetin kendilerinde de olduğunu düşünüyorlardı. Buna ne demeli?**' diye sorduğunda Süfeyne şu cevabı vermiştir: '**Benu Zerka (fahişe taciri kadının çocukları) yalan söylüyorlar. Tam aksine, onlar kralların en şerirleri arasındadır.**"

"**Hadisin aslı sabittir.** Müslim'in rivayetinde ise hadis şu şekildedir: '**Hilafet önce, nübüvvet ve rahmet hilafeti, sonra melik ve rahmet hilafeti, sonra melik ve ceberût hilafeti olur; ondan sonra da meliki adûd yani azgın, ısırıcı krallık haline gelir.**' Hadisi bu şekliyle, **İbn Abdil Berr** de eseri '*Câmiu Beyani'l-İlm*'de doğrulamıştır. Hadisin bu şekline iki tanık daha buldum: **Ebu Bekre es-Sekafî**'den naklen **Beyhakî**'nin *Delâil*'i, **Câbir bin Abdullah el-Ensarî**'den naklen **Vahidî**'nin '*el-Vasît*'i."

"Hadis, bu son şekliyle, şu bilginler tarafından da doğrulanmıştır: Ahmed bin Hanbel, Tirmizî, Taberî, İbn Ebî Âsım, İbn Hibban, Hâkim, İbn Abdil Berr, İbn Teymiye, Zehebî, Askalanî."

Allâme Elbanî, hadisi güvenilmez bulduğunu söyleyen bazı bilginleri, özellikle **İbn Haldûn**'u konuşturduktan sonra şu değerlendirmeyi yapıyor: "**Bunlar, illetini belirtmeden, bu hadisin zayıf olduğuna hükmediyorlar. Bu tarz, ilmî bir tarz değildir. Hele hele, kendilerinden önceki ilim otoriteleri hadisin güvenilir olduğunu söyledikten sonra.**"

"Sonuç olarak durum şudur: Hadisin senedinde güveni sarsacak bir illet yoktur. Hadis sahihtir, kendisiyle hüküm verilebilir." (Elbanî, *es-Sahîha*, cilt 1, kısım 2, hadis no: 459)

Elbanî'nin verdiği bilgiler de gösteriyor ki, hilafet, bizzat Peygamberimizin beyanıyla, Muaviye'den sonra değil, onunla birlikte krallığa dönüşmüştür. O dönüşmenin ve o dönüşümden sonraki 'halife' unvanlı meliki adûdların neleri nasıl yaptıklarını, Müslüman kitlelere hangi kahırları çektirdiklerini, Peygamber'in bu mucize ihbarı ışığında tarihten öğrenmek gerekir.

Hilafet ve halifeler konusunda daha ayrıntılı bilgiler bizim *'Türk Kurtuluş ve Aydınlanma Savaşının Kur'anî Boyutları'* adlı üç ciltlik eserimizin **'Hilafet Meselesi'** başlıklı faslında verilmiştir. Özellikle, o zamanki adliye vekili büyük fıkıh üstadı **Seyit Bey**'in **Türkiye Büyük Millet Meclisi**'nde yaptığı ve sonra kitaplaştırılmış olan birkaç saatlik konuşması, bu bahsin yeri doldurulamaz tespitlerini içermektedir.

Beşinci Bölüm
ÖZGÜRLÜK VE İSYAN ÖNDERİ OLARAK PEYGAMBERLER

ÖZGÜRLÜK, İSYAN VE PEYGAMBERLER

"**Her peygamber bir kıyamettir**" diyor, Sultan Veled. Mevlana Celaleddin'in oğlu ve gönül varisi olan **Sultan Veled** (ölm. 712/1312) peygamberleri tam can noktalarından tanımlamış. Evet, her peygamber bir kıyamettir; bir kıyamet ki, mevcut dünyayı yıkıp onun yerine yeni bir cihan inşa eder. Bu yapılanın anlamı, yıkılması gerekeni yıkıp onun yerine, yapılması gerekeni koymaktır. Bu iş, ancak isyanla yani tabulaştırılmış, dinleştirilmiş prangaları kırmakla gerçekleştirilir. İsyan yani özgürleştirme yoksa yeni gelemez.

İsyan, yeninin ana rahmidir. Yaratıcı-özgür benlik ancak o rahimde vücut bulur.

Bu varoluş gerçeği, ilk insan ve ilk peygamberden Son Peygamber'e kadar böyle sürüp gitmiştir. Prangaları kırmanın en belirgin mümessili peygamberler, Hz. Musa ile Hz. Muhammed'dir. İkisi de isyancıdır, ikisi de şirk ve zulmün prangalarını kıran yüce savaşçılardır.

İnsanoğlunun özgür benliğe kavuşmasında isyan veya itaatsizliğin yeri öylesine kaçınılmazdır ki, ilk insan olan ilk peygamber, isyan edecek başka birinin olmadığı bir ortamda bulunduğu için âdeta kendisine isyan etmiştir. Âdem'in Tanrı'ya itaatsizliği başka nedir ki!

Tekâmül, Âdem'in o ilk kayda değer fiiliyle yani isyanla başladı. Özgür-yaratıcı benliğe kavuşma da o isyanla gerçekleşti. **Erich Fromm** (ölm. 1980), bu kozmik gerçeği, bağlı olduğu Judeo-kretyen kültürün (Beniisrail kültürünün) verilerine atıf yaparak yorumluyor:

"İnsanlık tarihi, İncil'e göre, bir itaatsizlik eylemiyle başlar. Yunan mitolojisi de uygarlığı Prometheus'un başkaldırısıyla başlatır. " (Fromm, *İtaatsizlik Üzerine*, 24)

Fromm'la aynı yüzyılın insanı ama Fromm'dan birkaç boyut daha yükseklerde bir düşünür olan **Muhammed İkbal** (ölm. 1938) meseleyi çok daha felsefî ve doyurucu bir zemine oturtmaktadır:

İkbal, bütün felsefesine egemen olan bu 'özgür ben' anlayışının Kur'ansal temellerini, ünlü konferansı **'İnsanî Ben, İnsanın Hürriyeti ve Ölümsüzlük'** (Human Ego, His Freedom and Immortality) başlıklı konferansında vermiştir. Bu konferansın, özgürlük kavramıyla ilgili kısımlarını, ileride, İkbal'i anlattığımız fasılda vereceğiz. Şimdilik sadece Âdem'in itaatsizlik fiiliyle ilgili satırları alalım:

"İnsanın ilk itaatsizlik hareketi aynı zamanda özgürce seçme gücünün ilk hareketi idi ve Âdem'in ilk suçu bu sebepten affedildi" (*Reconstruction*, 85) 'Âdem'in isyanı, insana seçebilme kudretini kazandırmak için gerekliydi." (Deylemî, *Sîretu İbn Hafîf*, 85)

"Âdem'in zellesi bir fesat demek değildir: O, insanın basit şuurundan çıkan, kendini idrak edişinin ilk şimşeğidir.' Demek oluyor ki, insan bu 'suç' sayesinde prelojik, tamamiyle tabiata bağlı olan, düşünceye daha varamamış bir halden çıkıp kendi kuvvetlerini idrak etmeye, hayat ve kaderini düşünmeye başlamıştır." (İkbal, *Reconstruction*, 85)

Bu fikre, felsefesinde mühim bir yer ayıran İkbal, ona belki en tipik şairane ifadesini '**Teshîr-i Fıtrat**' adlı, beş kısımlı büyük şiirinde vermiştir. (*Peyam-ı Maşrık*, 99)

İtaatsizlik, insanın özgür iradeye kavuşması bakımından böylesine önemsendiği içindir ki yüksek tefekkür düzeyindeki birçok düşünür iblisi de tebcil edebilmiştir. Çünkü insanın yaratıcı ve özgür bir benliğe kavuşmasında iblisin de rolü vardır. O ilk itaatsizlik fiilinde, Âdem'e en tatlı sözlerle hürriyeti aramanın güzelliğini anlatan, iblistir. İblisin bu perspektiften ele alınışını ayrıntılayan eserimiz **'Kur'an Açısından Şeytancılık'**, bu konunun tüm ayrıntılarını vermektedir.

İTAATSİZLİK ÖNDERİ OLARAK PEYGAMBERLER

İtaat kavramını, özellikle bu kavramın Kur'ansal boyutlarını bu eserin üçüncü bölümünün 10 ve 11. fasıllarında incelemiştik. Burada ele alacağımız, birer özgürlük ve isyan önderi olan peygamberlere verilen **"İtaat etme!"** emrinin boyutlarıdır. Daha açık bir ifadeyle, Yaratıcı Kudret'in, varoluşun öğretmenleri olarak görevlendirdiği peygamberlere hangi konularda, kimlere itaat edilmemesi gerektiğini bildiren emirlerinin bir dökümünü yapacağız.

İTAAT EDİLMEMESİ GEREKENLER

Çoğunluk:

"Yeryüzündeki insanların çoğunluğuna itaat edersen seni Allah yolundan saptırırlar. Sadece sanıya uyarlar onlar ve sadece saçmalarlar." (En'am, 116)

Özgür bireyi yok eden en sinsi ve en tehlikeli despot, çoğunluktur. Bu despota itaat, ne ilginçtir ki, özellikle bugünkü dünyada, daha çok özgürlük adına gerçekleşmektedir. Çünkü bu despota itaat, demokrasi adıyla meşrulaşmaktadır. Bu despotun yıkıcılığını çağımızda en iyi inceleyenlerden biri, belki de birincisi **Erich**

Fromm (ölm. 1980) olmuştur.

Şirke Çağıran Ebeveyn:

Bu itaate karşı çıkışın sembol ismi, Hz. İbrahim'dir. Onun şahsında bize gösterilmiştir ki, şirke çağıran ebeveyne itaatsizlik, hanîfliğin bir uzantısıdır.

"**Biz, insana, ebeveynine en güzel biçimde davranmasını, şunu söyleyerek önerdik: "Eğer onlar, hakkında hiçbir bilgin olmayan bir şeyle bana ortak koşman için seninle çekişirlerse, o takdirde onlara itaat etme! Yalnız banadır dönüşünüz. Nihayet, ben size, yapıp ettiğiniz şeylerin haberini bildireceğim.**" (Lokman, 15; Ankebût, 8)

Maddî Gücü Kullanan Tağutlar:

Tağutlara itaat etmemek, Kur'an'ın en hayatî mesajlarından biridir. Bu hayatî mesaj, ilk inen surede öne çıkarılmış, daha sonra da maddesel gücü temsil eden firavunlarla, ruhsal gücü kullanarak sömüren 'efendiler' ve 'ulular'a itaatsizlik emredilerek insanlığın idrakine ulaştırılmıştır. İtaatsizliğin bu türü, rahatlıkla söyleyebiliriz ki, Kur'an mesajının en hayatî olanıdır. Önce (ve ilk inen surede) tağut tipe itaatsizlik emrediliyor: Şu beyyinelere bakın:

"**İş, sanıldığı gibi değil! İnsan gerçekten azar/tağutlaşır: Kendisini her türlü ihtiyaçtan/herkesten âzâde görmüştür. Oysaki, dönüş yalnız Rabbinedir! Gördün mü o yasaklayanı, bir kulu namaz kılarken/dua ederken; Gördün mü! Ya o iyilik ve doğruluk üzere ise?! Ya o, takvayı emrediyorsa! Gördün mü! Ya şu yalanlamış,** sırt dönmüşse! Bilmedi mi ki, Allah gerçekten görür! İş, sandığı gibi değil! Eğer vazgeçmezse yemin olsun, o alnı mutlaka tutup sürteceğiz! O yalancı, o günahkâr alnı. Hadi, çağırsın derneğini/kurultayını! Biz de çağıracağız zebanileri! Sakın, sakın! Ona itaat etme! Secde et ve yaklaş!" (Alak, 6-19)

"İşte, Firavun, toplumunu böyle küçümseyip horladı da onlar da ona itaat ettiler. Çünkü onlar yoldan sapmış bir toplum idiler. Onlar bizi bu şekilde öfkelendirince, biz de onlardan öç aldık; hepsini suya gömüverdik. Onları, sonra gelecekler için bir selef ve bir örnek yaptık." (Zühruf, 54-56)

Ruhsal Gücü Kullanan Tağutlar:

1. Şeytan Evliyası:

"Şeytanlar kendi evliyasına/dost ve destekçilerine sizinle mücadele etmeleri için mutlaka vahiy gönderirler. Eğer onlara itaat ederseniz kesinlikle müşrikler oldunuz demektir." (En'am, 121)

2. Efendiler, Putlaştırılmış Kodamanlar:

"Derler ki, 'Rabbimiz! Biz, efendilerimize/mallara ve kitlelere egemen olan güçlere/karanlık adına egemenlik kuranlara/yılan, akrep, kurt, arslan gibi korku salanlara/kalp karanlığını temsil edenlere ve ekip başlarımıza/kodamanlarımıza/putlaştırdığımız kişilere itaat ettik de onlar bizi yoldan saptırdılar! 'Rabbimiz, onlara iki kat azap ver; onları büyük bir lanet ile lanetle!" (Ahzâb, 67-68)

Bu beyyinelerin hemen öncesinde yer alan 64-66. ayetleri de mesajın tamamlayıcısı olarak hemen okumalıyız:

"Hiç kuşkusuz, Allah, inkârcı nankörleri lanetlemiş ve onlar için çılgın bir ateş hazırlamıştır. Uzun süre kalacaklardır onun içinde. Ne bir dost bulacaklardır ne de bir yardımcı. Gün olur, yüzleri ateşin içinde evrilip çevrilir de şöyle derler: 'Lanet olsun bize! Keşke Allah'a itaat etseydik, keşke resule itaat etseydik!" (Ahzâb, 64-66)

Kur'an'ı Arkaya Atanlar:

"Benliğini, sabah akşam, Rablerinin yüzünü isteyerek O'na yalvaranlarla beraber tut. İğreti dünya hayatının süsünü isteyerek gözlerini onlardan kaydırıp uzaklaştırma. Ve sakın, kalbini bizim zikrimizden/Kur'anımızdan gafil koyduğumuz, boş arzularına uymuş kişiye itaat etme! Böylesinin işi hep aşırılıktır." (Kehf, 28)

Küfre Batmışlar (İnkârcı Nankörler):

Bunlara itaat, bir toplumu iman ve ideallerinin düşmanlarına teslim etmek olacağından hem genel insan haklarına hem de içinde yaşanılan toplumun özel haklarına ihanettir.

"**Artık inkârcı nankörlere itaat etme, onlara karşı Kur'an ile zorlu bir cihat aç.**" (Furkan, 52; Ahzâb, 1; Âli İmran, 149)

Kâfirlere itaat söz konusu olduğunda Ehlikitap denen Yahudi ve Hristiyanlara itaat ilk akla gelen olmalıdır. Kur'an bu konuda çok açık buyruklar içeriyor.

Ehlikitap'a itaat, özgürlük ve hatta bağımsızlıktan vazgeçmekle âdeta eş anlamlı gösterilmiştir. Önce, konumuzun temel ayetini okuyalım:

"Ey iman edenler! Yahudileri ve Hıristiyanları dostlar edinmeyin. Onlar birbirlerinin dostlarıdır. Sizden kim onları dost edinirse/onları işlerinin başına getirirse o, onlardandır. Allah, zalimler toplumunu doğruya ve güzele kılavuzlamaz." (Mâide, 51)

AB ve ABD Tutkusu:

Bu pencereden baktığımızda, örneğin, **Türkiye**'nin AB tutkusu, önümüze sarsıcı tespitler çıkarmaktadır.

AB ve ABD gibi; emperyalist sömürü toplumlarını, onların içine girip üyesi olmak (Kur'an'ın deyimiyle, içlerine dalmak) suretiyle iş ve emanetlerin başına getirmek, Müslüman kitlelerin egemenliğini onların eline vermek Kur'an'ın değişik bağlamlarda dikkat çektiği felaketlerden biridir.

İslam tarihinde bu felakete devlet adamı olarak ilk dikkat çeken önder Mustafa Kemal Atatürk oldu. Avrupalılar ve Avrupa hakkında değişik bağlamlarda defalarca tekrarladığı söz şudur:

"Avrupalıların namusuna güvenemeyiz!"

Özellikle İngilizlerden söz edilirken onlara güvenemeyeceğimize dikkat çekerek şöyle konuşuyor:

"Milletimiz namusludur; namuslu muhataplar ister."
(*Atatürk'ün Bütün Eserleri*, 15/87)

22 Eylül 1923'te konuştuğu Avusturyalı gazeteciye şunu söylüyor:

"Batı, haraplığımızı çabuklaştırmak için ne lazımsa yapmıştır." (age. 16/118)

Atatürk'e göre, Müslüman dünya **"Sahte ve marazlı olan Avrupa hain siyasetinin asırlardan beri tatbik ettiği imha politikasından mâlül ve perişandır."** (age.10/40)

"Avrupa milletlerinin bizimle münasebetlerinin can damarı, siyasî entrikalardır." (age. 16/37) **"Onlar bizi adam saymaz, bize karşı vefasızlığı namusa aykırı görmezler."** (age. 5/28, 56) Daha da ötesi, **"Onlar bizi hayvan gibi görmektedirler."** (age. 4/389)

"Dinimizin ve bağımsızlığımızın haini olan İngilizler (age. 10/108), **Müslümanların en alçak düşmanlarıdır."** (age. 12/314)

Avrupa'ya teslimiyetin sonucu kendi imanımızdan kopmak olacaktır. Bakara 120. ayet bu noktanın altını çiziyor:

"Sen onların öz milletlerine uymadıkça Yahudiler de Hristiyanlar da senden asla hoşnut olmaz. De ki, 'Allah'ın kılavuzluğu, erdirici kılavuzluğun ta kendisidir.' İlimden sana ulaşan nasipten sonra bunların boş ve iğreti arzularına uyarsan, Allah katından ne bir dostun/destekçin olur ne de bir yardımcın."

Onlara yaranmanın yolu, demokrasi veya çağdaşlaşma değildir; Kur'an'ın söylediği gibi, 'tam teslimiyet'tir. Ne var ki onlar, Müslüman kitleleri teslim alırken, onları demokratikleştirdiklerini, uygarlaştırdıklarını, ıslah ettiklerini söyleyerek egemenlik kurarlar. Batı'nın bu şeytanî oyunu, Atatürk tarafından daha 1922'de ayrıntılarıyla ifade edilmiştir. (bk. *Atatürk'ün Bütün Eserleri*, 12/312)

Atatürk; **'Müslümanlara demokrasi ve özgürlük'** sakızını en çok öne çıkaran **ABD**'nin Müslümanları aldatmada çok ustaca oynadığını da çok erken bir devirde görmüştür. 10 Kasım 1919 gibi çok erken bir tarihte şöyle diyor ABD için:

"Bu maddî ve menfaatperest devletten büyük bir şey beklemek doğru değildir. Dostumuz yoktur. Dostumuz millî birliğimizdir." (age. 5/130, 131)

Mâide 52-53 Mucizesi:

Mâide suresinin 52-53. ayetlerinde, Ehlikitap'ı güdücü yapanların hangi gerekçeleri dillerine dolayacakları da mucize bir ifadeyle gösterilmiştir. Ayetler, günümüzde Müslümanları AB-Hristiyan egemenliğine teslim etmeyi bir hizmet ve başarı gibi sunmaya çalışan kadroların ruh hallerini, dayanaklarını, zaaf ve hastalıklarını da ortaya koymaktadır:

"Kalplerinde hastalık olanların, 'Başımıza bir felaket gelmesinden korkuyoruz.' diyerek onların içine daldıklarını görürsün. Olabilir ki, Allah, bir fetih yahut katından bir buyruk getirir de bunu yapanlar, benliklerinde sakladıkları şeye pişmanlık duyar hale gelirler. İman edenler derler ki, 'Şunlar mıdır o tüm güçleriyle sizinle beraber olduklarına yemin edenler?' Bütün amelleri boşa çıkmıştır da hüsrana uğrayanlardan oluvermişlerdir."

Demek oluyor ki, **Ehlikitap'ı dost ve güdücü yapanların âkıbetleri hüsrandır.**

Müslümanları Ehlikitap'a teslim edenlerin de bu teslim alışı Ehlikitap sömürgeciliği adına üstlenenlerin de hedefleri aynıdır: Müslümanları kendi benlik ve imanlarından koparıp paryalaştırmak. Âli İmran 100. ayet çok açık konuşuyor:

"Ey iman edenler! Kendilerine kitap verilenlerden bir zümreye boyun eğerseniz sizi, imanınızdan sonra kâfirler haline getirirler."

Demek oluyor ki, Müslümanları emperyalist Batı'ya teslim edenlerin de teslim alanların da içlerinde saklı hesapları vardır ve kalpleri hastadır. Haçlılar önünde zilleti Müslümanların başına musallat edenler, teslimiyetlerini, **"Başımıza bir iş gelmesinden korkuyoruz!"** diyerek mazur ve meşru göstereceklerdir.

Kur'an'ın bu mucize ihbarının, Türkiye'deki siyasal İslam'ın ülkeyi AB Hristiyanlar kulübüne teslim ederken yaptığı savunmada aynen tecelli ettiğini görmekteyiz.

"AB'ye üye olacaksınız!" yalanının peşine takılarak, **Haçlı Batı**'nın, istediği her şeyi vermeyi siyaset yapanlar, bu yıpratma ve çökertmeyi şöyle savundular:

"Bizim Brüksel'e büyük tavizler vermemiz, Ankara'nın şerrinden Brüksel'in şefaatine sığınma ihtiyacından doğmuştur."

Bu söz, Emevî faşizminin bu yüzyılda temsilcisi olan AKP'nin önde gelenlerinden biri tarafından, **Birlik Vakfı** toplantısında söylenmiştir. (Haber için bk. **Yeni Çağ**

Gazetesi, Arslan Bulut'un köşe yazısı, 4 Ekim 2005)

Kur'an, Haçlılara teslimiyetin, Müslümanları mahvolmaya götüren uydurma gerekçelerini, AKP temsilcisinin sözlerindeki hemen hemen aynı kelimelerle tanıtmaktadır:

"**Başımıza bir felaket gelmesinden korkuyoruz.**" Siyaset dincilerinin deyimiyle, "Ankara'nın şerrinden korkuyoruz."

'**Ankara'nın şerri**' tabiri, siyasal İslam'ın lügatinde, ilk günden beri Atatürk mirasını ve Türk ordusunu ifade etmek için kullanılmaktadır ve tarihin en büyük Atatürk düşmanı olan İngiliz gizli servisinin Müslüman dünyaya saldığı sloganlardan biridir. Bu böyle olduğu içindir ki, **Emevî faşizminin çağdaş mümessili AKP**, onun başefendisi RTE ve bu ikisiyle **paralel** olarak çalışan **CIA güdümlü Fethullah Gülen** terör örgütü (FETÖ), ortaklaşa çalıştıkları on yıl içinde temel misyon olarak Türk Ordusu'nu çökertmeyi seçtiler. Ve Türk Ordusu'nun en önde gelen kumandanlarını, genelkurmay başkanı dahil, '**kumpas**' kurularak oluşturulmuş sahte dosyalarla zindanlara tıktılar. Yani Türk Ordusu'nu tasfiye ettiler. Bu yaptıkları, haçlı Batı'nın bin yıla yakın zamandır hasretini çektiği şeydi. Ve Batı, AKP Emevî faşizmini, bu hasretini hedefine ulaştırsın diye iş başına getirmişti.

Kur'an, İslam'dan sapma ve Ehlikitap tarafına geçmenin sonuçta ne anlama geleceğini ve arkasından neyin zuhur edeceğini de Mâide suresinin 54. ayetinde bildirmiştir:

"**Ey iman edenler! İçinizden kim dininden dönerse şunu bilsin: Allah, yakında, kendilerini sevdiği ve kendisini seven, müminlere karşı boynu bükük, kâfirlere karşı başı dik bir topluluk getirecektir. Bunlar Allah yolunda** tüm gayretleriyle didinirler, hiçbir kınayanın kınamasından korkmazlar. Bu, Allah'ın, dilediğine yönelttiği bir lütuftur. Allah, yaratılışı ve yarattıklarını genişletir, her şeyi bilir."

Kur'an, kitleleri küfür güdümüne sokanların karşılaşacakları acıklı ve rezil edici âkıbeti de bildirmiştir. Aynı ayetlerde, onların bu âkıbete uğramalarının sebebinin **yalancılık, aldatma, ikiyüzlülük** olduğu da açıklanmıştır. Şu ayetler, günümüzde sahnede olan, tarih boyunca da emsali çok görülen **'küfre teslimiyetçi kadrolar'**ı bütün çıplaklıklarıyla tanıtan beyanlardır:

"Allah'ın kendilerine öfkelendiği bir kavmi dost edinenleri/onları işlerinin başına getirenleri görmedin mi? Onlar ne sizdendirler ne de onlardan. Bilip durdukları halde yalana yemin ediyorlar. Allah, onlar için şiddetli bir azap hazırlamıştır. Ne kötüdür onların yapmakta oldukları! Yeminlerini kalkan edinip Allah'ın yolundan alıkoydular. Küçük düşürücü bir azap var onlar için. Onların malları da çocukları da kendilerine, Allah'a karşı hiçbir şey sağlamaz. Ateş halkıdır onlar. Uzun süre kalacaklardır orada. Allah onları tekrar dirilttiği gün, size yemin ettikleri gibi O'na da yemin edecekler ve bir şey yaptıklarını sanacaklar. Dikkat edin, onlar yalancıların ta kendileridir. Şeytan onları kuşattı da Allah'ın zikrini/Kur'an'ını onlara unutturdu. İşte bunlar şeytanın hizbidir. Dikkat edin! Şeytanın hizbi hüsrana uğrayanların ta kendileridir." (Mücâdile, 14-19)

Bahsimizle ilgili olabilecek ayetleri biraz daha okuduğumuzda şunu da görüyoruz:

Ehlikitap'ı Müslümanların iş ve yönetimlerinin başına geçirenlerle onları kullanan Ehlikitap kodamanları karşılıklı bir ikiyüzlülük içindedirler. Bu ilişki köle ile efendi ilişkisidir. Müslüman tarafta bunun nasıl yürüdüğünü biraz önce gördük. Şimdi Ehlisalib tarafta nasıl yürüdüğüne bakalım. Âli İmran 72-73 ilginç bir tespit getiriyor:

"**Ehlikitap'tan bir zümre şöyle dedi: 'Şu iman edenlere indirilene günün başlangıcında inanın, günün sonunda karşı çıkın! Belki bu sayede geriye/eskiye dönerler. Dininize uyandan başkasına inanmayın!**"

Kur'an; İslam'ın adını kullanan ama onu Kur'an dışı bir sömürge dini haline getiren siyasal İslamcılığın, Müslümanları Haçlı emperyalizme nasıl, hangi gerekçeleri öne sürerek, hangi hüsranlar pahasına teslim edeceğini çok açık beyanlar halinde ve asırlar öncesinden bildirmektedir. Ve bildirmektedir ki, bu mandacı-Batıcı siyaset kadroları, esas itibariyle ne Haçlı Batı'dandırlar ne de Müslümanlardan. İkiyüzlülük ve takıyye siyasetleriyle, 'içlerinde saklı tuttukları emelleri'ni gerçekleştirmek üzere hem onlardan görünmekteler hem de Müslümanlardan.

Müslümanların AB ve **'dinler arası diyalog'** münasebetiyle maruz bırakıldığı aldatma ve yıkımın bu şekilde ihbar edilmesi, Kur'an mucizelerinden birine daha tanık olmamızı sağlamıştır.

Onun Bunun Hakkını Saçıp Savuranlar:

Bunlar, Maun ihlali yapan haram yiyiciler olarak tanımlanabilir. Yönetim mevkilerine çöreklenmiş, devlet ve millet malını istediği gibi harcama imkânı bulmuş doymaz, israfçı, azmış kadrolar burada çizilen çerçeveye girerler:

"Onun bunun hakkından azgınca savurganlık yapanlara itaat etmeyin! Onlar yeryüzünde bozgun çıkarırlar, barış için çalışmazlar." (Şuara, 151-152)

Münafıklar:

Bunlar, dini, infakın (paylaşımın) kurumu olmaktan çıkarıp nifakın (bozgunculuk ve çıkarcılığın) kurumu yapan riyakârlardır. Kur'an, bunlara itaati de yasaklamıştır:

"İnkârcı nankörlere, münafıklara itaat etme, onların ezalarına aldırma!" (Ahzâb, 48)

Gerçeği Yalanlayan Yağcı-Yalaka-Dönek Tipler:

Bu tipler, hakka saygısız, şahsiyetsiz toplumlarda bir biçimde subaşlarına, yüksek mevki ve koltuklara oturtulurlar. Kur'an bunlara itaati, **'kötülük toplumu'** diye andığı toplumun belirgin nitelikleri arasında görmekte ve gerçek iman adamını bu tiplere itaatsizliğe çağırmaktadır:

"O halde, yalanlayanlara itaat etme! İstediler ki, sen, alttan alıp gevşek davranasın/yağcılık edesin de onlar da yağcılık etsinler/yumuşaklık göstersinler." (Kalem, 8-9)

Ahlaksız Sefihler:

"Şunların hiçbirine itaat etme: Çok yemin eden, bayağıalçak, gammaz, koğuculuk için dolaşıp duran, hayrı engelleyen, sınır tanımaz-saldırgan, günaha batmış, kaba/obur, bütün bunlardan sonra da soyu bozuk, kötülükle damgalı. Mal ve oğullar sahibi olmuş da ne olmuş? Ayetlerimiz ona okunduğunda şöyle der: 'Daha öncekilerin masalları!' Yakında biz onun hortumu üzerine damga basacağız/burnunu sürteceğiz. Biz onları, o bahçe sahiplerini belalandırdığımız gibi belalandırdık." (Kalem, 10-17)

Ahlaksızlık, sömürü, haksız kazanç gibi insanı insan olmaktan çıkarıp, lanetli domuzlara çeviren kötülüklerin canlı temsilcisi olarak önümüze konan **'bahçe sahipleri'** (kapitalle azmışlar), Kalem suresinin 17-33. ayetleriyle Kehf suresinin 32-44. ayetleriyle ayrıntılı biçimde tanıtılmıştır.

İşte burada kısaca tanıttığımız tiplere itaatsizlik gerekir. Çünkü bu tipler, insan özgürlüğüne musallat despot, baskıcı tiplerdir. İnsanı ya maddî güçleri yahut da dinsel güçleri kullanarak robota dönüştürüp köleleştirenler bunlardır.

HZ. İBRAHİM

"**Her peygamber bir kıyamettir**" diyor **Sultan Veled.**

Peygamberlerin Kur'ansal ortak adlarının biri de mubtıl. **Mubtıl,** eskiyi yıkıp onun yerine yepyeni bir cihan getiren öncü, yaratıcı benlik demek. Biz burada, bu kıyamet benliklerin eskiye, özellikle ecdat zihniyet ve kabullerine açıkça isyan eden prototip önderini, Hz. İbrahim'i ele alacağız. Kur'an'ın, **'tek başına bir ümmet'** olarak nitelediği Hz. İbrahim'i.

TEK BAŞINA BİR ÜMMET

Ulülazm peygamberlerden biri olan Hz. İbrahim, insanlık medeniyetlerinin en büyüklerinden biri olan Mezopotamya medeniyetinin beşiğinde görev yaptı. Onun altıncı batından torunu ve yine bir ulülazm peygamber olan Hz. Musa ise yine en büyük medeniyetlerden biri olan Mısır medeniyetinin beşiğinde görev yapacaktır.

Kur'an, Hz. İbrahim'i **'tek başına bir ümmet'** olarak anmakla, insanlık dünyasına birkaç ışığı birden yakmıştır:

1. Yaratıcı özgür bir benlik, tek başına tarihin akışını değiştirebilir; kitlelerin, milletlerin yapamadıkları büyük devrimleri bir başına yapabilir.

2. Bu tür benliklerin temel niteliklerinin başında, eskinin tabularına, ecdat kabullerine karşı çıkış gelir. Ecdat kabullerine karşı çıkış olmadan, yaratıcı hamle yapmak, hele hele tarihin akışını değiştirmek asla söz konusu edilemez.

3. Tek başına bir ümmet olarak nitelebilecek benliklerin dostu olmaz. Babaları da dahil herkes onlara karşı çıkacaktır. O büyük ruhların bunu bilerek hareket etmeleri gerekir.

BABA DAHİL, ECDADA İSYAN

'İbrahim Denen Bir Genç':

Ara başlığı Kur'an'dan aldık:

"**Dediler: 'İlahlarımızı diline dolayan bir genç duymuştuk. Kendisine 'İbrahim' deniyor.**" (Enbiya, 60)

Tevrat literatüründe Avram, Abram şeklinde geçen İbrahim, tek tanrılı dinlerin tümünde bir tür ata peygamber olarak kabul edilir. Hz. Muhammed'in de doğrudan doğruya atasıdır. Onun tevhit mücadelesi, müşrik babası **Âzer**'e karşı verilen bir mücadele olarak seçkinleşir. O, ataların şirk dinine, ecdat kabullerine isyanın (hanîfliğin) peygamberler tarihindeki en büyük mümessilidir. Kur'an onun bu özelliğine üç sözcükle tercüman olmaktadır: O, ne Yahudidir ne Hristiyandır ne de müşrik. O, Müslim ve hanîftir. Yani ecdat kabullerine, muhafazakârlığa, gelenekperestliğe karşı çıkarak sadece Allah'a teslim olan bir benliktir.

İsrailiyat metinlerine göre, İbrahim'in ana yurdu, bugünkü Harran'ı da içine alan Mezopotamya bölgesidir.

Hz. Lût, İbrahim'in yeğenidir. Bir başka peygamber olan Hz. İsmail, İbrahim'in 86 yaşında olduğu bir sırada eşi Hacer'den dünyaya gelen oğludur. Öteki peygamber oğul **İshak** ise İbrahim'in yüz, eşi **Sâre**'nin doksan yaşında olduğu bir sırada doğmuştur. Hanımlar arası kıskançlık çekişmeleri yüzünden İsmail ve annesi Hacer, Sâre'nin isteği üzerine evden uzaklaştırılmışlardır. Tevrat, İbrahim'in 140 yaşında iken Ketura adlı bir hanımla evlendiğini bu hanımdan da beş çocuğunun doğduğunu bildirmektedir. (Tekvin, 25/1-4)

Tevrat'ın bu beyanlarının büyük kısmı, varlığın temel yasalarına aykırıdır. Böyle olunca da tarihsel gerçek olarak algılanmaları doğru olmaz.

İbrahim, peygamber olarak seçildiğinde ilk uyarısını babası Âzer'e yapmış, reddedilmiştir. İbrahim bu kez, toplumuna yönelmiş, toplumu tarafından da reddedilmiştir. İbrahim, babasının onu reddetmesine rağmen, evlatlık hissiyle müşrik babası için Allah'tan af dilemiş ancak bu af dileği kabul edilmemiştir. Kabul edilmemenin gerekçesi ise müşrik Azer'in **'Allah'ın düşmanı'** olarak anılmasıdır. Kur'an böylece, müşriklerin Allah düşmanı oldukları yolundaki beyanını, Hz. İbrahim'in müşrik babasını vesile yaparak öne çıkarmıştır.

Hz. İbrahim, devrin tağutu Nemrut'la mücadelesinin ardından eşi Sâre, yeğeni Lût ve öteki yakınlarıyla birlikte göç ederek önce Harran'a, oradan Ürdün'e, oradan da Mısır'a gitti. Daha sonra Filistin'e geçti. Yeğeni Lût, peygamberlik görevi alınca tebliğde bulunmak üzere İbrahim'den ayrılıp kendi toplumuna döner. Hz. İbrahim'in mücadelesini kayda geçiren ayetleri görelim:

"Hani, Rabbi, İbrahim'i bazı kelimelerle imtihana çekmiş, o da onların hakkını vermişti de Rab şöyle demişti: 'Seni insanlara önder yapacağım.' İbrahim, 'Soyumdan birilerini de!' deyince Allah, 'Benim ahdim, zalimlere ulaşmaz' buyurdu. Hatırla o zamanı ki, biz o evi insanlar için sevap kazanmaya yönelik bir toplantı yeri ve güvenli bir sığınak yaptık. Siz de İbrahim'in makamından bir dua/namaz yeri edinin. İbrahim ve İsmail'e şu sözü ulaştırmıştık: 'Tavaf edenler, kendini ibadete verenler, rükû-secde edenler için evimi temizleyin!' İbrahim şöyle yakarmıştı: 'Rabbim! Şu kenti güvenli bir kent yap, halkının Allah'a ve âhiret gününe inananlarını çeşitli ürünlerle rızıklandır!' Rab dedi: 'Küfre sapanları az bir nimetle rızıklandırır, sonra da ateş azabına itiveririm. Ne kötü bir dönüş yeridir o!'

"İbrahim'in, İsmail'le birlikte, o evin ana duvarlarını yükselterek şöyle yakardıkları zamanı da an: 'Rabbimiz, bizden gelen niyazları kabul buyur; sen, evet sen, Semî'sin, her şeyi çok iyi duyarsın; Alîm'sin, her şeyi çok iyi bilirsin! Rabbimiz! Bizi, sana teslim olmuş iki müslüman/Allah'a teslim olan kıl. Soyumuzdan da sana teslim olan müslüman bir ümmet oluştur. Bize ibadet yerlerimizi göster, bizim tövbemizi kabul et! Sen, evet sen, Tevvâb'sın, tövbeleri cömertçe kabul edersin; Rahîm'sin! Rabbimiz! İçlerinden onlara, senin ayetlerini okuyacak, kendilerine kitabı ve hikmeti öğretecek, onları temizleyip arındıracak bir resul gönder! Sen, evet sen, Azîz'sin, tüm ululuk ve onurun sahibisin; Hakîm'sin, tüm hikmetlerin kaynağısın.' Öz benliğini beyinsizliğe itenden başka kim, İbrahim'in milletinden yüz çevirir? Yemin olsun ki, biz onu dünyada seçip yüceltmiştik. Ve o, âhirette de barış ve iyilik sevenlerden biri olacaktır elbette! Rabbi ona, 'Müslüman olup bana teslim ol' dediğinde o şu cevabı vermişti: 'Teslim oldum âlemlerin Rabbi'ne!' İbrahim de oğullarına şunu vasiyet etti, Yakub da: 'Oğullarım! Allah sizin için bu dini seçmiştir. O halde, ancak müslümanlar/Allah'a teslim olanlar olarak can verin!' (Bakara, 124-132)

Bakara 124. ayet **'Allah tarafından seçilmiş halk'** kavram ve iddiasının varoluş gerçeğine ve tanrısal yasalara aykırı olduğunu gösteriyor. Hz. İbrahim gibi büyük bir peygamberin, "Benim soyumu da önderler yap" niyazına "Benim ahdim zalimleri içermez" cevabı verilerek zulme bulaşanların kimin soyundan olurlarsa olsunlar önder ve seçkin olamayacakları hükme bağlanıyor.

Demek ki, çok seçkin bir soydan çok kötü birileri gelebileceği gibi, çok berbat bir soydan iyi birileri zuhur edebilir. Kur'an'ın defalarca söylediği gibi, **"Allah ölüden diri, diriden ölü çıkarır."** Bir insan bir soyun çocuğu olmakla ne her şeyi kazanabilir ne de her şeyi kaybeder. Sonucu belirleyen, kişinin kendi niyet ve eylemidir. Mekkeli müşrik kodamanlar sürekli biçimde İbrahim'in soyundan geldiklerini söyleyerek kasılıyorlardı. Kur'ansa, onların şirke bulaşarak İbrahim'e mensubiyeti yitirdiklerini söylüyor.

"Yahudi yahut Hristiyan olun ki, doğruya kılavuzlanasınız' dediler. De ki, 'Hayır, öyle değil. Şirk ve yozlaşmadan uzak bir biçimde, İbrahim milletinden olalım. O, şirke bulaşanlardan değildi." (Bakara, 135)

"İbrahim ne bir Yahudi idi ne de bir Hristiyandı. O, sadece hanîf bir müslümandı/Allah'a teslim olandı. O, müşriklerden değildi. Şu bir gerçek ki, insanların İbrahim'e gönülce en yakın olanları, elbette ona uyanlar, bu Peygamber, bir de iman sahipleridir." (Âli İmran, 67-68)

Hz. İbrahim'in Kur'an'ca belirlenen kimliğini izlemeye devam edelim:

"Allah'ın kendisine mülk ve saltanat verdiğini iddia ederek/Allah kendisine mülk saltanat verdiği için, Rabbi hakkında İbrahim'le çekişeni görmedin mi? İbrahim şöyle demişti: 'Benim Rabbim odur ki, hayat verir ve öldürür.' O da şöyle demişti: 'Ben de hayat veririm, ben de öldürürüm.' İbrahim, 'Allah, Güneş'i doğudan getiriyor, hadi, sen onu batıdan getir!' deyince, küfre sapan o adam apışıp kalmıştı. Allah, zalimler toplumunu doğruya ve güzele kılavuzlamaz." (Bakara, 258)

"İbrahim, babası Âzer'e şöyle demişti: 'Putları tanrılar mı ediniyorsun? Seni de toplumunu da açık bir sapıklık içinde görüyorum.' Böylece, biz, İbrahim'e göklerin ve yerin melekûtunu gösteriyorduk ki, gerçeği görüp bilerek inananlardan olsun. Gece onun üstünü örtünce bir yıldız gördü de, 'İşte Rabbim bu!' dedi. Yıldız battığında ise 'Batıp gidenleri sevmem!' diye konuştu. Ay'ı doğar halde görünce, 'Rabbim bu!' dedi. O batınca da şöyle konuştu: 'Eğer Rabbim bana kılavuzluk etmeseydi sapıtan topluluktan olurdum.' Nihayet, Güneş'in doğmakta olduğunu gördüğünde, 'Benim Rabbim bu, bu daha büyük!' dedi. O da batıp gidince şöyle seslendi: 'Ortak koştuğunuz şeylerden uzağım ben! Ben bir hanîf olarak yüzümü göklerin ve yerin Fâtır'ına/yaratıcısına döndürdüm. Müşriklerden değilim ben." (En'am, 74-79)

"İbrahim'in, babası için af dilemesi, sadece ona verdiği bir söz yüzündendi. Onun Allah düşmanı olduğu kendisi için açıklık kazanınca, ondan uzaklaştı. Şu bir gerçek ki, İbrahim, başkaları için gamlanıp ah eden ince yürekli, yumuşak bir insandı/tam bir evvâhtı." (Tevbe, 114)

"Yemin olsun, resullerimiz İbrahim'e muştu getirip 'Selam!' demişlerdi. O da 'Selam!' demiş, fazla beklemeden kızartılmış bir dana getirmişti. Ellerinin ona ulaşmadığını görünce onlardan işkillendi. Ve kendilerinden ürpermeye başladı. 'Korkma, dediler, biz Lût kavmine gönderildik.' Karısı ayakta duruyordu; güldü. Bunun üzerine ona İshak'ı müjdeledik, İshak'ın arkasından da Yakub'u. 'Vay başıma, dedi, doğuracak mıyım ben? Kendim bir kocakarı, kocam bir ihtiyar. Gerçekten şaşılacak şey bu!' Dediler: 'Allah'ın emrine mi şaşıyorsun? Allah'ın rahmeti ve bereketleri üzerinizdedir ey ev halkı! O Hamîd'dir, Mecîd'dir.' İbrahim'den korku gidip yerine müjde gelince, Lût kavmi hakkında bizimle tartışır oldu. İbrahim, gerçekten yufka yürekli bir insandı; herkes için ah eder, içini çekerdi, yalvarıp yakarırdı. 'Ey İbrahim! Bu halinden vazgeç! Rabbinin emri gelmiştir. Geri çevrilemez bir azap onların enselerine binecektir." (Hûd, 69-76)

"Bir zaman, İbrahim şöyle demişti: 'Rabbim, bu beldeyi güvenli kıl. Beni ve oğullarımı putlara kulluktan uzak tut! Rabbim, onlar insanlardan birçoğunu saptırdılar. Artık beni izleyen bendendir. Bana isyan edene gelince, onun hakkında sen Gafûr ve Rahîm'sin. Ey Rabbimiz! Ben, soyumdan bir kısmını senin kutsal evinin yanındaki, ziraata elverişsiz vadiye yerleştirdim ki, namazı/duayı yerine getirsinler, ey Rabbimiz! Sen de insanlardan bazı gönülleri, onlardan hoşlanır yap. Çeşitli meyvelerle onları rızıklandır ki, şükredebilsinler! Rabbimiz, hiç kuşkusuz, sen bizim gizlediğimizi de bilirsin, açığa vurduğumuzu da. Yerde de gökte de hiçbir şey Allah'a gizli kalmaz. İhtiyar yaşımda bana, İsmail ve İshak'ı bağışlayan Allah'a hamt olsun! Benim Rabbim, duayı gerçekten çok iyi duyar. Rabbim! Beni, namazı/duayı yerine getiren bir insan yap. Soyumdan bir kısmını da.

Rabbimiz, duamı kabul et! Rabbimiz, hesabın ortaya geleceği gün; beni, ebeveynimi ve inananları affet!" (İbrahim, 35-41)

"Onlara İbrahim'in misafirlerinden bahset. Hani, onun yanına girmişlerdi de 'Selam!' demişlerdi. O da 'Biz sizden korkuyoruz' diye konuşmuştu. 'Korkma! Biz sana bilgin bir oğlan müjdeliyoruz' dediler. Dedi: 'İhtiyarlık yakama yapıştıktan sonra mı bana müjde veriyorsunuz! Neye dayanarak müjde veriyorsunuz?' Dediler: 'Hakk'a dayanarak müjdeledik sana, sakın ümitsizliğe düşenlerden olma.' Dedi: 'Sapıtmışlardan başka kim ümit keser Rabbinin rahmetinden!" (Hicr, 51-56)

"Kitapta İbrahim'i de an! O, özü sözü doğru bir peygamberdi. Hani, babasına şöyle demişti: 'Babacığım; işitmeyen, görmeyen, sana hiçbir yarar sağlamayan şeylere niçin kulluk ediyorsun? Babacığım, bana ilimden, sana ulaşmayan bir nasip geldi. O halde bana uy ki, seni düzgün bir yola ileteyim! Babacığım, şeytana kulluk etme! Çünkü şeytan Rahman'a isyan etmişti. Babacığım, ben sana Rahman'dan bir azap dokunmasından, böylece şeytanın dostu haline gelmenden korkuyorum!' Babası dedi: 'Sen benim ilahlarımdan yüz mü çeviriyorsun ey İbrahim! Eğer bu işe son vermezsen, vallahi seni taşlarım! Uzun bir süre uzak kal benden!' İbrahim dedi: 'Selam sana! Senin için Rabbimden af dileyeceğim. Çünkü O, bana karşı çok Hafîy'dir, lütufkârdır. Sizden de Allah'ın berisinden yakardıklarınızdan da ayrılıyorum; Rabbime dua edeceğim. Umarım, Rabbime yakarışımla/Rabbim için çağrımda bahtsızlığa düşmem.' İbrahim, onlardan ve Allah'ın berisinden kulluk ettiklerinden uzaklaşınca, ona İshak'ı ve Yakub'u bağışladık ve hepsini peygamber yaptık." (Meryem, 41-49)

"Yemin olsun, İbrahim'e daha önceden, doğruyu bulma

gücünü vermiştik. Onu bilmekteydik biz. Babasına ve toplumuna şöyle demişti: 'Şu başına toplanıp durduğunuz heykeller de ne?' Dediler: 'Atalarımızı onlara ibadet eder bulduk.' Dedi: 'Vallahi, siz de atalarınız da açık bir sapıklık içine düşmüşsünüz!' Dediler: 'Sen gerçeği mi getirdin yoksa oynayıp eğlenenlerden biri misin?' Dedi: 'Hiç de değil! Sizin Rabbiniz, göklerin ve yerin Rabbidir ki, onları yaratmıştır. Ben de bunlara tanıklık edenlerdenim. Allah'a yemin ederim, sırtınızı dönüp gidişinizden sonra, putlarınıza bir oyun çevireceğim.' Sonunda onları parça parça etti. Yalnız en büyüklerini bıraktı ki, dönüp ona başvurabilsinler. Dediler: 'Tanrılarımıza bunu yapan kesinlikle zalimlerdendir.' Dediler: 'Onları diline dolayan bir genç duymuştuk. Kendisine 'İbrahim' deniyor.' Dediler: 'Halkın gözleri önüne getirin onu ki, açıkça görebilsinler.' Dediler: 'Tanrılarımıza bunu sen mi yaptın, ey İbrahim?' Dedi: 'Hayır, ben değil! Şu büyükleri yapmıştır onu. Hadi, sorun onlara eğer konuşabiliyorlarsa!' Bunun üzerine kendi benliklerine döndüler de şöyle dediler: 'Siz, zalimlerin ta kendilerisiniz.' Sonra, yine kendi kafalarına döndürüldüler: 'Vallahi, sen de bilirsin ki, bunlar konuşamazlar.' İbrahim dedi: 'Siz, Allah'ın berisinden, size hiçbir şekilde yarar sağlamayan, zarar veremeyen şeylere mi tapıyorsunuz? Yazıklar olsun size ve Allah'ın berisinden taptıklarınıza! Siz hâlâ aklınızı kullanmayacak mısınız?' Dediler: 'Yakın bunu! Eğer bir şey yapacak kişilerseniz, ilahlarınıza yardım edin.' Biz de şöyle dedik: 'Ey ateş, İbrahim'e bir serinlik ol, bir selam ol!'

"Ona tuzak kurmak istediler de biz onları hüsranın en beterine uğrayanlar yaptık. Biz onu da Lût'u da kurtarıp içinde âlemlere bereketler sakladığımız toprağa ulaştırdık. Ona İshak'ı bağışladık, ayrıca Yakub'u da hediye ettik. Hepsini hak ve barış için çalışan insanlar yaptık." (Enbiya, 51-72)

"İbrahim'in haberini de oku onlara. Hani, babasına ve toplumuna şöyle demişti: 'Siz neye ibadet ediyorsunuz?' Dediler: 'Birtakım putlara tapıyoruz. Onların önünde toplanıp tapınmaya devam edeceğiz.' Dedi: 'Yalvarıp yakardığınız zaman sizi duyuyorlar mı? Size yarar sağlıyor yahut zarar veriyorlar mı?' Dediler: 'Hayır! Ancak atalarımızı böyle yapar halde bulduk.' Dedi: 'Gördünüz mü neye ibadet ediyormuşsunuz! Siz ve o eski atalarınız! Şüphesiz, onlar benim düşmanım. Ama âlemlerin Rabbi dostum. O yarattı beni, O yol gösteriyor bana. O'dur beni doyuran, suvaran. Hastalandığımda O'dur bana şifa ulaştıran. Beni öldürecek, sonra diriltecek O'dur. Din gününde hatalarımı affetmesini umup durduğum da O'dur. Rabbim, bana hükmetme gücü/hikmet bağışla, beni, hak ve barışı seven iyiler arasına kat! Sonradan gelecekler arasında benim adıma hiç çekinmeden gerçeği söyleyen bir dil oluştur. Beni, nimetlerle dolu cennetin mirasçılarından kıl. Babamı da affet. Çünkü o, sapmışlardandır." (Şuara, 69-86)

"İbrahim'i de gönderdik. Toplumuna şöyle demişti: 'Allah'a ibadet edin, O'ndan sakının! Eğer bilirseniz bu sizin için daha hayırlıdır. Allah'ın berisinden; birtakım putlara tapıyorsunuz, yalan/iftira üretiyorsunuz. Sizin Allah dışında kulluk/kölelik ettikleriniz size hiçbir rızık veremezler. Rızkı Allah katında arayın; O'na ibadet edin, O'na şükredin! O'na döndürüleceksiniz. Eğer yalanlarsanız, sizden önceki ümmetler de yalanlamıştı. Resule düşen, açık bir tebliğden başka şey değildir.' Hiç görmediler mi, Allah, yaratmayı nasıl başlatıyor, sonra onu tekrarlıyor/yeni baştan yapıyor. Kuşkusuz, bu, Allah için çok kolaydır. De ki, 'Yeryüzünde dolaşın da yaratılışın nasıl başladığına bir bakın. İleride Allah öteki oluşmaya da vücut verecektir. Allah, her şeye Kadîr'dir. Dilediğine/dileyene azap eder, dilediğine/dileyene rahmet eder. O'na döndürüleceksiniz. Siz ne yerde ne de gökte kimseyi âciz bırakamazsınız. Ve sizin, Allah'tan başka ne bir dostunuz vardır ne de bir yardımcınız. Allah'ın ayetlerini ve Allah'a varmayı inkâr edenler, işte onlar, rahmetimden ümidi kesmişlerdir. Ve bunlar için acıklı bir azap öngörülmüştür. Toplumunun İbrahim'e cevabı sadece şunu söylemeleri oldu: 'Bunu öldürün yahut yakın!' Ama Allah onu ateşten kurtardı. İnanan bir toplum için bunda elbette ibretler vardır. İbrahim dedi: 'Şu bir gerçek ki, siz dünya hayatında aranızda sevgi/kaynaşma oluşturmak için Allah'ın berisinden putlar edindiniz. Sonra, kıyamet gününde birbirinizi tanımaz olacaksınız, bazınız bazınıza lanet edecek. Hepinizin varacağı yer cehennemdir; hiçbir yardımcınız da olmayacaktır.' O'na Lût iman etti. Ve dedi: 'Ben Rabbime hicret edeceğim. Kuşkusuz, O, mutlak Azîz, mutlak Hakîm'dir.'

"Biz, İbrahim'e İshak'ı ve Yakub'u armağan ettik. Onun soyu içine peygamberliği ve kitabı yerleştirdik ve onun ödülünü dünyada verdik. Âhirette de o, elbette ki, iyilik ve barış sevenler arasında olacaktır. Elçilerimiz, İbrahim'e müjdeyi getirdiklerinde şöyle dediler: 'Biz şu kentin halkını helâk edeceğiz. Çünkü ora halkı zalim oldular.' İbrahim dedi: 'Ama orada Lût var!' Dediler: 'Orada kim olduğunu biz daha iyi biliyoruz. Elbette ki, onu ve ailesini kurtaracağız. Karısı hariç. O, geride kalanlardan olacak." (Ankebût, 16-27, 31-32)

"Rabbine, tertemiz bir kalple gelmişti. Babasına ve toplumuna sormuştu: 'Siz neye ibadet ediyorsunuz? Allah'ın berisinden birtakım uydurma ilahları mı/ilahlar haline getirilmiş bir yalanı mı istiyorsunuz? Âlemlerin Rabbi hakkında düşünceniz nedir?' Bu arada, İbrahim yıldızlara bir göz attı, Şöyle dedi: 'Ben hastayım!' Bunun üzerine ondan gerisin geri kaçtılar. O da onların ilahlarının yanına sokulup dedi: 'Bir şey yemez misiniz? Neniz var ki, konuşmuyorsunuz!' İyice yanlarına sokulup sağ eliyle bir darbe indirdi. Bir süre sonra, halkı koşarak İbrahim'e geldi. İbrahim dedi: 'Elinizle yonttuğunuz şeylere mi tapıyorsunuz? Oysaki sizi de yaptığınız şeyleri de Allah yaratmıştır.' Dediler: "Şunun için bir bina yapın da bunu ateşin ortasına fırlatın!' Ona tuzak kurmak istediler ama biz onları sefiller, reziller haline getirdik. İbrahim dedi: 'Kuşkunuz olmasın ki, ben Rabbime gideceğim, O bana kılavuzluk edecek. Rabbim, bana barış/hayır sevenlerden birini lütfet!' Bunun üzerine, biz, İbrahim'e yumuşak huylu bir oğlan müjdeledik. Çocuk onunla birlikte koşacak yaşa gelince, İbrahim dedi: 'Yavrucuğum, uykuda/düşte görüyorum ki, ben seni boğazlıyorum. Bak bakalım sen ne görürsün/sen ne dersin?' 'Babacığım, dedi, emrolduğun şeyi yap! Allah dilerse beni sabredenlerden bulacaksın.' Böylece, ikisi de teslim olup İbrahim onu şakağı üzerine yatırınca, Biz şöyle seslendik: 'Ey İbrahim! Sen, rüyayı gerçekleştirdin! İşte biz, güzel düşünüp güzel davrananları böyle ödüllendiririz!" (Saffât, 84-105)

"Bir zaman İbrahim, babasına ve toplumuna şöyle demişti: 'Ben, sizin taptıklarınızdan uzağım. Yalnız beni yaratana kulluk ederim. Bana, O kılavuzluk edecektir.' O, sözünü, kendinden sonra yaşayacak bir mesaj yaptı ki, insanlar hakka dönebilsinler." (Zühruf, 26-28)

Kuşku Duyabilme Özgürlüğünün Prototipi:

Kuşku duymak, özgürlüğün olmazsa olmazlarından biridir. Çünkü kuşku duyulmadan sorgulama olmaz, sorgulama olmadan gerçeğe ulaşılamaz. Daha da önemlisi, sorgulama yapılmadan tabulardan, dayatmalardan, prangalardan kurtulmak söz konusu edilemez.

Kuşku duyabilme özgürlüğünün prototipi ve rehberi de Hz. İbrahim'dir. O, bu özgürlüğü sadece insana karşı değil, Tanrı'ya karşı bile kullanmıştır. Bu kitabın önceki bölümlerinde de gösterdiğimiz gibi, İbrahim, hanîfliğin baş temsilcisidir. Ve **hanîflik, kuşku duyabilme özgürlüğünün de sanatıdır.**

Kur'an, kuşku duyabilme özgürlüğünü insan olmanın kaçınılmazlarından biri olarak görmektedir. Hz. İbrahim gibi 'tek başına bir ümmet' olarak nitelendirilmiş bir peygamberi bu kaçınılmazın baş temsilcisi yapması tesadüf veya fantezi değildir.

HZ. MUSA

MÖ. 13 veya 14. yüzyılda yaşadığı tahmin edilen (bk. Sigmund Freud, *Musa ve Tektanrılı Din*, 11) ve **ulülazm** (büyük aksiyon sahibi) beş peygamberden biri olan Hz. Musa, İsrailoğulları'nı Firavun zulmünden kurtardığı için aynı zamanda bir özgürlük önderi olarak da bilinir. Tevrat'a göre onun görevi iki aslî kısmı ayrılır: **1. Kurtarıcılık görevi** ki bu göreviyle o, kavmini Firavun zulmünden kurtaran bir özgürlük önderidir. **2. Şeriati (Tevrat'ı) tebliğ ve uygulama görevi** ki, bu yanıyla o vahiy alan bir nebidir. Musa, İbranî yazısının mucidi olarak da tanıtılmaktadır.

Şeriat tabirinin dinler tarihindeki kaynağı Tevrat ve Beniisrail öğretisidir. Bu yüzdendir ki, İslam geleneğinde şeriat adı altında toplayabileceğimiz kuralların büyük kısmı, Kur'an'dan çok Tevrat kaynaklıdır.

Musa'nın kurtarıcılığının esasını, ona lütfedilen **asa** (isyan) mucizesi oluşturmaktadır ki, biz bu gerçeğin ayrıntılarını kitabımızın isyanı anlatan bölümünde vermiş bulunuyoruz.

Musa, eski medeniyetlerin en büyüklerinden biri olan **Mısır medeniyetinin beşiğinde yetişip görev yaptı**. Altıncı batından dedesi olan Hz. İbrahim ise en büyük medeniyetlerden bir başkası olan Mezopotomya medeniyetinin beşiğinde görev yapmıştı.

Tevrat'a göre, Musa (**Moşe**), peygamberlerin en büyüğüdür. Kur'an, peygamberler arasında böyle ayrımlara izin vermez ama şunu söylemeliyiz: Kur'an'da ismi en çok geçen (136 yerde) peygamber Hz. Musa'dır. Musa'nın en çok geçtiği sure **A'raf** suresidir ki orada **Musa 21 kez** geçer. İkinci sırayı **18 kezle Kasas**, üçüncü sırayı **17 kezle Tâha**, dördüncü sırayı **13 kezle Bakara** almaktadır.

Musa, Kur'an'ın, **Kelîmullah** yani Allah ile konuşan peygamber unvanıyla tebcil ettiği tek peygamberdir.

Musa, Levi kabilesinden Amram ve Yakobed'in oğludur. Mısır doğumludur. İslamî kaynaklarda Hz. İbrahim'e ulaşan soyu şöyle verilmektedir: Musa bin İmran bin Yashür bin Kahis bin Lâvi bin Yakup bin İshak bin İbrahim. Demek oluyor ki, Hz. Musa'nın babası olan İmran (Amram), Hz. İbrahim'in beşince batından torunudur. (M. Asım Köksal, *Peygamberler Tarihi*, 2/7; Abdullah Aydemir, *İslamî Kaynaklara Göre Peygamberler*, 113)

Musa kelimesi, Kıptîce'deki **mô** (su) ve **uşa'** (kurtarmak) kelimelerinden oluşmaktadır. Musa'nın, annesi tarafından suya bırakıldığında Firavun sarayının önündekilerce kurtarılmasına veya İsrailoğulları'nı Kızıl Deniz'den kurtarmasına veya bunların her ekisine birden telmihtir.

Freud'un Başlattığı Tartışma:

Yüzyılımızın sonlarına doğru yapılan bazı araştırmalar, özellikle ünlü pskinalizci Freud'un çalışmaları, Musa'nın aslında Yahudi menşeli bir önder değil, bir Mısırlı olduğunu hatta, Mısır firavunlarından tektanrıcılığı (Aton dinini) savunan **Amenhotep**'in (MÖ. 1375) ta kendisi olduğunu iddia ederek yepyeni bir tartışma başlatmıştır.

(bk. Freud, *Musa ve Tektanrılı Din*, 31 vd. 150-151) Kendisi de bir Yahudi olan Freud, aynı zamanda Yunanlı tarihçi Heredot'a da dayanarak şunu da iddia etmiştir: Yahudilik'teki **sünnet olma âdeti** de eski bir Mısır âdetidir ve esasında bir Mısırlı olan Musa tarafından bu kavmin dinsel bir töresi haline getirilmiştir. (bk. age. 40-41)

Freud, kendisine has dehasıyla, sami dinlerin kutsal metinlerindeki Musa kabullerini ters yüz ederek hiç alışılmadık sonuçlar çıkarıyor. Mesela, Musa'nın Kur'an'da da geçen 'dilinin pepe oluşu'nu, iyi konuşamamasını şöyle yorumluyor: Musa bir Mısırlı idi, önderliğine soyunduğu İsrailoğulları ile tercümansız iyi anlaşamıyordu. (age. 48)

Freud, kısmen de araştırmacı **Sellin**'e dayanarak, Musa'nın nihayetinde İsrailoğulları tarafından öldürüldüğünü, talim ettiği tevhit dininin de terk edildiğini, İsrailoğulları'nın **Ba'l** denen bir puta tapmaya başladıklarını öne sürmektedir. (age. 53, 124) Tam bu noktada, Kur'an'ın, İsrailoğullarının Musa'nın diğer kavimlerdeki gibi bir put-Tanrı istediklerini, 'peygamberleri katlettikleri için lanetlenmiş kavim' olduklarını gösteren beyanlarını hatırlayalım:

"Onlar Allah'ın ayetlerini inkâr ediyor ve haksız yere peygamberleri öldürüyorlardı. İsyan ettikleri için böyle oldu. Sınır tanımıyor, azgınlık yapıyorlardı." (Bakara, 61)

"Yemin olsun, Musa'ya kitabı verdik. Ve arkasından da resuller gönderdik. Meryem'in oğlu İsa'ya da açık seçik deliller verdik ve kendisini Ruhulkudüs'le güçlendirdik. Bir resulün size, nefislerinizin hoşlanmadığı bir şey

getirdiği her seferinde büyüklük taslamadınız mı? Bir kısmını yalanladınız, bir kısmını da öldürüyorsunuz.' 'Kalplerimiz kabuk tutmuştur' dediler. Hayır, öyle değil! Küfürleri yüzünden Allah onları lanetlemiştir de çok az bir kısmı iman eder." (Bakara, 87-88)

"Söyle onlara: 'Madem iman sahibiydiniz, daha önce Allah'ın peygamberlerini niye öldürüyordunuz?" (Bakara, 91)

"Allah'ın hışmına uğramışlardır. Üzerlerine miskinlik damgası vurulmuştur. Bu böyledir! Çünkü onlar, Allah'ın ayetlerine küfrediyor, haksız yere peygamberleri öldürüyorlardı; isyan etmişlerdi, zulüm ve azgınlık sergiliyorlardı." (Âli İmran, 112)

"Yemin olsun ki, biz, İsrailoğulları'nın kesin sözlerini almış da onlara resuller göndermiştik. Ne zaman bir resul onlara nefislerinin hoşlanmadığı bir şeyi getirdiyse bir kısmını yalanladılar; bir kısmını da öldürüyorlardı." (Mâide, 70)

"İsrailoğulları'na denizi geçirttik. Özel putlarına tapan bir topluluğa rastladılar. Bunun üzerine, 'Ey Musa, dediler, bunların ilahları olduğu gibi sen de bize bir ilah belirle!' Musa dedi: 'Siz cahilliği sürdürmekte olan bir toplumsunuz.' Şu gördüklerinizin, içinde bulundukları anlayış çökmüştür. Yapmakta oldukları da boşa çıkacaktır.' Şunu da söyledi: 'Size Allah'tan başka bir ilah mı arayayım? O sizi âlemlere üstün kılmıştır." (A'raf, 138-140)

Kur'an, İlyas Peygamber bahsinde Ba'l adındaki putu gündem yapmaktadır. Hz. İlyas, bu puta tapılmasından şikâyetçidir:

"Ba'l'e yalvarıp yakarıyor, yaratıcıların en güzelini bırakıyor musunuz?" (Saffât, 125)

İlyas Peygamber'in, Hz. Musa'nın kardeşi ve tebliğ arkadaşı Harun'un üçüncü batından torunu olduğunu unutmayalım. (bk. Abdullah Aydemir, age. 225)

Şimdi, Freud'un yazdıklarını izleyelim:

"Yahudi kavmi, kendisine Musa tarafından getirilen Aton dinini terk etmiş ve komşu kavimlerin Baalim'inden pek de farklı olmayan başka bir tanrıya tapınmaya başlamıştı. İlerideki tüm çabalara rağmen bu utanç verici durumu saklayamamışlardır. Fakat Musa'nın dini iz bırakmadan yok olup gitmemiş, geride bir tür anı, belki de karanlığa gömülüp çarpıtılmış bir gelenek bırakmıştı. Ve büyük bir geçmişe dayanan bu gelenek, aynı zamanda arka planda etkisini sürdürmeye devam etmiş, ilerleyen zamanla birlikte insanların ruhlarını ele geçirmeye başlamış ve nihayet tanrı Yehova'yı Musevî tanrısına dönüştürmeyi ve Musa'nın uzun yüzyıllar önce yürürlüğe sokulan ve sonradan terk edilip gitmiş dinini tekrar canlandırmayı başarmıştı. Akıbeti bilinmeyen böylesi bir geleneğin bir kavmin ruh dünyasına bu kadar güçlü bir şekilde işlemiş olması bizim alışık olduğumuz bir durum değil. İçinde kendimizi evimizde gibi hissetmediğimiz bir kitle psikolojisinin etki alanında bulunmaktayız. Başka alanlardan da olsa benzerlikler, benzeri bir tabiata sahip gerçekler peşindeyiz. Bunların bulunabileceğini düşünüyoruz." (Freud, *Musa*, 97-98)

Musa, Firavun sarayında büyütüldüğü için çok iyi bir eğitim almıştır. Kırk yaşında iken Delta'nın doğusuna gönderilmiş ve orada bulunduğu İsrailloğulları ile ilk temaslarını kurmuştur. Orada tanık olduğu bir kavgada, ırkdaşı birine sataşan bir Mısırlı'yı öldürmüş, bunun üzerine Firavun onun idamına hükmetmiş, Musa da Medyen'e kaçmıştır. Medyen'deki ikameti sırasında Herob dağı civarında sürüsünü otlatırken dağda gördüğü ateşten kendisine tanrısal ses gelmiş ve peygamberliğe atandığı bildirilmiş, Firavun'a gidip tebliğde bulunması emredilmiştir.

Mısır'dan çıkıştan birkaç ay sonra Tanrı, Musa'yı Tûrisina'ya çağırır. Musa orada kırk gün kalır ve on emri taşıyan levhaları alır. Aşağı indiğinde kavminin, kendisinin yokluğunda elleriyle yaptıkları bir altın buzağıya tapmakta olduklarını görür. Musa, altın buzağıyı parçalar ama o arada on emri taşıyan tabletlerden ikisi de kırılır. Musa tekrar dağa çıkıp Tanrı'dan, kavminin affını diler. Af gerçekleşir ve Musa kırk günlük bir itikâftan sonra levhaları yeniden alıp aşağı iner.

Tevrat'a göre, Musa 120 yaşına geldiğinde liderlik görevlerini **Yeşu**'a devreder.

KUR'AN'A GÖRE HZ. MUSA

İlginçtir, Kur'an, bütün peygamberlerin hayat ve hatıralarını anlatırken, onların kavimlerinden, ümmetlerinden çektikleri acıların, gördükleri nankörlüklerin tarihini de anlatır. Peygamberin serüveni, âdeta hitap ettiği toplumun ve daha genelde ümmetinin ona çektirdiği ıstırapların bir serüveni gibidir. Bu Kur'ansal tavır, özellikle Musa bahsinde çok belirgindir.

Musa'nın hayat ve hatırasını anlatan ayetler, aynı zamanda ve belki de öncelikle, İsrailoğulları'nın nankörlüklerini, peygamberlere, özellikle Musa'ya yaptıkları kötülükleri anlatan ayetlerdir. Şimdi bu ayetleri görelim:

"Ey İsrailoğulları! Size lütfettiğim nimetimi hatırlayın; bana verdiğiniz söze vefalı olun ki, ben de size ahdimde vefalı olayım. Ve yalnız benden korkun. Beraberinizdekini doğrulayıcı olarak indirmiş bulunduğuma inanın! Onu ilk inkâr eden siz olmayın! Benim ayetlerimi az bir bedel karşılığı satmayın! Ve yalnız benden sakının! Hakkı bâtılla/saçmalık ve tutarsızlıkla kirletmeyin! Bilip durduğunuz halde gerçeği gizliyorsunuz. Namazı/duayı yerine getirin, zekâtı verin; rükû edenlerle birlikte rükû edin! İnsanlara hayırda erginliği/dürüstlüğü emredip de öz benliklerinizi unutuyor musunuz? Üstelik de kitabı okuyup durmaktasınız. Hâlâ aklınızı kullanmayacak mısınız?" (Bakara, 40-46)

"Ey İsrailoğulları! Size lütfettiğim nimetimi, sizi âlemlere üstün kıldığımı hatırlayın! Sizi Firavun hanedanından kurtardığımızı da hatırlayın! Hani, onlar size azabın en çirkiniyle kötülük ediyorlardı: Erkek çocuklarınızı boğazlıyorlar, kadınlarınıza hayasızca davranıyorlar/kadınlarınızın rahimlerini yokluyorlar/kadınlarınızı hayata salıyorlardı. İşte bunda sizin için, Rabbinizden gelen büyük bir ıstırap ve imtihan vardı. Hani, önünüzde denizi yarmıştık da sizi kurtarmış, Firavun hanedanını boğmuştuk. Siz de bunu bakıp görüyordunuz. Ve Musa ile kırk gece için sözleşmiştik de siz bunun ardından danayı Tanrı edinmiştiniz. Zulme sapmıştınız siz. Belki şükredersiniz diye bunun ardından da sizi affetmiştik. İyiye ve güzele yol bulursunuz ümidiyle Musa'ya kitabı ve furkanı/hakla bâtılı ayıran metni vermiştik."

"Hani, Musa, toplumuna şöyle demişti: 'Ey toplumum, danayı Tanrı edinmenizle öz benliklerinize zulmettiniz. Hadi, Yaratıcınıza, Bâri'inize tövbe edin; nefislerinizi öldürün! Böyle yapmanız yaratıcınız katında sizin için daha iyidir; O sizin tövbelerinizi kabul eder. Hiç kuşkusuz, O, evet O, tövbeleri çok kabul edendir, rahmeti sonsuz olandır.' Siz şunu da söylemiştiniz: 'Ey Musa! Biz, Allah'ı apaçık görmedikçe sana asla inanmayacağız!' Bunun üzerine, sizi yıldırım çarpmıştı. Ve siz bakıp duruyordunuz. Sonra, ölümünüzün ardından sizi dirilttik ki, şükredebilesiniz. Ve bulutu üstünüze gölgelik yaptık ve size kudret helvasıyla bıldırcın indirdik. 'Rızık olarak size verdiklerimizin, en temizlerinden yiyin.' dedik. Onlar zulmü bize yapmadılar, onlar kendi benliklerine zulmetmekteydiler. Şöyle demiştik: 'Girin şu kente; orada, dilediğiniz yerde bol bol yiyin! Kapıdan secde ederek girin ve 'Affet bizi!' deyin ki, hatalarınızı bağışlayalım. Biz, güzel davranıp güzellik üretenlere daha fazlasını da veririz." Ne var ki, zulme sapanlar, bir sözü kendilerine söylenmiş olandan başkasıyla değiştirdiler. Bunun üzerine, biz, bu zalimler üstüne, ürettikleri kötülüklere karşılık olarak gökten bir pislik indirdik."

"Bir zamanlar Musa, toplumu için su istemişti de biz, 'Değneğinle şu taşa vur!' demiştik. Taştan hemen oniki göze fışkırmıştı. Her bölük insan kendilerine özgü su kaynağını bilmişti. 'Allah'ın rızkından yiyin, için; yeryüzünde bozgunculuk yaparak şuna buna saldırmayın!' demiştik. Siz şöyle demiştiniz: 'Ey Musa, biz bir tek yemeğe asla dayanamayız; bizim için Rabbine dua et de bize yerin bitirdiklerinden, baklasından, acurundan, sarmısağından, mercimeğinden, soğanından çıkarıversin!' Musa şöyle demişti: 'Siz daha aşağı bir nimete daha üstün bir nimeti mi değişmek istiyorsunuz? İnin bir kasabaya; istediğiniz sizin olacaktır.' Ve üzerlerine zillet, eziklik ve yoksulluk damgası vuruldu, Allah'tan bir gazaba çarpıldılar." (Bakara, 47-60)

"Hani, sizden şu şekilde kesin söz almış da Tûr'u üzerinize kaldırmıştık: 'Size verdiğimizi kuvvetle tutun ve içinde olanı hatırlayıp zikredin ki, sakınabilesiniz.' Bunun ardından da yüz çevirip döndünüz. Eğer Allah'ın size lütfu ve rahmeti olmasaydı, kesinlikle hüsrana uğrayanlardan olacaktınız. Yemin olsun, içinizden Cumartesi gününde azgınlık yapanları siz bilirsiniz. Onlara şöyle dedik: "Aşağılık maymunlar oluverin!" (Bakara, 63-65)

"Musa, toplumuna dedi: 'Allah size, bir inek boğazlamanızı emrediyor.' Dediler: 'Sen bizimle alay mı ediyorsun?' Dedi: 'Cahillerden biri olmaktan Allah'a sığınırım!' Şöyle konuştular: 'Çağır Rabbine bizim için, açıklasın bize neymiş o!" Cevap verdi: "O diyor ki, bahsettiğim ne yaşlıdır ne de körpe. İkisi arası bir inektir.' Hadi, size emredileni yapın! Şöyle dediler: "Çağır Rabbine bizim için, neymiş onun rengi açıklasın bize!" Cevap verdi: "O diyor ki, bahsettiğim, sarı, rengi parlak bir inektir; seyredenlere mutluluk verir.' Şöyle dediler: 'Dua et Rabbine, açıklasın bize neymiş o! Çünkü inekler bizim gözümüzde birbirine karıştı. Ve biz, Allah dilerse, doğruya ve güzele elbette kılavuzlanacağız.' Cevap verdi Musa: 'Allah diyor ki, bahsettiğim, boyunduruk yememiş bir inektir; toprağı sürmez, ekini sulamaz. Salma hayvandır. Alaca yoktur onda." Dediler: 'İşte, şimdi gerçeği getirdin.' Ve ardından onu boğazladılar, az kalsın yapmayacaklardı." (Bakara, 65-71)

"İsrailoğulları'ndan şöyle bir söz de almıştık: Allah'tan başkasına ibadet etmeyin, anne-babaya, akrabaya, yetimlere, yoksullara iyilik ve güzellikle davranın! İnsanlara güzeli ve güzelliği söyleyin! Namazı/duayı yerine getirin, zekâtı verin! Bütün bunlardan sonra siz, pek azınız müstesna, sırt çevirdiniz. Hâlâ da yüz çevirip duruyorsunuz. Sizden şu sözü de almıştık: Birbirinizin kanlarını dökmeyeceksiniz. Birbirlerinizi yurtlarınızdan çıkarmayacaksınız. Bunu kabul etmiştiniz. Hâlâ da buna tanıklarsınız." (Bakara, 83-84)

"Yemin olsun ki, Musa size açık seçik beyanlarla gelmişti de onun arkasından danayı ilah edinmiştiniz. Zalimlersiniz sizler. Hani, sizden şu yolda kesin söz almıştık da Tûr'u üzerinize kaldırmıştık: 'Size verdiğimizi kuvvetlice tutun ve dinleyin!' Şöyle demişlerdi: 'Dinledik ve isyan ettik.' İnkârları yüzünden gönüllerine dana içirildi. De ki, 'Eğer müminlerseniz ne kötü şeydir size imanınızın emretmekte olduğu!" (Bakara, 92-93)

"Ehlikitap, senden kendilerine gökten bir kitap indirmeni istiyor. Zaten onlar Musa'dan da bundan daha büyüğünü istemişlerdi. Demişlerdi ki, 'Allah'ı bize açıktan göster!' Bunun üzerine zulümlerinden ötürü kendilerini yıldırım çarpmıştı. Sonra kendilerine açık seçik kanıtların gelişi ardından danaya taptılar. Biz onların bu günahını da affettik. Biz Musa'ya apaçık bir kanıt/bir hükmetme gücü verdik. Kesin söz vermeleri için Tûr'u üzerlerine kaldırdık ve onlara, 'Kapıdan secde ederek girin.' dedik. Onlara şunu da söyledik: 'Cumartesi gününde azgınlık yapmayın!' Onlardan sapasağlam bir söz almıştık. Başlarına gelenler; ahitlerini bozmaları, Allah'ın ayetlerini inkâr etmeleri, haksız yere peygamberleri öldürmeleri ve 'Kalplerimiz kılıflıdır!' demeleri yüzündendir. Daha doğrusu, küfürleri yüzünden Allah, kalpleri üzerine mühür basmıştır da pek azı müstesna, iman etmezler." (Nisa, 153-155)

"Musa, kavmine şöyle demişti: 'Ey toplumum! Allah'ın, üzerinizdeki nimetini hatırlayın! İçinizde peygamberler vücuda getirdi, sizi krallar yaptı, âlemlerden hiç kimseye vermediklerini size verdi. Ey toplumum! Allah'ın

sizin için yazdığı kutsal toprağa girin, arkanıza dönmeyin; yoksa hüsrana uğramışlar durumuna düşersiniz.'
Şöyle dediler: 'Ey Musa, orada zorbalardan oluşan bir toplum var. Onlar oradan çıkıncaya kadar biz oraya asla girmeyeceğiz! Eğer oradan çıkarlarsa biz o zaman gireceğiz.' İçine ürperti düşenlerden, Allah'ın nimet verdiği iki adam dedi ki, 'Onların içine kapıdan girin. Oraya girdiğinizde galip geleceksiniz. Eğer inananlar iseniz yalnız Allah'a güvenin.' Dediler: 'Ey Musa! Onlar orada oldukça biz oraya asla girmeyeceğiz. Hadi, sen git, Rabbin'le birlikte savaşın! Biz şuracıkta oturacağız.' Şöyle yakardı Musa: 'Rabbim! Nefsimle kardeşimden başkasına söz geçiremiyorum. Artık sapıklar topluluğu ile bizim aramızı ayır!' Allah dedi: 'Orası onlara kırk yıl haram kılınmıştır. Yeryüzünde sersem sersem dolaşacaklar. Sen o sapıklar topluluğu için kederlenme." (Mâide, 20-26)

"Allah'ı, kadrine/şanına yaraşır şekilde tanıyamadılar. Çünkü 'Allah, insana hiçbir şey vahyetmemiştir' dediler. De ki, 'Musa'nın insanlara bir ışık, bir kılavuz olarak getirdiği kitabı kim indirdi? Siz o kitabı birtakım parşömenler yapıp ortaya sürüyorsunuz, birçoğunu da saklıyorsunuz. Size, sizin de atalarınızın da bilmediği şeyler öğretildi." 'Allah!' de, sonra bırak onları saplandıkları batakta oynayadursunlar." (En'am, 91)

"Sonra, güzel düşünüp güzel davrananlara nimetimizi tamamlamak, her şeyi fasıl fasıl ayrıntılı kılmak, bir kılavuz ve rahmet olmak üzere Musa'ya o kitabı verdik ki, onlar Rablerine kavuşacaklarına inanabilsinler." (En'am, 154)

"Onların ardından Musa'yı, ayetlerimizle Firavun'a ve kodamanlarına gönderdik de ayetlerimiz karşısında zulme saptılar. Bir bak, nasıl olmuştur bozguncuların sonu! Musa dedi: "Ey Firavun! Kuşkun olmasın ki, ben, âlemlerin Rabbi'nin bir resulüyüm.' Allah hakkında gerçek dışında bir şey söylememek benim üzerimde bir varoluş borcudur. Ben size Rabbinizden bir beyyine getirdim. Artık İsrailoğulları'nı benimle gönder." Firavun dedi: 'Bir mucize getirdinse, doğru sözlülerden isen onu ortaya çıkar!' Bunun üzerine Musa, asasını yere attı; birden korkunç bir ejderha oluverdi o. Elini çekip çıkardı; birden o el, bakanların önünde bembeyaz kesildi."

"Firavun toplumunun kodamanları şöyle konuştu: 'Bu adam gerçekten çok bilgili bir büyücü. Sizi toprağınızdan çıkarmak istiyor. Ne diyorsunuz?' Dediler: 'Onu kardeşiyle birlikte alıkoy. Ve şehirlere, toplayıcılar gönder. Her bilgin büyücüyü sana getirsinler.' Büyücüler Firavun'a gelip dediler: 'Eğer galip gelen biz olursak bize iyi bir ödül var mı?' Evet, dedi, ayrıca siz benim en yakınlarımdan olacaksınız.' Şöyle dediler: 'Ey Musa! Sen mi hünerini ortaya atacaksın yoksa biz mi hünerlerimizi sergileyelim?' Siz sergileyin' dedi. Hünerlerini ortaya atınca, halkın gözlerini büyülediler, onları dehşete düşürdüler. Çok büyük bir büyü sergilediler. Biz de Musa'ya şöyle vahyettik: 'Hadi, at asanı!' Bir de ne görsünler, asa, onların ortaya getirdikleri şeyleri yalayıp yutuyor. Böylece, hak ortaya çıktı, onların yapıp ettikleri, işe yaramaz hale geldi. Orada mağlup oldular, küçük düştüler. Ve büyücüler secdeye kapandılar. 'Âlemlerin Rabbi'ne iman ettik' dediler; Musa'nın ve Harun'un Rabbi'ne!' Firavun dedi: 'Demek ben size izin vermeden ona inandınız ha! Bu, şehirde tezgâhladığınız bir tuzaktır ki, bununla şehir halkını oradan çıkarmak peşindesiniz. Yakında anlarsınız. Ellerinizi ve ayaklarınızı çaprazlama keseceğim, sonra da hepinizi asacağım.' Biz, dediler, nihayet, Rabbimize döneceğiz.' Sen bizden, sırf Rabbimizin ayetleri bize gelince, onlara iman ettiğimizden ötürü intikam alıyorsun. Ey Rabbimiz! Üzerimize sabır yağdır. Canımızı müslümanlar olarak al!"

"Firavun kavminin kodamanları dediler: 'Musa'yı ve toplumunu, yeryüzünü fesada verip seni ve ilahlarını terk etsinler diye mi bırakıyorsun?' Dedi: 'Biz onların oğullarını öldürüp kadınlarını diri bırakacağız/kadınlarının rahimlerini yoklayıp çocuk alacağız/kadınlarına utanç duyulacak şeyler yapacağız. Üstlerine sürekli kahır yağdıracağız."

"Musa kendi toplumuna şöyle dedi: 'Allah'tan yardım dileyin, sabırlı olun. Yeryüzü Allah'ındır, Allah ona, kullarından dilediğini mirasçı kılar. Sonuç, takvaya sarılanlarındır.' Dediler: 'Senin bize gelişinden önce de işkenceye uğratıldık, gelişinden sonra da.' Musa dedi: 'Rabbinizin, düşmanınızı yok etmesi ve nasıl davranacağınıza bakmak üzere yeryüzünde sizi yöneticiler yapması umulabilir.' Yemin olsun ki, biz, Firavun hanedanını yakalayıp ürün eksikliğiyle senelerce sıktık ki, düşünüp öğüt alabilsinler. Onlara bir iyilik geldiğinde, 'Bu bizimdir!' derlerdi. Kendilerine bir kötülük dokunduğunda ise Musa ve beraberindekilerin uğursuzluğuna yorarlardı. Gözünüzü açın! Onların uğursuzluk kuşu, Allah katındadır, fakat çokları bilmiyorlar."

"Şunu da söylediler: 'Bizi büyülemek için, bize istediğin kadar ayet getir. Sana inanmayacağız.' Biz de onlar üzerine, fasıllar halinde ayrıntılı kılınmış mucizeler olarak tufan, çekirge, haşarat, kurbağalar ve kan gönderdik; yine de kibre saptılar ve günahkâr bir topluluk oluverdiler. Pislik üzerlerine çökünce şöyle dediler: 'Ey Musa! Sana verdiği söze dayanarak Rabbine bizim için dua et! Şu pisliği üzerimizden kaldırırsa, sana kesinlikle inanacağız ve İsrailoğulları'nı seninle birlikte mutlaka göndereceğiz.' Dolduracakları bir süreye kadar kendilerinden azabı kaldırdığımızda, hemen yeminlerini bozdular. Bunun üzerine biz de onlardan öc aldık: Ayetlerimizi yalanladıkları, onlara aldırmazlık ettikleri için hepsini suda boğduk."

"Ezilip itilmekte olan topluluğu da içine bereketler doldurduğumuz toprağın doğularına ve batılarına mirasçı kıldık. Rabbinin, İsrailoğulları'na verdiği güzel söz, sabretmeleri yüzünden tamamlandı/hedefine vardı. Firavun ve toplumunun sanayi olarak meydana getirdiklerini de dikip yükselttikleri sarayları da yere geçirdik." (A'raf, 103-137)

"Musa ile otuz gece için vaatleştik. Ve bunu, bir on ekleyerek tamamladık. Böylece Rabbinin belirlediği süre kırk geceye ulaştı. Musa, kardeşi Harun'a dedi ki, 'Toplumum içinde benim yerime sen geç, barışçı ol, bozguncuların yolunu izleme!' Musa, bizimle sözleştiği yere gelip Rabbi de kendisiyle konuşunca şöyle yakardı: 'Rabbim, göster bana kendini, göreyim seni!' Dedi: 'Asla göremezsin beni! Ama şu dağa bak! Eğer o yerinde durabilirse, sen de beni göreceksin!' Rabbi, dağa tecelli edince onu parça parça etti. Ve Musa baygın vaziyette yere yığıldı. Kendine gelince şöyle yakardı: 'Tespih ederim seni. Tövbe edip sana yöneldim! İman edenlerin ilkiyim ben.' Allah buyurdu: 'Ey Musa! Ben, gönderdiğim vahiylerle, konuşmamla seni seçip yücelt-tim. Sana verdiğimi al ve şükredenlerden ol!'

"Biz, Musa için levhalarda her şeyi yazdık: Öğüt olarak, her şeyin fasıl fasıl ayrıntısı olarak. 'Kuvvetle tut bunları ve emret toplumuna da onları en güzel şekliyle tutsunlar. Sapıklar yurdunu göstereceğim size.' Yeryüzünde haksız yere büyüklük taslayanları ayetlerimden uzak tutacağım: Onlar hangi mucizeyi görseler ona inanmazlar. Doğruya varan yolu görseler, onu yol edinmezler. Ama azgınlık yolunu görseler onu yol edinirler. Bu böyledir. Çünkü onlar ayetlerimizi yalanladılar ve onlara karşı kayıtsız kaldılar."

"Ayetlerimizi ve âhiret buluşmasını yalan sayanların tüm yaptıkları boşa gitmiştir. Bulacakları karşılık, yapıp ürettiklerinden başkası olmayacaktır. Musa'nın kavmi, onun Allah'la konuşmaya gidişinden sonra, süs eşyalarından oluşmuş, böğürebilen bir dana heykelini ilah edinmişti. Görmediler mi ki, o onlarla ne konuşabiliyor ne de kendilerine yol gösterebiliyor? Onu benimsediler ve zalimler haline geldiler. Başları avuçları arasına düşürülüp de sapmış olduklarını fark ettiklerinde şöyle yakardılar: 'Rabbimiz bize merhamet etmez, bizi affetmezse mutlaka hüsrana düşenlerden olacağız.' Musa, kızgın ve üzgün bir halde kavmine döndüğünde şöyle dedi: 'Benden sonra arkamdan ne kötü şeyler yaptınız! Rabbinizin emrini bekleyemediniz mi?' Levhaları yere attı, kardeşinin başını tuttu, kendisine doğru çekiyordu. Kardeşi dedi ki, 'Ey annem oğlu! Bu topluluk beni horlayıp hırpaladı. Nerdeyse canımı alıyorlardı. Bir de sen düşmanları bana güldürme. Beni şu zalim toplulukla bir tutma."

"Musa şöyle yakardı: 'Rabbim! Beni ve kardeşimi bağışla. Rahmetine sok bizi. Sen, rahmet edenlerin en merhametlisisin.' Danayı ilah edinenler var ya, yakında onlara Rablerinden bir öfke ve dünya hayatında bir zillet ulaşacaktır. İftiracıları böyle cezalandırırız biz! Günahlar işledikten sonra tövbe ile iman edenlere gelince, o tövbe ve imandan sonra Allah çok affedici, çok merhametli olacaktır. Öfke, Musa'yı rahat bırakınca, levhaları aldı. Onlardaki yazıda, yalnız Rableri karşısında ürperenler için bir rahmet ve bir kılavuz vardı."

"Musa, bizimle buluşma vakti için toplumundan yetmiş adam seçti. O şiddetli sarsıntı/korkunç titreşim onları yakalayınca Musa şöyle dedi: 'Rabbim, dileseydin, onları da beni de daha önce helâk ederdin. İçimizdeki beyinsizlerin yaptıkları yüzünden bizi helâk mı edeceksin? Bu iş senin imtihanından başka bir şey değildir. Onunla dilediğini şaşırtır, dilediğine yol gösterirsin. Sen bizim Velî'mizsin! O halde, affet bizi, acı bize! Sen affedenlerin en hayırlısısın! Bize hem bu dünyada güzellik yaz hem de âhirette! Dönüp dolaşıp sana geldik.' Buyurdu: 'Benim azabım var; ona dilediğimi çarptırırım. Rahmetime gelince, o her şeyi çepeçevre kuşatmıştır. Ben onu; sakınıp korunanlara, zekâtı verenlere, ayetlerimize inananlara yazacağım." (A'raf, 142-156)

"Musa kavminden bir topluluk vardır ki, hakka kılavuzluk/hak ile kılavuzluk eder ve yalnız hakka dayanarak adaleti gözetir. Biz onları, on iki torun kabileye ayırdık. Toplumu kendisinden su istediğinde de Musa'ya, 'Asanı taşa vur!' diye vahyettik. Taştan, on iki göze fışkırdı. Her oymak, su içeceği yeri belledi. Onların üzerlerine bulutları gölgelik yaptık, kendilerine kudret helvası ve bıldırcın indirdik. 'Yiyiniz size verdiğimiz rızıkların tazelerinden/lezizlerinden/temizlerinden!' Onlar bize zulmetmediler, ama öz benliklerine zulmediyorlardı." (A'raf, 159-160)

"Musa ile Harun'u ayetlerimiz eşliğinde Firavun ve kurmaylarına gönderdik. Kibre saptılar ve günahkâr bir topluluk oldular. Gerçek, katımızdan onlara geldiğinde şöyle demişlerdi: 'Hiç kuşkusuz, bu, apaçık bir büyüdür.' Musa dedi ki, 'Gerçek size ulaştığında böyle mi konuşuyorsunuz? Büyü müdür bu? Büyücülerin kurtuluşu yoktur.' Dediler ki, 'Sen bize, atalarımızı üzerinde bulduğumuz şeyden bizi çeviresin de bu toprakta devlet ve ululuk ikinizin olsun diye mi geldin? Biz, ikinize de inanmıyoruz.' Firavun seslendi: 'Tüm bilgin büyücüleri huzuruma getirin!' Büyücüler gelince, Musa onlara şöyle dedi: 'Ortaya koyma gücünde olduğunuz şeyleri sergileyin.' Onlar hünerlerini ortaya koyunca Musa dedi ki, 'Sergilediğiniz şey büyüdür. Allah onu mutlaka hükümsüz kılacaktır. Çünkü Allah, bozguncuların işini düzgün yürütmez. Ve suçlular hoş görmese de Allah, hakkı, kelimeleriyle ortaya çıkarıp kanıtlayacaktır."

"Firavun ve kodamanlarının kendilerine kötülük etmelerinden korktukları için, kavmi arasından bir soy/genç bir nesil dışında hiç kimse Musa'ya inanmadı. Çünkü Firavun, o toprakta gerçekten çok üstündü ve gerçekten onun bunun malından savurganlık yapan tam azgınlardan biriydi. Musa dedi ki, 'Ey toplumum! Eğer Allah'a inanmışsanız, müslümanlarsanız/Allah'a teslim olanlarsanız yalnız Allah'a dayanıp güvenin!' Şöyle yakardılar: 'Yalnız Allah'a dayandık. Rabbimiz! Bizleri, zulmedenler toplumu için bir imtihan aracı yapma!' 'O küfre sapmış toplumdan rahmetinle bizi kurtar!"

"Musa'ya ve kardeşine şunu vahyettik: Kavminiz için, kendilerini yerleştirmek üzere Mısır'da evler hazırlayın! Evlerinizi kıble yapın/karşılıklı yapın ve namazı/duayı yerine getirin! İnananlara müjde ver. Musa şöyle dedi: 'Rabbimiz! Sen, Firavun ve kodamanlarına şu iğreti hayatta debdebe verdin, mallar verdin. Rabbimiz! Senin yolundan saptırsınlar diye mi? Rabbimiz! Onların mallarını sil süpür, kalplerini şiddetle sık ki, acıklı azabı görünceye kadar inanmasınlar!' Allah cevap verdi: 'İkinizin duası kabul edildi. Dosdoğru ve dürüst biçimde yol alın ve ilimden nasipsizlerin yolunu sakın izlemeyin."

"Ve İsrailoğulları'nı denizden geçirdik. Firavun ve ordusu, azgınlık ve düşmanlıkla onları izlemekteydi. Nihayet, boğulma ümüğüne çökünce şöyle dedi: 'İman ettim. İsrailoğulları'nın inanmış olduğu dışında ilah yok. Ben de O'na teslim olanlardanım.' 'Şimdi mi? Daha önce isyan etmiş, bozgunculardan olmuştun. Bugün senin bedenini kurtaracağız ki, arkandan gelenlere bir ayet olasın. Ama insanların çoğu bizim ayetlerimizden gerçekten habersiz bulunuyor.' Yemin olsun, biz, İsrailoğulları'nı çok güzel bir yurda yerleştirdik ve kendilerine temiz/leziz/hoş/taze yiyeceklerden rızık verdik. Kendilerine ilim gelinceye kadar ihtilafa düşmediler. Hiç kuşkusuz, Rabbin, tartışmakta oldukları şey hakkında kıyamet günü aralarında hüküm verecektir."
(Yunus, 75-93)

"Musa'nın, kendi toplumuna şöyle dediği zamanı da hatırla: 'Allah'ın üzerinizdeki nimetini anın! Hatırlayın ki, sizi Firavun'un hanedanından kurtarmıştı. Onlar size azabın en kötüsüyle acı çektiriyorlar, erkek çocuklarınızı boğazlıyorlar, kadınlarınıza hayasızca davranıyorlar/kadınlarınızın rahimlerini yokluyorlar/kadınlarınızı hayata salıyorlardı. İşte bunda sizin için Rabbinizden gelen çok büyük bir deneme ve ıstırap vardır."
(İbrahim, 6)

"Ulaştı mı sana Musa'nın haberi? Hani, bir ateş görmüştü de ailesine şöyle demişti: 'Bekleyin! Gözüme bir ateş ilişti. Olabilir ki, ondan size bir kor parçası getiririm yahut onun üzerinde bir kılavuz bulurum.' Onun yanına geldiğinde kendisine 'Musa!' diye seslenildi. 'Benim ben, senin Rabbin! Hadi, pabuçlarını çıkar; sen kutsal vadide, Tuva'dasın! Ve ben seni seçtim; o halde, vahyedilecek olanı dinle! Hiç kuşkulanma ki, ben Allah'ım! İlah yoktur benden başka! O halde, bana ibadet et ve namazı/duayı, benim zikrim için/beni hatırlayıp anmak için yerine getir! Kuşku duyma ki, o saat gelecektir. Onu neredeyse gizliyorum ki, her benlik, gayretinin karşılığını elde etsin. O halde, ona inanmayıp keyfi peşinde giden, seni ondan yüz geri etmesin. Yoksa perişan olursun!"

"Nedir o sağ elindeki ey Musa?' Cevap verdi: 'O, benim asamdır. Ona dayanırım, onunla koyunlarıma ağaçtan yaprak indiririm. Onda, işime yarayan başka özellikler de vardır.' Buyurdu: 'Yere at onu ey Musa!" O da onu attı. Bir de ne görsün, bir yılan olmuş o, koşuyor. Buyurdu: 'Al onu, korkma! Biz onu ilk görünümüne döndüreceğiz. Bir de elini koynuna sok! Bir başka mucize olarak lekesiz, bembeyaz bir halde çıksın. Böylece sana en büyük mucizelerimizden bazılarını göstereceğiz. Firavun'a git; çünkü o, azdı.' Musa dedi: 'Rabbim, göğsümü açıp genişlet; İşimi bana kolaylaştır. Dilimden düğümü çöz, ki, sözümü iyi anlasınlar. Bana ailemden bir yardımcı ver, kardeşim Harun'u. Onunla sırtımı kuvvetlendir! Onu işime ortak kıl! Taki seni çokça tespih edelim! Seni çokça analım! Kuşkusuz, sen, bizi görmektesin."

"Rab buyurdu: 'İstediğin sana verildi, ey Musa! Yemin olsun, sana bir kez daha lütufta bulunmuştuk.' Hani, annene vahyedileni şöyle vahyetmiştik: 'Onu tabuta koyup ırmağa bırak! Irmak onu sahile götürsün ki, benim de düşmanım, onun da düşmanı olan biri onu alsın. Üzerine kendimden bir sevgi bıraktım ki, gözümün önünde yetiştirilesin. Hani, kız kardeşin gidiyor, şöyle diyordu: 'Onun bakımını üstlenecek kişiyi size göstereyim mi?' Nihayet, seni annene geri döndürdük ki, gözü aydın olsun, tasalanmasın. Sen bir de adam öldürmüştün. O zaman seni gamdan kurtarmıştık. Seni iyice bir imtihana çekmiştik."

"Bunun ardından sen Medyen halkı arasında yıllarca kaldın. Sonra, belirlenen bir vakitte/bir kadere göre geliverdin, ey Musa! Seni kendim için seçip yetiştirdim. Sen ve kardeşin, ayetlerimi götürün; beni anmakta gevşeklik etmeyin! Firavun'a gidin, çünkü o azdı. Ona yumuşak ve tatlı bir sözle hitap edin; belki öğüt alır yahut ürperir."

"Dediler: 'Rabbimiz, onun aleyhimizde bir taşkınlık yapmasından yahut yine azmasından korkuyoruz!" Buyurdu: 'Korkmayın! Ben sizinle beraberim; işitiyorum, görüyorum. Hadi, gidin ona! Deyin ki, 'Biz senin Rabbinin iki resulüyüz. İsrailoğullarını bizimle gönder, onlara işkence etme! Rabbinden sana bir mucize getirdik. Selam, hidayete uyanlaradır. Azabın, yalanlayıp yüz çevirenler üzerine olacağı bize vahyedildi.' Firavun dedi: 'Sizin Rabbiniz kim, ey Musa?' Musa dedi: 'Rabbimiz, her şeye yaratılışını lütfeden, sonra da yol yordam gösteren kudrettir." (Tâha, 9-50)

"Yemin olsun ki, biz Musa'ya kitabı verdik. Kardeşi Harun'u da onun yanında vezir yaptık. Ardından şöyle dedik: 'Ayetlerimizi yalanlayan topluluğa gidin.' Biraz sonra da o topluluğu yerle bir ettik." (Furkan, 35-36)

"Yemin olsun, Musa'yı da ayetlerimizle ve apaçık bir kanıtla göndermiştik. Firavun'a, Hâmân'a ve Karun'a göndermiştik de onlar şöyle demişlerdi: "Tam yalancı bir sihirbazdır bu!" (Mümin, 23-24)

"Firavun dedi ki, 'Bırakın beni, şu Musa'yı öldüreyim de Rabbine yalvarsın. Çünkü onun, dininizi değiştirmesinden yahut yeryüzünde fesat çıkarmasından korkuyorum." (ag. sure, 26)

"Firavun hanedanından, imanını gizleyen bir adam şöyle konuştu: 'Rabbim Allah'tır' dediği için bir adamı öldürüyor musunuz? Üstelik size, Rabbinizden açık seçik deliller de getirdi. Eğer yalancıysa yalancılığı kendi aleyhinedir. Eğer doğru sözlü ise size vaat ettiklerinden bir kısmı başınıza gelir. Kuşkusuz, Allah, zulme saparak onun bunun hakkı olandan savurganlık yapan yalancıları doğruya ulaştırmaz. Ey toplumum! Bugün bu toprakta, birbirine destek veren insanlar olarak mülk ve yönetim sizin. Peki, karşımıza dikildiği zaman Allah'ın azabından bizi kim kurtaracak?' Firavun şöyle dedi: 'Ben size kendi fikrimden başkasını göstermem. Ve ben, sizi, aydınlık/doğruluk yolundan başkasına da kılavuzlamam." (Mümin, 28-29)

"Firavun dedi: 'Ey Hâmân, sebeplere ulaşabilmem için bana yüksek bir kule yap! Göklerin sebeplerine ulaşırsam, Musa'nın Tanrı'sına da ulaşırım. Ben onun yalancı biri olduğunu düşünüyorum.' Firavun'a, yaptığı işin kötülüğü bu şekilde süslü gösterildi de yoldan saptırıldı. Firavun'un tuzağı hep kayıptadır." (Mümin, 36-37)

ÖZGÜRLÜK VE İSYAN ÖNDERİ OLARAK PROMETHEUS

"Tıpkı İbranilerin Âdem ile Havva miti gibi, Yunanlıların Prometheus miti de, tüm insan uygarlığının bir itaatsizlik eylemine dayandığını kabul eder. Tanrılardan ateşi çalan Prometeus, insanın evrimine zemin yaratır. Prometeus'un 'suçu' olmasaydı, insanlık tarihi olmayacaktı. O da Âdem ve Havva gibi, itaatsizliğinden ötürü cezalandırılır. Fakat o, tövbe etmez ve bağışlanmayı dilemez. Aksine, gururla, 'Tanrıların itaatkâr hizmetkârı olacağıma şu kayaya zincirlenmeyi yeğlerim,' der."

"Eğer itaatsizlik, insanlık tarihin başlangıcını oluşturduysa, söylediğim gibi, itaat de pekala bunun sona ermesine neden olabilir. Sembolik veya şiirsel anlamda konuşmuyorum. İnsan türünün gelecek beş, on yıl içinde uygarlığı ve hatta yeryüzündeki yaşamı yok etme imkânı veya ihtimali var. Bunda bir anlam ya da mantık yok. Fakat gerçek şu ki, bizler teknik olarak Atom Çağı'nda yaşarken, insanların çoğu-iktidarda olanların çoğu dahil- duygusal anlamda hâlâ Taş Devri'nde yaşıyor. Matematik, astronomi ve doğabilimlerinde yirminci yüzyılda bulunuyor olmamıza rağmen, siyaset, devlet ve toplum hakkındaki görüşlerimizin çoğu, bilim çağının çok gerisinde kalıyor. Eğer insanlık intihar ederse bu, ölümcül düğmelere basmalarını emredenlere itaat etmeleri yüzünden; devletin egemenliği ve ulusal onur gibi köhnemiş klişelere boyun eğmek yüzünden ola-caktır. Sovyet liderleri, devrimler hakkında çok konuşurlar, 'özgür dünyadaki' bizler ise özgürlük hakkında çok konuşuruz. Oysa onlar da biz de, itaatsizliğin cesaretini kırarız: Sovyetler Birliği'nde açıkça, güç kullanarak, özgür dünyada ise dolaylı olarak ve daha üstü kapalı ikna yöntemleriyle bunu yaparız." (Fromm, *İtaatsizlik Üzerine*, 10-11)

Eski Yunan mitolojisinde ışık ve aydınlığın yılmaz taşıyıcısı olan Prometheus'un, karanlığı saltanat aracı yapmış yedek ilahlar panteonuyla, özellikle panteonun başı olan Zeus'la çekişmesinin ve sonuçta Zeus'un kahrına uğrayıp akıl almaz işkencelere maruz kalmasının dört ana sebebi var:

1. Panteon ilahlarının, tekelinde olduğu varsayılan aklı kullanmaya yeltenmek,

2. Panteonun yanında değil, insanların, halkın yanında yer almak,

3. Halkın kullanımına verilmeyen ateşi panteonun izni olmadan halka götürmek,

4. Kurban edilen boğanın en iyi yerlerini Zeus'a vermek yerine halka dağıtmak.

İslam dünyasındaki maskeli panteon şürekâsına (yedek ilah güçlere) karşı çıkan tevhit erlerinin yaptıklarıyla nasıl da benzeşiyor Prometheus'un yaptıkları. Devam edelim:

Zeus, Prometheus'un, panteonun itibarını ve egemenliğini zedelediğine inanır ve onu bu suçundan dolayı cezalandırmaya karar verir. Adının kelime anlamı **'önceden gören'** veya **'herkesin göremediğini gören'** demek olan Prometheus, panteonun başına dert açacak bir devrimin habercisi ve hazırlayıcısıdır.

Batı'ya isyanı, **'gerçek üstücülük'** akımına öncülüğü ve şiiri 'gönül gözü' olarak anlamasıyla efsaneleşmiş Fransız şairi **Arthur Rimbaud** (ölm. 1891) Prometheus'un kelime anlamını veren **'voyant'** sözcüğünü şiirinde kullanmakta, ışık ve akıl adına panteonlara isyan eden Prometheusları yüceltircesine şunu söylemektedir:

**"Honneur au voyant superieur,
Au superieur voyant honneur!"**

Yani, **"Onur, o herkesin göremediğini gören yücenin. O

BEŞİNCİ BÖLÜM

herkesin göremediğini gören yücenindir onur."

Zeus-Prometheus kavgasının özünde akıl, ışık ve özgürlük gibi değerlerin panteondan halka kaymasının yarattığı panik vardır. Bu paniğin nasıl belirginleştiğini anlamada, Kur'an Sâd suresinin ilk ayetlerini okumak çok anlamlı olacaktır. O ayetler, Mekke panteonunun, ışık ve aydınlığı genelleştiren mesaj karşısında geleneksel ilahlarını savunma güdüsüyle kopardıkları feryadı ve savurdukları tehditleri gündem yapmaktadır:

Modern Türkiye'nin gelenekçi panteon mensuplarının, çağdaş Prometheusların zuhuru üzerine kopardıkları kıyamet ve başvurdukları zulüm, iftira ve sefilliklerle, mitolojik Prometheus'a yapılanlar içerikte ve yöntemde hemen hemen aynıdır.

Son yıllarda, **'Kur'an'daki İslam'** söylem ve hizmetine karşı çıkan 'maskeli şirk' panteonu ile bu panteona şu veya bu gerekçeyle destek veren 'çağdaş yaftalı bazı kahpeler'in tavrını, şu satırların yazarının iman ve fikir mücadelesini izleyenler çok iyi bilirler.

Tam bu noktada, çağdaş bir araştırıcının, Prometheus hikâyesini anlatırken yazdıklarından bazı satırlar aktaralım:

"**Prometheus ailesi, akıl gücünden pay almışlardır, akıldan yana üstündürler ve bu üstünlükleriyle övünüp Zeus'a karşı gelmeye yeltenirler. Akıl gücüyse Zeus'un tekelindedir. Bu gücü başkasında görmek, akıl almaz bir öfke uyandırır onda. Prometheus başlangıçtan beri insanlardan yana geçmiştir. Panteonun egemenliği yerine insanların egemenliğini getirmek istemektedir. Yeni bir devrimin hazırlayıcısıdır. Akıl gücü, panteo-**

nun ilahlarından insanlara, halka geçmektedir. İnsan kendi gücünün bilincine varmaktadır; panteona karşı ayaklanmaktadır."

"Bu tragedya bütün koşulları ve sorunlarıyla insanlığın dramını yansıtır. Prometheus insanın temsilcisidir. İçinde çırpındığı olaylarsa günümüzün deyimiyle politik diye nitelenebilecek olaylardır. Prometheus, ateşi (ışık ve imkân) panteonun tanrılarından çalıp insanlara vermiş, panteon ilahlarının kurduğu düzene karşı geldiği için zincire vurulmuştur. Prometheus iki kavram üzerinde durup direniyor: Bilinç ve özgürlük. Onu eleştiren dostları bile şu suçlamayı yapmaktadır: Dilin fazla özgür."

"Zeus, Prometheus'un ailesini yenip yönetimi tümden ele aldıktan sonra bir düzen kurmuş ve bu düzende krallık tahtını kendine ayırıp panteonun öteki ilahlarına da birtakım onur payeleri vermiştir. Bütün tanrılar Zeus'un düzenine isteyerek ya da istemeyerek uymuşlardır. Tek baş kaldıran, Prometheus'tur. Kavga, Zeus'la Prometheus arasında bir kölelik-özgürlük kavgasıdır." (Azra Erhat, *Mitoloji Sözlüğü*, Prometheus mad.)

Olayın her devirde aynı kalan esası şudur:

Gücünün, etki ve egemenliğinin tehlikeye düştüğünü fark eden panteon kodamanları, Prometheus'u doğduğuna pişman edip yeni benzerlerinin ortaya çıkmaması için çok ciddi tedbirler almak zorundadırlar. Tedbirlerin esasını acımasızlık oluşturmaktadır.

Prometheus zincire vurulur ve Zeus'un emriyle büyük bir kartal tarafından her gün ciğerleri yenir ve her gece yeniden yerine gelir. Ve bu işkence, kahraman

Herkül'ün kartalı öldürmesine kadar sürer. Işığın ve aklın kullanımını insanların ortak değeri haline getirmeye panteonun verdiği cezadır bu. Ve **Prometheus**, zincirde bu acıları çekerken, halka şunu söyler:

"**Ben bunca acıya rağmen ışığı size getirdim; artık ona sahip çıkmak ve onu bir daha panteona teslim etmemek size kalmıştır.**"

Unutmayalım: Bu ışık-ateş sembolü, hem de kılavuz, aydınlık, imkân ve nimet işareti olarak Kur'an tarafından da kullanılmıştır. Hem Hz. İbrahim hem de Hz. Musa bahsinde.

Prometheus destanından çıkarılması gereken dersi yerine oturtmak ve çağdaş Prometheusların hakkını gereğince teslim etmek için birkaç şey daha söyleyelim:

Günümüz İslam dünyasında, o arada Türkiye'de, ışık ve aydınlığın kitlelere ulaşmaması için mücadele eden ve mücadelesinde acımasızlık, iftira, yalan ve sefilliğin en uç örneklerine başvuran yedek ilah panteonları vardır. Bu panteonlar, çeşitli adlarla dokunulmaz, eleştirilmez kılınmış ve öldüklerinde fosilleri de kutsallaştırılan kişilerden oluşmaktadır. Bu geleneksel panteonların temsil ettiği maskeli şirki deşifre etmek ve ışığı kitlelere iletmek yeni Prometheusları kaçınılmaz kılmaktadır.

Prometheuslar her coğrafyada vardır. Cumhuriyet Türkiyesinde epeyce vardır. Bütün mesele, Prometheusların taşıyıp teslim ettikleri ışığı koruyup hedefine vardıracak nitelikte kitlelere sahip olup olmadığımızdır. Buna şu anda olumlu bir cevap vermek imkânından ne yazık ki yoksun bulunuyoruz.

Türkiye'de, siyaset ve onunla büyük ölçüde el ele vermiş

bulunan medya başta olmak üzere, birçok güç odağı, parçalayıp yok ettikleri Prometheusların etleriyle beslenir hale gelmiştir. Müslüman coğrafyaların en büyük belası budur; parasızlık değil.

Peki, panteon tarafından kullanılıp sömürülen kitle ne yapıyor?

Kitlenin bir kısmı hurafe afyonu ve tarikat morfiniyle uyuşturulmuş; ya uyumakta yahut da hezeyan savurmaktadır. Bir kısmı ise vur patlasın çal oynasın yiyip içip tepinmektedir. Hurafe veya şehvet pazarlayan ekranlarla din adına ilkellik satan veya **Sodom-Gomora pornoculuğu** sürdüren bir yığın **gazete ve dergi** bunun tartışılmaz tanıkları değil mi?

Anlaşılan o ki, İslam dünyasında, uyanış ve direniş sergileyecek bir **bilgi-bilinç-eylem kitlesi**nden söz edebilmek için daha uzun süre beklemek gerekiyor. Biz şimdilik, Prometheuslara nankörlüğün çöküş ve batış getireceğini bir kez daha kaydettikten sonra şunun altını da çizelim:

Kur'an'ın, yüzyıllardır üstü örtülen beyyinelerinden epeycesinin, ama özellikle üçünün üstündeki örtüyü, Müslüman coğrafyalardaki **Prometheusların öncüsü** kaldırdı. Bunlar **Bakara suresi 104, Yunus 100, Fâtır 5 ve Hadîd 14.** ayetlerdir. İlkinde, insanlara "**Sürüleşip de birilerine 'Bizi davarları güder gibi güt!' demeyin!**" emri veriliyor. İkincisinde ise "**Allah, aklını işletmeyenler üzerine pislik atar!**" buyuruluyor. Üçüncü beyyinede ise "**Sakın Allah ile aldatılmayın!**" uyarısı yapılıyor. Prometheusların öncüsü, bu beyyinelerin her birini birer devrim eserle kitlelerin önüne koyup vicdanlara ulaştırdı.

İslam coğrafyalarında bu ayetlerin ruhu kavranıp gereği

yapılmaya başlandığında, **öncü Prometheus**'un hakkı ve çapı, ona saldıranlarca da teslim edilmiş olacaktır. Adını ansalar da anmasalar da. Çünkü **tarih, gerçeğe bir biçimde mutlaka söz hakkı verir.**

Prometheus, her devirdeki belirişiyle ölümsüz ve saygındır. Tıpkı ışık ve akıl gibi.

PEYGAMBERLER-PROMETHEUS ORTAK MÜCADELESİNİN ORTAK İMGESİ: IŞIK VE ATEŞ

Prometheus'la büyük isyan ve özgürlük önderi peygamberlerin mesajının ortak sembolü olan ışık-ateş imgesi temel göstergedir. Işık (nur) genelde tümü vahyin, özel olarak da Kur'an vahyinin adıdır. Nur sözcüğü kullanıldığı 43 yerinde tümünde bu anlamlardadır. Vahyin buyruklarını toplayan kitapları niteleyen **'münîr'** (ışık saçan) tabiri de nur sözcüğünün bir türevdir ki 6 yerde bu anlamda kullanılmıştır. Nur ayrıca, Kur'an'ın özel adlarından biridir. Prometheus, bütün çileleri ateşi, ışığı (aklı) insanlara, halklara getirmek için çekmiştir.

Işık-ateş (nur ve nar) Kur'an'ın ve peygamberler tarihinin Tanrı'dan sonraki temel kavramıdır.

Özellikle Hz. Musa bahsinde ışık-ateş, Prometheus'taki kullanıma benzer bir kullanım sergilemektedir. Prometheus dağa sürülmüştür, Musa da dağa çıkmıştır. Ortak söylem, ışığın-ateşin dağdan alınarak halka ulaştırılmasıdır. Prometheus egemen güç tarafından cezalandırılarak dağa sürülmüştü, Musa ise ışığı getirmek üzere dağa çıktığında arkasında bıraktığı halk ona ihanet ederek buzağıya tapmıştır. Bu ayrıntılar dışında iki serüvende de her şey aynıdır. Musa, Tur'a giderken ailesine şunu söylüyor:

"Bekleyin! Gözüme bir ateş ilişti. Olabilir ki ondan size bir kor parçası getiririm yahut o ateş üzerinde bir kılavuz bulurum." (Tâha, 10)

"Musa, ailesine şöyle demişti: "Ben bir ateş fark ettim. Ondan size bir haber getireceğim yahut parlak bir kor getireceğim ki ateş yakıp ısınabilesiniz!" (Neml, 7)

HZ. MUHAMMED

ÖZGÜRLÜKLER PEYGAMBERİ

Peygamberler kervanının son ve bu itibarla en büyük temsilcisi olan Hz. Muhammed **'prangalar kırmak'**la seçkinleşen bir özgürlükler peygamberidir.

Pranga kırmada temsilcilik vasfı, son peygamber için 'olmazsa olmaz', alameti farika bir nitelik olarak ve matematiksel bir formülle verilmiştir. Şu beyyineye yakın:

"Onlar ki, yanlarındaki Tevrat ve İncil'de yazılmış bulacakları ümmî peygamber Muhammed'e uyarlar; o onlara iyiliği emreder, kötü ve çirkinden onları alıkoyar. Güzel/temiz/leziz/taze/hoş şeyleri onlara helal kılar, pis şeyleri onlara yasaklar. Sırtlarından ağırlıklarını indirir, üzerlerindeki zincirleri, bağları söküp atar. Ona inanan, onu destekleyen, ona yardım eden, onunla indirilen ışığa uyan kişiler, kurtuluşa erenlerin ta kendileridir." (A'raf, 157)

MUHAMMED'İN İSYANI

Muhammed İsyanının Evrenselliği:

Kur'an, peygamberlerin uyarı görevlisi olduklarından sık sık söz eder. Kullanılan sözcük, **inzar** sözcüğüdür.

Uyarı (inzar), hele her biri bir kıyamet olan peygamberlerden geldiğinde açık bir isyanı da beraberinde getirir. Çünkü peygamberin en sıcak duygu ve en samimi yaklaşımlarla yaptığı uyarı, karşısındaki kitlenin (ki tamamına yakını her devirde müşriktir) çıkarlarına, hesaplarına ciddi tehditler içerdiği için aynı zamanda bir isyan niteliğindedir. Esasen, uyarı anlamındaki inzar sözcüğünde ürpertme, korkutma anlamları da vardır ki sözcüğün, **'korkulası şeylere dikkat çekerek uyarmak'** (Râgıb, *Müfredât*, nzr) anlamında kristalleşmesini sağlar.

Kur'an'ın mahbatı ve tebliğcisi olan Hz. Muhammed, bizzat Kur'an tarafından defalarca **'nezîr'** (uyarıcı) olarak isimlendirilmektedir. Esasen, **'nezîr'** sıfatı bütün nebilerin ortak sıfatlarından biridir. Ancak Hz. Muhammed'in uyarısı (veya isyanı), bir kente, bir bölgeye, bir ırka, bir medeniyete, bir dilin veya rengin mensuplarına değil, tüm insanlığadır. Dahası, bu isyan-uyarı tüm zamanları içeren bir yapıdadır. Yani **Muhammed'in uyarısı hem zaman bakımından hem de mekân bakımından evrenseldir.** Bu gerçeği ifadeye koyan temel beyyine En'am 92 ile Şûra 7. ayetlerdir:

"Bu bizim, kentlerin/medeniyetlerin anasını uyarman için indirdiğimiz bir kitap. Kutsal-bereketli, kendinden öncekini doğrulayıcı. Âhirete inananlar, ona da inanırlar ve onlar namazlarına/dualarına devam ederler." (En'am, 92)

"İşte böyle! Biz sana Arapça bir Kur'an vahyettik ki, ülke ve medeniyetlerin anasını ve çevresindekileri uyarasın. Ve toplama günü konusunda da uyarıda bulunasın. Hiç kuşku yok o günde. Bir bölük cennettedir, bir bölük ateştedir." (Şûra, 7)

'**Ülke ve medeniyetlerin anası**' anlamında kullanılan tabir, '**ümmü'l-kura**' tabiridir. Ümmül Kura tabiri, klasik tefsirlerde Mekke diye anlamlandırılmıştır. Evet, Mekke de bir ümmül kuradır ama Kur'an'ın uyarı ve daveti sadece Mekke'ye münhasır değildir. Bütün zamanların ve medeniyetlerin, bütün coğrafyaların başkentleri bu uyarı ve çağrıya muhataptır.

Kur'an zaman ve mekân bakımından evrensel olduğu için, onun uyarısı (bu demektir ki Kur'an'ın ve Hz. Muhammed'in isyanı) her devrin tüm başkentlerine yönelik olacaktır.

MUHAMMEDÎ İSYANININ YÖNELDİĞİ ANA HEDEFLER

Zulüm:

Hz. Muhammed'in yöneldiği ilk ve temel isyan hedefi zulüm ve zalimlerdir. Kur'an'ın sadece en büyük düşmanı değil, tek düşmanı zulümdür. Böyle olunca Kur'an'ın mübelliği Hz. Muhammed'in temel düşmanı ve temel isyan hedefi de zulüm olacaktır.

Zulüm ve zalimler meselesini bu eserin üçüncü bölümünün beşinci faslında incelemiş bulunuyoruz.

Riyakârlık:

Tek düşman zulümdür, en büyük zulümlerden biri de şirktir. Ve riyakârlık, şirkin en zehirli, en namert şeklidir. O halde riyaya isyanı olmayanın Allah'a imanı olamaz.

Bu meseleyi biz, **'Şirk'** adlı eserimizde genişçe inceledik.

Mabet Tasallutu:

Mabet tasallutunun din perdesi altında zehirli bir dinsizlik olduğunu insanlığa ilk duyuran kitap Kur'an'dır. **'Mescidi zırar'** (insanlığa zarar veren mescitler) tabir ve kavramını ve bu kavramın ayrıntılı açıklanışını veren tek kutsal metin, Kur'an'dır. (bk. Tevbe suresi, 107-110)

Bunun içindir ki, Hz. Muhammed'in isyan hedeflerinden biri de **'zarar veren mescitler'** olmuştur. Dahası var:

İnsanlık tarihinde mabet yıkan ilk peygamber, Hz. Muhammed'dir.

'Zarar veren mescitler' meselesini biz, **'Allah ile Aldatmak'** adlı eserimizde genişçe incelemiş bulunuyoruz. Burada şu kadarını söyleyelim:

Geleneksel Emevî dinciliği, Kur'an dinini namaz ve camiden ibaret bir mantra dinine döndürüp inşa ettiği camilerde kitlenin beynini yıkamayı kusallaştırdığı için, 'zarar veren mescit' kavramıyla ilgili bir yığın yalan üreterek, Kur'an'ın bu hayatî kavram ve uyarısının yarattığı tehditten kurtulmak istemiştir.

Bir kere, 'bir ayetin, iniş sebebinin özel bir olay olması, o ayet veya ayetlerin zamanüstü, genel anlamının göz ardı edilmesinin gerekçesi yapılamaz. Tefsir ilminin genel kurallarından biri de budur. Mescidi zırarla ilgili anlatılan hikâyelerin hiçbirinin Kur'ansal bir dayanağı yoktur. Kur'an, en hayatî kavram ve mesajlardan biri olan zarar veren mescitler kavramını hiçbir iniş sebebine bağlamadan mutlak mesaj olarak vermiş, bir mescidin 'zarar veren mescit' olmasına yol açan nitelikleri de tek tek saymıştır. Başka bir deyişle, Kur'an, zarar veren mescit kavramını zamana, zemine, iniş sebeplerine bağlamanın yollarını bizzat kendisi tıkamıştır. Kavramı açıklayan beyyinelerdeki niteliklere bakarak 'zarar veren mescit ne tür bir mescittir' sorusunun cevabını biz bulacağız.

Mal ve Para Putu:

Bütün peygamberler, insanın mal ve servetinde dilediği gibi tasarrufuna karşı çıkmışlardır. Çünkü böyle bir tasarruf, mal ve servetin elde edilmesinde zulme başvurulduğunun kanıtıdır.

Mal ve servet putunu kırmak için zorunlu ihtiyaçtan fazlasının paylaşıma, kamu menfaatine açılması esas alınmıştır. Bundan şikâyeti olan, mal ve para putuna tapıyor demektir. Bu putlara tapanlarla isyan ise peygamberliğin, yani hakkı egemen kılmanın kaçınılmaz koşuludur. Para ve mal putlarına tapanlara isyanı olmayan bir benliğin bırakın peygamberliğini, peygamberin mesajına iman etmesi bile söz konusu olamaz.

Mal ve para putuna isyanın temel göstergelerinden biri olarak **Kur'an, toprakta sınırsız özel mülkiyet kabul etmez. Toprak onu işleyenindir. İşleme işi sona erince devlet o toprağı işleyecek bir başkasına verir.**

Bir şey daha var:

Yer altı kaynakları insanlığın ortak malıdır. Kaynak hangi devletin arazisinde olursa olsun, geliri bütün insanlığındır. Bu kaynakların başında su gelmektedir.

Bugünkü dünyanın bulunduğu yerden bakarsak, insanlığa en uzak galaksiler kadar uzak bu gerçekler asla anlatılmadı. Muhammed'in mesajı bunlardı, sarık ve sakal değil. Bu gerçeklerin üstü, dinci egemen güçler tarafından sistemli bir biçimde örtüldü. Bununla da yetinilmedi, İslam, emperyalizmin çıkarlarına adapte edilerek, bir tür kapitalist Karun dini gibi gösterildi.

Hz. Peygamber'in Bedduası

İslam Peygamberi'nin bütün hayatı boyunca yaptığı bedduaları saysanız bir elin parmak sayısını bulmazlar. Ben üç bedduasını bulabildim. Bunların başında, onun isyan hedefi olan mal ve parayı ilahlaştıranlara yaptığı bedduasıdır.

Hz. Peygamber, bedduasının konusu yaptığı olumsuz bir tip belirliyor: **'Gümüş ve altın paranın kulu-kölesi olmuş kişi.'** Özgün şekliyle, **'abdü'd-dirhemi ve'd-dînar'**

Paranın kullarının kimliklerini ayrıntılı biçimde tanıtan ve onlara ebedî bir bedduada bulunan peygamber sözünün tamamı şöyledir:

"Gümüş ve altın paranın, kadifenin, süslü-püslü giysilerin kulu-kölesi olan, yüzükoyun yere çakılıp gebersin! Yüzükoyun yere çakılsın da yerlerde sürünsün! Vücudunun her yanına dikenler batsın da o dikenleri çıkaran bulunmasın!" (Buharî, cihad 70, rikak 10; İbn Mâce, zühd 8: hadis 4135-4136)

Tarih ve yaşadığımız günler bize göstermiştir ki, haçlı engizisyondan **Deniz Feneri** soygununa kadar istisnasız bütün dinciler öncelikle ve özellikle paranın kulu-kölesi olmuş kişilerdir. Bunların fakirleri paranın hayaliyle ruhsuzlaşırken, zenginleri Karunlar gibi servet yığarak firavunlaşmaktadır. Hz. Muhammed, bu Karunlarla mücadele etti, günahkârlarla değil.

Hz. Muhammed isyanının bu yanını biz, **'Maun Suresi Böyle Buyurdu'** ve **'Ebu Zer'** adlı eserlerimizde ayrıntılarıyla inceledik.

Altıncı Bölüm
İSLAM TARİHİNİN ÖZGÜRLÜK VE İSYAN ÖNDERLERİ

EBU ZER

Ebu Zer'in insanlık ve İslam düşünce tarihi açısından ifade ettiği büyük anlamın ayrıntılarını biz, **'Ebu Zer'** adlı bağımsız bir eserle incelemiş bulunuyoruz. Burada çok kısa bir özet vermekle yetineceğiz.

İslam tarihinde, egemen despot güce karşı özgürlük ve paylaşım mücadelesi verenlerin ilki, büyük sahabî Ebu Zer'dir. **Ebu Zer, mücadelesinde başarısız olmuştur.** Karşı çıkışının faturasını ıstıraplar içinde bir başına ölüp giderek ödedi.

Ne ilginç kaderdir ki, **Ebu Zer'le başlayan özgürlük ve paylaşım mücadelelerinin hemen tamamı başarısızlık ve şehitlikle sonuçlandı.** Ebu Zer'den **Mahmud Muhammed Tâha**'ya kadar. **Tek istisna, Mustafa Kemal Atatürk'tür.** O, özgürlük haykırışında hem başarılı oldu hem de kendinden önceki şehit öncülerin âdeta intikamını alırcasına egemen despot gücü ve yardakçılarını dize getirdi.

Ölümsüz Mustafa Kemal, İslam tarihinde akılcı, paylaşımcı, yaratıcı benliklere yapılan zulümlerin intikamını almada bir tür ilahî kılıç gibi de misyon icra etmiştir. Mustafa Kemal'i, şehit önderlerin dualarına tarihin ve Tanrı'nın bir cevabı olarak da görebiliriz. Ayrıntıları ileriki fasıllarımızda görmek üzere tekrar Ebu Zer'e dönelim.

Dinin kredilerini hanedan çıkarlarına âlet ederek İslam tarihinde ilk sapmalara vücut veren gidişe ilk karşı çıkışın sesi ve öncüsü, **tarihin ilk ruhçu ve eylemci sosyalisti** olan devrimci, büyük sahabî Ebu Zer'dir. Biz onun kutsal mücadelesini bağımsız bir eserle ortaya koymuş bulunuyoruz. Burada, elinizdeki eserin sistematiğine uygun olarak kısa bir bilgi vermekle yetineceğiz.

Ebu Zer'in mücadelesi, soy bakımından bir Emevî olan üçüncü halife Osman zamanında başladı. Ebu Zer, Osman'ın bu göreve liyakatinde ciddi şüpheleri olmakla birlikte Müslümanların onu seçtiğini görünce ona da bîat etti. Ne var ki, Osman'ın yanlış icraatını görünce onu şiddetle eleştirdi. Daha doğrusu, verdiği fetvalarla Osman'a bir tür savaş açtı. Osman'da onun konuşmasını yasakladı. Halife'nin yandaşları Ebu Zer'in dikkatini çektiler: "Müminlerin emiri senin fetva vermeni yasaklamadı mı?"

Cevabı tam Ebu Zer'ce idi:

"Allah'a yemin ederim ki, kılıcı ense köküme dayasalar, Tanrı Elçisi'nden duyduğum bir sözü boynum vurulmadıkça söylemezlik etmem." (İbn Sa'd, *Tabakaat*, 2/354)

Ebu Zer, eleştirilerinde Hz. Peygamber'in şu sözünü, özellikle öne çıkarıyordu:

"Benden sonra ümmetimden öyle bir topluluk gelecek ki, Kur'an'ı okuyacaklar ama Kur'an onların gırtlaklarından aşağı inmeyecek. Bunlar okun yaydan fırladığı gibi, dinden çıkacaklar ve bir daha da geri dönmeyecekler." (İbn Sa'd, age. 7/29-30)

Hicrî 23 yılında, Kıbrıs'ın fethine de katılmıştır. Muaviye ile arasının açılması da **Kıbrıs fethi** üzerine Muaviye'nin icraatını eleştirmesiyle başlamıştır. Muaviye'yi eleştiriyor diye Osman'a gammazlandığında Halife tarafından âdeta bir terörist muamelesine tâbi tutuldu. Muaviye'ye emir veren Osman, Ebu Zer'i çulsuz bir hayvanın sırtında ve serseri bazı insanların refakatinde Medine'ye getirtti. Osman, huzuruna gelen Ebu Zer'e hakaretler yağdırarak şöyle dedi:

"Benim aleyhimde konuşuyormuşsun. Bu şehirden hemen çıkıp git ve bir daha buraya dönme."

Belâzürî'nin kaydına göre (bk. *el-Ensâb*, 6/171 vd.), mesele şöyle başlayıp gelişti: Müslümanların beytülmalını akrabası Emevîlere talan ettiren Osman, bir ara Peygamber'in Medine'den sürdüğü **Mervân bin el-Hakem**'le, **Hâris bin Hakem bin Ebul Âs**'a, bu arada talan sırıtmasın diye, Ensar'dan **Zeyd bin Sâbit**'e hazineden büyük miktarlarda paralar verdi. Olay Medine'de yayılınca, Ebu Zer, Kur'an'ın şu ayetini her tarafta okuyup Osman'ı eleştirmeye başladı:

"Ey iman sahipleri! Şu bir gerçek ki, hahamlardan ve rahiplerden birçoğu halkın mallarını uydurma yollarla tıkabasa yerler de insanları Allah'ın yolundan usandırarak vazgeçirirler/insanları Allah yoluna karşı konuma getirirler/insanları, suyolunu kesmiş zehirli yılanlar gibi ürkütürler. Altını ve gümüşü depolayıp da onları Allah yolunda harcamayanlara korkunç bir azap muştula!" (Tevbe, 34)

Anlaşılan o ki, Ebu Zer'in **kenz** ayetini böylesine radikal bir yorumla gündem yapması zenginleşen insanlar yüzünden değil, kamu maliyesinin Emevîlerce talan edilmesi yüzündendir. Yani **Ebu Zer'in radikal içtihadı servete ve zenginlere değil, haram servet kodamanlarına yönelikti.**

Osman, kamu hazinesini maruz bıraktığı bu talanı, **'sıla-i rahim: akrabaya yardım ve ilgi'** ile açıklıyor ve sıla-ı rahmin dinin emri olduğunu iddia ediyordu. (Mâverdî, *el-Ahkâmu's-Sultaniyye,* 128; el-Aktaş, 359) Halkın ortak imkânları ona buna peşkeş çekiliyor ve bunun dinsel gerekçesi olarak 'akrabaya ilgi ve yardım' öne çıkarılıyordu.

Ebu Zer'in eleştirilerini öğrenen Osman, Ebu Zer'den kendisini eleştirmeyi durdurmasını istedi. Ebu Zer'in cevabı şu oldu:

"Sen benim, Allah'ın kitabından bir ayeti okumama engel mi oluyorsun? Vallahi, ben bu ayeti okumayı durdurarak Osman'ı memnun etmektense, okumaya devam ederek Allah'ı memnun etmeyi yeğlerim."

Bunun üzerine Osman, huzuruna Ebu Zer ile **İslam'ın Pavlusu** diye anılan, Hz. Ömer'in öldürülmesindeki komplonun da başı olduğu söylenen ve uydurma hadis makinelerinden biri olan Yahudi dönmesi **Ka'b el-Ahbar**'ı çağırdı. Önce Ka'b'a sordu:

"Devlet başkanının, eli rahatladığında ödemek üzere beytülmaldan bir miktar para alması caiz midir, değil midir?"

Ka'b, hemen cevap verdi: **"Elbette ki caizdir."** Ebu Zer hemen atıldı:

"Ey Yahudi çocuğu! Dinimizi bize sen mi öğreteceksin?"

Ebu Zer, Osman'a şunu da söyledi:

"Eğer sen de Yahudilerin dediği gibi demiyorsan Allah'ın malını O'nun kullarına dağıtırsın. Ama sen böyle yapmıyorsun. Tanrı Elçisi'nin şöyle dediğini biliyorum: 'Benû Ümeyyeden otuz kişi bir birlik oluşturdular mı Allah'ın malını egemenlik aracı, Allah'ın kullarını köle, Allah'ın dinini pusu yeri yaparlar" (Muhammed Cevad, *Ebu Zer*, 136)

Osman öfkeden küplere binmişti. Ebu Zer'e bağırmaya başladı: **"Senin bana ve en seçkin dostlarıma bu yaptığın nedir, yeter artık, Medine'den çık git!**

Ebu Zer'in Medine'den Şam'a sürülmesi böyle oldu. Ne var ki Şam'a sürgün, Ebu Zer'i susturamamıştı. Orada da Muaviye'nin kötülüklerini eleştirmeye başladı. Çevresindeki insanlara halife Osman icraatının özetini vermek üzere şunları söylüyordu:

"Vallahi, daha önce hiç görmediğimiz şeylerle karşılaşıyorum. Hiçbirinin ne Kur'an'da yeri var ne de sünnette. Vallahi, bir hakkın söndürülüşü, bir bâtılın ihyası ve sadık bir sözcünün inkârı ile karşı karşıyayız."

Habib bin Mesleme Muaviye'yi uyardı:

"Ebu Zer, Şam'ı senin aleyhine ifsat ediyor, bu işin icabına bak."

Bunun üzerine Muaviye ilk ve en bilinen yöntemini devreye soktu: Ebu Zer'e üç yüz dinar bir para gönderdi. Ebu Zer şu Ebu Zerce cevabı yazdı:

"Bu para, geçen yıl kestiğiniz yıllık devlet yardımı ise

alırım, senin bana bir bağışın ise asla kabul etmem."

Habib bin Mesleme bu miktara iki yüz dirhem daha ekledi. Ebu Zer'in ona cevabı da şu oldu:

"Sen beni, bir bağışla yumuşatacağını mı sanıyorsun?"

Ve parayı reddetti.

Ebu Zer, Muaviye'nin Şam'da yaptırdığı sarayı da ağır şekilde eleştirdi. Muaviye'ye şöyle dedi:

"Bu sarayı kamunun malından yaptırdıysan bu bir hıyanettir; kendi malından yaptırdıysan bu da bir israftır."

Muaviye bu ithamı susarak karşıladı. (Belâzürî, *el-Ensâb*, 6/167)

Muaviye, Hz. Peygamber'in mucize ihbarıyla da sabit olduğu gibi, doymak nedir bilmeyen bir adamdı. Hz. Ömer onun bu yanını bildiği için Şam'a vali olarak gönderdiğinde ona verdiği maaşı öteki valilerden çok yüksek tutmuştur. Başka bir deyişle, Hz. Ömer, en yüksek vali maaşını Muaviye'ye vermiştir.

Muaviye, Osman'ın hilafeti üzerine, Şam ve civarında sahipleri sürüldüğü için boş kalmış ziraî arazileri de halifeden istedi ve Osman bu arazileri beytülmaldan geri alarak ona verdi. (el-Aktaş, *Ebu Zer*, 361)

Ebu Zer bütün bunları elbette ki çok iyi biliyordu. Muaviye ve yandaşlarının üstüne üstüne gitmesi bundandı. Muaviye son çare olarak halife Osman'a **'bu belayı başından alması'** için ricada bulundu. Osman, Ebu Zer'in tahkir edici bir eda ile Medine'ye gönderilmesini emretti. Muaviye de Ebu Zer'i uyuz ve kör bir katıra bindirerek, gözcüler nezaretinde Medine'ye gönderdi. Ebu Zer, Osman'a bir kez daha yüklendi:

"**Çoluk çocuğu valiliklere getiriyor, tulakanın (düşükler diye anılan Müellefetülkulûb'un) çocuklarını çevrende topluyorsun!**"

Ve Osman, Ebu Zer'i, sürgüne göndereceğini bildirdi. Ebu Zer Mekke, Kûfe, Basra veya Kudüs'ü istediyse de Osman bunların hiçbirini kabul etmedi. Tek yer olarak, Medine'ye birkaç kilometre mesafede, çölün ortasında ıssız bir köy olan **Rebeze**'yi gösterdi. Ebu Zer bu köyde iki yıl aç susuz çile doldurduktan sonra hayata veda edecektir. (Belâzürî, age. 6/ 167)

Ebu Zer şöyle diyordu:

"**Tek dostum kalmaması pahasına da olsa gerçekleri söylemeye devam edeceğim.**"

Ebu Zer, '**sevgilim**' diye andığı Hz. Peygamber'in kenti Medine'yi hemen terk edip **Rebeze**'ye doğru yola çıktı. Hz. Ali ona şehir dışına kadar refakat etmek istediğinde Mervân buna engel olmaya çalıştı. Hz. Ali elindeki kırbaçla Mervân'ın bineğine vurmaya başladı. Hava iyice gerilmişti. Mesele Osman'a iletildi. Osman Hz. Ali'yi azarlayarak şöyle dedi:

"**Ben, Ebu Zer'i hiç kimse uğurlamayacak diye emretmedim mi?**"

Hz. Ali'nin cevabı çok sarsıcı idi:

"Emrettiğin şey Allah'a isyan da olsa sana itaat mı edeceğiz?"

Osman bahsi başka yana çekti:

"Sen Mervân'ı nasıl döversin! Benim katımda o senden daha faziletlidir."

Hz. Ali'nin cevabı sarsıcıdır:

"Allah'a yemin olsun ki, ey Osman, benim Mervân'dan da senden de hayırlı olduğumu sen de biliyorsun!"

MUCİZE İHBARIN GERÇEKLEŞMESİ VE SONSUZLUĞA GÖÇ

Ebu Zer, ölünceye kadar Rebeze'de yaşadı. Perişanlık, açlık ve yoksulluk içinde. Bütün geçimini birkaç koyunla sağlıyordu. Nihayet, ölüm zamanı geldi.

Ebu Zer, çöl ortasındaki perişan hayata uzun süre devam edemeyip sonsuzluğa göçtü. Yanında sadece karısı vardı. Cenazeyi kim yıkayıp kim defnedecekti! Çaresiz kadın bunları düşünürken, bir kervan göründü. Kervanda Ebu Zer'i tanıyıp sevenlerden **Cerir bin Abdullah el-Becelî, Eşter en-Nehaî, Esved bin Yezid, Alkame bin Kays** gibi şahıslar vardı. Ebu Zer'i yıkayıp defnettiler. Ve bir Peygamber mucizesinin daha gerçekleştiğini itiraf ettiler. Hz. Peygamber Ebu Zer'e şunu da söylemişti:

"Ey Ebu Zer! Sen gurbette yapayalnız olarak öleceksin ve seni iyi insanlardan bir ekip defnedecek."

Tanrı Elçisi'nin şu sözü de Ebu Zer'e hitaben söylenmiştir:

ALTINCI BÖLÜM

"Ey Ebu Zer! Sen yalnız yaşar, yalnız ölürsün"

Gerçekten öyle oldu. **Ebu Zer**, sürgün hayatında kulübevari bir evde yapayılnız yaşadı ve yapayalnız öldü. Oradan geçen bir kervan fark edip defnetmeseydi cesedi ortada kalacaktı.

Ebu Zer, Hz. Musa'nın asasında ifadeye büründürülen isyanın Muhammedî dönemdeki temsilcilerinden biriydi. Ve Ebu Zer bu haliyle sadece bir darp değildi, Musa'nın asasıydı, Darb-ı Kelîm'di.

Allah'ın büyük ayetlerinden biriydi Ebu Zer.

İsyanını takdis ediyor, hatırası önünde hürmetle eğiliyoruz.

HZ. HÜSEYİN

İmam Hüseyin bin Ali (ölm. 61/680), hakikatin gelecek kuşaklarca bilinmesi için sonucun ölüm olacağını bile bile savaşı göğüsleyen müstesna bir sonsuzluk aşıkı olarak Kur'an mümini gönüllerde taht kurmuştur.

Ölüme giderken, başarı elde edeceğini hiç düşünmemiştir; tek düşündüğü, karşısındaki kudurmuş zalimlerin ve zulümlerinin gelecek nesiller tarafından bütün çıplaklığıyla bilinmesini sağlamaktı. Eğer o, anılan ölüme kendi isteğiyle gitmeseydi, insanlık bugün ne Yezit'in ne soyunun ne de yardakçılarının mel'unluk ve tağutluklarının arkaplanını öğrenmiş olacaktı. Dahası: İnsanlık bugün, zulme karşı çıkmanın bizatihi ve en büyük başarı olduğu yolundaki idraki kavrayamayacaktı.

Hüseyin iki ihanetin zulmüne uğradı:

1. Düşmanı Emevîlerin İslam'a ihaneti,
2. Dostları Kûfelilerin kendisine ihaneti.

Şimdi bu ihanetleri ve Hz. Hüseyin'i daha yakından görelim:

'Şehid, Kerbela Şehidi, Şah-ı Şehidân, Şehitler Serdarı, Şehitler Sultanı, Cennet Gençlerinin Efendisi...' gibi lakaplarla anılan Hz. Hüseyin, Son peygamber Hz. Muhammed'in, kızı Fâtıma'dan doğan ikinci torunudur.

Seyyidler soyunun ceddi, şehitler sultanı, Kerbelâ mazlumu, aşk ve ıstırabın sembolü Hz. Hüseyin, H. 3 veya 4 yılında doğdu. Kardeşi Hasan'ın doğumu için esas aldığımız tarihin Hz. Hüseyin'in doğumuna da etkili olacağı açıktır. Çünkü bu iki benliğin doğumları birer yıl ara iledir. Hüseyin'in adı da, kardeşi Hasan gibi, Harb kondu Ali tarafından ve Hz. Peygamber bu adı Hüseyin olarak değiştirdi. (Akkâd, 221)

Abbas bin Abdilmuttalib'in yani Hz. Peygamber'in amcası Abbas'ın karısı **Ümmül Fadl** anlatıyor: "Hz. Hüseyin doğmadan önce bir rüya görmüştüm: Tanrı Elçisi'nin vücudundan bir parça kopup benim evime düştü. Rüyamı Cenabı Mustafa'ya anlattığımda bana şöyle buyurdu: 'İyi bir rüya gördün. Şu sırada gebe olan Fâtıma bir erkek çocuk doğuracak ve doğum senin evinde olacak.' Ve öyle oldu ve Hz. Hüseyin benim odamda doğdu." Ümmül Fadl devam ediyor: "Fakat bir süre sonra Tanrı Elçisi'ni ağlarken gördüm ve sebebini sordum. Bana şu cevabı verdi: "Cebrâil bana bildirdi ki, senden sonra ümmetin, şu doğan yavruyu şehit edecek." (Umerî, *Menâkıbu Ehlibeyt*)

Hz. Hüseyin'in küçüklüğü Peygamber terbiyesi ve himayesinde geçti.

Harp ve hitabet sanatlarını çok iyi bilirdi. **Cemel ve Sıffîn** gibi harplerde babası ile birlikte bulunmuş, büyük yararlılıklar göstermişti. Sporu çok severdi. **el-Medânî** denen ve bugünkü gülle atmaya benzeyen bir spora özellikle meraklıydı. Atletik yapılı, erkek güzeliydi.

Ve nihayet İslam tarihinin yürekler acısı olayı: **Kerbelâ**... Ebedî mel'un Yezid'le mücadele ve şehadet. Cehennemlik eller tarafından kesilen baş. Bu baş, katmerli mel'un

Yezid'in önüne götürüldü ve mel'un, elindeki hurma sopasıyla Hüseyin'in, Peygamber öpüşleriyle renklenmiş dudaklarını karıştırmaya ve dünyanın en iğrenç sırıtkanlığı ile gülmeye başladı. Ve yanındakilere seslendi:

"**Bilir misiniz bu baş neden bu hallere düştü? Diyordu ki, 'Babam Ali senin babandan, anam Fâtıma senin anandan, dedem Muhammed senin dedenden daha hayırlıdır ve o halde ben halifeliğe senden daha layıkım.**" (Akkâd, 302)

Demek istiyordu ki mel'un, benim senden, babamın babandan, dedemin de dedenden üstün olduğunu kabullenseydin başını kestirmezdim. Bu sözlerin arkasındaki inkâr, intikam hırsı ve Tanrı Elçisi'nden nefretin ne kadar derin ve doymaz olduğunu anlamak fazla zihin yormayı gerektirmez sanırız. Yeter ki, mel'un Yezid'in taşıdığı duygularla dolu olmasın insan.

Ve o baş, Fâtıma'nın yanına defnedildi. (İbn Sâd, 5/237-238)

Bazılarına göre Hüseyin'in başı Şam'da defnedilmiştir. (bk. Semhûdî, 909)

Çağdaş bir Arap düşünürü şunu yazıyor:

"**Kerbela'da Hüseyin'i öldürenler, eğer onun ve ceddinin dinini inkâr edenler olsaydı bu kadar zalim davranmaz, böylesine kötü muamelelere girmezlerdi.**" (Akkâd, 195)

Kız Kardeş Zeyneb:

İlim, hitabet ve mücadele kudretinin büyüklüğü yüzünden **"Âkıle"** diye lakaplandırılan Zeyneb, Hüseyin'in kardeşidir ve Ali-Fatıma yuvasının 4. çocuğu ve birinci kız yavrusudur. Çok dirayetle ve güçlü bir yaradılışa sahipti. O, oluşturduğu ilim meclislerinde dersler verecek kadar yüksek bir seviye de kazanabilmişti. Onun bu tarafını çok önceden sezmiş olan Fâtıma, öleceği sıra kendisine şu vasiyette bulundu:

"Kardeşlerine hizmet et ve onlara göz kulak ol. Benden sonra onların annesi durumunda, sensin."

Zeyneb, bu vasiyeti hiç unutmadı ve yıllar boyu, kardeşlerinin yanında oldu. Özellikle, Hz. Hüseyin'e verdiği hizmetlerle tarih sahnesinde büyük bir mevki kazandı.

Onun sahsiyet ve hizmetini destanlaştıran olay Kerbelâ olayı oldu. Kerbela olayında dikkat çeken şahısların başında gelenlerden biridir Zeyneb. Olayın başından sonuna kadar Hüseyin'in yanından ayrılmadığı gibi, olaydan sonra da mücadeleye devam etti ve bu yüzden Medine'den sürüldü. Yezidi Mel'un'un Medine valisi: "Zeyneb'in Medine'de kalışı halkın ayaklanmasına ve Peygamber torununun intikamının alınmasına yol açabilir. Zeyneb ve yakınları buradan uzaklaştırılmalı" diye Mel'un'a yazdı. Mel'un bunun üzerine, bütün Ehlibeyt'in, seçecekleri bir yere gitmek üzere, Hicaz topraklarından çıkarılacaklarını bildirdi. Haberi duyan Zeyneb şöyle dedi:

"En hayırlımızı boğazladılar, bizleri de hayvanlar gibi öteye beriye sürüyorlar."

Zeyneb bütün yakınlarıyla birlikte Mısır'a gitti. H. 61'de geldiği bu beldede, birbuçuk yıl kadar yaşadı ve buradan öteki âleme göçtü. Kabri, Kahire'dedir. (Bintü'ş-Şâtî 673, 784 vd.)

Hz. Hüseyin, ilk iki halife zamanındaki olayların hiçbirine katılmamıştır. Üçüncü halife Osman devrindeki siyasal olaylara katılımı ise, evi kuşatılan Osman'ın yardımında görev alması, babası Ali'nin emriyle Osman'ın evine erzak ve su taşıması olarak özetlenebilir.

Ağabeyi Hasan'ın hilafet konusunda Muaviye ile anlaşmasına itiraz etti ama sözünü dinletemedi. Hz. Hasan'ın Muaviye tarafından zehirletilerek öldürülmesi üzerine uzlete çekilip kendini ibadete verdi ve bu ibadet-uzlet dönemini Muaviye, oğlu Mel'un Yezit'i veliaht olarak yerine vasiyet edinceye kadar sürdü.

56/676 yılında, Muaviye, Medine valisi Mervan'a bir mektup yazarak oğlu Yezit'e halife olarak bîat edilmesini istedi ve valiye bu mektubu Medine Mescidi'nde halka okumasını ve bîat almasını emretti. Sahabîlerin önde gelenleri buna itiraz ettiler. Hüseyin de onlar arasındaydı. 60/680 yılında Muaviye öldü, veliaht bıraktığı oğlu Mel'un Yezit halifelik makamına oturdu. Yezit, Medine valisi Velid bin Utbe bin Ebu Süfyan'dan içlerinde Hüseyin'in de bulunduğu bir grup sahabenin bîatlarını mutlaka almasını istedi.

Vali Velid, Hüseyin'le görüşüp bîatını istedi. Hüseyin, bunu ikisi arasında değil halkın huzurunda yapabileceğini, bunun için de ertesi günü beklemesi gerektiğini söyledi. Taberî'nin bildirdiğine göre, bu sırada, eski vali Mervan Velid'i uyararak Hüseyin'den hemen orada bîat almasını, vermez ise hemen boynunu vurmasını önerdi. Velid böyle bir şeyin, bir insanın dinini-imanını yok edeceğini söyleyerek teklifi reddetti. (Taberî, *Tarih*, 60 ve 61 yıllar, 5/339-340)

Hz. Hüseyin, ertesi gün ailesini yanına alarak Mekke'ye doğru yola çıktı.

Hüseyin'in Mekke'ye gitmekte olduğunu öğrenen **Kûfe eşrafı** ona bir mektup yazıp kendisine bîat ettiklerini bildirerek Kûfe'ye gelmesini istediler. Mektupta, Yezit denen azgın zalimin ümmetin işlerine zorla el koyduğu, yönetim makamına geçer geçmez de ümmetin değerli insanlarını katledip şerir mel'unlarını subaşlarına oturttuğu, bu gidişe son vermesi için kendisine bîat ettikleri ifade edilerek Hüseyin'den Kûfe'ye gelmesi isteniyordu. (İbn Kuteybe, *el-İmame ve's-Siyase*, 2/4)

Bu isteği bildirmek üzere de **Ebu Abdullah el-Cedelî** başkanlığında bir heyet gönderdiler. Teklifi alan Hüseyin, amcasının oğlu **Müslim bin Akîl**'i tetkikler için Kûfe'ye gönderdi. Çok ilginçtir, Müslim Kûfe'ye gitmeden önce o kenti iyi bilen iki Medineliyi yardımcı olarak yanına almıştı. Yolda bu Medinelilerin bir tanesi ölüverdi. (Taberî, age. 5/347) Yani iş daha o zamandan olumsuz gitmeye başlamıştı. 5 Şevval günü Kûfe'ye giren Müslim, **İbn Avsece** adlı dostlarının evinde karargâh kurarak Hüseyin adına bîat almaya başladı. Kaynakların kaydına göre Müslim 20 bin civarında kişiden bîat aldı.

Durumun tehlikeyi bir hal almaya başladığını, mevcut vali **Nûman bin Beşir**'in Hüseyin'e eğilimli olduğunu fark eden Yezit, valiyi azlederek yerine Basra valisi **Ubeydullah bin Ziyad**'ı atadı ve ondan ya bu işi sona erdirmesini yahut da Müslim'in kafasını vurmasını istedi. Ubeydullah hızlı bir siyasal faaliyetle Müslim'e olan teveccühü durdurdu. Bir çıkış yaparak halkı ayaklanmaya çağıran Müslim artık çok geç kalmıştı.

Otuz Binden Otuz Kişiye:

Kûfe'nin önce ileri gelen kodaman takımı, arkasından

da büyük kitle, Müslim'den kopmaya ve yeni valinin yanında yer almaya başladı. Nihayet Müslim'in yanında otuz kırk kişilik bir grup kaldı. Müslim'in üzerine asker gönderildiği haberi yayılınca o otuz kişi de çil yavrusu gibi dağıldı. Müslim Kûfe sokaklarında bir başına kalmış, sığınacak yer aramaya başlamıştı. Canını kurtarmak için saklanmak zorundaydı. **Tav'a** (veya **Hanî**) adlı bir kadının evine sığındıysa da kadının oğlu Bilal tarafından ihbar edildi; Kûfelilerin ihanetini Hüseyin'e bildirme imkânı bile bulamadan yakalanıp 60 yılının 9 Zilhicce günü (10 Eylül 680), İbn Ziyad'ın konağının damında boynu vuruldu. Müslim'in başı ve gövdesi konağın damından aşağı atılmıştı. Toplanan sokak serserileri ayaklarına ip bağlayarak cesedini sürüklemeye başladılar. Ceset daha sonra halkın seyretmesi için meydanlık bir yere asıldı. Baş ise mel'unlar başbuğu Yezit'e teslim edilmek üzere Şam'a gönderildi.

Müslim'in boynunu vurduran vali İbn Ziyad'ın yanındaki kurmaylar arasında Müslim'in amca çocuğu **Ömer bin Sa'd bin Ebî Vakkas** da vardı. Yezit parası onu da ihanete sürüklemiş, dünya nimeti için cehennemi tercih eder duruma getirmişti.

Tarihin kulağına şunu bir kere daha fısıldayalım:

Müslim, boynu vurulmak üzere vali konağının damına çıkarılırken bir yandan tekbir getiriyor, bir yandan da şöyle yakarıyordu:

"Allahım! Bizi aldatan, bize yalan söyleyen ve bizi yüz üstü bırakan kavimle aramızda hükmü sen ver!"
(Taberî, 6/212)

Tarih bu hükmü verdi ama çok sabırlı bir bekleyişten

sonra verdi. Nasıl verdiğini anlamak için bugünkü Irak'a bakmak lazım. Resul evladına, Ehlibeyt'e ihanet eden o Irak'a...

Burada bir gerçeğin daha altını önemle çizelim:

Hüseyin'in Kûfelilerden gelen mektup üzerine Mekke'ye gitmekten vazgeçip Kûfe'ye gitmesi, büyük bir siyasal öngörüsüzlük idi. Hüseyin bu hareketiyle, kendisine kurulan hıyanet tuzağının tam ortasına düşüyordu. Bu, bizim fikrimiz ve yorumumuz değildir; İbn Abbas gibi bir büyük Ehlibeyt muhibbinin beyanıdır. **Belâzürî** (ölm. 279/892), **Yakubî** (ölm. 292/904) ve **Taberî** (ölm. 310/922) şunu bildiriyorlar: İbn Abbas'ın Yezit'e yazdığı mektuptan anlıyoruz ki, Hüseyin'in Kûfe'ye davet edilmesini, bu davetin ciddiyetine inanmasını sağlayan, Yezit'in diplomatik faaliyetidir. (Belâzürî, *el-Ensâb*, 4/12, 18-19; Yakubî, *Tarih*, 2/248; Taberî, *Tarih*, 6/188, 2/241) İbn Abbas'ın o uzun mektubundaki tespiti tarihin önemli dehlizlerinden birine ışık tutmaktadır. Şöyle diyor ebedî mel'un Yezit'e:

"Unutulmayacak kötülüklerinden biri de şudur: Hüseyin bin Ali'yi, Peygamber'in haremi olan Medine'den Allah'ın haremi olan Mekke'ye gitmeye mecbur etmen ve adamlarını gönderip onu yok etmek için hile ile kandırarak Allah'ın haremi olan Mekke'den çıkarıp Kûfe yolunu tutturmandır. Eğer o, Mekke veya Medine'de kalıp buralarda çarpışmayı esas alsaydı Medine ve Mekke'nin kendisine en çok itaat edeceği kişi olacaktı. Fakat o, bu iki kutsal şehirde kan dökülmesini istemedi."

"Şu da unutulmayacaktır: Zinakâr oğlu zinakâr, merhamet duygusundan yoksun, baba ve ana yönünden bir soysuzun çocuğu olan İbn Ziyad'ı Ehlibeyt'in üzerine

saldın. **Onun babası, senin babana kardeş olduğunu iddia etmiş, baban da dünya ve ahirette kendisi için ayıptan, yüzkarasından başka bir şey olmayan bir tercih yaparak onu soyuna katmıştır. Baban böylece sünneti çiğnemiştir"**

"Biz senin ataların gibi ciğeri beş para etmeyen adamlar değiliz. Bize karşı haksızlığa tevessül edenler kahrolsunlar! Sefihler bize karşı yolsuzluk ettiler. Onlar da peygamberleri yalanlayan Semûd, Lût, Medyen kavimleri gibi yerle bir olsunlar!"

Ebedî mel'un Yezit, İbn Abbas'ın bu mektubunu alınca, Medine valisi Velid bin Utbe'ye emir vererek İbn Abbas'ı, Halife Osman'ın öldürülmesiyle irtibatlandırıp ona göre cezalandırmasını istedi. Emevî faşizmini siyasetlerinin esası yapan bugünün dincileri de aynen bu Yezit politikalarını izlemiyorlar mı? İşlerine gelmeyenleri, bir biçimde, icat ettikleri **'darbe, fitne, hükûmeti devirmek'** vs. türü ithamlarla suçlayıp ya zindanlara tıkıyorlar yahut da etkisiz hale getiriyorlar.

Biz tekrar bahsimize dönelim:

Bütün bu olup bitenlerden habersiz olan Hüseyin, istihbaratsızlığının bir kez daha kurbanı olarak Kûfe'ye doğru yola çıktı. **İbn Abbas** acele etmemesini, Kûfelilerin, babası Ali'ye de ihanet etmiş olduklarını, işin ne durumda olduğunu iyice belirlemeden yerinden oynamamasını istedi. **Abdullah bin Zübeyr** ve o kıratta birkaç önemli insan daha Hüseyin'e Mekke'den çıkmamasını söylediler. **Muhammed bin el-Hanefiyye** ise Hüseyin'e, Kûfe'ye gitmeyi tercih etmesi halinde kendisine katılmayacağını bildirdi. Bu arada, amcasının oğlu **Abdullah bin Cafer** de bir mektup yazarak yerinde kalmasını ısrarla istedi. Hüseyin'in buna cevabı şu oldu:

"Hz. Peygamberi rüyamda gördüm, bana başladığım işi bitirmemi emretti. Kûfe'ye yürümemi durdurmam söz konusu değildir."

Kûfe yolunda ünlü şair Ferezdak'la karşılaştı. **Ferazdak** ona **"Halkın kalbi seninle ama kılıçları Emevîlerle; geri dön!"** diye ikazda bulunduysa da Hüseyin yola devam etti. Hüseyin'in şair Ferezdak'a cevabı şudur:

"Allah'ın dediği olur. Takdir hoşumuza gidecek şekilde olursa nimetlerinden dolayı Allah'a hamt ederiz; O, şükredenlere yardımcı olur. Takdir umduğumuzdan başka türlü çıkarsa niyeti hak ve amacı teneşir tahtası olan kişi asla taşkınlık göstermez." (Taberî, *Tarih*, 5/386)

Kûfe'ye yaklaştığı sırada acı haberi getirenlerle karşılaştı. Öğrendi ki, Kûfeliler ahitlerinden dönmüşler ve temsilcisi Müslim öldürülmüş.

Hüseyin bu acı haber üzerine geri dönmek istediyse de yanında bulunan Müslim'in oğulları ve yakınları buna karşı çıktılar ve yürüyüşün devamını istediler. Fakat bir kısım yandaşları ayrılmak istediler. Yani Hüseyin, can pazarına yaklaştıkları bir noktada üçüncü bir ihanetle karşılaştı. Ayrılanlar ayrılıp gitti. Hüseyin'in yanında ailesiyle altmış, yetmiş kişilik bir sadık can yoldaşları ekibi kaldı. İşte Hüseyin, 2 Muharrem 61/2 Ekim 680 günü **Nineva** bölgesindeki **Kerbela**'ya yani sonsuzluğa göçeceği mevkie geldiğinde Yezit'in güçlü ordusu karşısında bu yetmiş kişilik müminler ekibiyle kalmıştı.

BELA VE ISTIRAP TOPRAĞI

Hüseyin, yanındakilere, bulundukları bu yerin neresi

olduğunu sordu. Buraya **Kerbela** derler diye cevap verdiler. Hüseyin Kerbela kelimesini ikiye bölerek telaffuz etti: **Kerb, bela**. Ve ekledi: **"Demek ki burası ıstırap ve bela toprağı."**

Mel'un Yezit'in kumandanlarından Hür bin Yezit, bin kişilik bir kuvvetle Hüseyin'i uzaktan takip ediyordu. Bağdat'ın 100 km. güneybatısındaki Kerbela'ya ulaştığını vali Ubeydullah'a bildirince vali, Hüseyin ve ekibinin susuz ve düzlük bir yere toplanmalarının temin edilmesini, sarp, kayalık alanlara sığınmalarının önlenmesi talimatını verdi. Vali aynı zamanda **Ömer bin Sa'd bin Ebî Vakkas**'a Hüseyin'in üstüne giderek bu işi bitirmesini emretti. Ömer böyle bir görevi üstlenmek istemediğini ima edince vali onu bütün görevlerini elinden almakla tehdit etti. Sahip bulunduklarını yitirmek istemeyen Ömer, dört bin kişilik bir kuvvetle Hüseyin'in üzerine gitti. Hüseyin, kendisinin Kûfeliler tarafından aldatıldığını, işin aslını öğrendikten sonra dönüp Mekke'ye gitmek istediğini ama Hür bin Yezit'in buna izin vermediğini söyledi ve dönüp gitmek istediğini yineledi. Bu teklifi vali Ubeydullah'a bildiren Ömer, şu cevabı aldı: "Hüseyin'e, Yezit'e kesin bîat vermesini teklif et, kabul etmez ise suya ulaşma imkânlarını kapat, onu susuzluğa mahkûm et.

Hüseyin bîat teklifini kabul etmedi. Artık çarpışma kaçınılmaz olmuştu. Hüseyin ertesi sabah herkesin dinlediği bir konuşma yaptı. Hz. Peygamber'i, onun mesajını, kendisinin Hz. Peygamber katındaki yerini, kendisine kılıç çekmenin insanı götüreceği kötü akıbeti anlattı.

Ebu Sümâme Amr bin Abdullah es-Saîdî, Hz. Hüseyin'e şöyle dedi: "Canım sana feda olsun; ben canımı vermeden seni öldüremezler. Ancak vakti giren öğlen namazımızı da kılıp öyle çarpışalım." Hüseyin göklere baktı ve dedi: "Güzel söyledin, söyle onlara namazımızı kılıncaya kadar bize izin versinler." Ebu Sümâme teklifi karşı tarafa iletti. **Husayn bin Nümeyr** adlı mel'un şu cevabı verdi:

"**Ne namazı! Onların namazı kabul olunmaz.**"

Hüseyin'in yanındakilerden **Habib bin Muzâhir** cevap verdi:

"**Peygamber Ehlibeyti'nin namazı kabul olunmayacak da senin namazın mı kabul olunacak behey eşek!**"

Daha ibret verici olan şudur: Hüseyin ve arkadaşlarının namazlarının kabul olunmayacağını söyleyen adamlar kısa bir süre sonra aralarında şunu konuşacaklardır:

"**Bir an önce Hüseyin ve arkadaşlarının kellelerini uçurup da gidelim, ikindi namazımızın vakti geçmesin!**"

Bu namaz çekişmesinde tarihe ders olacak birkaç ibret tablosu iç içedir. Ve saltanat dinciliğinin namaz anlayışının, namazı nelere nasıl araç yaptığının cevabı da bu tablonun içindedir. Maun suresinin bazı namazları neden lanetlediğinin cevabı da buradadır.

Hz. Hüseyin'in konuşmasından etkilenen eski Yezit komutanı **Hür bin Yezit**, Hüseyin'in yanına geçti. Hür bin Yezit bunu yaparken **Amr bin Saîd** çarpışmayı başlatan ilk oku attı. Altmış-yetmiş kişilik bir ekibe karşı bin kişilik donanımlı bir ordu söz konusu idi. Yani **ortada bir çarpışma değil, bir katliam vardı**. Katliam sonuca ulaştı.

Sinan bin Enes en-Nehaî adlı ebedî mel'un bir mızrakla Hüseyin'e atından düşürdü. Hemen yetişip düşen Hüseyin'in önce saçlarını sonra da başını kesti. Yanındakiler de cesedin üstüne üşüşüp üstünde başında işe yarar neler varsa talan ettiler. Ardından çadırları yağmalandı.

Hüseyin o sırada 56 yaşındaydı. Tarih, hicrî **10 Muharrem 61** (miladî 10 Ekim 680) idi.

Atlara Çiğnetilen Ceset:

Şimdi, Emevî'nin Hz. Muhammed ve ailesine duyduğu kin ve düşmanlığın derecesine tanıklık eden olgulardan biri olarak şu dehşet tablosunu da görelim:

Tarihçi Taberî'nin bildirdiğine göre, Emevî valisi ve Yezit'in has adamı İbn Ziyad, komutanı **Ömer bin Sa'd bin Ebî Vakkas**'a, Hüseyin'in başı gövdesinden ayrıldıktan sonra, cesedinin atlara çiğnetilmesini emretti. Ömer, on kişilik bir grup atlı hazırlattı, kendisi de bunlara katıldı. Bu süvariler, Hüseyin'in cesedini, göğsü ve sırtı hurdahuş olup belirsiz hale gelinceye kadar atlarına çiğnettiler.

Hüseyinle birlikte şehit edilenler şunlardır: **Hz. Ali'nin oğullarından Abbas, Osman, Ebu Bekir, Cafer ve anneleri Ümmül Benîn binti Haram; yine Hz. Ali'nin oğulları İbrahim ve annesi ile Abdullah ve annesi.** Bu Abdullah daha çocuk denecek yaştaydı ve güzelliğiyle ünlüydü. Onun öldürülmemesini isteyenler olduysa da Kûfeli mel'unlardan biri ileri atılıp Abdullah'ın önce kolunu kesti, ardından da başını uçurdu. **Müslim bin Akîl'in beş oğlu, Abdullah bin Cafer'in iki oğlu, Haşimîlerden üç erkek ve eşleri, Hz. Hüseyin'in kızı Fâtıma, oğlu**

Muhammed. (İbn Kuteybe, *el-İmame ve's-Siyase*, 2/6; Taberî, *Tarih*, 5/468)

Hüseyin'in ekibinden sağ kalan kadınlar ve çocuklar develere bindirilerek Kûfe'ye doğru yola çıkarıldılar. Ne çıkıştı o! Develeri çarpışma alanını terk ederken Hüseyin ve arkadaşlarının cesetleri arasından geçiyordu. Parçalanmış, toprağa, kuma karışmış cesetlerdi bunlar. Hz. Hüseyin'in kız kardeşi Zeynep feryat kopardı. Hem feryat ediyor hem de Müslüman ümmetin, peygamberinin en aziz emanetine reva gördüğü hıyanetin kısa bir tanıtımını yapıyordu Zeynep:

"Ey Muhammed, ey Muhammed! Göklerdeki melekler sana salât ve selam ediyor ama torunun Hüseyin şu çölde toza toprağa karışmış, cesedi parça parça edilmiş halde. Ey Muhammed! Senin evlatlarının kimi katledilmiş, kimi esir edilmiş. Senin soyun yok edilmiş. Bak, şimdi sabah yelleri onların cesetleri üzerine toz toprak saçıyor." (Taberî, 6/262)

Şehitlerin cesetleri ertesi gün, civardaki **Gâdiriye** köyü sakinleri olan **Benu Esed** mensuplarınca defnedildi.

Hüseyin'in ekibinden esir alınanlar zincirlere vurularak Yezit'in önüne çıkarıldı.

Esirler parangalanmış halde Kûfe'ye getirildiğinde çevrede toplanan insanlar ağlayıp feryat ediyorlardı. Tam bu sırada, Hüseyin'in oğlu **Ali Asgar** şu ibret dolu sözü söyledi:

"Bunlar bizim için ağlıyorlar; peki, bizi katledenler kimler?!" (Yakubî, *Tarih*, 2/245)

Evet, katledenlerle ağlayanlar aynı kitle idi. Vicdanları ağlatıyordu ama çıkarları onları o uğursuz cinayete sevk etmişti.

Teşhir Edilen Baş:

Tarihin tanık olduğu en kahırlı dehşet tablolarından birini daha görelim: Hz. Hüseyin'in başı önce Kûfe'ye, İbn Ziyad'ın vali konağına, daha sonra da ebedî mel'un Yezit'in Şam'daki sarayına gönderilmiştir. Ve bu iki mel'un, o onurlu başa aynı muameleyi yaptılar: Emevî'nin İslam'a ve Muhammed'e duyduğu kin ve düşmanlığın sadist tatmininde bu kesik başı kullanma alçaklığına tevessül ettiler. Bakın nasıl:

Kesik baş, bir tepsi içinde İbn Ziyad'ın önüne getirildiğinde mel'un vali yemek yiyordu. Bir yandan yemeğine devam etti, bir yandan da eline aldığı bir değnekle Hüseyin'in dudaklarıyla, dişleriyle oynamaya başladı. Hem oynuyor hem şöyle mırıldanıyordu: "Yakışıklıymış ama saçları kırlaşmış." Orada bulunanlardan sahabî Zeyd bin Erkam hiddetlenerek şöyle konuştu:

"Çek şu değneği onun yüzünden! Allah'a yemin ederim ki, ben Allah Elçisi'nin dudaklarını o dudaklar üzerine koyarak onları öptüğüne gözlerimle tanık oldum."

Ve Zeyd, ağlamaya başladı. İbn Ziyad mel'unu haykırdı:

"Eğer bunamış bir ihtiyar olmasaydın senin boynunu şuracıkta vurdururdum. Defol buradan!" Zeyd oradan ayrıldı.

Zeyd oradan ayrılırken tarihin kulağına müthiş bir şey fısıldamıştır. Şöyle dedi:

"**Ey Arap kavmi! Bugünden itibaren siz hep köle olacaksınız. Siz Fâtıma'nın oğlunu öldürdünüz, Mercane fahişesinin oğlunu ise başınıza vali yaptınız. Siz bu zillete razı oldunuz. Zillete razı olan kahrolsun!**" (Taberî, *Tarih*, 6/222, 262)

Hüseyin'in başı bir mızrağa takılarak üç gün boyu teşhir edildi. Ebedî mel'un Yezit, başı Medine'ye göndererek orada da teşhir edilmesini emretti.

Kur'an'ın mahbatı olan Peygamber'e bu nasıl bir kin, nasıl bir düşmanlıktır ya Rabbi! Ve bu nasıl bir sadizmdir!!!

"Namaz İçin Toplanın!"

Emevî zihniyetinin özelliklerinden biri de en büyük pisliklerini örtmede camiye ve namaza sığınmak, daha doğru bir ifadeyle, en büyük ve şerir pisliklerin üstünü örtmede namazı bir maske şal olarak kullanmaktır. Tarih boyunca bütün Emevîci saltanat kodamanları böyle yapmışlardır.

Bu yöntemi kullananların en önde gideni ise Osmanlı'dır. Osmanlı'nın o görkemli camilerinin arkaplanlarını karıştırın, tümünün padişah veya yakın çevresinin zulüm, sadizm, pislik ve sapıklıklarını örtüp mazur göstermede veya unutturmada birer paravan olarak devreye sokulduğunu göreceksiniz.

İbn Ziyad, Hüseyin'in kesik başıyla oynayıp keyiflenmesinin ardından emir verdi: "**Halkı namaza çağırın!**"

Halk Kûfe merkez camiinde toplandı. İbn Ziyad, minbere çıktı ve cehennem belgesi olan şu mel'un sözlerle hitap etti halka:

"**Hamdolsun o Allah'a ki, hakkı ve hak sahiplerini zafere ulaştırıp üstün kılarak müminlerin emîri Yezit bin Muaviye ile onun bağlılarına yardımcı oldu. Yalancı oğlu yalancı Hüseyin bin Ali ile taraftarlarını da öldürdü.**"

Allahlı dinli konuşmaya bakın, o konuşmayı yapana bakın, konuşmanın yapıldığı yere bakın. Bakın ve Müslüman kitlelerin asırlardır süren perişanlığının sebeplerini ve şifrelerini buradan çıkarın.

Piç Ziyad'ın oğlu (namıdiğer fahişe Mercâne'nin çocuğu) İbn Ziyad bu sözleri söyleyince cami içinden bir ses yükseldi. Bu ses, Cemel ve Sıffîn harplerinde Ali'nin yanında çarpışmış ve iki gözünü kaybetmiş **Abdullah bin Afîf el-Ezdî**'nin sesiydi. Şöyle gürledi:

"**Ey Mercâne karının oğlu! Yalancı oğlu yalancı sensin, senin babandır. Yalancı oğlu yalancı seni vali yapanla onun babasıdır.**"

Ve Abdullah, tarihin kulağına ve bizim vicdanlarımıza ölümsüz ölçü gibi kazılması gereken bir tespit yaptı:

"**Ey Mercâne karının oğlu! Siz o kişilersiniz ki, Peygamber'in evladını öldürür, sonra da sıddîkların, hak adamlarının ağzıyla konuşursunuz.**"

Abdullah'ın kabilesi Ezdîler, Kûfe'nin en güçlü ve silahlı kabilelerinden biriydi ve Abdullah bu konuşmayı yaparken de cami içinde silahlı Ezdîler vardı. Piçin oğlu Ziyad bunu bildiği ve bir hata yaparsa orada birkaç adamının gebertileceğini tahmin ettiği için Abdullah'ı hemen o anda katletmeye kalkmadı. Takibe aldırıp birkaç gün sonra katlettirdi.

Hüseyin'in başı Yezit'e gönderildi. Başla birlikte Hüseyin ailesinden sağ kalan ve esir tutulan kadın ve çocuklar da Yezit'e gönderildi. Ve bu insanların tümü, bizzat İbn Ziyad'ın emriyle, elleri boyunlarına bağlı olarak gönderildi. Şam'a götürme işi, Yezit'in adamlarından **Muhaffez bin Sa'lebe** ile Hüseyin'in katili **Şimr bin Zilcevşen**'e havale edilmişti.

Esirler, Yezit'in saray kapısını önüne getirildiklerinde Muhaffez mel'unu Yezit mel'ununun duyacağı şekilde şöyle haykırdı:

"**Ben Muhaffez! Soysuz, yalancı ve sapıkları müminlerin emîrine getirdim. En ahmak ananın en ahmak çocuğunun başını getirdim.**" (Taberî, ag. yer)

Yezit, bir tepsi içinde önüne konan başın karşısına geçti, elindeki değnekle Hüseyin'in dudaklarını, dişlerini, burnunu, gözlerini karıştırmaya başladı. Orada bulunan sahabîlerden **Ebu Berze el-Eslemî**, Yezit'e çıkıştı:

"Sen Hz. Peygamber'in öpüp kokladığı, okşadığı yüze mi böyle değnekle vuruyorsun! Ey Yezit, sen mahşer günü Allah'ın huzuruna Hüseyin'in başını kesen İbn Ziyad'la beraber geleceksin; Hüseyin ise aynı huzura yanında Hz. Peygamber olduğu halde gelecektir." Ve Ebu Berze, büyük bir öfkeyle oradan ayrıldı. (Taberî, ag. yer)

Yezit, elindeki değneği Hüseyin'in yüzünde dolandırarak konuşmasını şöyle sürdürdü:

"Bilir misiniz bu akıbete ne için uğradı? 'Benim babam

senin babandan, dedem senin dedenden, anam senin anandan, ben de senden daha hayırlıyım' dediği için."
(Taberî, age. 6/265)

Hz. Hüseyin'in başının nereye defnedildiği kesinlik kazanmamıştır. En kuvvetli ihtimal, Medine'deki **Bakî mezarlığı**na defnedildiğidir. Necef'te Hz. Ali'nin yanına, Kûfe yakınında bir yere, Kerbela'da cesedinin bulunduğu mezara, Şam'a, Rakka'ya, Kahire'ye defnedildiği yolunda da rivayetler vardır.

Medine'de halk tedirgindi. Kara haber henüz ulaşmamıştı. Fakat o sırada bir şey oldu ve Medine kıyamet alanına döndü. Feryatlar, göklere yükselmeye başladı. Feryatlar, Hz. Peygamber'in eşlerinden **Ümmü Seleme**'nin "Hüseyin katledildi" diye bağırması üzerine başladı. Ümmü Seleme bunu nereden öğrendi? Sorunun cevabı Hz. Peygamber'in mucize bir ihbarına dayanıyor. Şöyle:

Hz. Peygamber, Ümmü Seleme'ye, içinde bir miktar toprak olan bir şişe vermiş ve şöyle demişti: **"Cebrail bana ümmetimin Hüseyin'i katledeceğini bildirdi. Hüseyin katledildiğinde bu şişedeki topraktan kan damlayacaktır."** Ümmü Seleme, Hüseyin Mekke'den Kûfe'ye doğru yola çıkınca sürekli o şişeye bakıyordu. Nihayet, şişedeki topraktan kan damlamaya başladı. Ve Ümmü Seleme o anda feryadı kopardı. Ve onun feryadını duyan Medine halkı feryada başladı. Medine bir kıyamet meydanına dönmüştü. (Yakubî, 2/245-246)

Hüseyin'in soyu, oğlu Zeynelâbidin'den devam etmiştir. Büyük oğlu **Ali Ekber** Kerbela'da kendisiyle birlikte şehit edilmişti.

Hüseyin'in soyundan gelenlere **'seyyid'** denir. Ağabeyi

Hasan'ın soyundan gelenlerse **'şerif'** diye anılır.

Son Peygamber Ehlibeyti'nin kaderi, daha doğrusu Son Peygamber ümmetinin Peygamber evladına reva gördüğü akıbetin özeti şu: Hemen tamamı katledilen Ehlibeyt'in cesetleri bir yerde, başları başka bir yerde bırakılmıştır. Tamamına yakının mezarları meçhuldür.

KERBELA'DAN DA BETERİ

Kerbela'da sergilenen vahşet ve dehşeti gördük. İnsan, "Bundan daha kötüsü olamaz" diyor. Hayır, ondan daha kötüsü olmuştur ve onun failleri de Emevî dinciliğini izleyen **'modern Emevî dincileri'**dir.

Kerbela nihayet silahla bir katliamdır. Katledilenlerin yine silahla bir direnişi de vardır.

Sivas Madımak Oteli katliamını hatırlayın. Pir Sultan'ı anma şenlikleri için misafir sanatçı olarak kente gelmiş 35 sanatçı insan, **2 Temmuz 1993** günü, kaldıkları otelde benzin dökülerek diri diri yakıldı. Bu insanlar, çatışmaya değil, sanat icra etmeye gelmişlerdi. Emevî dinciliğinin uzantısı caniler, hepsini benzin dökerek ve 'Allahu Ekber' nidaları eşliğinde diri diri yaktılar. İşte bu, Kerbela katliamından daha korkunç bir zulümdür. İki katliamın ortak yanı ikisinin de Emevî saltanat dinciliğinin iştahlarını tatmine yönelik olmasıdır.

Diri diri insan yakan canileri savunan avukatların tümü dinci partilerin (Refah Partisi ve AKP) mensupları olmuştur. Bunlar içinde bir tanesi, **Şevket Kazan**, dinci Refah Partisi'nin iktidarında 'adalet' bakanlığı da yaptı.

İMAMI ÂZAM

İmamı Âzam bahsinde temel soru şudur: **İmamı Âzam hangi sebepler yüzünden ve kime ne yaptı da yirmi yılı aşkın süre Arabizmin zindanlarında kahır çekti ve sonunda da imansız ilan edilip katledildi?**

Saltanat dinciliğine sorarsanız, İmamı Âzam'ın en büyük suçu, Arapçı saltanatları sözlü uyarıyla yetinmeyerek onlara karşı eyleme geçmesidir.

İmamı Âzam'ı hedef haline getiren, ondaki 'isyan ve eylemcilik' karakteridir. Fikirleri, karşı çıkışları, ithamları bakımından İmamı Âzam'la tıpa tıp aynı görüşlere sahip olan anıt bilgin **Hasan el-Basrî**'yi düşünün. İmamı Âzam'dan kırk yıl önce ölmüş bulunan bu aşılmaz otorite-sûfî önder, tıpkı İmamı Âzam gibi **Mevâlî**'dendir, yani Arap asıllı olmayan bir bilgedir. Fikirleri ve etkileriyle Emevî Arabizmine korkulu rüyalar yaşatmasına rağmen, üstüne gidilmemiş, hapse atılmamış, işkenceye uğratılmamıştır. Emevî yönetimi onu uzaktan takiple yetinmiştir. Çünkü **Hasan el-Basrî** (ölm.110/728) tüm eleştirilerini şöyle bir sonuca bağlıyordu:

"Emevîler, Allah'ın bir musibetidir ama onlara kılıçla karşı çıkmak doğru değildir; işi Allah'a havale edip beklemek gerekir."

Emevî zorbaları için bu yeterli olmuştur.

İmamı Âzam ise zorbaların üstüne üstüne gitmiş, Arap-Emevî dinciliğine karşı kılıç kullanmak gerektiğini söylemekle de yetinmemiş, Arabizme karşı başlatılmış bütün isyanları parasıyla, gücüyle maddeten ve fiilen desteklemiştir. Yani tam anlamıyla 'Enel Hak' demiştir.

İşte İmamı Âzam'ın farkı da büyüklüğü de buradadır ve bu farka bugünkü **'İmamı Âzam taraftarları'** (!) tek kelimeyle temas etmemektedir. Onların anlattığı İmamı Âzam, doğup büyümüş, okuyup yetişmiş, çalışıp kazanmış, okutmuş, öğretmiş, kuş sütü kuru üzüm beslenerek eller üstünde yaşamış, çağdaşlarının övgülerini almış ve nihayet, her fani gibi ölüp gitmiş bir 'fakîh' portresi taşıyor. Oysaki durum hiç de öyle değildir.

Çektiklerinden, çilelerinden, hapishanelerde uğradığı işkencelerden, yıllarca kırbaç altında inletilmesinden, en yakın meslektaşları tarafından sırf iktidar sahiplerine yaranmak için zındık ve kâfir ilan edilmesinden, yetmiş yaşında olduğu bir zamanda zehirletilip şehit edilmesinden tek kelimeyle bahis açılmamaktadır.

İmamı Âzam; kanın, dehşetin, zulmün, acıların ve işkencelerin berzahları içinde yaşamış bir fikir ve devrim önderidir. Bir önderi, kanıyla ödediği bir faturanın arkasındaki fikir ve imana temas etmeden anlatmak mümkün müdür, mümkünse insanî ve vicdanî midir?

ARINDIRAN ÖNDER

İslam, Hz. Peygamber'den hemen sonraki Arap müdahalesiyle yozlaştırıldı. Bu yozlaşmanın hemen ardından ilk arındırma, İmamı Âzam eliyle oldu.

İlk dönemde yani oluşum ve yerleşme döneminde Hz. Peygamber'e karşı çıkan zihniyetlerle, **arındırma dönemi** olan ikinci dönemde İmamı Âzam'a karşı çıkan zihniyetler aynıdır.

Müslüman dünya, 'Üçüncü Arındırma Dönemi'ni Mustafa Kemal Atatürk'le yaşadı. Bu olgunun veya tezin ayrıntılarını biraz ileride Mustafa Kemal bahsinde göreceğiz.

İslam ümmeti bu üç dönemin üç öncüsüne de nankörlük etmiştir: Bu nankörlük, Hz. Peygamber'e, onun ehlibeytini katletme şeklinde, İmamı Âzam'a, işkence ve öldürme şeklinde, Atatürk'e ise mirasını ve kendini din dışı ilan etme şeklinde uygulandı.

İMAMI ÂZAM İSYANININ TEMEL MESAJLARI VE İMAMI ÂZAM'I FARKLI KILAN DEĞERLER

İmamı Âzam'ı maddesiyle şehit ettiren, mânâsıyla ise ölümsüz kılan değerler ve sebepler şunlardır:

1. Kur'an'ın istediği 'aklın işletilmesi'ni ve aklın egemenliğini dinin esas amacı olarak öne çıkardı,

2. Zulme karşı isyan ve ihtilalin dinin talebi olduğunu gösteren eylemli bir aydınlatmanın öncülüğünü yaptı,

3. Arapçı, zorba Emevî ve Abbasî yönetimlerine karşı çıktı ve bu yönetimlere karşı kılıç kullanılması için fetva verdi, kılıç kullananları maddeten de destekledi,

4. İslam'ın Arap ideolojisine dönüştürülmesine karşı çıktı.

İmamı Âzam, Arap-Emevî saltanatına uyarlanmış bir din hayatını yaşamaktansa yaşamamayı Kur'an'ın ideallerine uygun bulmaktadır. Bu anlayış, felsefî anlamda bir tür **deizm**dir.

İslam tarihinde adı konmamış bu tür deizmi ekol olarak Mürcie mezhebinde, kişi olarak da İmamı Âzam'da görmekteyiz. Zaten İmamı Âzam'a saldıranların en büyük ithamları, İmamı Âzam'ı Mürcie mezhebi mensubu ilan etmek olmuştur. Onlar İmamı Âzam'ı, **'sarhoş olmayacak kadar alkollü içkinin serbest olduğu namazsız bir din'** icat etmekle de suçlamışlardır. (Bu konunun ayrıntıları **Deizm** adlı eserimizde verilmiştir.)

5. **Her Müslümanın kendi ana diliyle ibadet edebileceğine, bunun için de Kur'an'ın tercümesiyle namaz kılınabileceğine fetva verdi,**

6. **Uydurma hadisleri reddetti; bunun bir uzantısı olarak, hadis diye nakledilen sözlerin Kur'an'a ve akla aykırı olanlarının Peygamberimize isnat edilmesine karşı çıktı,**

7. **İnsan rableştirmeye karşı çıkarak Hz. Muhammed dışında eleştirilmez kişi, Kur'an dışında eleştirilmez kitap kabul etmedi,**

8. **Din ile şeriatin eşitlenmesini Kur'an'a aykırı buldu ve bu eşitlemeye karşı çıktı,**

9. **Batı'dan bin küsur yıl önce laikliğin temellerini atıp ilk müjde ışıklarını yakan şu iki fikri öne çıkardı:**

a) **İbadeti imanın ayrılmaz bir parçası sayarak dindarlığı insanlar arası ilişkilerde bir ölçü haline getiren**

anlayışa karşı çıktı. Kur'an'a dayandırdığı şu ilkeyi savundu:

"**İbadetler imanın olmazsa olmaz bir parçası değildir.**" İmamı Âzam ve bağlı bulunduğu **Mürcie felsefesi,** bu anlayışlarıyla, sahte dinden kaçmak ama Allah'a imanlarını korumak isteyen samimi insanlara sığınak olacak **'kendine özgü bir deizm'** yaratmışlardır. **'Mürcie deizmi'** diyebileceğimiz bu deizmi Batı dünyası geniş biçimde kullandı. Bugünkü Müslüman dünyanın da bir biçimde kullanmak zorunda kalacağı kanısındayım.

b) Kavga ve savaşların din gerekçesine dayandırılmasına karşı çıktı. Kur'an'a dayandırdığı şu ilkeyi savundu:

"**Azmışlarla savaş azmışlık ithamıyla yapılmalıdır, kâfirlik ithamıyla değil.**"

'Dinin temsilcisi' ve **'daha dindar olma'** iddiasının kavga ve kan sebebi yapılmasının önüne geçmek, Asrısaadet nesli için bile mümkün olamamıştır. Bu kavganın insanı kemirmesini önlemede sadece iki çare vardır:

1. Din meselesini bizzat peygamberin kotarması. O devir bitmiştir.
2. Laiklik.

İnsanlığın çektiği büyük ıstıraplarla anlaşılmıştır ki, dinin kahır aracı olmaktan çıkmasını sağlayan tek çare **laikliktir.** Aksi halde din, mensuplarının birbirini yeme aracı olmaktan çıkarılamaz.

İşte, **laiklik,** dinin bu hale getirilmesini önlüyor. **İmamı Âzam,** bu noktayı tarihte en iyi ve en ilk yakalayan dehadır. Savaş meşru hale gelmişse savaşılır ama bunu birinci sınıf dindarlarla ikinci sınıf dindarların din-iman kavgasına dönüştürmek insana da dine de imana da zulümdür. İnsanlık bu zulümden çok çekti. Dahası: İnsanlığın bu zulümden çektiği acıların en büyüğüne ne yazık ki, gerçek dindarlar maruz kaldı.

Engizisyon tarihi bunun belgesidir; bizim **'dincilik'** tarihimiz de bunun belgesidir.

10. Ehlibeyt'i (Peygamberimizin torunlarını) savunmayı ve sevmeyi bir mezhep meselesi olmaktan çıkarmanın öncülüğünü yaparak mezhep taassubuna darbe indirdi.

Büyük İmam, Peygamber evladını savunma uğruna hayatını feda ettiği halde hiçbir zaman Şiî mezhebine geçmedi.

Bir yandan Ehlisünnet mezhebinin en büyük imamı olmak, bir yandan da Ehlibeyt için canını verebilmek, tarihin sadece İmamı Âzam'la tanıdığı bir anlayıştır.

Ve sanıyoruz, İslam'ı gerektiği şekilde anlamanın can damarı da buradadır.

İmamı Âzam, Şiî inançtaki **"Halifelik Hz. Ali evladınındır ve Allah bu soydan kıyamete kadar halife olacakları belirlemiştir"** şeklinde bir iman meselesi yaptıkları anlayışa tamamen karşı olmasına rağmen Hz. Ali evladının hilafeti için mücadele etmiştir. Çünkü o, bu işte Hz. Ali evladını ehliyet sahibi görüyordu.

İmamı Âzam'ın Ehlibeyt için mücadelesi bir mezhep mücadelesi değil, zulme karşı, adalet ve liyakatin yanında olma mücadelesiydi.

11. Hukuk alanında bireyin özgürlüğünü şaşmaz bir ilke olarak öne çıkardı,

12. Kadının evlenmede kimsenin velayet ve vesayetine muhtaç olmadığını ilan edip kadın özgürlüğünün yolunu açtı; böylece geleneksel fıkhın temel kabullerinden birini yıktı,

13. Din hizmetinin rızık aracı yapılmasına karşı çıkarak din ulemasının geçimini dine bağlayan anlayışı yıktı. Kendi geçimini ticaretten kazanarak getirdiği bu anlayışı hayatıyla örneklendirdi.

14. Alkollü içkilere geleneksel anlayıştan çok farklı baktı; şarap dışındaki içkilerin haram olmasını, sarhoş olacak kadar içme kaydına bağladı,

15. Riyakârlığı en büyük yıkım olarak gören anlayışının bir gereği olarak, fikir ve mücadele hayatında takıyyeciliğe asla tenezzül etmedi; sözünü hiç esirgemeden tam ve açık söyledi.

İmam Âzam, Arap'ın ve Arapçıların nefret edeceği, karşı çıkacağı hemen her niteliğe sahipti. Bu niteliklere saldırıyı dinleştiren zihniyetlerin ona yönelttikleri ithamların aşılması için tarihin karar gününü beklemek gerekmiştir.

İmam Âzam için o gün, uzun bir zamandan sonra gelmiş ve zındıklık, hatta kâfirlikle itham edilen büyük deha, **'En Büyük İmam'** sıfatıyla ödüllendirilmiştir. **Sapıklığından, dalâletinden, İslam'a kötülüklerinden, hatta kâfirliğinden şikâyet edilen Ebu Hanîfe, bir gün gelmiş, İmamı Âzam yani 'en büyük önder' ilan edilmiştir.**

Şöyle de denebilir:

Artık sıra, yeni çıkacak imamı âzamların tepelenmesi için eski İmamı Âzam'ın putlaştırılmasına gelmişti. **Eskileri putlaştırma ve yenileri dışlama, asırlardır sürüyor.** Ve anlaşılan daha uzun bir zaman sürecektir.

İmamı Âzam'ın yaratıcı isyanını tarih önündeki bütün vecheleriyle görmek için bizim şu iki eserimiz okunmalıdır:

**1. Arapçılığa Karşı Akılcılığın Öncüsü İmamı Âzam,
2. İmamı Âzam Savunması.**

HALLÂC-I MANSÛR

İslam düşüncesinin önemli isimlerinden biri olan ve otuz yaş gibi çok erken bir çağda ölen **Şebüsterî** (ölm. 720/1320)**, Gülşen-i Râz** adlı Farsça Mesnevi'sinde enel hak söylemiyle ilgili en muhteşem tespitlerden birini yapmakla da ünlüdür. İranlı olmakla birlikte **Sünnî-Şâfiî** olan ve ne yazık ki Şâfiî mezhebdaşı **Gazalî**'nin felsefeye düşman tavrını büyük ölçüde benimseyen Şebüsterî şöyle diyor:

"Prangalardan kurtulmuş bir benliğin sadası 'Enel Hak'tan başka bir şey olamaz."

Tasavvufta **Attâr, Mevlana** ve **İbn Arabî** ekolüne mensup ve **melâmî** olan Şebüsterî, doğup büyüdüğü kentin **Gülşen** adlı kabristanında mekân ve makamı gülşen bir ölümsüzlük eri olarak istirahat ededursun, biz enel hak söyleminin anlamı üzerinde biraz konuşalım ve ekleyelim: Konunun ayrıntıları bizim **'Hallâc-ı Mansûr'** adlı iki ciltlik eserimizde verilmiştir.

ENEL HAK SÖYLEMİNİN MİSTİK-FELSEFÎ ÇERÇEVESİ

Hallâc denince akla "**Enel Hak**" sözü gelir. Tasavvuf ve kelam ilminde Hallâc'ın orijinalitesi bu sözde aranır. Bu söz aynı zamanda Hallâc'ın düşünce dünyasının esasını, kişiliğindeki hâkim öğeyi ve tarihteki yerinin adresini de vermektedir.

Biz burada bu konunun mistik izah ve ayrıntılarına girmeyeceğiz. O ayrıntıları merak edenler bizim **Hallâc-ı Mansûr** adlı eserimizin ikinci cildini okumalıdırlar.

Hallâc konusunda yıllar süren araştırmalarımızın bizi getirdiği nokta şurasıdır: **Enel Hak, Hallâc anlayışının şuurlu, kararlı ve Kur'anî bir ifadesidir; bir sürçme veya şath (taşkınlıkla söylenmiş söz) eseri değildir.**

Enel Hak, bir hulûl anlamı da taşımıyor. Allah'ın, seçtiği bazı arınmış bedenlere girmesi şeklinde tanımlayabileceğimiz **hulûl,** Enel Hak sözüyle değil, ancak **'enellah:** ben Allahım' sözüyle ifade edilebilir. Yani hulûlde ilahlaşmak vardır. Oysaki Enel Hak, olsa olsa bir **ilahîleşmek** ifadesi olabilir. Zaten Kur'an, insanın ilahlaşmasına giden yolu kapatırken ilahîleşmesine giden yolu açık tutmakta, hatta o yolda yürünmesini teşvik etmektedir.

İLAHLAŞMAK MI İLAHÎLEŞMEK Mİ?

Kur'an insanın ilahlaşmasına izin vermez ama ilahîleşmesine izin verir hatta bu ikincisini ister.

Özgün kelimeleri kullanırsak, Kur'an insanın rableşmesine izin vermez ama rabbânîleşmesine izin verir. Hatta bunu teşvik eder. Enel Hak bahsinde de çözümün anahtarı olarak gördüğümüz bu hayatî gerçek, Kur'an'ın esrarlı üslûbu içinde şöyle verilmiştir:

"Hiçbir insana yakışmaz ki, Allah kendisine kitap, hüküm-hikmet ve peygamberlik versin de sonra o, insanlara 'Allah'ın berisinden bana kullar olun!' desin. O ancak şöyle der: 'Öğrettiğiniz şu kitaba ve okuyup araştırdıklarınıza dayanarak benliklerini Allah'a adamış **Rabbânîler olun!**" (Âli İmran, 79)

Evet, Kur'an aynen böyle diyor:

"Sakın Rabler olmaya kalkmayın, Rabbanîler olun!"

Enel Hak'kın Kur'anî tevili de tefsiri de, hatta tam karşılığı da bu ayetteki mesaj olamaz mı?

Enel Hak nidasında, **mürîd** (isteyen, insan) ile **murâd** (istenen, Tanrı) ilişkisinin mikro uçtan seslendirilişine tanık oluyoruz.

İnsan-Allah arasındaki karşılıklı ilişki, Kur'an tarafından hem sevgi hem de **'yardımlaşma'** kavramında temellendirilmiştir. Kur'an bu noktada son derece açık ve tevilsiz konuşuyor. İki ayet, formül-ilke verir gibidir. **Muhammed suresi 7.** ayet şöyle diyor:

"Ey iman edenler! Eğer siz Allah'a yardım ederseniz Allah da size yardım eder ve ayaklarınızı sağlam bastırır."

Saff suresi 14. ayet ise durumu, bir varoluş gerçeğine çevirerek emirleştirmektedir:

"Ey iman edenler! Allah'ın yardımcıları olun!"

Bu ayetler, insanî ego'yu ilahî-yaratıcı egonun karşısında değil, yanında gören bir anlayışı öne çıkarmaktadır. Başka bir deyişle, **Kur'an, Allah'ın makbulü olmayı, insanın bir ego olarak görülmesinin ret ve inkârı anlamında**

ALTINCI BÖLÜM

değil, kabul ve ikrarı anlamında almaktadır. Enel Hak söylemi bu Kur'ansal yaklaşımın İslam dünyasında ilk telaffuzunu ifade etmektedir.

İslam dünyası, Hallâc'ın dilinden **"Ben, varlık ve oluş bünyesinde edilgen değil, etken bir varlık olarak rol sahibiyim"** demiştir. Demiştir ama İslam dünyası, kitlesel mertebede bu idrakin çok gerilerinde kaldığı için idraki ilk telaffuz edeni ölüme, idraki de kütüphanelerin tozlu raflarına göndermiştir.

Muhammed İkbal, bu idraki tozlu raflardan on asır sonra indirme teşebbüsünde bulundu ama onun da başarılı olduğunu söyleyebilme noktasında değiliz. İkbal, böyle bir başarının kendi milleti tarafından gösterilemediğini, hatta gösterilemeyeceğini değişik şekillerde ifadeye koymuştur. Ona göre, İslam dünyasında, Enel Hak diyebilecek yani yaratıcı beni tozlu kütüphane dolaplarından indirip hayata geçirebilecek tek millet vardır: Türk Bağımsızlık Savaşı'nı zafere ulaştıran ve işgal edilmiş bir ülkeden bağımsız bir devlet çıkaran Türk milleti.

Allah-insan arasındaki yardımlaşma veya karşılıklı bağlılık bir ihtiyaç değil, sevgiden kaynaklanan bir varoluş coşkusudur. Hallâc bu karşılıklı dayanışma ve bağı ifadeye koyarken, Cenabı Hakk'a şöyle yakarıyor: "**Kıyâmî bi hakkıke ve kıyâmuke bi hakkî:** Senin varlığına dayalı varoluşum ve benim varlığıma dayalı varoluşun." Burada, Cenabı Hakk'a ait 'varoluş'tan maksadın bir **'biliniş ve farkediliş'** olduğu kuşkusuzdur.

Hakk'ın bizimle iç içeliği, insan vücudunun şahdamarla beraberliği gibidir. **Kaf suresi 16.** ayet bunu açıkça ifadeye koymuştur. Bu anlamda **Allah içkindir.** Ancak O, küllî ve sonsuz varlık olarak da aşkındır. O halde

O, insanla ilişkilerinin bir yönünden içkin, diğer bir yönünden aşkındır.

BİR ÖZGÜRLÜK HAYKIRIŞI OLARAK ENEL HAK

İkbal, İslam dünyasındaki ölüm cenderelerine karşı çıkışı, üstadlarından biri saydığı Hallâc-ı Mansûr'un **Enel Hak** (Ben, yaratıcı gerçeğim) söylemiyle ifade etmiştir.

Enel Hak, asırlar boyu bastırılıp susturulan insan benliğinin egemen güce karşı "Ben de varım. Ve ben, sıradan bir şey, sıradan bir söylem olarak değil, belirleyici bir kuvvet olarak varım ve yaratıcı bir enerji olarak devredeyim" mahiyetinde bir karşı çıkıştır.

Böyle olduğu içindir ki **Enel Hak** söylemine hem egemen-siyasal otorite savaş açmıştır hem de onunla birlikte yürüyen ulema otoritesi savaş açmıştır. Bu ikincisi en azından karşı çıkmıştır.

İkbal, ezilen Müslüman kitlelerin (müstaz'af-mazlumların) kurtuluşunu şuurlu bir Muhammedî isyana bağlı görür. Bu isyan, sadece Batı'nın emperyalist-sömürgeci hegemonyasına karşı değil, ondan daha önce, geleneği pranga gibi kullanarak beyinleri uyuşturan yobaz-molla-softa zihniyete karşı olacaktır. Nitekim üstadı Hallâc da, öncelikle bu zihniyete karşı isyan halinde değil mi idi? Şöyle sesleniyor İkbal:

"Şehrin mescidinde öyle feryat edelim ki, mollanın göğsündeki gönül erisin!" (*Armağan-ı Hicaz*, 64)

Demek ki, **Müslümanın ölüm cenderesinden kurtuluşu, mollanın bütün melanetlerini tezgâhladığı 'şehrin cami-**

sinde başlatılacak isyanla olacaktır. Çünkü Kur'an'ın 'zarar veren mescitler' diye lanetlediği bu mekânlar, mollanın, ümmeti mahvettiği mekânların başta gelenidir. Oradan başlamayan bir isyan, kurtuluş getiremez. Emevî dinciliği, ümmeti oradan kotardığı itaatle perişan etti; kurtuluş da oradan başlayacak isyanla vücut bulacaktır.

TAĞUTA İSYANIN SESİ OLARAK ENEL HAK

Hallâc, tağut diye anılan bastırıcı-susturucu güce karşı çıkışını Enel Hak söylemiyle ifade etmiştir. İkbal de bu söylemi aynı anlamda ve mahiyette olmak üzere benimseyip devreye sokmuştur. Tağuti güç, kahrını bazen kılıçla bazen de 'Allah ile iskât' ederek yani Allah'ı araç yapmak suretiyle susturarak (deyim Mehmet Akif'indir) gerçekleştirir. Hallâc'da bu susturma, kılıç ve iskât birlikte kullanılarak yapılırken, İkbal'de mollalar vasıtasıyla yani 'Allah ile iskât' şeklinde gerçekleştirilmiştir. Pakistan resmî mollalığının İkbal'i açık bir fetva ile 'kafir' ilan ettiğini biliyoruz.

"Evet, Enel Hak; mevcuda, alışılmışa bir isyandır. Böyle olduğu içindir ki Enel Hak söylemine hem egemen-siyasal otorite savaş açmıştır hem de onunla birlikte yürüyen ruhsalbilimsel otorite. Bu ikincisi söyleme, egemen güç lehine en azından karşı çıkmıştır." (Öztürk, *Hallâc-ı Mansû*r, 2/113)

YARATAN'IN YARATILANDAN SESLENİŞİ

Hallâc ve enel hak konusuna en unutulmaz açıklamaları getirenlerden biri olan İranlı şair **Şebüsterî** şunu da söylemiştir:

"Eymen vadisinde bir ağaç ansızın: 'Ben Allahım' diyebilmiştir. Peki, 'Ben Allahım' sözü bir ağaçtan çıkınca makul görülüyor da, bir yüce benlikten çıkınca neden makul görülmüyor?"

Şebüsterî, yukarıki beytinde az sonra kayda geçireceğimiz Kur'an ayetine telmih yapmakta, böylece hem kendi tespitinin hem de Enel Hak söyleminin Kur'ansal-vahyî dayanağını dikkatimize sunmaktadır.

Kur'an bize gösteriyor ki, Cenabı Hak, yarattıklarının bazılarını, kendisinin dili gibi kullanmakta, kendisi yerine onları konuşturmaktadır. Bu gerçek de, Enel Hakkın diğer boyutları gibi, Hz. Musa münasebetiyle verilmiştir. Biz burada Musa-firavun-isyan münasebetine bir başka dikkat çekişi görmekteyiz. Yani hak adamı, kudurgan zalim ve ona isyan teması yine bir sacayağının üç ayağı gibi bir araya getirilmiş.

Şimdi Yaratıcı'nın, bazı yaratılmışları kendisinin dili gibi kullandığını gösteren beyyineleri görelim:

"Musa süreyi bitirip ailesiyle yola çıkınca, Tûr tarafından bir ateş fark etti. Ailesine dedi: 'Bekleyin, bir ateş fark ettim. Belki ondan size bir haber getiririm, belki bir ateş koru getiririm de ısınırsınız.' Oraya vardığında, o bereketli toprak parçasındaki vadinin sağ tarafından, bir ağaçtan şöyle seslenildi: 'Ey Musa! Âlemlerin Rabbi Allah benim, ben! Asanı at!' Asanın çevik bir yılan gibi titreyip kıvrıldığını görünce gerisin geri döndü; arkaya bile bakmadı. 'Geri dön ey Musa, korkma! Güven içinde olanlardansın. Elini koynuna sok; lekesiz, bembeyaz çıkıversin. Korkudan açılan kollarını kendine çek. İşte bunlar, Firavun ve kodamanlarına karşı Rabbinden sana güçlü iki kanıttır. Firavun ve yardakçıları yoldan çıkmış bir güruhtur." (Kasas, 29-32)

Bu beyyineler, **'Firavunun enesi**'ne karşı **'Musa'nın Enel Hak'**kını öne çıkarıyor. Daha doğrusu bu çıkarışın yöntemini gösteriyor. Bu yöntemin esası şu değerlerden oluşuyor:

1. **'Firavun enesi'ne karış 'ilahî ene'nin varlığını fark etmek,**

2. **Korkuyu aşmak,**

3. **Asayı yani isyanı kullanmak.**

Enel Hak tabiri üzerinde yazılanların ittifak ettikleri nokta şudur: Enel Hak, hiçbir zaman "Ben Allahım" anlamı taşımaz. 'Ben' ile kast edilen, Esmâul Hüsna'dan biri olarak kalacaktır. Bu da Allah olmak değil, Allah'ın tecellilerinden biri olmaktır. Nitekim Hallâc, şaheseri Tavâsîn'de Enel Hak'kın bir açılımı olarak 'Ben Hakk'ın eserlerinden biriyim' demiştir.

Enel Hak, Peygamber evladını katlettikten sonra Kur'an mesajını Cahiliye şirkine bulaştırıp yozlaştıran Emevîlerin saltanat ideololjisine dönüştürdükleri din anlayışına karşı, Kur'an'ın getirdiği ve Hz. Muhammed'in kristalleştirdiği **'Yaratıcı Kur'anî Ben'**in cesur bir isyanla deklare edilmesi, ortaya çıkarılmasıdır. Bu isyancı-yaratıcı 'ben'e İslam tarihi, ilk halifeler döneminde ve sosyolojik anlamda olmak üzere, sahabî **Ebu Zer'**de tanık oldu. **Hallâc'ın Enel Hak'kı, Ebu Zer isyanının bir tekrarı olarak görülebilir.**

TANRI YARDIMCILARININ SESİ

Enel Hak, Kur'an tarafından 'Allah'ın yardımcısı' olarak eyleme çağrılan insanın kimlik belgesi gibidir. Geleneksel Emevîci dinin ve onu takiben tarikat tasavvufunun iğdişleştirip yaratıcı benliğini yok ettiği şeyh kölesi mürit tipin yerine yaratıcı Kur'anî benliği inşa etmek ancak 'Enel Hak' (Ben yaratıcı gerçeğim) diyebilen benlikleri tarih sahnesine çıkarmakla mümkün olabilir. Yirminci yüzyılın en büyük Kur'an düşünürü olan **Muhammed İkbal'in ego felsefesi** olarak adlandırılan sisteminin yapmak istediği, işte bu yaratıcı Kur'ansal benliği sahneye çıkarmak ve eyleme sokmaktır.

Kur'an, **mîsak** anlayışıyla, insana, Allah karşısında bile 'Ben' dedirtmektedir; daha doğrusu insana bu hakkı vermektedir. Bunun bir uzantısı olarak Kur'an, insandan Allah'ın yardımcısı olmasını istemekte, istemekte ne demek, ona bunu emretmektedir. Hem de defalarca. Ve hem de söz sanatının bütün formlarını kullanarak. Şu beyyinelere bakın:

"Allah'ın yardımcıları olun!" (Saff, 14)

"Eğer siz Allah'a yardım ederseniz O da size yardım eder." (Muhammed, 7)

"Allah, kendisine yardım edene elbette yardım eder." (Hac, 40)

İnsanın Allah'a yardımı nasıl olabilir? Elbette ki, Allah'ın iradesi yönünde eylem koymakla olur. Bunun daha açık anlamı, Allah'ın iradesine isyan eden maddesel ve ruhsal despotlara karşı çıkmakla. Bunun adı, isyandır. O halde, **varoluştaki yerine tam oturmuş isyan,**

Yaratıcı'ya yardımın ta kendisidir. Bu isyanın sözlü ifadesi veya tarih önünde deklare edilmesi Enel Hak haykırışıyla gerçekleşiyor.

FİRAVUNLUĞA İSYANIN TEMEL SÖYLEMİ

Şemsuddin Muhammed bin Yahya el-Lâhicî en-Nurbahşî (ölm. 921/1515) adlı Hallâc meftunu şair, Hallâc ve enel hak konusunun unutulmaz tespitlerinden birini yapmaktadır:

"Hallâc şarabının kadehinden zevklen,
O zevkle sarhoş olup sonsuzluğa bak,
Kodamanlara karşı diklen
Ve haykır: Enel Hak!"

Enel Hak söyleminin Kur'an'a gittiğimizde karşılaşacağımız bir cevabı var. O cevap, **Nâziât suresi 24.** ayettedir. Azmışlık, zulüm ve hakka karşı çıkışın sembolü olan Firavun orada halkına şöyle konuşturuluyor: "Ben sizin en yüce rabbinizim." İşte Enel Hak, bu firavunluğa halkın içinden bir cevaptır. O cevap Firavun'un şahsında bütün tağutlara şöyle sesleniyor: **"Ben bir hiç değilim, ben de varım, ben de yaşayan gerçeğim."**

Bu cevabın mahiyetini tam anlamak için anılan ayetin yer aldığı beyyineler kümesini görelim:

"Ulaştı mı sana Musa'nın haberi? Hani, Rabbi ona, kutsal vadide, Tuva'da seslenmişti: 'Firavun'a git! İyice azdı o. De ki ona, 'Arınıp temizlenmeye ne dersin? Seni Rabbine kılavuzlayayım da gönülden ürperesin!' Derken, ona o en büyük mucizeyi gösterdi. Ama o yalanladı, isyan etti. Sonra, sırtını döndü; koşuyordu. Derken, bir araya toplayıp bağırdı. Dedi: 'Ben sizin en yüce rabbinizim!' Bunun üzerine Allah, onu sonraya ve önceye ibret olmak üzere bir ceza ile çarptı. Kuşkusuz, bunda, içine ürperti düşen için tam bir ibret vardır." (Nâziât, 15-26)

Demek ki, Enel Hak, nebilerin izinden giden hak adamlarının, nebilerin mesajını çiğneyen tağutlara vahyin vermek istediği cevabın yeni bir ifadesidir. Tağutun ilahlığını ilan ederken kullandığı **'ene'** (ben) kelimesi cevapta aynen korunmuş, Rab isminin yerine bir başka ilahî isim-sıfat olan Hak getirilmiştir. **Hak**, gerçeği izleyerek gerçeği konuşan, gerçek için konuşan aydınlık erinin de sıfatıdır. Öyle bir tabirdir ki Hak, aynı anda hem Tanrı'nın niteliklerini hem de insanın niteliklerini, bu ikisi birbirine karışmadan koruyup taşır.

Evet, **Kur'an'ın Allah'ı nasıl "Ben hakkım' diyebiliyorsa, Kur'an'ın insanı da "Ben hakkım" diyebilir. Ve demelidir.**

KULA KULLUĞA İSYANIN SESİ

Kur'an'ın getirdiği dinin adı İslam'dır. Kur'an terminolojisindeki anlamıyla İslam, Allah'tan başkasına teslim olmamak, sadece Allah'a teslim olmaktır. Bu temel gerçek, İslam'ın temel ibadetlerinin ikincisi olan (birincisi okumak) namazın temel duası Fâtiha'da bizzat Kur'an tarafından her gün defalarca hatırlatılmaktadır:

"Yalnız sana ibadet/kulluk ederiz ve yalnız senden yardım dileriz." (Fâtiha, 5)

Bir insan, namazında bu ayeti okuyarak Tanrı'ya sürekli taahhütte bulunup arkasından, başka birilerine de az veya çok kulluk veya ibadet ederse onun durumu ne olacaktır? Durum açıktır: Böyle birisi, Tanrı'ya ve kendine yalan söylemiş, sahtekârlık yapmış demektir.

Tanrı'dan başkalarına kulluk nasıl oluyor? Çeşitleri çok. Başta geleni, yönetimlere, krallara, sultanlara, padişahlara kulluktur. Kur'an burada **'mülk'** kavramını öne çıkarır. Öyle bir sözcük seçilmiş ve o şekilde kullanılmıştır ki hem kime kulluk edileceğini hem de kimlere kulluk edilmeyeceğini o tek kelime aynı anda göstermektedir.

Mülk, kelime anlamıyla hem **'mülkiyet'** hem de **'saltanat'** anlamındadır. Ve Kur'an onlarca ayetinde şunu ilkeleştirmiştir:

"**Göklerin ve yerin mülkü (mülkiyet ve saltanatı) Allah'a aittir.**"

Onun içindir ki, teslimiyet de kulluk da sadece ve sadece Allah'adır. İnsanoğluna kişi ve kurum olarak verilen mülk hakkı mülkün gerçek sahibinin müsaade ettiği kadar olacaktır. Hz. İsa'nın **"Tanrı'nın hakkını Tanrı'ya, kralın hakkını krala verin!"** sözü işte bunu anlatmaktadır.

Kulluk, sadece Allah'adır. Eğer bir sistem, bir yönetim buna saygılı olmuyor ve insanları kullaştırmaya kalkıyorsa kullaştırılan insan iki şeyden birini tercihle karşı karşıyadır: Ya kula kulluğu kabul edip firavunlarını kendi eliyle yaratacaktır yahut da tercihini Tanrı'ya kulluk yönünde kullanıp öteki kulluk taleplerine karşı çıkacaktır.

O halde, Tanrı'ya kul olmayı seçenler, ister istemez, kula kulluk tezgâhı kurmuş odaklara isyan etmek zorundadırlar. Bu **isyan yoksa** Tanrı aldatılıyor demektir. Daha doğrusu, insan, dünya için krala, ahiret için Tanrı'ya kul olma kurnazlığı içine girerek kendisini de toplumu da aldatıyor demektir. Zühruf suresinin devrim ayetlerine göre, tarihin bütün Firavunları, Karun ve Nemrutları işi iki kullukla götürebileceğini düşünenler tarafından yaratılmıştır. Böyle düşünenler olmasa, Firavun ruhlular hayat ve güç bulamazlar. Bunun içindir ki, **Kur'an, riyakârlığa yüklediği olumsuz anlamı hiçbir inkâr ve günaha yüklememiştir.**

Neyse o olan veya olduğu gibi görünen insan günahkâr olabilir ama Allah'ın düşmanı olmaz. Allah'ın bir tek düşmanı vardır: Riyakâr. Yani olduğu gibi görünmeyen veya göründüğü gibi olmayan namert.

Enel Hak, bu noktada Tanrı'ya kul olmayı tercihin ilkesel, kararlı, isyancı bir ilanıdır.

Böyle olduğu içindir ki, Tanrı'nın yanında kendilerine de kulluk isteyen, başka bir deyimle mülk hakkını gasp eden Abbasî yönetimi Enel Hak'kın temsilcisi, davetçisi ve militanı Hallâc'ı affetmemiştir. Hallâc zaten affedilmeyi beklememekteydi. Çünkü yaşadığı toplumda Tanrı'ya, sadece Tanrı'ya kulluğun götüreceği akıbetin ne olacağını biliyordu.

Bu anlamda Enel Hak, krallık, padişahlık, sultanlık, Führerlik, Duçelik, ağalık, şeyhlik gibi ikinci kulluk odaklarına isyanın da ifadesidir; belki her şeyden önce o isyanın ifadesidir.

Kur'an'a göre, firavunları yaratanlar, zalimlere uşaklık edenlerdir. Hiçbir zalim, kendisine sessiz kalan bir kitlenin dolaylı desteği olmadan yaşayamaz. Hele, din, zulme uşaklık aracı yapılmışsa Firavunların bir biçimde ve değişik adlar altında zuhur etmesi kaçınılmazdır.

Aktif zalimlerin birçoğunu, pasif zalimler, yani zulme bir biçimde uşaklık edenler yaratmıştır. Kur'an'ın bu anlamda devrim yaratan tespiti, Zühruf suresinin 54-56. ayetlerinde verilmiştir.

MÜRİDLEŞTİRMEYE İSYANIN SÖYLEMİ

Meselenin irade açısından irdelenişini, elinizdeki eserin birinci bölümünün **'Tasavvufun Oynadığı Oyun'** adlı faslında gerçekleştirdik.

SİMAVNALI BEDREDDİN

Tarihin en ilgi çekici serüvenlerinden birinin öncüsü ve mimarı olan Simavnalı Bedreddin'nin **hayat ve faaliyetlerini Ebu Zer adlı eserimde genişçe anlattım.** Buraya çok kısa bir özet alacağım.

Tarihin en unutulmaz şahsiyetlerinden biri olan Simavna Kadısı oğlu Bedreddin'in 60 yıla yakın hayatı Osmanlı padişahları **I. Murat, Yıldırım Bayezit ve Çelebi Mehmet** zamanlarında geçti. Bu süre zarfında, Hristiyan ülkelerle ve içte yürüyüp giden beylikler arası savaşlar halinde yüze yakın harp vücut bulmuştur. Bunlara ilaveten bir de **Timur** sorunu vardır ki, Osmanlı'nın kaderini ve tarihin seyrini değiştiren bir bâdirenin kaynağı olarak dikkat çekmektedir. Timur, bir kasırga gibi Anadolu'yu baştan başa kasıp kavurmuş, Osmanlı'nın birer musibet olarak görüp sindirdiği veya yok ettiği beyliklerin hemen tümünü Osmanlı aleyhine yeniden güçlendirip sahneye sürmüştür. Timur ayrıca Osmanlı'nın hazinesini de talan edip götürmüştür.

İlk eğitimini babasından Kur'an okuyarak aldı. Daha sonra Simav ve Konya'da devrin ünlü âlimlerinden dersler okudu. Konya'daki hocası Feyzullah'ın ölümünden sonra tahsili için Mısır'a gitti. Bedreddin'in uzun yıllar kaldığı Mısır'da, Kudüs, Kahire gibi ilim merkezlerinde İslam ilimlerinin tümünde söz sahibi olacak bir dereceye yükselmek üzere tahsil yaptığı tartışmasızdır.

Şehzadeler kavgasında Yıldırım'ın oğullarından **Musa Çelebi**'nin, kardeşi **Süleyman Çelebi**'yi mağlup edip Edirne'yi ele geçirmesi üzerine Edirne Kazaskerliği Bedreddin'e verildi. Daha sonra Musa Çelebi, kardeşi **Mehmet Çelebi**'ye yenik düşünce onun adamı bilinen Bedreddin **1413 yılında İznik'e sürüldü.** Osmanlı tarihçisi **Abdurrahman Şeref** (ölm. 1925) durumu şöyle ifade ediyor: 'Emeklilik göreviyle İznik'te ikamete memur buyuruldu." (Abdurrahman Şeref, *Tarih-i Devlet-i Osmaniyye*, 124)

1416 yılındaki kaçışına kadar İznik'te göz hapsinde tutuldu. Çelebi Mehmet, sürgüne rağmen Bedreddin'e saygılı davrandı; onun 'kadı' unvanını korudu ve ona günlük **yüz akçe** (veya ayda bin akçe) para ödenmesini emretti. Paranın miktarı hangisi olursa olsun, büyük paradır. Cemil Yener'in söylediği gibi, 'o çağlarda bir yeniçeri erinin gündeliği bir akçedir." (Yener, 13) Demek ki, Çelebi Mehmet Bedreddin'e sürgün günlerinde refah içinde yaşamasını sağlayacak büyük bir maaş bağlamıştır. Tam bu noktada bir gerçeği hatırlatalım:

Tasavvuf tarihinin anıt şahsiyetlerinden biri olan Bedreddin, Yıldırım Bayezit'in oğulları **Musa Çelebi** ve **Mehmet Çelebi**'den her şeye rağmen hürmet görmüştür. **Mehmet Çelebi** bile, saltanatının başına büyük bir gaile açtığı için onu katletmek zorunda kalmakla birlikte vicdanında ona derin bir hürmet taşıdığı açıkça görülüyor. Bu noktada şunun hatırlanması yerinde olur kanısındayız: Bayezit'in oğulları Musa ve Mehmet, **'Çelebi'** unvanlarından da anlaşılacağı gibi, Mevlana Celaleddin torunlarındandır. Şöyle:

Mevlana'nın oğlu ve halefi **Sultan Veled**, Mevlana'nın yakın dostu **Selahaddin Zerkûbî**'nin kızı Fatma Hatun'la evlenmiş, bu evlilikten doğan çocuklardan biri olan **Mutahhara Âbide Hatun**, Germiyanoğulları hükümdarı Süleyman Şah'ın oğluyla evlendirilmiş, bu evlilikten İlyas ve Hızır adında iki erkek, **Devlet Hatun** adında bir kız doğmuştur.

Devlet Hatun, I. Murat tarafından, oğlu Yıldırım Bayezit'e nikâhlanmış ve Çelebi Mehmet'le Musa Çelebi bu evlilikten dünyaya gelmiştir. Çelebi Mehmet'in tasavvufa, sûfîlere hürmet ve itibarında bu soyun, bu genetiğin etkisi göz ardı edilemez.

Bedreddin'in daha çok siyasî sayılacak eylemleri İznik hayatı sırasında planlanmıştır. 1416'da İznik'ten kaçıp Kastamonu'ya geçti ve orada bulunan **İsfendiyar Bey**'e sığındı. (Taşköprüzade, *Şakaayık*, 51) Buradaki siyasal faaliyetlerini yeterli bulmayan Bedreddin, Kastamonu'dan Sinop'a, oradan da bir gemiyle Rumeli'yi geçip Dobruca ve Deliorman civarında yerleşti. Siyasal bir kuvvet haline gelmesi bu sıradadır. Nitekim **Çelebi Mehmet**'in bir kuvvetle onun üzerine gitmesi de bu sıradadır.

1420 yılında Serez'de idam edildi.

Şükrullah bin Şihabuddin'in eseri *Behçetü't-Tevârih*'te, **İdris-i Bitlisî**'nin de *Heşt Behişt*'de bildirdiğine göre, yandaşlarından dört bin kişi katledilmiştir. Katlin gerekçesi de çok ilginçtir: Anılan kaynağın bildirdiğine göre, Bedreddin taraftarları, **"La ilahe illellah"** diyorlar ama **"Muhammedün Resulüllah"** demiyorlardı. Bunda ısrar edenler katledildi, Şehadet cümlesine "Muhammedün Resulüllah" ilavesini yapanlar serbest bırakıldı.

Onun hayat ve faaliyetine en geniş yeri verenlerden biri olan Taşköprüzade, *Miftahu's-Saade*'sinde Bedreddin için **"Derdest edildi ve haksız yere öldürüldü"** hükmüne varmaktadır. (*Miftah*, 2/289) Müfessir **Bursalı İsmail Hakkı** (ölm. 1137/1725) da Bedreddin'in ilmini, kemalini savunan ve açıkça ifade eden bilginlerden biridir.

TEMEL DÜŞÜNCELERİ

Temel felsefe bakımından vahdeti vücutçu olan Bedreddin'e izafe edilen ve toprakta mülkiyeti inkâr ettiği, kadınlar da dahil her şeyde kolektifliği esas aldığı iddiasına dayanan ithamların hiçbirisi onun eserlerinin hiçbirinde yoktur. Bu söylemler, tarih boyu iftirayı bir ibadet gibi işleten Sünnî dinciliğin yalanlarından ibarettir.

Bedreddin'in ana eseri *Vâridât*, Vâridât'ın temel konusu ise vahdeti vücuttur. *Vâridât*'ından anlaşılıyor ki, **tasavvuftaki meşrebi, vahdeti vücut meşrebidir.**

BEDREDDİN DEVRİMİNİN AMAÇLARI

Bedreddin'le ilgili tespitler yapan kaynaklar onun amaçlarını bizzat kendi dilinden şöyle vermekteler:

"Baş kaldıracağım ve memleketleri müritlerim arasında taksim edeceğim. İlim kuvveti ve tevhit sırrının gerçekleştirilmesiyle taklit erbabının kanunlarını, mezhebini iptal ve meşrebimin genişliğine uygun olarak bazı haramları helalleştireceğim." (İdrisi Bitlisî, *Heşt Behişt*)

Bu ifadedeki, geleneksel Sünnî iftira kokan 'haramları helalleştirmek, memleketi müritleri arasında taksim' gibi çamurlamaları bir kenara koyarsak Bedreddin'in istediği açıktır: **"Paylaşıma yanaşmayan zalim ve egemen** güçlere isyan ederek insan hakları ve hoşgörünün egemenliğini sağlamak." Bunu, **Bezmi Nusret Kaygusuz**'un tabirini kullanarak, **'sosyal demokrasiyi kurmak'** olarak da tescil edebiliriz. (Kaygusuz, *Şeyh Bedreddin Simavî*, 79)

Bedreddin mezhebindeki devrimcilerin dışlamak istedikleri öyle Sünnî iftiracılığın asırlardır söylediği gibi, din farklarını, haramları kaldırmak değil, eşitsizliği, zulmü, emeğe ihaneti, raiyyeleştirmeyi kaldırmak, zulmün egemenliğini yok etmektir.

Dinci Tasalluta Karşı Deizm:

Bedreddin, bütün benzeri büyük devrimciler gibi, tüm inanç mensuplarını hak, paylaşım ve adalette birleştirmek için Allah'ın birliği etrafında toplanmayı yeterli görüyor, peygamberde ısrarı bir kenara koyuyor. Yani **Bedreddin, dincilik hegemonyasını birlik ve beraberlik içinde aşmanın kestirme ve etkili yolunu keşfetmişti: Deizm.** Allah'ın birliğinde ısrar etmek, onun ötesini ısrar dışında tutmak. Bedreddin araştırmalarının en önemli isimlerinden biri olarak gördüğümüz **Prof. Şerafettin Yaltkaya**'nın da söylediği gibi, **"Müslim ve gayrımüslimleri bir noktaya toplamak için her iki tarafa da kendi peygamberlerini feda ettirmekten daha kestirme yol yoktu."** (Yaltkaya, 67)

SALDIRILAR VE ÖVGÜLER

Bedreddin'in ilmini, irfanını inkâr eden veya küçümseyen tek kişi yok. Onunla ilgili söz söyleyenlerin ayrılıkları onun imanına, isyanına ilişkin değerlendirmelerde belirginleşiyor. Kimileri onu kâfir bir âsi, kimileri ise kâmil bir veli olarak görmektedir. Birincilerin saray taraftarı, egemen güç meddahı olduklarını fark etmek için fazla zorlanmak gerekmiyor. Onu onca ilmine, irfanına rağmen sonraki zamanlarında sapıtan bir âsi olarak görenlerin, sözü kılıflamak için başvurdukları şeytanet ise şudur: İblis, ilk zamanlarında ilmi ve irfanıyla kemal ehli arasında iken sonradan saltanat (bazılarına göre aynı zamanda nübüvvet) davasına yenik düşerek küfre gitti.

Sünnî egemen gücün, tarih boyunca ilim ve irfanını inkâr edemediği önderlere çamur atmada yöntemi hep bu iddia olmuştur.

Onunla aynı devirde yaşayan, aynı padişaha (Çelebi Mehmet) hizmet etmiş bulunan, aynı hocalardan dersler alan Suriye asıllı tarihçi **Şehabeddin İbn Arabşah** (ölm. 854/1450), Bedreddin'le yaptığı sohbetlerden söz ederken bu devrimci bilgenin bir yandan ilmini yüceltiyor, öte yandan, hizmetinde bulunduğu Osmanlı sarayının canını sıkmamak için tedbir alıyor: Bedreddin'in 'sonradan sapıttığı' yolundaki geleneksel kıvırma yöntemini devreye sokuyor. Böylece, aklı sıra hem tarihi memnun ediyor hem de beslendiği sarayı. **'Ukûdü'n-Nasîha'** adlı ünlü eserinde şöyle diyor:

"819/1416 yılında Şeyh Bedreddin'i İsfendiyar bin Ebî Yezîd nezdinde görüp kendisiyle ilmi müsahabette bulunduk. Vüs'at-i ilmiyesini derya gibi payansız buldum. Hususiyle füru'-ı fıkhiyyede. 'Hidâye'ye bin doksan suali olduğunu kendisinden işittim. Ulûmda akranına faik olup memleketine avdetinden sonra sûfî oldu ve etrafına fukaha ve fukarayı cem eyledi. Halk uzak yerlerden kendisini ziyarete gelmeye ve reviyyetiyle teberrük ve türlü türlü hediyeler getirmeye başladılar. Başına

avâm-ı nâsdan birçok kimse toplandı. Padişah olmak hevesine düştü. Ve o tarihde Osmanlı hükümdarı bulunan Sultan Gıyâseddin Ebulfeth Mehmed bin Ebî Yezîdül -Kirişçi aleyhine hurûc eyledi." (Gölpınarlı, *Bedreddin*, X)

Behçetü't-Tevârih müellifi Şükrullah bin Şihabeddin **(ölm. 868/1464)**, Tevârih-i Âli Osman müellifi Aşıkpaşazade **(ölm. 889/1484), Kitab-ı Cihannüma** müellifi **Neşrî** (ölm. 926/ 1520) Heşt Behişt müellifi **İdris-i Bitlîsî** (ölm. 926/1520), Tevârih-i Âli Osman müellifi Sadrazam **Lütfi Paşa** (ölm. 970/1563) **gibi zevatın Bedreddin'le ilgili takip ettikleri tanıtım tarzı da aşağı yukarı budur.** (Ayrıntılar için bk. Gölpınarlı, *Bedreddin*, XX-XXV)

Bedreddin'e saldırıları onun ana eseri Vâridât'a saldırılar olarak da niteleyebiliriz. Çünkü tüm eleştiri ve saldırılar bu ana eserdeki konulara ilişkindir. Vâridât'a sadece fıkıh uleması tarafından eleştirilmemiştir, sûfî isimlerin eleştirileri de vardır. Ünlü şeyhülislam **Ebussuut Efendi,** Bedreddin'i de taraftarlarını da kâfir ilan etmektedir. Şeyhülislam lakaplı **Alaeddin Arabî** (ölm. 901/1496) Vâridât nüshalarının toplatılıp yok edilmesi gerektiğini söylemiştir. Daha sonraki şeyhülislamlardan **Arif Hikmet Bey,** 'inançlara zarar veriyor' gerekçesiyle, Vâridât nüshalarını toplatıp yaktırmıştır. Ebussuut'un babası olan **Şeyh Muhyiddin Muhammed Yavsî** (ölm. 920/1514) ise Vâridât'ın Arapça bir şerhi olan **'Tahkîku'l-Hakaaık fî Keşfi Esrâri'd-Dekaaık'** adlı eserinde Bedreddin'e son derece saygılı davranmakta, onun fikirlerini İslam verileriyle tevil ederek şeyhi mazur görmektedir.

Vâridât'ı **(Keşfü'l-Vâridât** adlı eseriyle) şerh eden Nakşi şeyhi Abdullahı İlahî, **Harîrîzade** ile ünlü sûfî şair **Niya-**

zi Mısrî, Muhammed Nurul Arabî, Köstendilli Süleyman Şeyhî, Vâridât yazarını sadakatle savunmuşlardır.

Bedreddin'e saldıranların başında **Sofyalı Bâli** (ölm. 960/1552), Bâli'nin öğrencisi **Nureddinzade Muslihuddin** (ölm. 981/1573) gelmektedir. Bu halvetî zât, *er-Red ale'l-Vâridât* adlı tenkidî eserinde Bedreddin'i Bâtınîlikle suçlamakta, onun vahdeti vücutla ilgili fikirlerini İbn Arabî'nin fikirlerine benzeterek onu mazur gören **Abdullahı İlahî** ile **Şeyh Yavsî**'yi de eleştirmektedir. Sofyalı Bâli Efendi, Kanunî Süleyman'a sunduğu **'Bazı Mülhitler ve Zındıklar Hakkında Arîza'** adlı mektupta şöyle diyor:

Şeyh Bedreddin Simavî halk katında maslûb (asılmış), Allah katında mağdûp (gazaplanmış) biridir" demekte ve Gazalî'den beri tanıdığımız bütün Sünnî müfterilerin, kendileri gibi düşünmeyenlere attıkları şu iftiraları sıralamaktadır: Eğlence meclisleri tertip ederek kadınlar ve oğlanlarla yiyip içmek, mum söndü âlemleri yapmak, kadın ve şarabı övmek, 'insanı bilen Tanrı'yı bilmiş olur' diyerek müritlerini kendisine secde ettirmek, vakit ve cuma namazlarını kılmamak vs. Bâli Efendi, arîzasını **"Her tarafı sarmış olan bu bu dinsiz-imansız sefelenin vücutlarından yeryüzünü temizlemek, dinin ve şeriatın icabıdır, padişahın üstüne farzdır"** diyerek noktalıyor. (Bu mektubun tam metni için bk. Yaltkaya, *Bedreddin,* 71-72)

Bedreddin'e saldırılarıyla ünlü Yahudi dönmesi **Aziz Mahmut Hüdaî** (ölm. 1038/1628) de saraya sunduğu arîza da bundan geri kalmaz. O da tarih boyunca, bütün Sünnî müfterilerin, muarızlarına karşı sıraladıkları iftiraları aynen sıralamaktadır. Hüdaî'nin *Tezâkir*'inde (ayrıca bk. Yaltkaya, 72-74) yer alan iftiranameye göre,

"Bedreddin'nin pis bedeni toprağın altında olsa da onun yolundan gidenler dinsizlik ve imansızlık yaymaya devam etmekteler." Bunlar; **dini ve Kur'an'ı inkâr etmekte, 'tımar hatırı için insana kılıç çekmeyiz' diyerek cihadı** (!) **reddetmekte, namaz kılıp oruç tutanları katletmekte imişler.** Onun içindir ki esas 'büyük cihat' bunları yok etmektir.

FİTNE Mİ, ZULME BAŞKALDIRI MI?

Sünnî egemen güç, fikir ve eylem önderi Emevîlerden aldığı genetiğe uygun olarak, zulümlerine başkaldıran herkesin her karşı çıkışını **'fitne'** veya **'ümmet içinde fesat çıkarmak'** diye damgalamış ve acımasız bir biçimde kırmıştır. Bedreddin hareketi bunun tipik örneklerinden biridir.

Serez çarşısında çırılçıplak olarak asıldı ve otuz saate yakın bir süre öylece bırakıldı. Nihayet müritlerince darağacından indirilip vasiyet ettiği yere gömüldü. Yıl 1420.

Bedreddin'in kemikleri 1924 yılında İstanbul'a getirilip Divanyolu'ndaki Sultan Mahmut Türbesi'ne gömüldü.

PATRONA HALİL İSYANI

Tarihe Patrona Halil İsyanı olarak geçen bu ayaklanma, bir kudret imparatorluğu olan Osmanlı yönetiminin bir şirk, işret, sefalet, rezalet ve israf hayatı olan has bahçe hayatının zirveye tırmandığı **Lale Devri** (1718-1730) denen menhus ve mel'un devre karşı çıkışın eyleme dönüşmesidir.

Bu isyan, öncülerinin idrakleri ve amaçları nasıl tefsir edilirse edilsin, mahiyeti bakımından **bir Ebu Zer karşı çıkışıdır.** Çünkü yıkmak istedikleri, aynen Ebu Zer'in yıkmak istedikleridir. Ebu Zer'in Muaviye ve onun sadık hâmisi halife Osman'a karşı çıkarken amacı, mesnedi ve söylemi ne ise Patrona isyanının öncülerininki de o idi. Yani Patrona Halil İsyanı'nın dayanakları, bilinçli veya bilinçsiz, aynen Ebu Zer'in dayanaklarıdır. Dayanaklar böyledir ama isyan hedefine vardırıldıktan sonra isyan kadrosunun içinden dışarı taşan hırs Ebu Zer ruhundan uzaktır. Yıktığı eskinin amacı olan mal ve servete aynen onun gibi iştahlı, bastırılmış bir hırstır. Bu hırs canavarı, hedefine vardığı anda ininden dışarı fırlayıp etrafı tâciz ve talana başlamıştır.

"İsyancı zorbalar başlıca devlet makamlarına kendi seçtikleri kimseleri yerleştirdiler. Sadrazamlığa Hafız Ahmed Paşa'yı getirdiler. Devletin kilit mevkilerine kendi adamlarını tayin ettiler. Patrona, duruma hâkimdi, halkın, esnafın adamı olduğunu göstermek için birta-

kım vergilerin kaldırılmasını emretti." (İnalcık, 233)

Ne ilginçtir ki, bu isyan, eğer gerçek anlamıyla bir ulema zümresinden söz edeceksek, esasında ulema denen din âlimlerinin gerçekleştirmesi gereken bir isyandı. Ve Lale Devri'ni beklemeden gerçekleştirilmesi gereken bir isyandı. Çünkü Lale Devri'nde zirveye çıkan riyakârlık, sefalet ve israf has bahçe uygulamalarıyla asırlardır sürdürülmekteydi. Bu hayatı sürdüren sarayın oraya buraya yaptığı çapul seferlerine **'îla-i kelimetillah'** damgası vuran da **'ulema'** denen adamlar, özellikle onların başı olan **şeyhülislam** lakaplı kişiydi.

O **'ilai kelimetillah'** ve 'cihat' maskelerinin altında nelerin saklandığını, eski Yugoslavya vatandaşı bir hanımefendi büyük bir isabet ve basiretle şöyle anlatıyordu: **"Osmanlı topraklarımızı işgal etti. Bu topraklarda köprüler yaptı, işgal eylemlerini kolaylaştırsın diye; hamamlar yaptı, kadınlarımızın ırzına geçen askerleri cenabetten yıkansın diye, camiler yaptı, işlediği günahları, pislikleri affettirebilsin diye. Ama okul asla yapmadı. Onun yaptıkları içinde okul hiç yok."**

Evet, yok; çünkü o hüccetle dost değildi. Okul, hüccet üretmenin beşiği, yuvasıdır. Hüccetle dostluğu olmayanların okulla da dostluğu olmaz. Bakın, Osmanlı'nın torunları olan bugünkü Türklere. Anadolu'da, okulların, kütüphanelerin, hatta hastanelerin toplam sayısı camilerin toplam sayısından çok aşağıda. Felsefe kulübü hiç yok. Bunun Kur'ansal anlamı, bu toprakların Allah tarafından lanetlendiğidir. Allah âdildir. Böylesi bir toprak lanetlenmeyecek de neresi lanetlenecek!

Şaşacak ne var! Temel ibadeti ve ilk emri 'Okumak' olan Kur'an dininin bu ibadetini namazla yer değiştirip

İslam'ın şartları içinden okumayı çıkarıp kitleleri cami denen Allah ile aldatma ve Allah adına soygun yapma arenasına dönüştüren bir zihniyet başka ne yapabilirdi?!

Zavallı kitleler! Asırlar boyu, Allah ve din yaftası altında haince ve kahpece sürekli aldatıldılar da bir türlü uyanamadılar. Çünkü iman ettiklerini söyledikleri dinin kitabındaki **"Sakın, Allah ile aldatılmayın!"** buyruğunun varlığından bile habersizdiler. Tıpkı, o kitabın **"Raiyyeleşmeyin"** yani "Hayvan sürüsüne dönüşmeyin" emrinden haberdar olmadıkları gibi...

"1730 Patrona Halil İsyanı, halk ile zevk u safâ için pervasızca servetler harcayan saray arasında çatışmayı gösterdiği gibi, meclis-i işrete, sanatlara, şiir ve musikiye revaç veren İrancı geleneğe karşı İslamcı şeriatçıların ayaklanması şeklinde açıklanabilir."

"İşret meclislerinde herkesin önünde 'birtakım fuhşiyât' (din ve ahlaka aykırı suçlar) işlendiği herkesin dilinde idi. Fakat meclis-i işret safâlarını terk edemeyen sultan, damadı sadrazamı, 12 yıl yanından ayırmamıştı. Abdi Efendi haklıydı ve dediği gerçek oldu. Doğrudan karşı çıkmayan ulema da onun gibi düşünüyordu. 6 Temmuz 1729'da İstanbul kadılığından azledilmiş Zülâlî Hasan Efendi, Damad İbrahim aleyhinde konuşuyordu, o isyancılar komitesinin başında olacaktır."

"İsyanın parolası, 'şeriatı ihya idi."

"Şeriatçılara karşı sultan ve ricali, İstanbul'daki en saygın İslamî sembolü kullanmaktan başka çare göremediler, Peygamber'in Sancak-i Şerîfi, Üsküdar'a getirildi. Padişah maiyetiyle karşıya geçince sancak, sarayda Ortakapı'ya dikilip Müslümanlara Sancak dibine gelmeleri ilan olundu; az kişi geldi. **Kararsızlık ve başsızlık, rical arasında anlaşmazlık isyancıların işine yaradı. Patrona, Sancak-i Şerif'e karşı Hırkayi Şerif'ten mübarek eşyayı yanına getirtti."**

"III. Ahmed döneminde çerâgân âlemlerinde hazır bulunanlar, bu arada Nedîm, takibe uğradılar, birer birer yakalanıp idam olundular." (İnalcık, 229-231)

PATRONA İSYANINA GÖTÜREN HAYAT: HAS BAHÇE HAYATI

Zurefa-Reâya Çelişkisi:

Tarihin en görkemli işret, eğlence, oğlancılık, israf ve sefahet arenaları olan has bahçelerin banisi ve müptelası olan Osmanlı yönetici ve aristokratları yani **zurefa** (zarifler, seçkinler, aristokratlar), bağlısı, hatta 'hamisi' olarak göründükleri İslam'ı yaşamıyorlardı, ondan saltanatlarını takviye için olabildiğince yararlanıyorlardı. Ne var ki, muazzam bir riya perdesi, bu gerçeği halka ve dış dünyaya kapatmış, egemen gücün kontrolündeki tarih de olup bitenleri bu perdenin önünde durarak kayda geçirmiştir. Perdenin arkasını irdeleyecek şuura imkân verilmemiş, bir şekilde bu şuura ulaşmış olanlara ise hayat hakkı tanınmamıştır. Dini yaşayan, zurefanın tam zıddı olan büyük kitle yani **reâya** idi. Reâya, Kur'ansal bir terimdir ve raiyye sözcüğünün çoğuludur. **Raiyye**, hayvan sürüsü demektir. Unutmayalım ki, reâyanın yaşayacağı dinin nasıl bir din olması gerektiğine de zurefa karar vermiştir. Mesela, zurefa, reâyanın, dinin kitabı olan Kur'an'ı kendi dilinde okumasına asla izin vermemiştir. Mensubu bulundukları mezhebin kurucu imamı **İmamı Âzam**'ın **"Kur'an'ın tercümesiyle namaz kılınır"** fetvasına rağmen reâyanın kendi dilinde ibadet etmesine izin verilmemiştir. Çünkü reâya Kur'an'ı kendi dilinde okuduğunda zurefanın din adına oynadığı oyunların en azından bir kısmının farkına varır ve bu da zurefanın sonu olur.

Osmanlı düzeninde halkın iki unvanı olabilirdi: **Raiyye, kul.** Halk, Osmanlı hanedanının, özellikle padişahın ya raiyyesidir ya da kulu. Kulluğa yükselenlerin belirli bir kısmı zurefa içine girer ve has bahçenin şatafatlı hayatından yararlanır. Büyük kitle olan raiyyenin böyle bir şansı asla yoktur.

Kur'an, Bakara 104. ayette, mensuplarının raiyyeleşmesini yasaklamaktadır. Eserimizin değişik yerlerinde bu mesajın mahiyeti ve çerçevesi anlatılmıştır.

Osmanlı düzeninde günlük hayat, denebilir ki, iki ana kulvara ayrılmıştır: **1. Zurefanın hayatı, 2. Reâyanın hayatı.** Zurefanın günlük hayatı, egemen çerçevesiyle bir has bahçe hayatıdır. Reâyanınki ise, köyden kente, geçimini sağlamak, hatta bazı kesimlerde bir tas çorba bulup yiyebilmek için yoğun gayret ve didinmelerle geçen bir hayattır. Bu imparatorlukta her şey, bu iki hayat kesitine göre yapılanmış, şekillenmiştir. Çarşı pazardan edebiyatın zirvelerine kadar. **Felsefe** bu toplumda zaten yoktur. Adı bile yoktur. Çünkü bu toplum düşünen insan istememektedir.

"Egemen yüksek kültür, kaadiri mutlak patrimonyal padişah egemenliğinin bir sembolü ve ifadesidir." (Halil İnalcık, *Has Bağçe*, 12)

İşret Meclisleri:

"Özenle tertiplenmiş bahçelerde gece şarap içilen, yeme

içmelerin, her türlü zevku safanın, raks ve temaşanın cereyan ettiği işret meclisleri geleneğinin, saray ve idareye ait birçok gelenekler gibi, İslam öncesi İran'dan İslam hilafeti dönemine geçti. Şahnâme, Kâbusnâme, Nizâmî ve Germiyanlı musâhib şairlerin eserlerinde, geleneksel meclis-i işretin şaraplı içki âlemi özelliği daima yinelenmiştir. Sünnî ve Şiî İslamın kesinlikle yasakladığı şarap, bu zevku safa toplantılarının vazgeçilmez bir öğesi ve sembolü olmuştur. Buna karşı tasavvufî düşünce çevrelerinde şarap, vecd hâletini kolaylaştıran bir Tanrı lütfu gibi yorumlanagelmiştir." (İnalcık, 195)

"Yüksek saray kültürünün, hükümdarlık âyin ve âdabının simgesi olan işret meclisi geleneği, bu kültürü paylaşan büyük İslam imparatorluklarında, en eski devirlerden başlayarak İran, Hindistan ve Türkiye'de ortak çizgileriyle yüzyıllarca vazgeçilmez bir gelenek olarak sürüp gelmiştir. Havuzlar, şelaleler, nadide çiçek tarhları, nahiller, buhurdanlar ve çerâgân (kandiller) ile bir cennet köşesi haline getirilen, sâderû gençlerin (tüysüz oğlanların) hizmet ettiği hasbahçede, devrin ünlü musiki heyetleri, seçkin şair, edip ve sanatkârlar buluşurlar. Hasbahçe, çiçek ve ağaçları özenle seçilen, bahçe kültürünün hayli gelişmiş olduğu bir mekândır."

"İşret meclislerinin seçkin mekânı, saray bahçeleri ve köşklerdir. Saray hasbahçelerinde ve kasrlarda düzenlenen geleneksel işret meclisleri; şair, mutrib, hanende, gûyende, rakkas (dansöz) gibi sanatçıların hükümdar önünde kendilerini göstermek fırsatını elde ettikleri bir yarışma meydanı oluştururdu."

Dindışılığın en ileri boyutlarda sergilendiği işret meclislerinin yarattığı yıkım ve nefret, cuma günleri halkın gözünü boyamak için tertiplenen 'hatimler' veya 'din sohbetleri'yle örtülüyordu. Haftanın altı günü dolup taşan işret meclislerinden sonra cuma günü yapılan 'dinî' (!) sohbette acaba hangi dinden neyi konuşuyorlardı?!

"**Fuzulî'nin Farsça divanına yazdığı giriş bölümünde (1, 16), şairlerin işret meclisi hayatına dair şu gözlemi ilginçtir: Onlar 'sultanların gözetimiyle zevk sahibi büyüklerle düşüp kalkarak, cennet gibi bahçelerde dolaşıp tadı hoş şarabın neşesiyle çekici şarkıları dinleyip ay yüzlü gençleri seyredip iyi vakit geçirirler; bu sayede şiir sanatının mükemmelliğini en yüksek derecelere eriştirirlerdi.' Fuzuli, hâmisi Şah İsmail'e de (Hatâyî) Beng ü Bâde adıyla bir risale sunmuştur.**" (İnalcık, 196)

Babası **II. Murat**'ın da kendisi gibi bir işret düşkünü olduğunu bildiğimiz "**İstanbul fatihi II. Mehmet, eski İran şehinşahlar geleneğini kendisi için örnek almıştır. O, fetihler için Şahnâme tarzında Farsça bir Gazanâme-i Rûm yazdırdığı gibi, surların çevirdiği saray bahçelerini İran tarzı bir köşkle süslemişti. Fatih'in saray bahçesini Tursun Bey, çok güzel tasvir eder.**" (İnalcık, 200)

"**Nedimler ile sâki-i sâde rûyân (tüysüz yüzlü oğlanlar), işret meclisinde bir araya gelir. Meclisin ileri saatlerinde sâkilerin misafirlerle samimi ilişkiye girmelerine izin verilir.**" (İnalcık, 202)

İşret Meclislerinin Muhyisi, Fatih Sultan Mehmet:

"Fatih'in saray bahçelerinde yaptırdığı kasrlarda, işret meclisleri düzenlediğine kuşku yok. Dünyanın dağdağasından kurtulmak için nedimleri servi boylularla işret meclisine yöneldiğini gösteren beyitleri, sadece bir edebî mecâzdan ibaret değildir. Avnî (Fatih'in mahlâsı), güzellikler karşısında 'din ü îmânın' zabt edemez. Dîvân'ından:

"Bâdeye baş üzre yer edüp ayağa salmazız
Hörmetin câm-i meyin oldenlü idrâk eyleriz
...
Kerâhettir mey içmek deyü esrâra rızâ virdük

"Ama Fatih'in Amasya'da şehzadesi Bayezid'in esrar içtiğini öğrenince sert bir mektup gönderdiğini biliyoruz.
...
Yine mestâne gelin 'azm-i harâbat idelim
Hidmet-i pîr-i mugân ile mübâhat idelim
...
Sadr-i meyhânede rind ile bezm eyleyüben
Taht-i Kâvus'a geçüp işretile Cem olalım
...
İrem bâgından u Nemrûd odundan sorma efsâne
Getür ol câm-i âteş-rengi kim âlem olur gülşen
...
Bağlamaz firdevse gönlünü Kalata'yı gören
Servi anmaz anda ol serv-i dilârâyı gören
Bir Frengî şîvelü 'İsa'yı gördüm anda kim
Lebleri dirisidir dir idi İsa'yı gören
Akl u fehmin dîn ü imanın nice zabt eylesün
Kâfir olur niy muselmânlar o tersâyı gören
Kevseri anmaz ol içdüği mey-i nâbı içen
Mescide varmaz o varduğı kilîsâyı gören
Bir Frengî kâfir olduğun bilürdi Avniyâ
Bilek ü boynunda zünnâr u çelîpâyı gören."

Fatih diyor ki, tüysüz gayrimüslim oğlanların şarap sunduğu Galata meyhaneleri cennetülfirdevsten daha üstündür.
...

Sâki pür eyle câm-i şarâb-i mugâneyi
Mâmûr kıl haraba varan kârhâneyi
...
Aceb mi mugbeçenin la'l-i cân-bahşına cân virsem
Ki bu deyr-i kühenden taşra salmıştır Mesîhâ'yı

Harâbat ehlinin yanında çun bir curâya değmez
Yeridir âteşe salsam libâs-i zühd ü takvâyı" (İnalcık, 253-257)

Fatih'in divanından seçilmiş bu beyitler, sadece şarabı değil, meyhaneyi ve meyhanede şarap dağıtan genç gayrimüslim oğlanları da yüceltmekte, onları hayatın bir tür gayesi gibi göstermektedir.

Saltanat dinciliğine göre, bunların tümüne imza atan Fatih, 'Hazreti Fatih'tir, makamı velayette yüksek mevkilerdedir ama ülkeyi esaret ve istiladan kurtarıp cumhuriyeti kuran Atatürk, birkaç kadeh rakı içtiği için din dışıdır, sarhoştur, deccaldır.

"İslam öncesi Sasanî menşeden gelen üçlü gelenek yani şarap, musıkî ve şiir, işret meclisinin olmazsa olmazı kabul edilmiş, Anadolu Selçukluları, Türk beylik ve saltanatlarında bu şekliyle sürüp gitmiştir. Türk sultanlar, bir yandan vakıflar ve medreseler inşa ederek ulemayı kuvvetle destekliyor, sûfî zaviyelerine vakıflar yapıyor, bir yandan da saraylarında, has bahçe işret meclislerinde nedimleriyle bozulmamış İranî geleneği sürdürüyorlardı." (İnalcık, 18)

İşret meclislerini tasvirde öne çıkan eserlerinden bir diğeri olan ve 475/1082 yılında yazılan ünlü Kâbusnâme'nin yazarı **Emir Keykâvus bin İskender** de **Gazneli Sultan Mesûd**'a nedimlik yapmıştır.

"Kabûsnâme yazarı, işret meclisinde, din yasağına rağmen, şarap içmeyi kaçınılmaz bir gelenek olarak savunur. Meclis sonunda; 'her an günahını anıp Ulu Tanrı'dan tövbe ve yardım isteyedür.' Tüm sâkinâme ve 'işretnâmeler, tövbe ile biter. Şarap içme âdabı şöyle açıklanır: Dostlarla bir mecliste şarap içersen, körkütük sarhoş olma; sarhoşluk deliliktir. Sabahleyin içme; şarabı, halk uykuya çekilince iç (işret meclislerinde işrete daima geceleyin başlanır). Özellikle, cuma gecesi içme; hem din hem sağlık bakımlarından uygun değildir. Dostlarla şarap meclisinde buluşunca, 'şarabı bol getir, çerezi ortaya çok dök, güzel sesli çalgıcılar hazır olsun, çünkü çalgıcısız şarap sohbetinin safası olmaz. Şarabın iyisini koy. Mademki günaha giriyorsun, bari iyisi yüzünden günaha gir."

"Hamam safasına gelince, dünyada ne denli rahatlık varsa yarısı hamamdır. Haftada iki günden fazla hamama girme. Eğlence için alınacak kul; şarkıcılığa, çalgıcılığa ve rakkaslığa yarar olmalı." (İnalcık, 22-24)

Bu son satırlarda oğlancılığın, işret meclis ve safalarının olmazsa olmazı halinde sunulduğunu bir kez daha görmekteyiz.

Ünlü Selçuklu veziri **Nizamulmülk** (ölm. 485/1092), ünlü **Siyasetname**'sine '**Şarap Meclisleri Tertibi**' adıyla müstakil bir fasıl koymuştur.

Demek ki, bu sultanlar ve yakın çevreleri, günlük hayatlarını müşrik bir medeniyetin kabullerine göre yaşıyorlardı ama Müslümanca yaşamaya çalışan halk kitlelerinin duygularını hoş tutmak için bir 'Müslümanlık gösterisi' yapmaktan da geri kalmıyorlardı.

Has bahçe kültürü ve zihniyeti, eski şirk kültürlerinin tümüyle örtüşür ama İslam'la yan yana bile getirilemez. Ne var ki, işin başında sultanlar olduğu için o kılı kırk yaran şeriatçılık burada asla işletilememiştir. Şeriat adına denetim yapan ve zebanilere rahmet okutan **muhtesipler**, bu işret meclislerinin yanından bile geçememişlerdir. Tek istisna olarak, Timur Han'ın halefi **Şahruh** (1404-1447 arası) zamanındaki kısa süreli bir icraat görüyoruz.

"Şahruh (1404-1447) Herat'ta 'Şeriatın hararetli bir destekleyicisi olup saray merasimlerine pek önem vermezdi'. O, 'şeriatı ihya eden' bir Müslüman hükümdar sıfatıyla 'şer'an yasak olan' eğlenceleri (toy ve işret meclisi) şiddetle yasak etti. Müslümanların Tanrı emirlerine uyumluluğunu kontrol etmekle görevli muhtesib, evlere girip dine aykırı hareketleri (şarap içme gibi) teftiş etmekte idi. Bu arada toylarda kadın ve erkeklerin bir arada toplantı yapmaları, İslam'a aykırı görülüyor, protesto ediliyordu. Yasaklara rağmen ordu komutanı mîrzâlar, 'Semerkand'da çalgılı şarkılı ziyafetler düzenlemekte idi.' Din adamları, tarikat şeyhleri buna karşı çıkmakta idiler. Semerkand'da şeriatçılar, Şâhruh döneminde dahi 'içki içen mîrzâların' keyfine dokunamamışlardır. Muhtesiplerin evlere girip 'içkiyi döktükleri' halde mîrzâların evleri bundan muaf kalmıştır. Onlar doğrudan doğruya devlet başkanına, Han'a bağlı sayıldıklarından din adamlarının kontrolünden âzade idiler. Han sarayında veya mîrzâların saraylarında olup bitenler, yasaya göre yorumlanmıştır." (İnalcık, 127)

Dinci gürüh, sultandan korku enselerinde ateş yaktığında ya tamamen sessiz kalmışlardır yahut da lafı eveleyip gevelemiş, hatta birtakım tevillerle sultanın ve çevresinin işret meclisleri oluşturmalarını neredeyse 'dini ihya' gibi lanse etmeye araç yapmışlardır. İman, haysiyet ve şahsiyet kıratları işte budur. Bu noktada en dikkat çekici örneklerden biri de ünlü Bitlisli molla **İdris-i Bitlisî**'dir.

"Akkoyunlu sultanları yanından Osmanlı hizmetine gelen büyük alim ve münşî İdrîs-i Bidlisî (Bitlisi) Kanûn-i Şehinşâhî adıyla I. Selim'e bir nasihatname sunmuştur. Orada 'meclis-i işret', kadîm şehinşâhların bir saltanat âdeti olarak gösterilir. İşretle ilişkili 50. bölüm şöyledir: 'Dördüncü kâide: bir arada tanışma ve dostluk, bir araya gelme (ünsiyet ve mûâşeret) ve mesîre (tenezzüh) için gerekli hususların düzenlenmesi hakkında. Akıllı kişiler şuna karar vermişlerdir ki, âdil sultanların, gizli veya açık sohbet ve muâşeret toplantıları düzenlemeleri kaçınılmaz bir durumdur. Özel aile içi sohbetlerin yapılması, sultanın sırlarını açıp gönlünü ferahlandırması gerekir. Kişinin beden ve ruhunun gereklerini, uygun ve meşrû biçimde tatmin için önlem alması, sarayının düzen içinde idaresi, saltanata ait esaslardandır. Neslin ve kişinin bekası için gerekeni yapmak bir ödevdir. Özellikle, toplumun düzenini sağlayan kişi, yani sultan için bu daha da gereklidir. Yüce Tanrı insanı yaratmış ve insan neslinin bekası konusunda açık bir buyrukta bulunmuştur. Hz. Peygamber de bu anlama işaretle, 'Kuşkusuz nefsin senin üzerinde bir hakkı vardır' hadisini söylemiştir."

"Önemli başka bir husus, sultanların imkân olduğu kadar sarhoşluk veren içkilerden ve meşru olmayan eğlencelerden uzak durmaları gereğidir. Çünkü onların akılları dünyaya düzen verme nedenidir. İyiyi kötüden ayırmak isteyen her birey, aklın yol göstermesine muhtaçtır. Sultanlar, akıl ve bilgi ile tüm ülkeyi elde tutmak zorundadırlar. Haram olan, sarhoşluk veren içkileri içme cüreti gösterildiği takdirde, en az zararı olan üzüm şarabıdır. Öteki haram içkiler ve uyuşturucular, çok daha zararlıdır."

"İdris, işret meclisi ve içkiyi tamamıyla reddetmez, fakat ifrata kaçmamalı uyarısını yapar." (İnalcık, 159, 160, 161)

Molla İdris, sultanlara ve çevrelerine işret meclisleri ile ilgili olarak net bir şekilde şunları öneriyor:

1. Sizin, safaya, eğlenceye ihtiyacınız var, yiyip içip eğlenin,
2. Çok aşırıya gidip aklınızı kullanılamaz hale getirmeyin,
3. Yaptığınızı halktan gizleyin, yani riyakârlığı elden bırakmayın,
4. İşret meclislerinde üzüm şarabını tercih edin.

Demek oluyor ki, din ulemamız, istediğinde bir haramı sevip yücelttiği kişiler için mubah gösterebiliyor, bununla da kalmıyor, onu 'lüzumlu' bile gösterebiliyor ve bunun için bir biçimde 'şerî delil' de tedarik ediyor. Ancak, söz konusu olan, sevmediği veya sevmemek zorunda bırakıldığı biri ise, örneğin **Mustafa Kemal** ise, durum tamamen tersine dönüyor; bütün deliller aleyhte kullanılıyor. Günahlar büyütülüp inkâr ve dinsizlik haline getiriliyor. Ve bütün bunlar öyle, has bahçe ve işret meclisleri düzenleyip asırlarca sürdürmeye değil, sadece birkaç kadeh rakı içmeye bağlı bulunuyor.

Osmanlı sarayındaki işret ve has bahçe geleneğinin Selçuklu sarayında da aynen yaşatıldığını biliyoruz. Çünkü ikisinin gidip dayandığı ortak yer eski **İran Sâsanî** yaşam tarzıdır.

Sofay-ı Hümayûn:

Has bahçe, sarayın dışında çok katılımlı geniş bir alandır. Özellikle kış aylarında veya her mevsimin gecelerinde has bahçe zevkini yaşatacak kapalı bir mekân da düşünülmüş ve padişah ile yakın çevresi için **'Sofay-ı Hümâyûn'** denen ortam hazırlanmıştır.

"Haremde padişanın geceleri zevk ve safa sürdüğü bu sofa, bahardaki has bahçe eğlencelerini aratmazdı. Büyük dedesi **II. Murat** gibi Hayyam felsefesine, musıkî ve eğlenceye düşkün **III. Murat,** cariyelerle burada hoş vakit geçirirdi. Bu padişahın makbul bir eğlence yeri de Marmara denizi kıyısındaki **Sinan Paşa Köşkü** idi."
(İnalcık, 202)

Bu zevk ve safa köşklerinin sayısı sonraki zamanlarda yüzleri bulacaktır. Gerçekten de **"Üsküdar ve Kadıköy'de ricale (saraya yakın kodamanlara) ait zarif köşklerin sayısı yüzleri buluyordu. Korularla çevrili bu sarayların lale, sümbül bahçeleri, havuzları ve fıskıyeleri efendilerinin zevk ve safa eğlencelerini bekliyordu."**
(İnalcık, 214)

"Lale Devri'nde yapılan Hayrâbâd, Kasr-i Cinan, Feyzâbâd, Şerefâbâd köşklerinin hepsi işret meclislerine sahne olan şirin köşklerdir." (İnalcık, 213)

Özelliği işte bu olan **Lale Devri, 'Osmanlı'nın son rönesans hareketi'** olarak algılanmıştır. Kudret imparatorluklarının rönesanstan anladıkları budur. Rönesansı bu ise gerisini düşünün. Bir soru da şu: Öteki rönesanslar hangileri, öğrenebilir miyiz?

Bu rönesans anlayışındaki sefaletle gerçek rönesans

arasındaki farkı önümüze koyan bir tespiti, hüccet medeniyetinin çocuklarından biri olan **Lady Mary Wortley Montagu**'dan dinleyelim. Bu kadın, işret meclisleri ve işret köşkleriyle ilgili gözlemlerini yazarken şu sarsıcı satırlara da yer vermiştir:

"**Neredeyse daha doğru bir yaşam felsefesi taşıdıklarına inanacağım; yaşamlarını musikî, bahçeler, şarap ve lezzetli yiyeceklerle geçirirken, bizim beyinlerimizi birtakım politik düzenler ya da hiçbir zaman ulaşamayacağımız bilimleri inceleme arzusu kemiriyor.**" (İnalcık, 213)

Has Bahçe Sofraları:

Has bahçe konusunda temel kaynaklardan biri olan **Mustafa Âlî**'nin **Mevâidün Nefâis**'inde, has bahçe sofralarıyla ilgili şu satırlar da var:

"**Ziyafette sunulan, 'istakoç', teke ve midye çeşitleri, nefis yiyeceklerdir.** Şarap meclisinde fazla içerek kendinden geçip kötü laflar etmek, kusmak yahut susup oturmak çoğu kez 'âyîn-i meclis ne idüğüni bilmezler'in kötü halleridir. Bu görgüsüzlükler, zurefa sınıfına yakışmaz. 'Bâde sohbetlerinde börekler ve galîz yağlu yemekler caiz değildür.' Şarapla beraber giden yiyecekler, yarı pişmiş kebaplar, ekşilü çorba, kavurma ve köfteler, özellikle balık çeşidi, istiridye tercih edilen yiyeceklerdir. 'Ekâbir ve ehl-i safâ meclislerinde' ziyafet sofrasında elli kadar fındık fıstık çeşidi, kavrulmuş badem, balık yumurtası, havyar ve pastırma dolu olmalı, sofra çeşitli mevsim meyveleriyle, çiçek, vazolar ve gül yaprakları ile bezenmelidir. Zevk sahibi ev sahiplerinin şan u şöhreti, bu gibi nefis şeylerin tedarikini gerektirir." (İnalcık, 180)

Bitmedi. Has bahçe sofralarında uyuşturucunun her türü de bol bol kullanılır. Mustafa Âlî'yi dinleyelim:

"Keyf için içilen otlar, beng, esrar, berş, meres ve afyondur. Tiryakilik, bağımlılık yapar. Şarabı ve otları içmekte bağımlılık yapmaması için az almalı. Kendinden geçecek kadar fazla içmek 'renc-i humârî'ye neden olur. Aklı olan, bu murdar şeyleri yemez. Terkîb ve dilberlebi denilen macunlardan da kaçınmalı. Halk arasında macun ve toz kullanan sayısız esrarkeş, kaybedilmiş haşerat sayılır. Kara Pehlivan dedikleri macunu yiyenler, evham ve hayalâta tutulurlar, gâh susup oturur, gâh kaşınırlar. Onu alanlar, tatlı bir şey yemek veya içmek ister. Hayvan gibi yatıp uyur; sonu ölümdür; aklını ve cinsel iştihasını kaybeder." (İnalcık, 181)

Has Bahçe Hizmetkârları:

Bu hizmetkârlar neredeyse küçük bir ordu oluşturmaktadır. Bu ordunun finansmanı öyle normal rakamlarla karşılanacak türden değildir. Sadece padişahın ata biniş ve iniş hizmetlerini yürütenler yüzlerce insandır. Yaptıkları, sultanın işret yerine veya has bahçeye geldiğinde ve oradan giderken attan iniş ve ata biniş 'işlerinde' gereken hizmetleri (!) sağlamaktır. Bu iniş-biniş hizmetlerine **'biniş'** veya **'rikâb'** denmekteydi.

"Padişahın günlük özel hayatının geçtiği Enderun'da 500 kadar hizmetlinin başındaki ağalar şu sıra ile yer alır: Başta silahdar ağa, hazinedar ağa, rikâbdar ağa, dülbend ağası, anahtar ağası ve çuhadar ağa."

"Tüm binişlerde hazır bulunan Çuhadar Hızır İlyas

Ağa, Letâif'inde ayş u tarab'a düşkün olduğu anlaşılan Sultan III. Selim'in sıra ile binişlerini anlatır: 1. Büyük Dere Binişi, 2. Göksu Kasrı Binişi, 3. Yıldız Kasrı Binişi, 4. Beykoz Hünkar İskelesi Mesiresi Binişi, 5. İzzet Paşa Kasrı Binişi, 6. Mustafa Paşa Köşkü Binişi, 7. Ramazan'da Çinili Kasr'a Azîm Saltanat ile Biniş, 8. Beykoz'da Hünkar İskelesi Binişi, 9. Arnavutköyü yakınında Sultaniye Sahrası Binişi."

"Binişlere sahne olan sayılı köşk saraylar şunlardır: 1. Silahdar Ağa Köşkü, 2. Mustafa Paşa Köşkü, 3. Yalı Köşkü, 4. İncili Köşkü, 5. Balıkhane Köşkü, 6. Galata Sarayı, 7. İslambol Sarayı, 8. Dolmabağçe Köşkü, 9. Göksu Kasrı, 10. Bebek Köşkü, 11. Gülhane Köşkü."

"Saraydan saraya veya köşke harekette rikâb töreninde sultan iki tarafta dizilen rikâb görevlilerine altın serperdi. Beşiktaş sarayı, gece gündüz türlü zevk u safalara sahne olurdu. Rikâb töreninde şeyhülislam, vezirler hazır bulunurdu. Ramazan ayı birçok törenlere vesile olan bir aydır: Sultan, Hırkai Şerif ziyaretinden ve sarayda bayramlaşma merasiminden sonra Sultan Ahmed Camii'ne gidip sultan mahfilinde cemaatle namaz kılardı. Namazdan sonra sultan köşklerinden birine gidip gece gündüz safalara dalardı. Bayramlarda Sultan huzurunda ulema toplanıp dinî konularda mubahase yaparlardı."

"Altın para serpme ve kapışma I. Murad döneminden beri vazgeçilmez bir âdet olarak yerleşmiştir." (İnalcık, 235, 237)

Has Bahçe Felsefesinin Seçkin Zevki, Oğlancılık:

Has bahçede hizmetler genç hizmetçiler, özellikle genç

oğlanlar (gılman) tarafından yapılır. Genç oğlan seçimi rastlandı değildir. **Has bahçe müdavimlerinin, orta sınıfta ise meyhane ve kahvehane müdavimlerinin hemen tamamında oğlancılık temel zevklerden biridir.** Gılman denen bu oğlanlar, çok istisnaî durumlar hariç, daima Türk olmayanlardan seçilir.

Avrupa ve Kafkasya'dan devşirilen 13-15 yaş arası oğlanları, İstanbul'da Tavuk Pazarı'nda bulunan 300 odalı Esir Hanı'nda satarlardı. Osmanlı kodaman takımı, oğlancılık zevklerini tatmin için alacakları oğlanları buradan seçerek evlerine götürürlerdi. **Gelibolulu Mustafa Âlî, 'Mevâidü'n-Nefâis fî Kavaidi'l-Mecâlis'** adlı ünlü eserinde bu oğlan pazarının işleyişini ayrıntılarıyla anlatmaktadır.

Esasında, "**Ekâbirin evlerinde güzel cariye ve içoğlanları, cinsel ilişki için tutulmaktadır. Onlar efendilerinden başkasının yüzüne bakmamalıdır. Padişahın nedimlerinden biri bu kuralı gözetmediği için gözden düşmüştür. İçoğlanları şerbet ve kahve sunarken diz çökerek domalıp başka anlamlara gelecek durumlara kalkışmamalı. İçoğlanları arasına evlad-ı etraki (Türk çocuklarını) sokmak saf suyu bulandırmak gibidir.**" (İnalcık, 183)

Oğlancılık, bütün Müslüman sarayların ve beyliklerin temel tutkularından biridir. Ünlü **Kadı Burhaneddin**'in dostu ve meddahı olan İranlı yazar **Aziz Esterâbâdî**, **Bezm u Rezm** adlı eserinde, Kadı Burhaneddin'in **Sivas Eretna** sultanının tahtını ele geçirişini anlatırken şu ibret verici satırları yazıyor:

"Sivas sultanı Eretna oğlu Mehmed ölünce yerine geçen genç oğlu, 'Sabahtan akşama kadar şarap içip saz ve hamam âlemlerinde' vakit geçiriyordu. İşret meclisinde birbiri ardından aşık olduğu iki oğlanın sebep olduğu skandal yüzünden şehir halkı arasında bütün hükm ve nüfuzunu kaybetti. Halk aleyhine döndü. Kadı bundan yararlanmasını bildi, ulema ve ahilerin desteğiyle Sivas tahtını ele geçirdi."

"Şehirlerde Müslüman halk, bağ ve bahçelerde ayş u işret ederlerdi." (İnalcık, 207)

Mevâidün Nefâis yazarı Mustafa Âlî, has bahçelerin, birçok bakımdan orta sınıftaki muadili sayabileceğimiz Osmanlı meyhane ve kahvehanelerini de anlatmaktadır:

"Âlî'ye göre, meyhanelere gidenler iki zümredir. Birincisi: 'nevcivanlar, zenpare ve mahbûb dostlar'dır; bazıları 'mahbûbı ile meyhaneye varur'; ikincisi; 'gece ve gündüz şürb-i hamr' ile ömrünü meyhanede geçiren takımdır. Kanunları: Cuma gecelerini kadınla, Sebt (Cumartesi) gününü cüvânân ile, Cuma akşamını gılmân (oğlanlar) ve sâde-rûyân (sakalı çıkmamış oğlanlar) ile geçirmektir. Bu gibiler, Cuma günü namazdan hemen sonra meyhaneye giderler. Aynı biçimde çarşıda sanat sahipleri (esnaf) eve gitmeden dışarıda 'seyr ü sülûk yollarında serseri' olduktan sonra hanelerine gelir, yarı sarhoş dilberlerini ve saderû (tüyü bitmemiş) kölelerini kucaklarlar ama âciz kalırlar. Halktan olan ayyaşlar, haftada bir tenkiye ve şarapla kalblerini tasfiye ederler." (İnalcık, 185)

Has Bahçenin Temel 'Gıdası' Olarak Şarap:

"Tarihî kayıtlar Anadolu'da Türkler arasında şarap içme âdetinin erken zamanlardan beri yaygın olduğunu göstermekte. **Ticaret kayıtları, Batı Anadolu Türkmen beyliklerinin nadir, pahalı şarap çeşitlerini ithal ettiklerini tespit etmektedir. Saruhanoğlu, açıkta şarap meclisleri düzenlemekte idi. Orhan'a Cenevizliler şarap sundular, Yıldırım Bayezid, 1392 Anadolu seferinde haracgüzar olarak ordusuna katılan İmparator II. Manuel'le işret meclisinde şarap içiyordu."** (İnalcık, 191)

Tam bu noktada, **el-Ömerî**'nin Anadolu beylikleri halkıyla ilgili şu tespitini de vermek gerekir: "**Bu memleket ahalisi sanki içki içmek için yaratılmıştır. İçki içmek ve kızlara saldırmaktan başka hiçbir şey düşünmezler.**" (İnalcık, 191)

HAS BAHÇE, İŞRET MECLİSLERİ VE ATATÜRK'ÜN SOFRALARI

Türk tarihini bir bütün olarak değerlendiren hiçbir bakış açısı ve hiçbir vicdan, has bahçeleri, Osmanlı işret meclislerini tanıdıktan sonra, Cumhuriyet düşmanı dincilerin '**rakı sofraları kuruyordu**' gerekçesiyle Atatürk'e ağız dolusu sövmelerini değerlendirmeye almazlık edemez. Eğer bir ilahiyatçı ise hiç edemez. Çünkü has bahçe ve işret olgusunda riyakârlık, tarifsiz israf ve iğrenç ahlaksızlıklar vardır: Esrar, oğlancılık gibi. Bunların tümü şirk unsurlarıdır. Atatürk'ün rakı sofralarında riyanın zerresi yoktur, israf yoktur, uyuşturucu yoktur, oğlancılık yoktur. Birkaç kadeh rakı ve ile ona meze yapılan kuru fasulye, bulgur pilavı, leblebi, peynir ve mevsimi ise kavun vardır. Ve Atatürk sofralarının amacı, has bahçe gibi zevk ve eğlence değil, fikir, siyaset, edebiyat, felsefe gibi en hayatî konuların müzakeresidir. Bu müzakerelerde bilgisiyle yarar sağlayacak her kesimden insan bu sofraya davet edilmiştir. Bu sofralarda hizmetler, sıradan birkaç garson tarafından yapılır. Özel şekilde seçilmiş, çoğu malum türden oğlanlar yoktur.

Kısacası, has bahçeler, Tanrı'ya, tarihe, topluma yalan söyleyerek kotarılan, riya perdeleriyle kamufle edilen şer ve melanet atmosferleridir. Atatürk'ün sofraları ise kelimenin tam anlamıyla birer sofradır. Ve hepsi, birer felsefe sofrasıdır, bilim sofrasıdır, kültür sofrasıdır. Atatürk'ün sofraları, has bahçe şirk, israf ve işret sofralarını tarihe gömen büyük adamın yemek yediği ve ilmî-fikrî müzakereler yaptığı namuslu sofralardır. Bu sofralarda en küçük anlamda bir ahlaksızlık, israf, sefahet ve rezalet görülmemiştir. Has bahçeler ise bu saydıklarımızın tarihte eşi-menendi bulunmayan şerir mekânlarıdır. Asırlarca sürmüş şerir mekânlardır bunlar.

Atatürk sofralarında samimiyet egemendir. İçki içildiği için **'günah'** vardır ama ahlaksızlık, israf, aldatma gibi zulümler olmadığı için **riya** yoktur. Has bahçelerse baştan sona riyadır. Riya, günah değil, şirktir. Şirk kurtuluş kapısını ebediyyen kapatan bir beladır. İnsanı lanetlik, Allah düşmanı yapar. Günah ise kurtuluş kapısını kapatmaz, insanı Allah düşmanı, lanetlik yapmaz.

Atatürk, gerek millî mücadele ve gerekse ondan sonraki zamanda bir devlet başkanı ve tarih yaratmış muzaffer bir kumandandan çok, mütevazı bir derviş tutumu içinde yaşadı. Onu, en ileri debdebe ve ihtişamların israf öncüsü gibi göstermeye, onun sofralarını birer israf arenası gibi tanıtmaya çalışanlar, insanoğlunun bütün vicdanî ölçüleriyle alçak namussuzlardır. İddialarının tümü yalandır, söylediklerinin tam aksi doğrudur. Has bahçe melanet meydanlarıyla ilgili tek kelime söylememek, o bahçelerde sarhoşluk, esrarkeşlik, oğlancılık illetlerinin tümüne gırtlağına kadar asırlarca batmış adamların divanlarını işret ve oğlancılık methiyesi şiirleri çıkararak yayınlamak ve halkı böylece kandırmak namuslu insanların yapacağı şey değildir. Bunu yapanlar dincilerdir ve bu yaptıkları onların temel namussuzluk belgelerinden biri olarak tesçil edilmelidir. Bu tescili yapmayanlar da namussuzdur.

O vicdan yoksunu sefiller, bu yalanları uydururlar da, yedi sekiz asır boyu milletin sırtında bir şer kamburu gibi oturan has bahçelerden, işret meclislerinden tek kelimeyle söz etmezler. Kapılarında kulluk hulûsu çıkardıkları Ortadoğu despotu, Amerikancı petrol krallarının insanlığı utandıran savurganlık ve sefahetlerine tek cümle ile dokunmazlar. Onları İslam'ın şampiyonu, Gazi Atatürk'ü İslam'ın tahripçisi olarak tanıtma alçaklığına devam ederler.

Sofra veya Akademi:

Atatürk'ün, Çankaya'daki o büyük siyaset, idare ve askerlik sofrasında, sanmayın ki sadece devlet yönetimi konuşulurdu. Orası, eski **Yunan Filozofu Platon'**un sofrası kadar da felsefe, şiir, musıkî ve cezbe sofrasıydı. Bu sofra, Türk şiirinin ustalarından **Faruk Nafiz Çamlıbel** tarafından şöyle tanıtılmıştır:

"**Bugüne kadar yeryüzünde sayısız sofralar kurulup dağılmıştır; bugünden sonra da kurulup dağılacak bir hayli sofralar olacaktır. Biz bunların içinde edebiyat tarihine mal olmuş Cemşit'in sofrasıyla felsefe tarihine geçmiş Eflatun'un sofrasını biliyoruz. Öteki sofralardan, onlarda ne yenilip ne içildiğinden haberimiz yok. Ancak hepsinin üstünde bir şöhret taşıyan Gazi'nin** sofrasını tanıyoruz ki, ifade ettiği geniş anlam bakımından millî ve genel tarihte yer alsa değer. Musa denilince asa, Nuh'un adıyla birlikte tekne nasıl hatıra gelirse, bir gün Gazi'yi gönlünden geçirenler gözlerinin önünde mutlaka onun sofrasını belirmiş bulacaklardır." (Ali Güler, *Sarı Paşa*, 251-252)

Büyük sofra işte böyle bir sofraydı. Bir sofra ki, kara tahta, tebeşir, silgi ve günün konusuna göre, kütüphaneden getirilmiş kucak kucak kitaplar onun bir parçası idi.

Gazi Sofrası'nın işleyiş şeklini de onun maiyet memurlarından biri olan **Enver Kezer**'den dinleyelim:

"Bu sofra daima ilim, siyaset adamlarının ve diğer büyüklerin toplanma mahalli idi." (Güler, age. 253)

MUHAMMED İKBAL'İN HAYKIRIŞI

ENEL HAK HAYKIRIŞININ GERİ DÖNÜŞÜ

Pakistanlı şair-düşünür Muhammed İkbal (ölm. 1938), enel hak haykırışını, yani yaratıcı isyanı, putlaştırılmış eskinin karşısına dikişin tarih içindeki en güçlü seslerinden biridir. Ve İkbal, haykırışının bir enel hak haykırışı olduğunu bizzat ve defalarca ifade etmiştir. Bilindiği gibi, İkbal'in felsefesinin marka adı **'Ego Felsefesi'** olarak belirlenmiştir. Yani o felsefe sadece mahiyetiyle değil, adıyla da bir enel hak felsefesidir. Şimdi bu felsefeyi, İkbal'in mürşitlerinden biri sayılan **Hallâc-ı Mansûr**'un enel hak haykırışıyla ilintilerini de kurarak ayrıntılayalım.

İslam dünyası Hallâc'ı tanıyamadı, onun ufukların ötesinden vizyonlar getiren sesini anlayamadı, böyle olunca da ondan korktu ve onu katletti. Ondan yaklaşık iki yüz yıl önce yaşamış bulunan ve yine ufukların ötesini görerek konuşan **İmamı Âzam**'ı katlettiği gibi.

İslam dünyası, aradan bin yıl geçtikten sonra Hallâc'ın etkisiyle yeni bir meşale yakan İkbal'i de tanıyıp anlayamadı, ondan da korktu; ama onu katlemedi; **katletmenin başka bir şekline başvurdu: İkbal'i unutturdu.** Şöyle de ifade edebiliriz: İkbal'i gerektiği kadar, yararlanılacak şekilde tanıtmaya yanaşmadı, onu yorumlamadı. Böylece İkbal'i **'keen lem yekün**: sanki yokmuş' hale getirdi. İkbal ile ilgilenen bir Batılının şu sözünü, İslam dünyasıyla ilgili en derin hakikatlerden birinin ifadesi olarak görüyoruz:

"**İkbal'i Batılılar tanıyamadılar; tanısalardı onu bir adaya sürüp ölüme terk ederlerdi. İkbal'i İslam dünyası da tanıyamadı; tanımış olsaydı kurtulurdu.**"

Her nedense, İkbal'le ilgili inceleme ve yayınlar, aynen Hallâc da yapıldığı gibi, klasik sûfîliğe ilişkin araştırmalar çerçevesi ve o zihniyet kalıpları içinde yapıldı. Ne şaşırtıcıdır ki, İkbal'i Türkiye'de en iyi bilenlerden biri sayılan **Prof. Dr. Mehmet Aydın, Diyanet İslam Ansiklopedisi**'ne yazdığı İkbal maddesinde, İkbal üzerinde Nietzsche etkisine yer verdiği halde, Hallâc'ın bırakın etkisini anlatmayı, adını bile anmamıştır. Oysaki Nietzsche'nin İkbal'in eserlerinde yer alma sebebi de Hallâc'dır. İkbal, Alman filozofunun kişiliğinde çağdaş bir Hallâc, yeni bir enel hak haykırışı gördüğü içindir ki ondan etkilenmiş, ona eserlerinde yer vermiştir.

İkbal'e göre, yaratıcı benliğin gündeme getirilmesi konusunda Hallâc ile Nietzsche aynı ruhtur ve aynı işi yapmışlardır. Sonuçta ikisi de kendi milletleri tarafından anlaşılmamış Hallâc'ı yobaz mollalar, Nietzsche'yi de çapsız hekimler öldürmüştür.

Tavâsîn yazarı ile Cavidnâme şairinin en belirgin beraberliklerini şu noktalarda özetleyebiliriz:

1. Ene (benlik) anlayışı,
2. Istırap ve mücadele anlayışı,
3. İsyan anlayışı,
4. İblis anlayışı,
5. Zühd anlayışı,

6. Hz. Muhammed'in şahsiyet ve makamına bakış.

İkbal 'Ben'i, yani felsefesinin esası olan ego'yu, **'Hak'** kelimesiyle ifade ediyor ve şunu söylüyor:

"Enel Hak de ve öz benliğinin samimi bir mümini ol!"

Bu demektir ki İkbal, tıpkı Hallâc gibi, gerçek müminin ben'ini ifadede en ideal kelimenin **'Hak'** (yaratıcı gerçek) olduğunu benimsiyor, ancak ilk zamanlarda Hallâc'ın Enel Hak sözünü bu anlamda söylenmiş kabul etmiyordu. Bunun açık anlamı ise İkbal'in, Hallâc'ı yanlış anladığı veya gereğince incelemediği olacaktır. Nitekim zaman, bunun böyle olduğunu, bizzat İkbal'e göstermiş, bu büyük şiir ve düşünce devi, bir zamanlar eleştirdiği Hallâc'ın tarih içinde belki de en büyük öğrencisi oluvermiştir. Bu değişmede belirleyici rol, ünlü Hallâc uzmanı Fransız bilgin **Louis Massignon**'undur. İkbal, Massignon'la müzakerelerinden sonradır ki, Hallâc'la ilgili fikirlerini önemli ölçüde değiştirmiştir. Bu kanaat bugünkü bütün araştırıcıların ortak kabulleri arasındadır. (Mesela bk. Şeybî, *el-Hallâc*, 65; Schimmel, *Gabriel's Wing*, 51-52)

Enel Hak fikri, son eseri *'Armağân-ı Hicaz'*a kadar İkbal'in tüm eserlerinde yankı bulmuştur:

**"Enel Hak, kibriya makamından başka şey değildir.
Onun cezası darağacı mıdır, değil midir?
Eğer onu fert söylerse, serzeniş lazımdır;
Eğer onu millet söylerse, bu, caizdir."** (Schimmel, *Cavidnâme Şerhi*, 200-205)

Nihayet, İkbal, ana eseri Cavidnâme'de kendisini Hallâc'ın bir devamı görme noktasına geldi. Bu noktaya ne zaman geldiğini, tarih olarak tahminde zorluk çekiliyor. (Schimmel, age. 346) Artık İkbal şunu söyleyebilecektir:

"İşin içyüzü şu sözde gizlidir: Aşk makamı, minber değil, darağacıdır." (*Armağan-ı Hicaz*, 59)

İkbal'in ana eseri Cavidnâme, Massignon'a göre, Enel Hak tecellisi sergiler. İkbal, anılan şaheserinde temel felsefesini Hallâc'ın ağzından verirken **'Hallâc'ın Gazeli'** başlığı altında şunları söylüyor:

"**Kendi toprağından, henüz peyda olmamış bir ateş iste. Başkasının tecellisini izlemek doğru değildir.**"

"**Nazîrî'nin şu mısraını Cem'in mülküne karşılık bile vermem: 'Öldürülmüş olmayan, kabilemizden değildir.**"

"**Aklın efsunu bir ordu göndermiş ise de senin gönlün korkmasın; çünkü aşk yalnız değildir.**"

"**Timsah avından söz et; 'bizim kayığımız denizi bilmez' deme!**"

"**Müridiyim o yolcunun ki, dağı, çölü ve denizi olmayan bir yola ayak basmamıştır.**"

"**Şarap içen rindlerin yanına sokul! Kavgaya meraklı olmayan bir şeyhe intisap etmekten sakın!**" (*Cavidnâme*, beyt: 1074-1081)

Bu dizelerde, Hallâc-İkbal düşüncesinin temel nitelikleri üstat Hallâc'ın ağzından sıralanmıştır: Kimsenin taklitçisi-kölesi olmayan, atılgan, hep yürüyen ve yaratan bir benlik.

Hallâc-İkbal felsefesindeki yaratıcı ben, ölümü onur bilen, hiç kimseden bir şey dilenmeyen, varoluşunda ödünç alınmış değerler bulunmayan bir kozmik benliktir.

Hallâc-İkbal sisteminin ifadeye konuluşu, öğrenci İkbal'in sorularına üstat Hallâc'ın cevaplarıyla devam ettirilmiştir. Hallâc, din meselesinde temel kavramlardan biri olan **cennet** idesinden başlayarak İkbal'in sorularına şu cevapları veriyor:

"**İyiyi ve kötüyü bilen bir adamın ruhu cennete sığmaz. Mollanın cenneti şarap, huri ve oğlandır; hür benliklerin cenneti ise sürekli yürüyüştür. Mollanın cenneti yemek, uyku ve şarkıdır; aşıkın cenneti ise varlığı ibretle gözlemektir. Mollanın haşri mezarın yarılması, sûra üfürülmesidir; heyecanlandıran aşk ise başlıbaşına bir kıyamet sabahıdır.**"

Dikkat edilirse, İkbal, bütün olumsuzlukları, Hallâc'ın idamına da fetva veren katran ruhlu molla tipe yüklemekte ve bunu, tarihte mollanın en ağır kahrına uğramış olan Hallâc'ın dilinden ifadeye koymaktadır.

"Bizim aşkımız şikâyet bilmez ama onun sarhoş bir ağlayışı da yardır. Mecbur gibi görünen gönlümüz mecbur değildir; bizim okumuz hurilerin bakışından değildir."

"Ayrılık, ateşimizi artırıyor; canımıza uygun olanı ayrılıktır. Yarasız yaşamak yaşamamaktır; ayağın altında ateş varken yaşamak gerekir. Bu şekilde yaşamak, ben'in takdiridir. Ben'in tamiri, böyle bir takdirle mümkün oluyor."

Hallâc, burada, "**Nimetler Tanrı'dandır ama ıstırap**

Tanrı'nın ta kendisidir" diyen anlayışına uygun bir mücadele felsefesi resmederken, öğrencisi İkbal'in **'yaratıcı ben'** anlayışının da olmazsa olmazlarını belirliyor.

"Sonsuza özlem duyan bir zerreye güneş bile gıpta eder; böyle bir zerrenin göğsüne dokuz felek sığar. Sonsuzlaşma özlemi dünyaya bir baskın yaparsa, zamana mahkûm olanları ebedî kılar."

"Kaderden nasibi olanın kuvvetinden iblis de ölüm de titriyor."

"Benim göğsümde kıyamet sûrunun sesi vardı; gözünü mezara dikmiş bir milleti gördüm ben. Müminler, kâfirlerin huy ve kokusuyla 'lâ ilahe' derken, benliği inkâr ediyorlar."

Hallâc'ın Enel Hak söyleminin bundan daha etkili ve isabetli izahı zor bulunur. Emperyal güçlerin işini kolaylaştırmaktan başka bir şeye yaramayan bir zikir, tevhidin muradı değildir. Onun içindir ki, Tanrı, tevhidi, beşerî güç odaklarının kontrol ve hizmetinden çıkarıp gerçek sahibinin iradesi istikametinde faal kılmak için Enel Hak diyen bir benliğe yani **'abdi memlûk: eşyalaşmış köle'** olmayan özgür bene ihtiyaç duymuş ve tarihin diyalektiği Hallâc'ı sahneye çıkarmıştır.

"Ben kendimde hayat ateşini yaktım; ölülere, hayatın sırlarından söz ettim..."

"Ben O'nun hem nurundan hem de nârından haber getirdim; ey sırları bilen kul, işte benim günahım! Benim yaptıklarımı sen de yapmışsın, kork! Sen de ölülere bir mahşer gününü getirmişsin, kork!" (*Cavidnâme*, beyt: 1099-1144)

İslam camiasının Hallâc'ı ve onun bir reenkarnasyonu olan İkbal'ı neden anlamadığına, bu anlamama illetinin, yaratıcı benlik için hangi tehlike ve tehditlere sebep olacağına, Hallâc'ın ağzından ama İkbal dehasının edebî kudretiyle dikkat çekiliyor.

Açık bir biçimde görülüyor ki, İkbal, kendisini Hallâc'ın, modern dünyadaki bir belirişi olarak öne çıkarmakta ve en hayatî düşüncelerini onun ağzından dile getirmektedir.

İkbal, kendine özgü zirvelerden seslenerek Enel Hak söyleminin bir panteizm değil, Tanrı'nın aşkın varlığı ile içkin varlığını ideal biçimde ortaya koyan eşsiz bir tevhit formülü olduğunu anlatıyor. Ve nihayet, Hallâc-İkbal felsefesinin yaratıcı beni fotoğraflanırcasına Hallâc'a şunlar söyletiliyor:

"**Durmak bize hiç yakışmıyor, hepsi bu; biz, tepeden tırnağa uçuş zevkindeyiz, hepsi bu! Sürekli bakmak ve coşmak bizim işimizdir; kanatsız ve tüysüz uçmak bizim işimizdir.**" (*Cavidnâme*, beyt: 1169-1217)

YARATICI BEN VE ÖZGÜRLÜK

Yaratıcı Ben:

İkbal'in felsefesinde mühür fikrin **ego** (ben) veya benlik kavramı olduğu herkesçe bilinmektedir. Bu konu özellikle **Schimmel** tarafından esaslı bir biçimde incelenmiştir.

İkbal'in 'ben'i; yaratıcı-aktif, hür, durmadan yürüyen ve üreten, aşk ve eylem heyecanıyla ıstırabı bir varoluş zevkine çevirebilen benliktir. Bu yapısıyla İkbal'in 'ben'i, Nietzsche'nin üstün insanına benzemekle birlikte ondan, çok hayatî iki noktada ayrılır: Her şeyden önce, **İkbal'in beni, bir tahakküm ve zevk iradesine değil, rahmet ve hizmet iradesine bağlıdır.** Bu 'ben'in, kendi özgürlüğünü, küllî-kozmik benlik adına denetleyen, gerektiğinde sınırlayan bir iç denetleyicisi bulunmaktadır. Başka bir deyişle, İkbal'in 'ben'i bir ahlakî ben'dir, zevkçi ve hegemonyacı ben değildir.

İkinci olarak, İkbal'in ben'i varoluş gücü ve yaşama iradesi açısından, insanı aşan bir kaynağa bağlıdır. Bu kaynak, sonsuz varoluş ve varedişlerin kaynağı olduğundan İkbal'in ben'i bir tekrarlanan realite değildir. Dünya planındaki misyonunu yerine getirip tekâmülün sonsuz planlarında yürümeye devam eder. Geri dönüşü, 'bir kez daha'sı yoktur. Kısacası, **İkbal'in ben'i Nietzsche'deki 'ebedî tekerrür' (eternal recurrence) dışı bir ben'dir.**

Çok özet ifadelerle vermeye çalıştığımız bu 'İkbalî Ben', Ego filozofunun düşünce kaynakları ve temel imanı dikkate alındığında, Hallâc'ın Enel Hak çağrısındaki eneyi (ben'i) yansıtıyor. Nitekim İkbal, önceleri eleştirdiği Hallâc'ın yerine sonraları kutsadığı Hallâc'ı koyarken gerekçe olarak bu **'ene: ego'** kavramına atıf yapmıştır.

Enel Hak, İkbal'in ego'suna dayanak olmak itibariyle şöyle verilebilmektedir: **Enel Hak diyen, Allah'ın yaşayan tanığıdır.** Bu tanık, Enel Hak sözünün söylendiği anda yaşayan 'ben' olarak Allah'ın tecellisini cihana göstermek üzere seçilmiş ve bu seçkinliğini Enel Hak diyerek duyurmuştur. Ezelî kudret (küllî ben), kendi verdiği bir görevin icrası için **zamana bağlı ben** ile, Enel Hak sözünün zuhuru anında kucaklaşıyor. Bu an, şahidin meşhûdu (tanıklık edileni) göstermesinin en ideal şeklidir. Çünkü tanık 'ben' olmadan, tanıklık edilen 'ben'in bilinmesi söz konusu değildir. Unutmamak gerekir ki, benlik haline gelmemiş bir tanık, Yaratıcı Kudret'in şanına yakışır bir tanıklık sergileyemez.

Şu halde, Hallâc-İkbal ego'sunun Enel Hak demesi, Allah'ın zatına veya sıfatına saygısızlık değil, tam aksine, onun büyüklüğüne yakışır tanıklığın âdeta belgesidir. Teknik deyimiyle, Enel Hak, nâsûtun (insanî unsurun) lâhût'un (ilahî unsurun) yerini alması veya O'nun aşkınlığının inkârı değil, ikrarıdır. Allah'ın aşkınlığı Hallâc-İkbal kelamında defalarca dile getirilmiştir. İkbalin deyişiyle:

"**Âmir ve Yaratan, emir ve yaratılışın dışındadır.**" (*Cavidname*, beyt: 136)

Ancak bu Yaratıcı, yarattığı varlığın işini bitirip kenara çekilmemiştir. O, bitirdiği masayı uzaktan seyreden bir marangoz değildir. Tam aksine, **Kaf suresi 16**. ayete göre, O, insana şah damarından daha yakındır. İkbal şöyle diyor:

"**O'nun varlığında ne az görüyorsun ne çok; kendini O'nda, O'nu kendinde görüyorsun.**" (*Cavidname*, beyt: 139)

Demek oluyor ki, varlığın esası olan Yaratıcı, insanda tecelli eden ben'le kendine bir ortak yaratmış değildir. O insanî ego, o ezelî Yaratıcı'nın tanığıdır; karşıtı, rakibi değil. Zamana bağlı ben, ezelî Ben'in hizmetçisi, kuludur.

Bu ölçülere uygun bir "Ben" deyiş, Allah'a karşı çıkarak "Ben" diyen Firavun'unkinden farklıdır. Böyle bir

"Ben" deyiş, Hallâc'ın diliyle Enel Hak, İkbal'in diliyle **'abduhû'** olmaktadır. Hatırda tutulması gereken soru şudur: "**İnsana ulaşmadan Allah'ı nasıl arıyorsun?**" (*Cavidname*, beyt: 1758). Çünkü insana ulaşmadan Allah'a varış mümkün değildir. Şahide varacağız ki meşhûdu farkedebilelim.

Bize göre, Hallâc'ın Enel Hak'ı, ne vahdeti vücudun ne de vahdeti şuhûdun bir ifadesidir; o, ilk kez İkbal tarafından telaffuz edilen 'ben' kavramının ifadesidir. Meseleye bugünkü pencereden bakarsak Enel Hak, İkbal'in ego felsefesinin bir özetidir.

Hallâc-İkbal sistemindeki 'ben'in temel adresi Kur'an'dır. Özde Kur'anî olan Hallâc-İkbal ben'i sahnede Enel Hak diyor. İkbal bunu, kendi şiir ustalığı ile şöyle dile getirmiştir:

"**Eğer mümin bir kalbin sahibi isen kendi içine bak ve Kur'an'a bak! Göğsünde bir âlem eskiyince Kur'an sana başka bir âlem veriyor.**" (*Cavidname*, beyt: 570, 573)

Tıpkı Hallâc gibi, İkbal de nâsûtun lâhûtsuz hedefine varamayacağını, lâhûtun da nâsûtsuz bilinemeyeceğini kabul etmektedir. Hâllâc'ın deyimiyle, bu ikisinin kıyamları (ayakta durmaları, anlamı ifade etmeleri), birbirinin varlığına dayalıdır. O halde, bunların birini yok saymak veya horlamak, ötekini anlamsız hale getirir. Bu noktaya gelmek, 'takdirle ben'i kucaklaştırmaktır:

"**Yeni bir takdir dilemen caizdir; Allah'ın takdirleri bitip tükenmez. Yeryüzü sâkinleri 'ben' sermayesini harcamışlardır; takdir kavramının nüktesini öğrenememişlerdir. Bu ince nükte bir kelimede gizlidir: Sen başka olunca O da başka olur.**" (*Cavidnâme*, beyt: 982-984)

Kısacası, 'ben', Allah'tan koparsa hiçliğe mahkûm olur. Çünkü gerçek anlamda 'ben' diyebilmek, 'ben'in bağlı olduğu küllî iradeye bağlılık halinde yerine oturur. Varlığın esası ile bağını kuran 'ben' ise değil dünyaya, evrene bile sığmaz:

"**Allah diyen, bu dört yönlü nizamın sınırlarına sığmaz.**" (*Cavidnâme*, beyt: 525)

Allah'ın 'ben'den yani insanî egodan ayrı düşünülmesi de sakıncalıdır. Bunun delili ise Cenabı Hakk'ın ezelde ruhları muhatap alıp onlara sorduğu soruya onlardan cevap almış olmasıdır. Ezeldeki bu mîsakın (A'raf, 172) anlamı, "sen Allah'ı tanı O da seni tanısın"dır. Hallâc'ın deyimiyle bu, nâsût ile lâhûtun birbirinin kadrini bilmeleridir. İkbal bu inceliği şu dizelerle ifadeye koymuştur:

"**Yaşamak, kendini ben ile süslemektir; kendi varlığı için bir tanıklık istemektir. Toplum, Elest gününde toplanıp kendi varlığı için bir tanık istemiştir.**" (*Cavidnâme*, beyt: 119-120)

Hallâc ve İkbal kabul ve iddia ederler ki, kendi varlığı için tanık isteyen, yani yaşayan 'ben', Enel Hak diyen 'ben'dir. İkbal, son eseri **Armağân-ı Hicaz**'da felsefesinin omurgası olan 'ben' kavramının önemini dile getirdiği şiirinin hemen ardından Enel Hak adıyla bir şiir koyarak felsefesindeki ego kavramını Enel Hak çağrısı üzerine oturttuğunu son kez göstermiştir. Şimdi bu iki şiiri görelim:

BENLİK

"**Lâ ilahe illellahı benliğine katan insan, ölünün topra-**

ğından görüş ve bakış yetiştirir. Böyle insanın eteğini bırakma. Zira güneşi ve ayı onun kemendi içinde gördüm."

"Sen ey cahil, uyanık gönül ara, bul. Dedelerin gibi, kendine bir yol bul. Müminin gizli sırrı nasıl ifşa ettiğini, "Lâ mevcûde illellah" (Allahtan başka var olan yoktur) sözünden anla!"

"Gönlünde gizli yara yok; müslümanlığın heyecanı, ateşi, çırpınması yok. Benliğinin bahçesini, tufanı olmayan bir denizin suyu ile sulamışsın."

ENEL HAK

"Enel Hak lâhûtiyet makamından başka bir şey değildir. Ona layık olan var mıdır, yok mudur? Eğer bunu bir fert söylerse ona sitem edilir. Eğer bunu bir millet söylerse yersiz değildir."

"Enel Hak sözü, her dalın üzerinde kanından çiy taneleri bulunan bir millete layıktır, uygundur. Onun kahredici büyüklüğü içinde öyle lütfedici bir güzellik vardır ki onu dokuz felek aynasında aksettirir."

"Böyle bir milletin, milletler arasında makamı yüksektir, iki dünyada liderdir. O millet ki yaratma işinden bir an boşalmaz, ona uyku ve yorgunluk haramdır."

"Vücudu, içinin yanışından alev alevdir. Nicelik ve nasıllık cihanı onun için çerçöpten başka bir şey değildir. Onun himmeti Enel Hak'ı izah ve şerh eder: 'Ol' dediği şey olur."

"Felekin geniş ufuklarında tek olarak uçar. Lakin gözü yuvasının bulunduğu daldadır. Ay ve yıldızı kemendine geçirmiştir. Zamanenin kaderi onun elindedir."

"Bağlarda güzel sesli bir bülbül, ovalarda avını derhâl pençesine geçiren bir şahin. O milletin emiri sultanlık içinde bir fakir, fakiri ise dervişlik içinde bir emirdir."

"Yeni kadehe testiden eski şarabı dök. Kendi nurunla her tarafı aydınlat. Mansûr'un dalından meyve almak istersen gönlüne "Lâ gâlibe illellah" (Allah'tan başka galip yoktur) tohumunu ek." (*Armağan-ı Hicaz*, 40-41)

İkbal, 'ben' fikrini, adını koymadan da Enel Hak üzerine oturtuyordu. *Peyâm-ı Maşrık*'ın (yayın tarihi; 1923) **Lâle-i Tûr** bölümünde, Enel Hak demenin bir ilahlık ilanı değil, Allah'ın varlık, birlik ve aşkınlığının bir teyidi olduğuna delil sayılabilecek şu sözü, 'ben' sırrının önemini anlattığı rubaisinde veriyor:

"Deniz, kendi dalgalarından daha eski değildir."

Yani, dalga şeklindeki tecelli (Enel Hak), esas 'Ben' olan denizin bir tecellisidir; denize karşı bir zuhur değil. O halde, dalganın ezelî olduğunu söylemek denizin ezelî oluşuna bir itiraz içermez. İkbal, az önceki sözün yer aldığı rubainin önüne-arkasına benlik sırrının önemini anlatan şu rubaileri serpmiştir:

"Yolunu kendi kazmanla aç ve düzelt, başkalarının açtığı yoldan gitmek azaptır. Eğer sen, başkalarının yapmadığı bir işi yapabilirsen, o yaptığın iş, günah dahi olsa sevaptır."

"Su ile çamur arasına çekildim; Eflâtun ve Farabî'den

ayrıldım. Kimseden göz dilenmedim. Cihanı ancak kendi gözümle gördüm."

"Benlik, ne zaman başlamıştır, kimse bilmez. Benlik, akşam sabah halkası içinde değildir. Hızırdan şu emsalsiz nükteyi işittim: Deniz, kendi dalgasından daha eski değildir."

İkbal şunu demek istiyor: İnsan ben'i de Allah'ın 'Ben'i kadar eski olabilir. Çünkü Allah ezelde **"Elestü bi rabbiküm: Ben sizin Rabbiniz değil miyim?"** diye sorduğunda "Evet, rabbimizsin!" diye cevap veren, insan ben'i idi. (Araf, 172)

Yaratıcı Ben'in Kur'ansal Karakteri:

İkbal, bütün felsefesine egemen olan 'özgür ben' anlayışının Kur'ansal temellerini, ünlü konferansı **'İnsanî Ben, İnsanın Hürriyeti ve Ölümsüzlük'** (Human Ego, His Freedom and Immortality) başlıklı konferansında vermiştir. Şimdi bu konferansın çok can alıcı kısımlarını buraya alacağız.

"Kur'an'a göre, insan Allah'ın seçilmiş varlığıdır. **İnsan kendi hayatı pahasına tercih ettiği özgür bir şahsiyete güvenmekle seçkinleşmiş bir varlıktır."**

"Zamanda sonsuzluk sadece yaratıcı ben'e aittir. Yaratıcı ben'in karakteristiklerinden bir diğeri de onun, seçkinliğinin bir başka ifadesi olan 'kendine özgülük' (uniqueness) keyfiyetidir. **Önümde birden çok eylem ihtimali bulunduğunda, Tanrı bile benim adıma hissetmez, karar vermez, seçim yapmaz."**

"İçsel tecrübe, yaratıcı benin faaliyeti halinde vücut bulur. Kur'an, yaratıcı benliğin bu yapıcı-yönlendirici işlevine açıkça dikkat çekmiştir:

"Sana ruhtan sorarlar. De ki, "Ruh, Rabbimin emrindendir. Ve size, ilimden sadece az bir şey verilmiştir." (İsra, 85)

"Bu ayet gösteriyor ki, ruhun aslî yapısı yapıcı-yönlendiricidir. Çünkü ruhun sudûr ettiği 'Rabbin emri' Yaratıcı'nın yapıcı-yönlendirici niteliğidir. Ayette 'Rabbî' sözcüğünde kullanılan şahıs zamiri, yaratıcı benin yapısını ve davranış tarzını daha da aydınlatmaktadır. Ve göstermektedir ki, ruh, tekliğinin bütün değişimlerine, genişliğine, ölçülemezliğine, etkinliklerine rağmen bağımsız ve kendine özgü bir şahsiyet olarak alınmalıdır:

"Herkes, kendi varlık yapısına uygun iş görür. Yolca daha doğru gidenin kim olduğunu Rabbiniz daha iyi bilir." (İsra, 84)

"Bu demektir ki benim şahsiyetim bir 'şey' değil, bir eylemdir. Ve benim tecrübem sadece ve sadece bir eylemler bütünüdür ki karşılıklı olarak birbirine atıf yapmak suretiyle sevk ve idare edici bir amacın vücut bulmasını sağlarlar. İşte benim bütün hakikatim, benim bu sevk ve idare edici eylemime bağlıdır. Beni, mekânda bir şey, zamana bağlı düzen içinde bir deneyimler yığını olarak algılayamazsınız. Beni kararlarımla, iradeye bağlı davranışlarımla, amaçlarımla, arzularımla yorumlamalısınız."

"Madde nedir? Madde düşük-basit bir düzene ait benliklerden oluşan bir kolonidir ki, bu koloninin elemanlarının karşılıklı etkileşimi, yardımlaşması sayesinde yüksek-yaratıcı düzene ait benlik doğar... Yücenin basitten sudûr etmiş olması yücenin saygınlık ve kıymetinden hiçbir şey eksiltmez. Önemli olan, zuhur edenin menşei değil, onun kapasitesi, özelliği, yeteneği ve elde ettiği nihaî varış noktasıdır. Hayatın tekâmülü gösteriyor ki, zihnî (ruhsal) olan başlangıçta maddî (bedensel) olanın güdümünde olsa da zaman içinde kuvveti gelişen 'zihnî' (ruhsal olan, benlik), 'maddî' olana egemenlik yeteneğini elde eder ve sonunda da ondan tamamen bağımsız bir mevkie yükselir."

"İnsanî ben'in faaliyetindeki 'rehberlik ve direktifle kontrol' keyfiyeti göstermektedir ki, insanî ben, özgür bir şahsî illiyettir. **Bu özgür ben, Mutlak Ben'in hayat ve hürriyetine katılır. Mutlak Ben, kişisel inisiyatif kullanmaya yetenekli bir sonlu benliğin vücut bulmasına izin vermekle kendi özgür iradesinin özgürlüğünü sınırlamıştır.** Bu noktaya, tam bir açıklıkla temas eden ayetler vardır:

"Hak, Rabbinizdendir. Artık dileyen inansın, dileyen inkâr etsin. Biz, zalimler için öyle bir ateş hazırladık ki, çadırı/duvarı/dumanı onları çepeçevre kuşatmıştır."
(Kehf, 29)

"Eğer güzel düşünür, güzel davranırsanız, kendi benlikleriniz için güzellik sergilemiş olursunuz. Ve eğer kötülük yaparsanız o da benlikleriniz aleyhine olur."
(İsra, 7)

"Şam'ın opportunist Emevî yöneticilerinin pratik materyalizmi, Kerbela'daki mezalime bir bahane ve Şam valisi Muaviye'nin isyanına karşı oluşabilecek bir halk ayaklanmasına karşı, bir güvence ihtiyacını duyuyorlardı. **Mâbed el-Cühenî**'nin **Hasan el-Basrî**'ye şöyle dediği rivayet edilir: **'Emevîler Müslümanları katlettiler ve bu eylemlerini Allah'ın takdiri olarak tanıttılar.'** Hasan buna şu cevabı verdi: **'Allah'ın düşmanı Emevîler yalan söylüyorlar.'** İslam ulemasının açık protestolarına rağmen, ahlakî çöküş ifade eden bir **kadercilik,** 'kazanılmış hakları' desteklemeyi esas alan ve 'oldu-bitti' teorisi diye bilinen **meşrûtî teori** oluştu. Yaşadığımız zamanda da filozoflar, buna benzer bir entelüktüel delillendirmeyi, toplumun mevcut kapitalist yapısının idealize edilmesi uğruna yapmışlardır. Müslümanlar her zaman, değişik davranışlarını Kur'an'dan delillendirmek istediklerinden, kaderci yorumlar, Kur'an'ın apaçık anlamını feda etmek pahasına yapılan tefsirle Müslüman halklar üzerinde çok geniş bir etki bırakmıştır."

Nietzsche'nin Üstün İnsan'ı Yaratıcı-Hür Benlik Değil, Mekanik Bir Araçtır:

"Modern düşünce tarihinde ölümsüzlüğe ilişkin olumlu tek teori vardır ve o da Nietzsche'nin **'ebedî tekerrür'** (eternal recurrence) nazariyesidir. Bu teorinin tohumları **Herbert Spencer**'de de mevcuttur. **Nietzsche** bu teoriye, aklî delillere bağlanmış bir teori görüntüsü kazan-dırdı. Ebedî tekerrür nazariyesi, evrendeki enerji miktarının sabit ve buna bağlı olarak da sonlu olduğu faraziyesi üzerine yükselir. **Zaman,** sübjektif bir form değildir; o, gerçek ve sonsuz bir süreçtir ki ancak periyodik düşünüldüğü zaman anlam ifade eder. Evrende yeni bir oluş yoktur; şu anda olup biten ne varsa hepsi daha önce de defalarca vücuda gelmiştir ve gelecekte de tekrar tekrar vücut bulacaktır. **'Tekerrür'** (recurrence) sözcüğü zaten bu değişmezliği ifade eder. Nietzsche şöyle diyor: **"Her şey dönüp dönüp gelmiştir: Sirus yıldızı da örümcek de. Senin şu anki düşüncen de bundan sonraki dü-**

şüncelerin de hepsi, hepsi dönüp dönüp gelecektir. Ey dostum! Senin tüm hayatın, bir kum saati gibi, sürekli tükenecek ve sürekli yenilenecektir. İçinde sadece bir kum tanesi olduğun bu halka, sonsuza dek hep tazelenecektir."

"Nietzsche'ye göre, **üstün insan**, daha önce sayısız kez zuhur etmiştir. Onun sürekli doğuşu kaçınılmazdır."

"Nietzsche'nin bu anlayışı bana nasıl bir ümit ve bekleyiş sunabilir? Biz ancak tamamen yeni olan bir şey için arzu ve heyecan duyarız. Nietzsche'nin nazariyesinde ise tamamen yeninin düşünülmesi bile olası değildir. Onun söylediği, 'kısmet-kader' sözcüğünde kristalleşen kadercilikten çok daha kötü bir fatalizmdir. Böyle bir doktrin, insan bünyesini hayat mücadelesi için donatıp coşturmak şöyle dursun, o bünyenin eylem yeteneklerini tahrip edici bir rol oynayarak yaratıcı benliğin atılım gücünü uyuşturur."

"**Kur'an'a göre, evrenin anlamına adapte olarak ölümsüzleşme imkânı insan için açıktır**... Tekâmülü milyonlarca yıl sürmüş bir varlığın işe yaramaz bir eşya gibi kaldırılıp atılması mümkün görülemez. Peki, ruhu yüceltmek ve kirlenip bozulmaktan kurtarmak neyle ve nasıl mümkün olacaktır? **Amel ile!**"

"Hayat, benliğin faaliyeti için fırsat sunar ve ölüm ise benliğin eylemlerinin toplu bir değerlendirilişinin yapıldığı ilk imtihandır. Haz veren, acı veren ameller yoktur, sadece yaratıcı ben'i güçlendiren veya yaratıcı ben'i çözülüşe götüren ameller vardır. Benliği çözülüşe hazır hale getiren veya müstakbel bir unvana sahip olma yolunda disipline eden, ameldir. Benliği güçlendirici amel meselesinde ilke şudur: Kendi benliğime hürmet kadar, öteki benliklere de hürmet."

"**Benliğin ölümsüzlüğü (şahsî ölümsüzlük), bizim müktesep hakkımız değildir; o ancak bizim şahsî gayretimizle elde edilebilir. İnsan bu mazhariyete sadece adaydır.** Materyalizmin en can sıkıcı hatası, ölümlü şuurun, kendi objesini kuşatabileceğini iddia etmesidir. Oysaki felsefe ve bilim o objeye yaklaşmanın yollarından sadece bir tanesidir. Bu yaklaşmada bize açık başka yollar da vardır. Eğer sahip bulunduğumuz amel, maddî çözülmenin sebep olacağı sarsılmaya karşı yeterince tahkim etmiş olursa, ölüm, Kur'an'ın **'berzah'** dediği halden hale geçişten başka şey olmayacaktır. Sûfî deneyimlere ilişkin kayıtlar göstermektedir ki, berzah, benliğin zaman ve mekâna yönelik davranışında bir değişme ile karakterize olan bir şuur durumudur."

"Netice olarak, berzah âlemi basit ve pasif bir bekleyiş âlemine benzemiyor; orası öyle bir âlemdir ki, benlik orada realitenin yeni vechelerini fark eder ve kendisini bu yeni vechelere uyum sağlamak üzere hazırlar. Berzah, büyük bir ruhsal değişim âlemi olsa gerek. Durum, özellikle dünyevî varoluş nizamı içinde doğal tekâmülün yüksek kademelerine ulaşmış benlikler için böyledir. Aynı berzah, daha az şanslı benlikler için bir çözülüp yok olma süreci ifade edebilir. Şöyle veya böyle, **benlik, bu âlemde, mücadeleye devam ederek kendisini beklenen yere yükseltmeye ve yeniden dirilişini kazanmaya müsait hale getirmelidir.** Bu demektir ki, yeniden diriliş, insanın dışında bir hadise değildir; tam aksine, benliğin bizatihi içinde bir varoluş eyleminin tamamlanmasıdır. Bunu ister bireysel olarak alalım, ister ontolojik, nihayetinde o, benliğin geçmiş birikimleriyle geleceğe yönelik imkânlarının bir tür toplama işlemidir."

"Felsefî anlamda konuşur isek şunu diyeceğiz: **İnsanın geçmiş tarihine bakılınca, bu varlığın, bedenin çözülüp dağılmasıyla hayatının nihayet bulmayacağı büyük ölçüde kesin bir gerçek olarak karşımıza çıkar.**"

"Hayat, birdir ve süreklidir. İnsan, her an yeni bir iş ve oluş sergileyen sonsuz hakikatten gelecek taze ilhamlara mazhar olmak için sürekli yol alır. İlahî aydınlanmaya mazhar olanlar basit ilham sahipleri olarak kalmazlar. Özgür bir benliğin her ameli yeni bir yapılanmaya vücut verir ve yaratıcı yeni tecelliler için sürekli yeni fırsatlar bahşeder." (İkbal, *The Reconstruction of Religious Thought in Islam*, 76-98)

İSYAN VE DİVANELİK

İkbal'in ego felsefesinin zorunlu uzantılarından biri ıstırap ise bir diğeri de isyandır.

İsyan, sürekli yürüyerek varolan ruhun, mevcutla yetinen zihniyete karşı çıkışıdır.

Hallâc, bu karşı çıkışını Enel Hak söylemiyle ifade etmiştir. **Enel Hak, asırlar boyu bastırılıp susturulan insan benliğinin egemen güce karşı "Ben de varım. Ve ben, sıradan bir şey, sıradan bir söylem olarak değil, belirleyici bir kuvvet olarak varım ve yaratıcı bir enerji olarak devredeyim"** mahiyetinde bir karşı çıkıştır.

Evet, Enel Hak mevcuda, alışılmışa bir isyandır. Böyle olduğu içindir ki Enel Hak söylemine hem egemen-siyasal otorite savaş açmıştır hem de onunla birlikte yürüyen ruhsal-bilimsel otorite savaş açmıştır.

İsyan ruhu taşıyan bir benlik, hürriyetinin bir göstergesi olarak, her şeyden önce divanedir. **Divanelik; çılgınlık, hatta bir ölçüde delilik formu içinde seyreden kendine özgü bir yaratıcılıktır.** Bunun, Kur'an terminolojisinde karşılığı olacak kelime **levm** veya (bundan türetilen) **melâmet**tir ki, bizzat Kur'an tarafından: **'Kınayanların kınamasından korkmamak, sadece Allah'ın ne düşündüğünü dikkate almak'** şeklinde tanıtılmıştır. (Âli İmran, 173)

İkbal'in iki büyük mürşidi olan Hallâc ve Mevlana Rumî'de çok esaslı bir yer tutan bu divanelik veya **melâmet ahlakı** yirminci yüzyılın iki büyük isyancısı olan **Nietzsche** ve İkbal'de de doruk noktalarda seyretmektedir. İkbal, divanelik (veya melâmetin) modern Batı'da en önemli temsilcisi olarak Nietzsche'yi görmektedir. Hallâc ile Nietzsche arasında bu bakımdan da paralellik kuran İkbal, birincisini molla-softaların, ikincisini ise aptal doktorların öldürdüğünü söylüyor ve Nietzsche'yi **'darağaçsız Hallâc'** olarak anıyor. (Mevlana'da divanelik konusunda ayrıntılar için bizim, **Mevlana ve İnsan** eserimize bakılabilir.)

İkbal, divanelik ve melâmeti şiir diliyle ifade ederken dehasının kelam doruklarına çıkıyor ve şöyle konuşuyor: **"Hayat kumarını mertçe oynayalım"** (*Armağan-ı Hicaz*, 57)

Bu kumarı mertçe oynamak için divanelik şarttır. Tüm yaratıcı ruhlar, başka bir deyimle **deha, kaçınılmaz bir biçimde divanedir.** Dehanın belirgin niteliklerinden biri de düzen ve kuraldışılıktır. Topluma düşen; dehanın bu motor gücünü inkâr veya tahrip değil, daha yaratıcı hedeflere yöneltmek üzere onu kucaklamak ve kanalize etmek olmalıdır. İkbal şöyle diyor:

"Bilmiyorlar mı ki, delilikte de kemaller vardır, Elverir ki onu dağ ve bayırdan vazgeçirip aramıza alalım ve insan terbiyesinde ondan yararlanalım." (*Darb-ı Kelim*, 40)

Devam ediyor İkbal:

"Bana, bu akıllı çılgınlığı, temiz ruhlu bir ananın bakışları verdi. Okul insana göz ve gönül vermez." (*Armağan-ı Hicaz*, 45)

"Her kemalin yanında biraz da çılgınlık güzel bir şeydir. Küllî akıl da olsan bir divane tarafın olmalıdır." (*Armağan-ı Hicaz*, 44)

Bunun içindir ki İkbal, Cenabı Hakk'a şöyle yalvarıyor:

"Bana, akıl verdin, divanelik de ver; iç cezbeye giden yolu da ver bana!"

Divanelik veya **melâmet** sahibi ruh, Hz. Muhammed'in sıfatlarından biri olan '**Çıplak Uyarıcı**: en-Nezîru'l-Uryân' niteliğinden nasip taşıyan adamdır. Gerçeği hiç bekletmeden ve kılığını değiştirmeden söyler. Kıvırmaz, sağa sola büküülüp susmaz, pusmaz. Ne yazık ki, İslam'ı daha ilk asrında yozlaştıran Emevî zorbaları, gerçeği çıplak bir biçimde ifade edenleri susturmak için, konuşan aydınlık benlikleri '**fitne çıkarmak**'la suçlamışlardır.

İkbal, İslam'ın en hayatî damarlarından birini koparan bu Emevî soysuzluğunu çok iyi bilenlerden biri olarak, '**fitne çıkarmak**' safsatasına şiddetle karşı çıkar. Divaneliği övmesinin bir sebebi de budur. Şöyle der:

"Ben aşıkım; haykırmak benim imanımdır; kıyamet gü-

rültüsü benim en çok sevdiğim şeydir." (*Esrar-ı Hodî*. 20)

İkbal'in bu sözü bize, 1845 yılında ölen büyük sûfî düşünür **Kuşadalı İbrahim**'in Mektubât'ında sıkça geçen şu güzel sözü hatırlatıyor: **"Aşkınızı yutkunmayın!"** (Öztürk, *Kuşadalı*, 160, 265, 301, 336)

ESKİYE KARŞI ÇIKIŞ

Eskiye karşı çıkış, isyanın bir tür tanımı gibidir. Daha doğrusu, isyan, eskiye karşı çıkıştır. Sürekli yürüyen benlik, gözünü ileri menzillere diker. Bu yüzden o, hep yeni söyler, hep değişik konuşur. Yüzünü geriye dönen benlik ise, sürekli eskiyi anlatır, sürekli rivayet ve nakille meşgul olur. Hep hazıra baktığı için konuşmaya malzeme yapacak çok şey bulur; ama konuştukları, yürüyen dünyaya bir şey kazandırmaz.

İkbal hep ileri bakan ve sürekli yürüyen bir ruh olarak hep yeni şeyler söyledi ve bu yüzden, eskinin nakline saplanıp kalmış 'geriye bakanlar' tarafından hep itham edildi. Eskiyi olduğu yerde bırakmak, en azından onu değerler listesinin başına koymamak hayatın gereklerinden biridir. Eskiden yararlanmakla eskiyi listenin başına koymak ayrı ayrı şeylerdir. Kur'an, eskiden yararlanmayı benimsediği için örfü hukuk kaynağı saymış, ama örfün zamanüstü kılınmak suretiyle ilahlaştırılmasını şirk olarak görmüştür. (bk. Bakara, 170; Mâide, 104; A'raf, 28, Lukman, 21; Zühruf, 22-23; Dühan, 36; Câsiye, 25)

İkbal'in eskiye karşı tutumu, Kur'an'ın tutumunun aynıdır. O, eskinin ilahlaştırılmasından ve yeni boyutlara yükselmeyi engelleyen sahte bir ilah haline getirilmesinden şikâyetçidir.

İkbal'e göre, günümüz İslam dünyasının eskiye karşı tavrı, şirkin tavrıyla aynıdır. Bu dünya, eskiyi-örfü ilahlaştırıp vahyin ve aklın yerine koyarak perişan olmuştur. İkbal'in, bu perişanlığın zihniyet ve kişi olarak savunucularına karşı hücumu çok ağırdır. Çünkü bu perişanlık, İslam dünyasında yaratıcı 'ben'i mahvetmiştir. Sürekli inkılap isteyen Kur'an'ın antiklasik ve dinamik ruhu, eskiyi tabulaştıran zihniyet yüzünden iğdişleştirilmiş ve Kur'an mensuplarının sonsuzluk ve atılım yolu tıkanmıştır. Avrupa'nın vicdanı dışlamakla düştüğü hataya, İslam dünyası, benliği uyuşturan eskiyi ilahlaştırma illeti yüzünden düşmüş bulunuyor:

"Hayatın sıcaklığı ve düzeni ne Asya'da var ne de Avrupa'da. Asya'da benliğin, Avrupa'da ise kalp ve vicdanının yokluğunu görüyorum." (*Darb-ı Kelim*, 50)

İslam dünyası, benliği körelten illetler yüzünden, değer üretmek ve insanlık kervanını peşine takmak yerine hep arkadan gitmekte ve önde gidenlerden şikâyeti mazeret halinde kullanmaktadır. Şikâyet, sitem ve ağlayıp sızlanmak, İkbal'in tiksindiği şeylerdir; çünkü bunlar pörsümüş, uyuşmuş bir benliğin alâmetleridir:

"Ah etmek, ermişliğin şanından değildir. Zamaneden şikâyet, dünya adamının işidir. Feryat ve figan içinde boğmak arslanların, feryat ve şikâyet ise tilki ile kuzunun işidir." (*Darb-ı Kelim*, 49)

Bugünkü Müslümanlar, kendi benlikleriyle yaşamıyorlar, eskinin fosillerine tapıyorlar:

"Kendi esrarını bilmeyen insan, kendi sazını çalamaz. Geçmiş zamanlara göz bağlamış, sönmüş ateşten kalbini alevlendirme peşinde. Kendini kendinden uzak-

laştırmış, eski örneklerden bir hapishane yapmıştır."
(*Cavidnâme*, beyt: 1304-1307)

Bu hapishaneden çıkmadığı sürece, İslam dünyası yeni zamanları Kur'an'ın ruhuna göre şekillendiremez. Çünkü o, eski kabulleri bir at gözlüğü gibi takıp o kabullerin dışında yeni bir cihan yaratma imkânını kendi eliyle boğmaktadır. Burada, eskinin sembolü olarak seçtiği müfessir **Fahreddin Râzî**'yi örnek göstererek eskiyi eleştirirken şunu söylüyor:

"**Râzî'nin sürmesini gözden yıkadıktan sonradır ki, milletlerin, Kitap'ta gizli olan kaderlerini gördüm.**"
(*Cavidnâme*, beyt: 346)

Cavidname'de, Allah'a şunu söyletiyor:

"Yaşıyor musun? Arayıcı, özleyici ol. Sana uygun olmayanı kır. Kendi bağrından yeni bir âlem çıkart! Başkalarının dünyasında yaşamak hür insana zor geliyor. Yaratma gücü olmayan herkes bize göre, zındık, kâfirdir. Sen, kendi dünyanın kaderini kendin yarat!"
(*Cavidnâme*, beyt: 1808-1813)

Ve üstadı İslam dünyasına şu mesajı iletiyor:

"Kendi toprağından, henüz ortaya çıkmamış bir ateş iste; başkasının tecellisini dilenmek hüner değildir."
(age. beyt: 1074)

"Yolunu kendi kazmanla aç ve düzelt; başkalarının açtığı yoldan gitmek azaptır. Eğer sen, başkalarının yapmadığı işi yapabilirsen, o yaptığın iş günah dahi olsa sevaptır."

"**Eflatun ve Fârâbî'den ayrıldım. Kimseden göz dilenmedim; dünyayı sadece kendi gözümle gördüm.**" (*Peyam-ı Maşrık*, 36)

İkbal, bu temel felsefesinden hareketle, bir 'büyük insan' kavramına ulaşıyor. Ona göre büyük insanın, başka bir deyişle gerçek benlik sahibinin "**görüşü, yaşadığı asrın görüşünden ayrıdır. Tarikat pirleri onun haline nüfuz edemezler.**" (*Darb-ı Kelim*, 48) İkbal, bu sözüyle âdeta kendini tanımlamıştır.

Böylece İkbal, beklenen insan tipinin, eskinin kokuşmuş tarikat gelenekleriyle ters düşmesinin kaçınılmaz olduğuna dikkat çekiyor. Bu kokuşmuş kurumlar, İkbal'e göre, her şeyden önce insandaki yaratıcı gayreti öldürüyor. Bundan daha kötüsü, bu yaptıklarını '**tehzîb-i ahlak**' (ahlakın güzelleştirilmesi) olarak sunuyorlar. İkbal şöyle dokunuyor bu yaraya:

"**Gayretsizlikten yüzlerce maraz doğdu. Bu çöküntüye 'tehzîb' adını verdiler.**" (*Esrar-ı Hodî*, 37)

İkbal'e göre, Batı emperyalizmine ve Batı lordlarına uşak olmaya karşı çıkan İslam dünyası, ne yazık ki, bir başka uşaklık kurumunu kendi bağrında yaşatmaktadır. Bu kurum, Kur'an'ın ruhuna ters düşürülmüş sözde tasavvuf, başka bir deyişle, onun, şekli ilahlaştıran uzantısı olan tarikatlardır. Çok sert eleştiriyor İkbal:

"**Frenk efendilerinden ürktün, lakin mezara, türbeye secdeler edip duruyorsun. Köleliğe öylesine alışmışsın ki yoldaki taşlardan bile kendine efendi yapmaktasın.**" (*Peyam-ı Maşrık*, 43)

Ve Müslüman kitlelerin dramını şöyle ifadeye koyuyor:

"Her kabile kendi özel putuna tapıyor." (*Darb-ı Kelim*, 63)

Bulduğu çıkış yolunu duyuruyor İkbal:

"Eski zaman pirlerinden ümidimi kestim; gelecek günden söz edeceğim." (*Cavidnâme*, beyt: 56)

İkbal'i mükemmel denecek bir liyakatla şerh eden Schimmel, Cavidnâme'nin bu beyti altına, **Wach**'tan aldığı şu cümleyi koymayı ihmal etmemiştir:

"Dinin gerçek ruhuna ters âdetleri koruyup sürdürmeye çalışan din adamları zümresiyle çekişmek, peygamber ve müceddilerin en yüksek görevidir." (Schimmel, *Cavidnâme Şerhi*, 15)

İkbal, sadece eskinin olduğu gibi ilahlaştırılmasına değil, eskinin şöyle veya böyle, **taklit** edilmesine de karşıdır. Bu taklit de uyuşturur, yolda bırakır. Taklidi; uyuşturan, pelteleştiren şekerkamışına benzeten İkbal, Kur'an müminlerine şunu öneriyor:

"Şam, Irak, Hindistan ve İran şekerkamışına alışmışlardır; şekerkamışına alışmış olanlara, arzunun ekşiliğini ver." (*Cavidnâme*, beyt: 228)

Şekerkamışına alışmış olanlar yani eskiyi taklitle avunanlar, günü dolmuş takvimlerin yapraklarını çevirerek tarih yapmaya kalkmak gibi bir ahmaklığın içindedirler. İkbal bunlara önce şunu hatırlatıyor:

"Kâinatın kuruluşundaki harikalar, hayat takviminin taklidiyle vücut bulmaz. Taklit iyi bir şey olsaydı, peygamberler atalarının yolundan giderdi." (age. beyt: 568)

Şekerkamışının lezzet ve uyuşukluğuna alışanların ruhları tembellik ve durgunluğun rahatlığına teslim olmuştur. Bu teslimiyetin egemen olduğu bir dünya, İkbal'e göre, yıkılası bir dünyadır. Ve böyle bir cennet bile derdi çekilesi değildir. Yaratıcı benlik, aramak ve özlemekten nasipsiz böyle bir dünyada yaşamaktansa ölmeyi tercih eder. Şöyle diyor İkbal:

"Eğer kurtuluşumuz aramaktan uzak kalmakta ise o zaman mezar, renk ve koku cennetinden daha iyidir."
(*Cavidnâme*, beyt: 244)

Şekerkamışına döndürülmüş bir dinden hayır beklememek, İkbal'in temel düşüncelerinden biridir. Bu hale getirilmiş bir din, insan hayatına kötülükten başka bir şey veremez:

"Vay o dine ki seni uyutuyor, seni derin uykulara daldırıyor. Böylesi, sihir ve afsun hapı mıdır, din midir?"
(age. beyt: 991-992)

Din, her şeyden önce insana bir benlik kazandırmalıdır. Bunun yerine, insan benini iğdişleştiren ve bunu kutsal kılıflar içinde pazarlayan bir din, hayata ve insana pusu kuran bir beladır. Bunun içindir ki İkbal'e göre, önce insana uğramayan bir dinin Allah'a götürmesi mümkün olmaz. Soruyor İkbal:

"Sen, insana ulaşmadan Allah'ı nasıl arıyorsun?" (age, 1758)

İkbal'in bu yaklaşımını biz, **"Din insan içindir, insan din için değildir"** deyişiyle ifade ediyoruz. Ve geleneksel din anlayışını da **'insana rağmen din'** olarak adlandırıyoruz. Bu geleneksel din, Kur'an dışı bir din haline dönüşmüştür. Kur'an'ın dini, insan yapan bir dindir. Oysaki geleneksel taklit dini insanı iğdişleştirmek üzere, sürekli put imal eder. Onun, **'mezhep imamı, efendi, ulema'** adlarıyla insan kaderine egemen kıldığı güçlerin her biri bir gizli put haline gelmiştir. İkbal, bu gizli putların yerine insan ben'ini inşa eden bir çığırın açılmasını istiyor ve bunu, kurtuluşun reçetesi olarak görüyor. Önerisi kısa ve nettir:

"Put yapmayı terk edip kendini yapmaya başla!"

Bu nasıl gerçekleşecektir?

İkbal'in cevabı kısa ve nettir: **Kur'an'a dönüş.** Başka bir deyişle, dini, Kur'an'a teslim ederek yeniden yapılandırmak. İkbal'in ruhunda da yaratıcı fırtınaları koparan, Kur'an olmuştur. O, Kur'an'ı, babasının bir öğüdüne sadık kalarak, daima kendisine vahyediliyormuş gibi okudu. Kur'an'la nefes alıp verdi, Kur'an'la baktı ve Kur'an'la gördü. Çağın ve Müslümanların dertlerine çare olarak önerdiği fikirlerin kaynağı, Kur'an laboratuvarıdır. İslam dünyasına kurtuluş reçetesi olarak teklifi kısadır:

"Senin âyinin Kur'an'ın hıfzıdır; senin dinin, Allah kelamının tebliğidir. Allah eri, hiç kimseden renk ve koku almaz; Allah eri yalnız Allah'tan renk ve koku alır."
(*Cavidnâme*, beyt: 691, 695)

"Kur'an'ın menzili ve maksadı başkadır, Müslümanların hareket ve ayinleri başka. Onların kalbinde ateş yanmıyor; onların göğüslerinde Mustafa yaşamıyor."
(age. beyt: 708, 709)

"Kur'an'dan dünyayı terk hakkında emirler çıkarıyorlar. O Kur'an'dan ki onda, imanlı bir insana ay ve yıldızlara hâkimiyet lütfedilmiştir. İradelerinde Allah'ın takdiri gizlenen insanlar, kendilerini cebir ve kaderin emrine terk etmişlerdir." (*Darb-ı Kelim*, 9)

Yeni kuşaklar, yeniden Kur'an'a gidip eskiyi, özellikle eskinin hamalı durumundaki zihniyetleri yargılamadıkça mutlu bir dünyayı kuramazlar. İkbal, yeni kuşakları ürpertici bir biçimde uyarıyor:

"Softa ve mollanın eserisin, Kur'an'daki hikmetten hayat almıyorsun. Kur'an ayetleri ile senin ilgin Yasîn okutup rahat ölmekten ibarettir. Softa ve mollaya benden selam söyle: Onların tevilleri Allah'ı da Cebrail'i de Peygamber'i de hayretler içinde bıraktı." (*Armağan-ı Hicaz*, 41)

Ne ilginçtir ki, Müslümanların 'ölüler suresi' yaptıkları Yasîn'de, Kur'an kendisinin 'diri kişileri uyarmak için' indirildiğini söylemekte (ayet, 70), kendisini 'mezarlık kitabı' haline getirenleri âdeta tokatlamaktadır. Kur'an'a yaptığı saygısızlıklar yüzünden dünya önünde utanç verici bir duruma gelen İslam dünyasına İkbal'in önerisi, uydurduğu Kur'an dışı din'i terk edip Kur'an'a dönmesidir. Şöyle diyor:

"Sen yeni bir şeriat ve âyin yarattın; biraz da Kur'an'ın nuruyla bak!" (*Cavidnâme*, beyt: 749)

İkbal burada, kendisiyle aynı iman ve heyecanı taşıyan ve yine kendisi gibi bir şiir ustası olan **Mehmet Akif Ersoy** (ölm. 1936) ile aynı noktanın altını çiziyor. Akif de *Safahât*'ında, uydurma hadislerle âdeta Kur'an'a karşı bir din kuran İslam dünyasına hitap ederken aynen İkbal gibi konuşuyor:

**"Nebîye atf ile binlerce herze uydurdun
Yıktın da din-i mübîni yeni bir din kurdun."**

Türk Bağımsızlık ve Aydınlanma Savaşı'nın **İmamı Âzam'ı** gibi gördüğümüz **Mehmet Akif Ersoy**, İmamı Âzam'ın uydurma hadisler için kullandığı **'hezeyan'** tabirini aynen kullanmıştır. Hem de daha ağırıyla. **Akif, hadis patentli uydurmaları 'herze' diye anmıştır.** Akif'in, hadis uydurmacılığının İslam'a ve insana vurduğu kahır darbesini anlatan ve bir ibadet şevkiyle okunması gereken mısraları Safahat'ın Fatih Kürsüsü'nden bölümünün ikinci şiirindedir.

Kısacası, Kur'an'ın idealindeki âlem bugünkü İslam dünyası değildir. "O âlem henüz göğsümüzde gizli olan bir âlemdir; 'kalk' emrini hâlâ bekleyen bir âlem." (*Cavidnâme*, 575)

İkbal'e göre, bu âlemin insanlık sahnesine çıkması için, Kur'an'ın ruhuyla hayat bulan yeni bir nesle ihtiyaç vardır.

MOLLA VE ŞEYHE KARŞI ÇIKIŞ

Dini çıkarlarını elde etmenin ve halkları Allah ile aldatmanın bir aracı yapan karanlık dinci tip, Türk ve Hint Müslüman sûfî literatüründe **'molla'** diye anılmıştır. Ve molla tipin nasıl bir insanlık düşmanı ve dünyanın başına nasıl bir bela olduğunu anlatan en güzel deyişlerden birini Hint sûfî prens-şairi ve molla zulmünün mağdur ve maktûlü olan **Dârâ Şikûh** (ölm. 1659) söylemiştir.

"Molla nerede yoksa cennet orasıdır."

Bütün zamanların en katranlı musibeti olan molla tip, Müslüman dünyanın kaderini dikenleyen temel belanın da ta kendisidir. Hallâc ve benzeri büyük benlikleri katleden de odur. İkbal'in bir numaralı lanet ve şikâyet objesi de odur.

İslam dünyasını yerinde saydıran 'eski'nin temsilcisi, İkbal'e göre, kişi olarak molla ve softa, kurum olarak da geleneksel kalıplara hapsolmuş fıkıh ve tasavvuftur. Bu böyle olduğu içindir ki İkbal'in temel hücum hedeflerinden biri de tıpkı üstadı Hallâc gibi, kokuşmuş kuralları din haline getiren ruhsuz ve uyuşuk din adamı tipidir. Bu tip, fıkıh-felsefe-kelam alanında konuştuğumuzda molla, tasavvuf alanında konuştuğumuzda sûfî tiptir.

Temel nitelikleri bilgisizlik, tembellik, sığlık, iftira, haset ve düşmanlık olan molla-softa tip İkbal'in mürşidi Mevlana tarafından da ağır biçimde eleştirilmiştir. Üstadı Hallâc'ı katlettikleri için zaten İkbal'in düşmanı olan bu karanlık adamlar, Mevlana tarafından da yerden yere çalındıkları için İkbal onlara daha bir heyecanla saldırmaktadır. Onlara çok ağır biçimde beddua ediyor:

"**Menfaat ve kayıp kaygusundan kurtulamayan bu insanları mahvet!**" (*Armağan-ı Hicaz*, 2)

Bu molla-softa takımı dini, cehaletlerinin karanlığında perişan ediyorlar:

"**Din, bilginlerle kıymetli, bilgisizlerle hor ve zelil oluyor. Bilgisizin elinde din, ineğin önünde yasemen gibidir.**" (*Cavidnâme*, 1631)

Molla tipin kötülüklerinin ayrıntılı açıklaması bu eserin dördüncü bölümünün birinci faslında yapılmıştır.

Eskiyi ilahlaştırarak Kur'an'ın ruhunu boğan ve benlik sırrını kirleten ikinci musibet de **softa** (İkbal'in deyişiyle **sûfî**) tiptir. Softa veya sûfî ile İkbal, Kur'an'ın mistik disiplinine bağlı gerçek dervişleri anlamaz; hatta onları öteki tipten ayırır. Aksi nasıl düşünülebilir ki, İkbal, mürşidi Hallâc ve Mevlana olan bir düşünce adamıdır. Açıktır ki, İkbal'in saldırdığı tasavvuf ve sûfî, Kur'an dışı dinin kendine has meskenet mistisizminin kokuşmuş dünyası ve temsilcisidir. Başka bir deyişle, İkbal, tasavvufun, **İranlı Hâfız**'da sembolleştirilen afyonlu türüne karşıdır. Bu tür, Allah için değil, **muğbeçe** (şarap sunan genç oğlan) için yanıp tutuşan bir kurumdur.

HZ. MUHAMMED'E BAKIŞ

İkbal, Hz. Muhammed'in kişiliğini ve misyonunu nur etrafında şekillendiriyor ki bu, Hallâc'ın Sirâc Tâsînî'nde esas aldığı Muhammedî hakikat imajının bir tekrarıdır. İkbal'in Hz. Muhammed'den aldığı ruh ve ilham da ışıkla ifade edilmiştir. Şöyle diyor İkbal:

"Benim vücudumu kendi aynası olarak yarattı; benim sabahım onun göğsündeki güneştendir." (*Esrar-ı Hodî*, 31)

"Onun mezhebi, mülk ve soyları keser; o, Kureyşli olmakla birlikte Araplar'ın üstünlüğü fikrine karşı çıkıyor." (*Cavidname*, 467)

"Onun yaradılışı Doğu ve Batı'dan yüksektir; soy bakımından doğulu olsa da." (*Cavidnâme*, 538)

YALNIZLIK VE ANLAŞILMAMAK

Hallâc'ın kaderinin belirgin noktalarından biri de şudur:

O, hep kalabalıklarla olmuş ama hep yalnız yaşamış ve nihayet yalnız ölmüştür.

Yalnızlık, birbaşınalık, bütün yaratıcı ruhların hem kaderi hem ıstırap kaynağı hem de serzeniş sebebidir. Buradaki yalnızlığı, dağ başında veya sürgünde tek başına kalmak şeklinde anlamamalıyız. Tam aksine, bu yalnızlık, yoğun kalabalıklarla hep yüz yüze olan, buna rağmen yapayalnız bir iç dünyada yaşayan farklı insanın **'kendine özgü yalnızlık'**ıdır.

İkbal'in etkilendiği filozofların başında gelen Alman filozof Nietzsche'nin **'zümrüt inziva'** diye adlandırdığı bu **'kendine özgü yalnızlık'**, Hallâc ıstırabını tanıyanlardan biri ve İkbal'in baş mürşidi olan Mevlana'nın ölmez eseri **Mesnevî**'nin giriş kısmında eşsiz bir isabetle dile getirilmiştir:

"Ayrılıktan parça parça olmuş bir gönül isterim ki, özlem ve arayış derdimi ona anlatayım. Ben, her toplulukta ağladım, inledim; iyi hallilerle de eş oldum, kötü hallilerle de. Herkes, kendi sanısına göre dost oldu bana; içimdeki sırlarımı ise bir arayıp soran çıkmadı. Benim sırrım, feryadımdan uzak değil; fakat gözde, kulakta onu farkedecek ışık yok."

İkbal, mürşidi Mevlana'nın bu **'yalnızlık sızısı'**nı aynen hissetmiş ve yaşamış bir ruhtur. Kendisinin ve Mevlana'nın önderi olan Hallâc'ın bu sızıyı nasıl derinden ve hangi çapta yaşadığını, bu eser boyunca, gördük.

İkbal'in temel şikâyet konularından biri olan **'anlaşılmamak ve yalnızlık'** onun şiirinde çok değişik ifadelerle defalarca dile getirilmiştir.

"**Benim içim atsız-ordusuz bir savaştadır; onu, benim gibi gören görebilir. İnsanlar, küfür ve dinin savaşından habersizdirler. Benim ruhum, Zeynelâbidin kadar yalnızdır.**" (*Cavidnâme*, beyt: 786-787)

İkbal'in burada, yalnızlığını ifade için, **Kerbela şehidi Hz. Hüseyin**'in oğlu **Ali Zeynelâbidin** (ölm. 94/712) gibi birini seçmesi çok ilginçtir. Bilindiği gibi, Zeynelâbidin, Kerbela'da, **Şemir** adlı caninin elinde yapayalnız kalmıştı. Öyle korkunç bir günde böylesi bir azmış canavarın elinde kalmak, yalnızlık acısını en derinden duymak olacaktır. Ancak İkbal burada, daha başka bir nükteye dikkat çekmiş görünüyor: **Anlaşılmamak ve bu yüzden zulüm ve ihanete uğramak, İslam tarihinde hep Arapçı zihniyetlerin vücut vereceği bir sıkıntı olacaktır.** Nitekim İslam tarihinin en büyük yalnızlarından ve şehitlerinden biri olan **İmamı Âzam, Arapçı zihniyetlerini önce dışlayıp sonra da katlettikleri yalnızlardan biridir.**

Şöyle veya böyle, İkbal, anlaşılmamaktan ve bunun ittiği yalnızlıktan çok dertlidir, Hallâc'ın ünlü niyazında ifade ettiği gibi, Allah, halktan esirgediği sırları büyük ruhlara açmakla o ruhları ıstırabın kucağına kendi eliyle itmektedir. İnsanlık tarihinde toplumu tarafından anlaşılmış hemen hemen hiçbir dehaya rastlanmıyor. İkbal, istisna değildir. O da anlaşılmamıştır. Hem o kadar ki, müftüler, hakkında **'kâfir'** diye fetva verebilmişlerdir. Bunun içindir ki İkbal asırların kulağına şunu iletmiştir:

"**Benim virdim, 'leyte kavmî ya'lemûn: Ne olurdu, toplumum beni anlayabilseydi' sözüdür.**" (*Cavidnâme*, beyt: 1312)

İkbal, nihayet şöyle yakarıyor Cenabı Hakk'a:

"Senin lütfundan bir yâr, bir can yoldaşı istiyorum. Benim yaradılışımın inceliklerine âşinâ olacak bir dost istiyorum. Taki kokumu onun canına emanet edeyim; onun gönlünde kendi yüzümü seyredeyim. Onun vücudunu kendi bir avuç toprağımdan vücuda getireyim."
(*Esrar-ı Hodî*, 72)

İkbal'in bu özlemi, son nefesini verdiği ana kadar devam etmiştir. Ölümünden yarım saat kadar önce okuduğu rubai şudur:

"Geçip giden nağmeler geri gelir mi gelmez mi?
Hicaz semtinden tatlı bir rüzgâr eser mi, esmez mi?
Bu fakirin devri sona erdi;
Sırrı bilen biri bir daha gelir mi, gelmez mi?"

Elinizdeki eserin yazarı, büyük İkbal'in bu serzenişli yakarışına, onun naçiz bir öğrencisi olarak şu rubai ile cevap vermiştir:

"Günler geçer de ey İkbal, yeni bir devrân görünür,
İklim-i Hüdâ'dan toprağa ferman görünür.
Bakîdir aşkın kadehinde o iksîr-i Hû,
Bir köşeden 'Nurî' diye bir kalb-i sûzân görünür."

GAZİ MUSTAFA KEMAL ATATÜRK

"Hayatımda iki büyük Müslüman bilirim. Birisi o dini tebliğ eden Hazreti Muhammed, diğeri ise İslam'ı hurafelerden temizleyen büyük lider Gazi Mustafa Kemal Paşa."
Muhammed Ali Cinnah

Müslüman dünya, tarihi boyunca tanık olduğu üç arındırma döneminin üçüncüsünü Mustafa Kemal Atatürk'le yaşadı.

Bu üçüncü dönemin öncüsü olan zât, aynı zamanda bir teşkilatçı deha olduğu için meseleyi teoride bırakmadı, icraatıyla hayata geçirdi. Hiç kimse ona, devrimlerinin faturasını canıyla ödetemedi. Tam aksine o, İmamı Âzam ve benzerlerinin intikamını da alan bir önder oldu.

Bu yüzyılın en büyük Müslüman müceddıtlerinden biri olan Sudanlı aksiyoner **Mahmut Muhammed Tâha** (ölm. 1985), ana eseri '**İslam'ın İkinci Mesajı**'nın 4. baskısına yazdığı önsözde şunu demiştir: "**Bu kitap, cumhuriyetçi davanın temel metnidir.**" Muhammed Tâha, ne demek istediğini şu satırlarla daha açık hale getirmektedir:

"İslam iki mesajdan oluşur: Birincisi Kur'an'ın ikincil

metinlerine (Medine dönemi vahiylerine YNÖ) **dayalı ilk mesaj, ikincisi, Kur'an'ın birincil metinlerine** (Mekke dönemi vahiylerine YNÖ) **dayalı ikinci mesajdır. İlk mesaj şimdiye kadar tevil ve tefsir edilmiştir, ikinci mesaj ise tevil ve tefsir edilmek için beklemektedir. Bu ise uygun kişi ve millet geldiğinde gerçekleşecektir."** (Tâha, *İslam'ın İkinci Mesajı*, 4. baskıya önsöz)

Bize göre, uygun kişi ve millet, tarihin diyalektiği tarafından Mustafa Kemal ile Türk milleti olarak tarih sahnesine gönderildi ama mesaj tamamlanamadı. Tamamlanması için yine aynı millet mi devreye sokulacaktır, başka bir millet mi, ileriki zamanda göreceğiz.

Tâha'nın sözü, Mustafa Kemal'in cumhuriyeti kurup cumhuriyet devrimlerini hayata geçirişinden yaklaşık 90 yıl sonra söylenmiştir. Yani, İslam dünyasının en ileri devrimcileri bile, Mustafa Kemal'in hayata geçirdiği bir mesajın rüyalarını yeni yeni görmeye başlamışlardır. Ve dahası: Adına 'İslam dünyası' (!) dedikleri dünya, bu rüyayı görenlere bile tahammül edememektedir. Bu rüyayı görenlerden biri olan Tâha'yı 'irtidat' gerekçesiyle astılar.

Mustafa Kemal'in kudret ve azametini anlamak için şu 'İslam dünyası' dedikleri âlemin pisliklerine, sefalet ve rezaletine bakmak yeterlidir.

ATATÜRK JOKER Mİ, TEZ Mİ?

Atatürk, bugüne kadar, bir tez olmaktan çok, hatta sadece joker olarak kullanıldı. Onu sevip saydığını söyleyenlerce kendilerini yüceltmek için, ona karşı olanlarca eksiklerini kapatmada bahane bulmak için jokerleştirildi Atatürk.

Tarih yaratan bir adam joker olabilir mi? Jokerlik tarih yaratmaya yetmez.

Tarih yaratan adam baştan başa tez olan adamdır.

Tez olmak, mevcuda karşı yeni bir cihanın temellerini, dayanaklarını, ilkelerini ortaya koymak demektir. Tez olmak, egemen bütün güçlere karşı Enel Hak diyerek ortaya çıkmak ve bu çıkışın gereğini yapmaktır.

Atatürk baştan başa tezler kümesidir. Atatürk, bir enel hak haykırışı olarak beş hayatî noktada tezdir:

1. **Emevîci-hurafeci dinciliğe karşı çıkış,**
2. **Emperyalizme karşı çıkış,**
3. **İslam'la laikliğin birbirini tamamladığının ispatlanması,**
4. **İslam'la modern hayatın bağdaştığını ispat,**
5. **Müslümanlar'ın asırlardır Allah ile aldatıldıklarının gösterilmesi.**

Atatürk, bu anlamların tümünde İslam'ın teze dönüşmesini ifade ediyor. Ve Batılı strateji Neronları bunu çok iyi biliyor. Bilmeyenler Müslüman kitleler. Batılı bunu biliyor ve Atatürk'e karşı olan dinci unsurları yanına alarak, Müslümanlar adına öne çıkarılması gereken önderi etkisiz kılıyor. Dincilik, işte bu 'etkisizleştirme'de haçlılarla işbirliği yapmanın tarihî vebalinin tam ortasında oturmaktadır. Bilmiyorum, tarih, dincilerin en azından bir kısmının vicdan derinliklerinde bu gerçeği bir gün anlayıp tövbe ederek sadede gelmelerini sağlayacak bir nüve saklıyor mu? Allah'tan ümit kesilmez, belki de o nüve oradadır ve bir gün filizlenecektir.

ATATÜRK'ÜN ENEL HAK HAYKIRIŞININ BELİRİŞ ALANLARI

Tam Bağımsızlık Tutkusu:

Misak-ı Millî sınırlarını değişmez kılmak için verilen askerî mücadeleye, **İzmir İktisat Kongresi** ile **'Misak-ı İktisadî'** eklenmiş ve **Müdafaayı Hukuk** iradesinin esas aldığı **'istiklal-i tam'** (tam bağımsızlık), Atatürk'ün ruhunda temellenen iki ayağı üstüne oturtulmuştur.

Bazılarının sandığı gibi, Batı'nın Atatürk'ten rahatsızlığı Gazi'nin Batı'ya düşman oluşu değildir. Atatürk'te öyle bir illet yoktu. Batı'yı rahatsız eden Atatürk'te temel duygu ve ilke olan, ona karşı olanlarda ise asla bulunmayan şu gerçek ve idealdi: **Ya istiklal ya ölüm.** İstiklal derken amaçladığı da **'tam istiklal'** idi. İşte rahatsız eden bu. Batı'yı rahatsız eden de bu, Gazi'ye saldıran içteki saltanat dincilerini ranhatsız eden de bu. Rahatsızlığın ilkesel tabanını bizzat Gazi şöyle ifade etmektedir:

"Tam bağımsızlık denildiği zaman, elbette, siyasal, mali, iktisadi, askeri, kültürel ve benzeri bir hususta tam bağımsızlık ve tam serbestlik demektir. Bu saydıklarımdan herhangi birinde bağımsızlıktan yoksunluk, ulus ve ülkenin gerçek anlamıyla tüm bağımsızlığından yoksunluğu demektir." (S. Meydan, *Nutuk'un Deşifresi*, 110)

"Temel ilke, Türk milletinin haysiyetli ve şerefli bir millet olarak yaşamasıdır. Bu ilke, ancak tam istiklale sahip olmakla gerçekleştirilebilir. Ne kadar zengin ve bolluk içinde olursa olsun, bağımsızlıktan yoksun bir millet, medeni insanlık dünyası karşısında uşak olmak konumundan yüksek bir davranışa layık görülemez."

"Yabancı bir devletin koruyup kollayacağını kabul etmek, insanlık vasıflarından yoksunluğu, güçsüzlük ve miskinliği itiraftan başka bir şey değildir. Gerçekten de bu seviyesizliğe düşmemiş olanların, isteyerek başlarına bir yabancı efendi getirmelerine asla ihtimal verilemez. Halbuki Türk'ün hassasiyeti, gururu ve kabiliyeti çok yüksek ve büyüktür. Böyle bir millet esir yaşamaktansa ölsün daha iyidir!"

"O halde ya istiklal ya ölüm!"

"İşte gerçek kurtuluş isteyenlerin parolası bu olacaktır. Bir an için bu kararın uygulanmasında başarısızlığa uğranacağını farz edelim. Ne olacaktı? Esirlik! Peki, efendim, öteki kararlara boyun eğme durumunda sonuç bunun aynı değil miydi?" (age. 114)

Yanındaki en yakın arkadaşları da dahil herkes Amerikan mandasını istiyordu. Başka bir çıkar yol gören yoktu. Başka çıkar yol görmeyenler içinde Atatürk'ün fikren ve fiilen beraber olduğu **Rauf Orbay, Refet Bele, Bekir Sami** (özellikle o), Halide Edip bile vardır. **Bekir Sami Bey**, tam bağımsızlık istendiğinde darmadağın olacağımızı düşünüyor ve üç dört vilayetten ibaret bir parçanın bağımsızlığıyla yetirmemizi istiyordu. Daha doğrusu onların kafasının en dibinde, Osmanlı hanedan mensuplarıyla padişahın unvan ve saltanatının devamını sağlayan **'küçük bir sultanlık'**la yetinmek vardı. Ötesini bırakın kavramayı, hayal bile edemiyor, rüyasını bile göremiyorlardı. ABD mandasını temin için, üstelik bir de takla atıyorlardı. Ermenistan'a toprak vermeye, ülkenin her yanında ABD misyoner okulları açmaya, hepsi hazırdı. Gazi, Nutuk'ta da belirttiği gibi, bu anlayışa şiddetle karşı çıkıyordu.

Bu saydıklarımızdan **Rauf Orbay** (ölm. 1967), **Refet Bele** (ölm. 1963), daha sonra, yanlarına **Ali Fuat Cebesoy** (ölm. 1968) ve **Kazım Karabekir** (ölm. 1948) paşaları da alarak Cumhuriyet'in ilanına bir biçimde karşı çıkacaklardır. Ve, 1924'te Atatürk ve cumhuriyetin altını oymanın 'Allah ile aldatma'yı ilk kullanan siyasal teşekkülü olarak **Terakkiperver Cumhuriyetçi Fırka**'yı kuracaklardır.

Tam Müslümanlık:

Atatürk, Emevîden tevarüs edilmiş yarı şirk-yarı tevhit gelenek İslamını istemiyordu. Bu müşrikleştirilmiş dinin kolunu kanadını kırmıştır. Yani Kur'an'ın istediğini yapmıştır. Gazi Mustafa Kemal, Millî Mücadele'nin resmî yayın organı sayılan **Hâkimiyet-i Milliye**'ye yazdığı başmakalelerde şu kod-tâbirleri kullanmıştır:

Bağımsızlık da 'tam' olmalıdır, Müslümanlık da.

'Muhammedî iman' tâbiri de kullanılmıştır. **Hurafeci-Arapçı-işbirlikçi sözde İslam'ı dışlamak için, biri teoriden (Kur'an'dan), ikincisi kişiden (Hz. Peygamber'den) hareketle yapılan iki büyük kod önümüze konmuştur.**

'Müslümanca ve Türkçe düşünmek' tâbiri de, Türk insanının tarihsel misyonunun İslamsız düşünülemeyeceğine vurgunun göstergesidir. **Hâkimiyet-i Milliye**'nin 10 Ocak 1921 tarihli nüshasındaki **'Hayatta Cidal'** adlı başmakalede şu satırlar var:

"Ocağının ırzını muhafazaya Muhammedî bir imanla kalkışmış olanlarla başa çıkılmaz. Bu dava, tarihte yüzlerce misaliyle kayıtlıdır....Tam Müslümanlık'ta kuvvet ve heybet başkadır... Biz bu kelimeleri ve delâlet ettikleri olayları daima Müslümanca ve Türkçe düşünmeliyiz." (*Devrin Yazarlarının Kalemiyle Milli Mücadele ve Mustafa Kemal*, 428-431)

Hamlecilik:

Yakup Kadri, Türk siyaset tarihinde **'müteaddi politika**'nın yani hamleci siyasetin Atatürk'le başladığını söyler:

"Dış münasebetlerimizde Tanzimat devrinden beri süregelen pasif ve akademik diplomasi çığırı artık tamamıyla kapanmış ve bunun yerine mantığını, kuvvetini yalnız millî iradeden, millî zaruretlerden alan realist ve 'müteaddi' bir politikanın temelleri atılmaya başlanmıştır. Bu temelin ilk taşını koyan da Mustafa Kemal Paşa'dan başka biri değildir." (Yakup Kadri, *Vatan Yolunda*, 88-89)

Allah İle Aldatmaya Karşı Çıkış:

Atatürk'ün Enel Hak haykırışının en büyük tecelli alanlarından biri belki de birincisi Allah ile aldatmaya karşı çıkıştır. Atatürk'ün, saltanat dincileri tarafından dine karşıymış gibi gösterilen icraatının tamamı, Allah ile aldatan imansız ve namussuz güruha karşı çıkıştır; onların saltanatını yıkışa yönelik hamlelerdir. Meselenin bu yanını ayrıntılarıyla anlamak için bizim Allah ile aldatmak kitabımızın okunması gerekir.

ATATÜRK İSYANININ VURDUĞU HEDEFLER

Atatürk isyanının vurduğu ana hedefler iki tanedir: **Zulüm, Arabizm.**

Zulüm çok başlı bir canavardır ve Gazi Mustafa Kemal bu canavarın bütün başlarına vuruş yapmıştır. Kur'an'dan giderek bu başları şöyle tespit ediyorum: **Şirk, despotizm, emperyalizm, cehalet.** Bu tespite nasıl vardığımı göstermek için temel kaynağım olan Kur'an'ın tek düşman olarak gösterdiği zulmü yakından tanıtmam gerekirdi. Bu tanıtmayı, elinizdeki eserin üçüncü bölümünde **'Tek Düşman Zulümdür'** başlığı altında yaptım. Orada gösterdim ki, Kur'an'ın tek düşmanı olan zulüm Kur'an tarafından hem despotizm ve hak ihlallerini hem de cehalet karanlığının adı olarak kullanılıyor. Zaten zulmün sözlük anlamı da karanlık demektir.

ZULMÜN ALT BAŞLIKLARI

O halde, Gazi Mustafa Kemal'in vuruş yaptığı hedeflerin alt başlıkları şunlardır:

1. **İnsan haklarına tasallut:** Krallık, halifelik, sultanlık...

2. **Despotizm:** Baskı ve ezme, raiyyeleştirme, sindirme, Allah ile aldatma...

3. **Emperyalizm:** Ülkeleri fethetme, sömürgecilik, kapitalist her türlü zulüm...

4. **Cehalet:** Aklı ve bilimi saf dışı etme, halkı özellikle kadınları cahil bırakma...

5. **Şirk:** Şeyhlerin, mezhep imamlarının tanrısal yetkilerle donatıldığı yedek ilahlı bir din. Kur'an'a göre şirk de bir zulümdür.

ARABİZME KARŞI ÇIKIŞIN ANLAMI

Gazi'nin vuruş yaptığı şer hedeflerin ikinci ana başlığı olan Arabizm, tahrip melanetini şu yollarla gerçekleştirmiştir:

1. İslam'ı bir Arap-Emevî saltanat ideolojisine dönüştürmek üzere Kur'an dışında yapılandırmak,

2. Kur'an'ı saf dışı etmek üzere, 'hadis' adı altında uydurulan binlerce yalanı İslam Peygamberi'ne isnat ederek bu yalanlarla Kur'an dışında yeni bir din oluşturmak,

3. Kur'an'ın indiği dönemdeki Arap örf ve âdetlerini yaşamayı İslam'ı yaşamak diye lanse ederek kitleleri 'Müslümanlaşmak' adı altında bedevîleştirmek.

4. Bedevîleştirilmiş toplumu, ecdat kabullerine taptırarak dolaylı yoldan Cahiliye şirkini kitlenin hayat şekli haline getirmek.

Gazi, bu 4 melanetlerin dördüne de vuruşlar yapmıştır. Hem de çok etkili vuruşlar yapmıştır. İnancım odur ki, Tanrı onu, her şeyden önce, Kur'an dinine musallat olmuş bu melanetleri darbelediği için ödüllendirecektir. Öyle olduğu içindir ki, bu melanetleri din diye pazarlayan **saltanat dinciliği**, namıdiğer, **meliki adûd saltanatı** olan halifelik ve savunucuları, Gazi'yi ne anlayabilir ne de hoş görebilirler. Çünkü Gazi'nin varlığıyla onların varlığı birbirinin tamamen zıddıdır. Birinin hayatı, ötekinin mematı demektir. Ne var ki, dincilik, meseleyi böyle mertçe ortaya koyma onurundan nasipli olmadığı için, sergilediği şerre bir kılıf bulmak ihtiyacı hissetmiş ve kılıf olarak Gazi'yi din dışı ilan etmeyi seçmiştir. Çünkü

ALTINCI BÖLÜM

asırlardır Arabizmin saptırmasıyla ruh ve beyinleri fesada uğramış kitleleri aldatmanın en ideal yolu Allah ile aldatma olabilirdi ve dincilik bu yolu daha baştan keşfederek çok ustalıklı bir biçimde işletmiştir. Kur'an'ın, mensuplarını **"Allah ile aldatılmayın!"** diye ısrarla uyarması sebepsiz değildir.

Gazi bahsini şu satırlarla kapatalım:

Ecdatperestliğe ve bundan doğan zulme karşı çıkışın Kur'an dilindeki adı hanîfliktir. Hanîflik, eskiyi ilahlaştırmayı karşı çıkışın, eskiyi sorgulamanın Kur'ansal sanatının adıdır. Atatürk bu sanatı mükemmel biçimde işletmiş ve gereğini yapmıştır. Din üzerinden saltanat yürütenlerin Atatürk'ten şikâyetlerinin temel sebebi, budur.

Atatürk'ün bu haykırışlarının mahiyetini eserimizin üçüncü bölümünde ayrıntılamış bulunuyoruz. O bölüm dikkatle incelendiğinde Atatürk haykırışının arkaplanı da aydınlanmış olacaktır.

MAHMUT MUHAMMED TÂHA

BUGÜNKÜ İSLAM DÜNYASINDA YARATICI İSYAN

Bugünkü İslam dünyasında Enel Hak haykırışları tamamen yok olmamışsa da çok azalmıştır. Haçlı Batı haykırışların işe yarar olabileceklerinin yankılanmasına asla izin vermemektedir. Bilmektedir ki, bu haykırışların başarılı olması halinde Müslüman dünya üzerinde kurduğu gütme ve sömürme siyasetlerinin beli kırılacaktır. Batı'nın **Mustafa Kemal** düşmanlığının sebebi budur. Yoksa Batı, Müslüman dünyayı Batı'ya ve onun değerlerine yaklaştıran, hatta bir ölçüde adapte eden bir öndere neden karşı çıksın!

Bu yüzyılın zulme, emperyalizme, özellikle Haçlı emperyalizme karşı çıkan, hatta onları dize getiren enel hak haykırışlarının, en etkilisi Atatürk haykırışı olduğu için haçlı Batı ile onun güdümündeki 'Müslüman' yaftalı Atatürk düşmanı dinci ekiplerin en amansız savaşları Atatürk'e ve Atatürk mirasına yönelik olarak yürümektedir.

İslam dünyasının günümüzdeki 'en büyük savaş alanı' öyle sanıldığı gibi Afganistan, Irak, Libya, Suriye falan değildir; Türkiye'dir.

Geleceğe yönelik en büyük etkiler Türkiye'de verilen

savaşın sonuçlarıyla belirlenecektir. Türkiye'de son yıllarda verilen Atatürk'le saltanat dinciliği, Cumhuriyet mirasıyla geleneksel Emevî-şirk mirası arasında sürüp giden ve baş destekçisi ABD ile AB olan büyük savaş, **Arap Baharı** denen lanetli güdümün yarattığı savaşlardan da Suriye'deki savaştan da, Irak'taki savaştan da çok daha büyüktür, çok daha anlamlıdır. Aksini düşünenler büyük bir yanılgı içine girer ve geleceği isabetle okumakta hata yaparlar.

Enel Hak haykırışlarının yaşadığımız günlerdeki en güçlülerinin zuhur mekânı da Türkiye'dir. Bu zuhurların en güçlüsünün, bu satırların yazarı olduğunda hemen hemen ittifak vardır. Batı üniversitelerinin bizimle ilgili on küsur doktora tezine imkân vermesinin ve Time anketinde bizim dünya kamuoyunca 'Yüzyılımıza Etki Etmiş En Büyük Yüz Adam' listesinde 9. sıraya konmasının anlamı üzerinde bu açıdan da durmak gerekiyor. Türkiye, birçok konuda olduğu gibi bu konuda da bir 'farkediş tembelliği' içinde olabilir ama Batı, durumun farkındadır.

Yaşadığımız yüzyıl içinde çok sürpriz enel hak haykırışlarına da tanık olmaktayız. Bunların en önde geleni Sudanlı şehit devrimci düşünür **Mahmud Muhammed Tâha**'nın haykırışıdır. O Tâha ki, lakaplarından biri de **'Asrımızın Hallâcı'** olarak belirlenmiştir. Şimdi biraz da bu ölümsüz haykırışı irdeleyelim.

Mahmut Muhammed:

Sudanlı düşünür ve siyasetçi Mahmud Muhammed Tâha, Hartum'daki **Gordon Memorial College**'den hidrolik mühendisi olarak mezun oldu. Bir süre Sudan demiryollarında çalıştı. Daha sonra, bağımsızlık mücadelelerinde aktif olabilmek için resmi görevinden ayrılıp Hartum'a yerleşti.

İngiltere idaresi altında kalmayı esas alan dinci **Ümmet Partisi** başta olmak üzere, mandacı siyasetlere karşı çıkarak, birkaç aydın arkadaşıyla birlikte 1945 yılında **Cumhuriyetçi Parti**'yi kurdu. Partinin amacı, **demokratik sosyalizme dayalı bir Sudan Federatif Cumhuriyeti** kurmaktı. Sömürgeci dış güçler Tâha'dan ciddi biçimde rahatsızdı. İçteki işbirlikçi hükûmeti tahrik ettiler ve hükûmet, **'idare aleyhine faaliyet gösteriyor'** gerekçesiyle Tâha'yı tutukladı; o hapisteyken açılan ayrı bir dava ile de iki yıla mahkûm edildi.

Hapishane hayatı onun **İslamî-sosyalist bir siyaset** felsefesindeki düşüncelerini yapılandırma dönemi oldu. Hapisten sonra, ailesinin yaşadığı **Rufâa**'ya gidip burada mistik yanı ağır basan bir halvet dönemini başlattı. Bu halvet döneminde Kur'an'ı baştan sona ezberledi. Halvet döneminin ardından tekrar döndüğü Hartum'da, **el-Cumhuriyye** gazetesini kurdu.

Mahmud Muhammed bu yeni dönemde tam bir **dinî müceddit-aksiyoner** olarak ortaya çıkmıştır. Başta şehit veli **Hallâc-ı Mansûr** olmak üzere sosyalist eğilimli birçok sûfîden etkilenen yeni programını, 1968 **Nümeyrî** kanlı darbesinin ardından **İhvânul Cumhuriyyûn** yürüttü. Programın esası mistik-sosyalist bir dinî cumhuriyetti.

Tâha bu süreçte fıkhî yaklaşımları bakımından ikinci bir Tûfî görünümü arzetmektedir: Ahkâm ayetlerinin tarihsel olduğunu, yeni kanunların **maslahat** ilkesi muvacehesinde aklî çerçevede serbestçe yapılması gerektiğini, ancak iman, ibadet ve ahlak konularında Kur'an'ın buyruklarının egemen kılınmasını savunmaktadır. Başka bir ifadeyle, Tâha şöyle düşünmektedir: Mekke dönemi vahiyleri bütün zamanları aşan evrensel mesajlar getirdiğ için her hal ve şartta ve her mekânda korunmalıdır. Medine dönemi vahiyleri ise o günün şartlarına göre hükümler getirdiğinden tarihseldir ve netice olarak bugün onlardan sadece örnek olarak yararlananabiliriz; onları oldukları gibi uygulamak Kur'an'ın talebi değildir.

Tâha ve arkadaşlarının sünnet kurum ve kavramıyla ilgili görüşleri de bu paraleldir.

Tâha'nın görüşleri, ülkesinde olduğu kadar diğer bazı müslüman ülkelerde de eleştirildi. Özellikle siyasal-dinsel bir örgüt olan **İhvanulmüslimîn** örgütünün ağır eleştirilerine uğradı. Bu eleştirileri fırsat bilen düşmanları Tâha'yı 1968 yılında **'mürted'** (İslam dininden çıkmış) ilan ettiler. Uzun yıllar bu itham altında yaşayan Tâha, dinci bir yargılamanın ardından mahkûm oldu ve 1985 yılının 18 Ocak günü idam edildi.

Haçlı emperyalizm, bir kere daha, müslümanların derdine deva olabilecek bir düşünce öncüsünü, müslümanların eliyle ve İslam'a aykırılık ithamıyla yok ettiriyordu. Ve bunun için, her zaman yaptığı gibi, 'müslüman' yaftalı işbirlikçilerini kullanıyordu.

Şehit düşünürümüzün en önemli eseri, devrim bir eser olan ve yabancı dillere de çevrilmiş bulunan *'er-Risâletü's-Sâniye mine'l-İslam* (İslamın İkinci Mesajı)'dır.

KAYNAKÇA

Kur'an-ı Kerim (Ayet mealleri **Yaşar Nuri Öztürk**'ün 'Kur'an-ı Kerim Meali'nin 2015 143. baskısından alınmıştır)
Devrin Yazarlarının Kalemiyle Millî Mücadele ve Mustafa Kemal, Kültür Bakanlığı Yay. İstanbul, 1981
Kütüb-i Sitte

Âlûsî, Ebul Fazl Şihabuddin Mahmud; Ruhu'l-Meânî fî Tefsiri'l- Kur'ani

Bachofen, Jakob; Din ve Anaerki, Payel Yay. İstanbul, 2013
Borak, Sadi; Atatürk ve Din, İstanbul,1962

Ebu Ubeyd, Kasım b. Sellâm; Kitabu'l-Emvâl, Mısır, 1353
Ebu Zeyd, Nasr Hâmid; el-İtticâhu'l-Aklî fi't-Tefsîr (Dârut-Tenvîr), Beyrut, 1983
Elbânî, Muhammed Nâsıruddin; Silsiletü'l-Ahâdîs es-Sahîha, Riyad, 1995
----------; Silsiletü'l-Ahâdîs ez-Za'îfa ve Eseruha es-Seyyiu fi'l-Umme, Riyad, 1992-1996
Elmalılı, Muhammed Hamdi Yazır; Hak Dini Kur'an Dili Tefsir, İstanbul, 1979
Eraslan, Kemal; Divan-ı Hikmetten Seçmeler, Ankara, 1983
Eş'arî, Ebul-Hasan Ali b. İsmail; Makaalâtu'l-İslamiyyîn ve İhtilafu'l-Musallîn (Ritter), Wiesbaden, 1980
Ezherî, Ebu Mansûr Muhammed b. Ahmed el-Herevî; Tehzîbu'l-Luğa, alfabetik.

Freud, Sigmund; Musa ve Tektanrılı Din, Say Yay. İst. 2012
Fromm, Erich; Fear of Freedom, London, 1960
----------; The Art of Loving, London, 1961
----------; İtaatsizlik Üzerine, Say Yay. İst. 2014
----------; İnsandaki Yıkıcılığın Kökenleri, Payel Yay. İst. 2011
----------; Psikanaliz ve Din, Say Yay. İst. 2012

Gazâlî, Ebu Hâmid Muhammed; el-Müstasfa (İbrahim Muhammed Ramazan), Beyrut, tarihsiz.

Hamidullah, Muhammed; Le Prophete de l'Islam; Paris, 1979

İbn Manzûr, Ebul-Fazl Cemalüddin el-Afrikî; Lisanü'l-Arab, alfabetik.
İbn Teymiye, Mecmû'atu'r-Resâil ve'l-Mesâil, Mısır, tarihsiz.
---------------;el-Furkan beyne Evliyai'r-Rahman ve Evliyai'ş-Şeytan, Beyrut, 1401
İkbal, Muhammed; The Reconstruction of Religious Thought in Islam, Lahor, 1968
----------------; Islam as an Ethical and a Political Ideal (S.Y. Hashimî), Lahor, 1988
----------------; Câvidnâme, Lahor, 1942
----------------; Peyam-ı Maşrık (Ali Nihat Tarlan terc.), İst.1963
----------------; Darb-ı Kelîm (A.N.T. terc.), İst.1968
----------------; Armağan-ı Hicaz (A.N.T. terc.), İst.1968
İmamı Âzam, Ebu Hanîfe; el-Âlim ve'l-Müteallim, M.Ü. İlahiyat Fak. Yay. İst. 1992
İzzuddin b. Abdüsselam; Kavâidü'l-Ahkâm (Müessesetür-Reyyân), Beyrut, 1998

Kadı Iyaz; eş-Şifa bi Ta'rîfi Hukûki'l-Mustafa (Ali Muh. Becâvî), Beyrut, tarihsiz.
Kaygusuz, Bezmi Nusret; Şeyh Bedreddin Simavenî, İzmir, 1957

Knoll, Ludwig; Encyclopedie de la Psychologie Pratique (Almanca'dan çeviri), Aimery Somogy Yay, Paris, 1980
Köksal, M. Asım; Kerbela Faciası, Akçağ Yay. Ankara, 1984
Kuşeyrî, Ebul Kasım Abdülkerim; er-Risâle, Kahire, 1972

Maverdî, Ebul-Hasan Ali el-Basrî; el-Ahkâmu's-Sultaniyye, Mısır, 1298
Mernissî, Fatıma; Kadınların İsyanı ve İslamî Hafıza, Epos Yay. Ankara, 2003
Mukaatil b. Süleyman el-Ezdî; Tefsîru'l-Hams Mie Âye mine'l-Kur'an (Isaiah Goldfeld nşr.), İsrail, 1980
Nesefî, Ebul Muîn Meymûn b. Muhammed; Tabsıratü'l-Edille (H. Atay-Ş. A. Düzgün nşr.), Diyanet İşleri Yay. Ankara, 1993-2003

Özemre, Ahmet Yüksel; İslam'da Aklın Önemi ve Sınırı, Denge Yay. İstanbul, 1996
Öztürk, Yaşar Nuri; Kur'an Meali (142. baskı) Yeni Boyut Yay. İstanbul, 2014
-----------------; Kur'an'ın Temel Kavramları (25. baskı), Yeni Boyut Yay. İstanbul, 2013
------------------; Hallâc-ı Mansûr ve Eseri (5. baskı), Yeni Boyut Yay. İstanbul, 2011
------------------; Kuşadalı İbrahim Halvetî (4. baskı), Yeni Boyut Yay. İstanbul, 2013
------------------; İmamı Âzam Ebu Hanîfe (18. baskı) Yeni Boyut Yay. İst. 2009

Râgıb el-Isfahanî, el-Müfredât li Elfâzı'l-Kur'an, alfabetik
Râzî, Fahreddin Muhammed; Mefâtîhu'l-Gayb, İst.1307

Sayı, Ali; Firavun, Hâman ve Karun Karşısında Musa, İz Yay. İst. 2012
Schimmel, Annemarie; The Mystical Dimensions of Islam, Chapel Hill, 1975

----------------; Cavidname Şerhi, Ankara, 1958
Serahsî, Şemsu'l-Eimme Ebu Bekr Muhammed; el-Mebsût, Beyrut, 1989
Sibaî, Mustafa; İslam Sosyalizmi, (Yaşar Nuri Öztürk çevi.), Yeni Boyut Yay. İstanbul, 2010

Şâfiî, Muhammed b. İdris; el-Ümm (Mahmud Matracı), Beyrut, 1993
Şeybî, Kamil Mustafa; el-Fikru'ş-Şîî ve'n-Neze'âtu's-Sûfiyye (Mektebun-Nahda), Bağdat, 1966
-------------; el-Hallâc Mevzû'an li Âdâbi'l-Fünûni'l-Arabiyye ve'ş-Şarkıyye Kadîmen ve Hadîsen

Taberî, Ebu Cafer Muhammed b. Cerîr; Câmi'u'l-Beyan, Mısır, 1968
Tillich, Paul; Systematic Theology, Chicago (The University of Chicago), 1951

Yakubî, Ahmed b. İshak; et-Tarîh (Darussadr), Beyrut, tarihsiz.

Zerkeşî, Bedruddin Muhammed b. Abdullah; el-Burhan fî Ulûmi'l-Kur'an (Abdülkadir Ata nşr.), Beyrut, 1988

KARMA DİZİN

A

AB: 306, 309, 312, 497
Abbas bin Abdilmuttalib: 377
Abbasîler: 398, 416
abd: 27
ABD: 306, 308, 490, 497
abdi memlûk: 184, 206-210, 455
Abdullah bin Afîf el-Ezdî: 392
Abdullah bin Cafer: 384, 388
Abdullah bin Sa'd bin Ebî Serh: 30
Abdullah bin Zübeyr: 384
Abdullahı İlahî: 424, 425
Abdurrahman Şeref: 419
adalet: 401
Âdem (Hz.): 14, 109-111, 156, 157, 168, 173, 175, 245, 299, 300
Afganistan: 496
aforoz: 53, 58, 119
afsun: 477
afyon: 442
ahiret: 39, 66
ahlaksızlık: 446, 447
Ahmed bin Hanbel: 294
Ahmed bin Yahya el-Murtaza: 166
Ahmet (III): 430
Ahmet Gazalî: 164, 168-170
Ahmet Yüksel Özemre: 196
Akabe Bîatları: 277
akıl: 34, 49, 56, 101, 139, 235, 238-244, 251, 252, 438, 493
Âkıle: 379
aklî doğa: 213, 214
aklı işletmek: 235-244, 398
aklîleştirme: 211
AKP: 263, 309, 310, 395
aksiyon felsefesi: 37
aktif zalimler: 417
Alaeddin Arabî: 424
Ali (Hz.): 292, 293, 373, 374, 377, 388, 394, 401
Ali Asgar: 389
Ali Ekber: 394
Ali Fuat Cebesoy: 491
Ali Zeynelâbidin: 484
Alkame bin Kays: 374
alkollü içkiler: 402
Allah: 124-137
Allah'a teslimiyet: 71, 187, 228-234, 414, 415
Allah'ın düşmanı: 317, 416, 447
Allah'ın gölgesi/halifesi/vekili:

216, 222, 287, 288
Allah'ın indirdiği: 238, 242
Allah'ın yardımcısı: 412
Allah ile aldatma/aldatılma: 16, 22, 34, 48, 49, 134, 135, 137, 138, 143, 151, 160, 162, 202, 232, 264, 354, 429, 480, 488, 491-493, 495
Allah ile iskât: 409
Almanya: 114, 196
altın: 362
Âlûsî: 225
amel: 35-45, 467, 469
Amenhotep: 329
Amerikan mandası: 490
Amr bin Saîd: 387
ana dille ibadet: 399
Anadolu: 428, 445
anarşi: 178
anarşizm: 180-183
Andre Gide: 245
Ankara: 210, 309, 310
anlaşılmamak: 482-485
Anadolu: 56
Annemarie Schimmel: 176, 177, 261, 264, 456, 476
Arabizm: 492, 494
aracı/aracılar: 49, 51-54, 106, 125
Arap Baharı: 497
Arapça: 236
Arap kavmi: 391
Arap Yarımadası: 125
Arif Hikmet Bey: 424
arslan: 205

Arslan Bulut: 310
Arthur Rimbaud: 350
asa: 155, 328, 346, 411
âsi: 154, 157
Askalanî: 294
aslî günah/ezelî günah: 111, 119, 120
Asrısaadet: 20
Asya: 249, 473
Aşıkpaşazade: 423
aşk: 174
Atatürk (Mustafa Kemal): 20, 209, 276, 285, 291, 292, 306-308, 310, 367, 398, 435, 439, 446-449, 486-496
Atatürk düşmanlığı: 209
Atatürk mirası: 310
ateizm: 119, 123, 126
ateş: 355, 356
Atilla: 270
Attâr: 164, 404
Avrupa: 473
aydınlar: 194
ayetler: 125, 126, 147
Aynulkudât Hemedânî: 161, 164, 168-170
Azâzîl: 167
Âzer: 316, 317, 320
azınlık: 15
Aziz Estarâbâdî: 444
Aziz Mahmut Hüdaî: 425

B
bağlardan kurtulma: 93-96
bahçe sahipleri: 314

Bakî mezarlığı: 394
Baklî: 168
Ba'l: 330, 331
Balzac: 36
Basra: 373
Batı: 121, 307, 309, 408, 475, 489, 496, 497
Baudelaire: 176
Bayezid (II): 434
beddua: 362
bedevîleştirme: 494
Bedir Harbi: 29
beka: 171
Bekir Sami: 490
Belâzürî: 369, 383
bel evladı: 89
benlik: 103, 451, 453, 460, 461, 468, 477
Benu Esed: 389
Bernard Shaw: 46
berzah: 468
Beyhakî: 293, 294
Bezmi Nusret Kaygusuz: 422
bîat: 136, 222, 277-280, 284, 289
bilgisizlik: 192
bilinç: 352
biniş: 442, 443
birey: 402
bireyleşme: 94, 95
birikim sahipleri: 195
Birleşmiş Milletler (BM): 26
Birlik Vakfı: 309
Bizans: 289

boyunduruklar: 200-205
bozgunculuk: 192
Brüksel: 210
Brüksel Sözleşmesi: 32
Bursalı İsmail Hakkı: 421
büyücüler: 156
büyük insan: 475

C-Ç

Câbir bin Abdullah el-Ensarî: 294
Cafer Sadık (İmam): 52
Calvin (John): 114-119
camiler: 428
cariyeler: 32, 444
Cassas: 227
cebir: 479
Cebrail: 377, 479
cehalet: 192, 493
cemaî devlet: 141
Cemel Harbi: 377
camiler: 391
Cemil Yener: 419
Cemşit: 448
Cengiz: 270
cennet: 454, 477
Cerir bin Abdullah el-Becelî: 374
Charlie Chaplin (Şarlo): 219, 220
Che Guevara: 24, 76, 102, 191, 206
cihat: 148, 151, 152, 270, 428
cumhuriyet: 217, 222, 280, 283, 289

Cumhuriyetçi Parti: 498
cüvânân: 445
çağdaşlaşma: 307
Çankaya: 448
Çelebi Mehmet: 418-420, 423
çıplak uyarıcı: 471
çirkinlik: 101, 243
çoğunluğa uymak: 211-215
çoğunluk: 15, 302
Çuhadar Hızır İlyas Ağa: 442

D
dalâlet: 242
Damad İbrahim: 429
Dârâ Şikûh: 264, 480
Darb-ı Kelîm: 375
darulharp: 195, 196
Darwin: 72
deccal: 435
deizm: 119, 120, 123, 399, 422
delilik: 11
Deliorman: 420
demokrasi: 218, 222, 281, 283, 289, 307
denetleme: 284
Deniz Feneri: 362
despotizm: 192, 256, 289, 493,
despotlar: 233, 237
Devlet Hatun: 420
devrim: 133, 152, 351
din: 55, 101, 120, 123, 124, 200, 242-244, 313, 399, 400, 477, 481
din adamı: 53, 135, 481

dinci/dincilik: 25, 202, 217, 230, 238, 360, 401, 409, 421, 435, 448, 488, 492, 494, 495, 497
dindar/dindarlık: 49, 230, 231
din hizmeti: 402
din istismarı: 135
din kıyafeti: 53, 57, 135
dinler arası diyalog: 312
dinsel otorite: 232
din sınıfı: 53, 57, 135
din sohbetleri: 432
din uleması: 402
divanelik: 469-472
diyanet: 279
Dobruca: 420
doğum: 88, 89
Dostoyevsky: 176
dua: 62, 63

E
ebedî tekerrür: 457, 466
ebeveyn: 157, 303
Ebu Abdullah el-Cedelî: 381
Ebu Bekir (Halife): 31, 293
Ebu Bekre es-Sekafî: 294
Ebu Berze el-Eslemî: 393
Ebu Davud: 293
Ebu Hafs es-Sayrafî: 293
Ebu Hâşim Abdullah bin Muhammed: 55
Ebu Nuaym: 293
Ebussuut Efendi: 424
Ebu Sümame Amr bin Abdullah es-Saîdî: 386, 387

Ebu Ya'la el-Mavsılî: 293
Ebu Zer: 367-375, 411, 418, 427
Ebu Zeyd: 83, 136
ecdada isyan: 316
ecdatperestlik: 245-257, 495
Edirne: 419
ef'âl: 144
efendiler: 304
Eflatun: 448, 462, 475
ego felsefesi: 412, 450
Ehlibeyt: 136, 383, 395, 401
Ehlikitap: 305, 308-311
Ehlisünnet: 80, 81
ehliyet: 24, 32, 134
Ekrem: 143
Elest günü: 460
Elmalılı (Hamdi Yazır): 51, 52, 155, 156, 227
Emevîler: 19, 27, 30, 51, 52, 79, 82, 83, 136, 186, 199, 217, 292, 369, 376, 388, 395-399, 426, 465, 466, 471, 491
Emir Keykâvus bin İskender: 435
emperyalizm: 192, 362, 488, 493, 496, 499
Enel Hak: 107, 272, 397, 404-417, 450-456, 488, 489, 496
engizisyon: 135, 401
Enver Kezer: 449
Erich Fromm: 11, 14, 35, 46, 47, 59, 88, 91, 93, 102, 121, 128, 152, 200, 214, 220, 300
Ermenistan: 490
eski: 472

Eski Yunan: 227
Esmaül Hüsna: 172
esrar: 434, 432, 446
Esved bin Yezid: 374
Eşter en-Nehaî: 374
evelev: 99
evliya: 51, 54, 65
evvâh: 320
Ezherî: 141

F

faaliyet: 11, 36, 37
Fahreddin Râzî: 227, 474
Farabî: 69, 141, 142, 462, 475
Faruk Nafiz Çamlıbel: 448
Fas: 26
Fatıma (Hz.): 376, 378, 391
Fatıma Mernissî: 26, 216
Fatih Sultan Mehmet: 433-435
felix culpa: 245, 246
fena: 171
Ferezdak: 385
fesat: 42, 270, 426
FETÖ: 310
fıkıh: 265, 481
fısk: 156
fıtrat: 120, 248
fiil: 37, 78
Filistin: 317
Firavun: 155, 157, 284, 411, 413
firavunlar: 49, 132, 223, 237, 416
firavunluk riski: 12

fitne: 425, 471
Fransa: 26
Freud (Sigmund): 329, 330, 332
Friedrich Schleiermacher: 123
furkan: 334
Fuzulî: 90, 433
fütüvvet: 174

G

Galata meyhaneleri: 434
Gaylân ed-Dımaşkî: 83
gayret: 134
gaza: 199
Gazalî: 56, 241, 242, 425
gelenek: 144, 246
gılman: 444, 445
gizli put: 478
Goethe: 44
gümüş: 362
günah: 13, 60, 118, 130, 159, 231, 447
günahkâr: 231, 416
güzellikler: 105

H

Habib bin Mesleme: 371, 372
Habib bin Muzahîr: 387
hac: 32, 199
Hacer: 317
Haçlılar: 309, 310
hadım ağalığı: 31
Hâfız: 272, 482
Hafız Ahmed Paşa: 427

hak adamları: 410, 414
Hâkim: 293, 294
Hâkimiyet-i Milliye: 491
haklar: 136
Halide Edip: 490
halk devleti: 141
halk hükûmeti: 142
Hallâc-ı Mansûr: 73, 107, 109, 158, 162-168, 170, 175, 177, 264, 265, 267, 272, 404-417, 450-460, 469, 470, 481, 482, 498
hamam safası: 436
Hâman: 49, 348
hamlecilik: 492
hanîflik: 245-257, 303, 327, 495
haram: 438
hareket: 179
harikalar: 138
Hâris bin Hakem bin Ebul Âs: 369
Harran: 317
Hartum: 497, 498,
Harun (Hz.): 339, 343, 346, 347
Hasan (Hz.): 294, 377, 380
Hasan el-Basrî: 83, 396, 465
Has Bahçe: 430-448
hatim: 432
hayat hakkı: 151
hayır: 110, 164
hayvanlığa isyan: 235-244
Hegel: 72, 249
Herakleitos: 177
Herbert Spencer: 466

Heredot: 330
Herkül: 353
herze: 480
hevn: 140
hezeyan: 480
Hırkayi Şerif: 430, 443
hırsızlık: 32
Hicret: 277
hilafet/halifelik: 262, 285-295, 401, 493
Hindistan: 432
Hitler: 284
Hoca Ahmet Yesevî: 268
hoşgörü: 422
Hristiyanlar: 305-307
Hristiyanlık: 110, 112, 119, 200
hubût: 109-111
Hudeybiye Antlaşması: 277
Hugo (Victor): 176
hukuk: 183,
hukuk devleti: 194
hukuksal özgürlük: 24, 25
hukuksuzluk ülkesi: 195
hulûl: 405
Huneyn Savaşı: 212
hurafe: 354
Husayn bin Nümeyr: 387
Huseyme bin Süleyman: 293
hüccet: 45, 428
Hür bin Yezit: 386, 387
hür insan: 474
hürriyet: 110
hürriyet riski: 13
Hüseyin (Hz.): 286, 376-395, 484
Hüseyin Atay: 79, 80

I-İ

Ilımlı İslam: 209, 256
Irak: 383, 476, 496, 497
ıstırap: 451
ışık: 355
ışıksızlık: 191
ibadet/ibadetler: 25, 27, 37, 64, 65, 81, 133, 135, 187, 229-232, 399, 400, 414, 415
iblis: 107, 108, 143, 158, 161-177, 301, 423, 451, 455
İbn Abbas: 167, 383, 384
İbn Abdil Berr: 294
İbn Arabî: 404, 425
İbn Avsece: 381
İbn Ebî Âsım: 293, 294
İbn Haldûn: 294
İbn Hanbel: 293
İbn Hibbân: 293, 294
İbn Manzûr: 141
İbn Sina: 141, 142
İbn Teymiye: 78, 146, 294
İbrahim (Hz.): 97, 99, 100, 157, 234, 246, 247, 253, 303, 315-329
icbar hakkı: 31
icma': 288
içgüdü: 95
içoğlanları: 444
içsel tecrübe: 464
içtihat: 13, 283
İdris-i Bitlisî: 420, 424, 438,

439
ihanet: 484
ihsan: 144, 187
ihtilal: 398
İhvanülmüslimîn: 208, 499
ikinci doğum/ruhsal doğum: 87-96
ikiyüzlülük: 311, 312
ikrah: 135
ilahî ene: 411
ilahîleşmek: 405
ilai kelimetillah: 428
ilham: 274
ilim/bilim: 34, 49, 65, 66, 101, 235, 236, 240, 243, 251, 252, 493
İlyas (Hz.): 331, 332
imamet: 279
İmamı Âzam: 80, 82, 136, 199, 230, 241, 292, 293, 396-403, 430, 450, 484
iman: 38, 42, 105, 107, 136, 139, 399
imanın şartları: 80
infak: 313
İngilizler: 306, 307
insan: 159, 191
insan hakları: 19, 20, 107, 422, 493
inzar: 357, 358
irade özgürlüğü: 32-34
İran: 432, 439, 476
irtidat: 32
İsa (Hz.): 59, 87, 112, 157, 170, 200, 415
îsar: 274

İsfendiyar Bey: 420
İshak (Hz.): 317, 325
İslam dünyası (Müslüman dünya): 13, 14, 19, 20-23, 32, 44, 56, 58, 63, 120, 141, 143-145, 159, 186, 188, 189, 207, 209, 242, 261, 262, 265, 274, 277, 282, 285, 307, 350, 353, 400, 407-409, 412, 450, 451, 473-475, 478, 479, 481, 486, 487, 496
İslam'ın Pavlusu: 370
İslam'ın şartları: 81
İsmail (Hz.): 317, 318
ispat: 229
israf: 427, 428, 446, 447
İsrailiyat: 316
İsrailoğulları: 104, 155, 328-334, 336, 339, 341, 345, 347
İstanbul: 426, 429
işçiler: 27
işret: 427
işret meclisleri: 429, 431-439, 446-448
itaat/itaatsizlik: 14-16, 55, 226, 299, 301-314, 348, 349
iyilikler: 105
İzmir İktisat Kongresi: 489
İznik: 419, 420
İzzuddin bin Abdüsselam: 63, 244

J-K-L
Jakob Bachofen: 172
Jung: 176
Ka'b el-Ahbar: 370

kader: 33, 44, 76-83, 101, 145, 467, 479
kadercilik: 466
kadere iman: 81
Kadı Abdülcebbar: 242, 243
Kadı Burhaneddin: 444
Kadı Iyaz: 147
Kadıköy: 440
kadınlar: 493
kâfir: 484
Kahire: 379, 394, 418
kahvehane: 445
kalp çocuğu: 89
kalp marazı: 98
kamu menfaati: 361
kan dökücü/kan dökücülük: 159, 192
Kant (Immanuel): 46, 72
Kanuni Sultan Süleyman: 425
kapital: 220, 221,
kapitalizm: 11
karanlık: 192
kasrlar: 433, 443
Kastamonu: 420
Katoliklik: 112, 114
kayser: 289
Kazım Karabekir: 491
kelam düzeni: 129
Kelimei Tevhit: 14, 184-190, 229
Kelîmullah: 329
kendine özgülük: 463
kenz: 369
keramet: 138-148, 274
Kerbelâ: 377, 385, 386, 394, 395, 465, 484
kerem: 139
kerhane: 275
Kerîm: 140
kesret: 212
Ketura: 317
Kıbrıs: 369
Kierkegaard: 12
kisra: 289
komutan: 239
komünizm: 11
Konya: 418
korku: 96, 118, 411
koyun doğa: 213, 214
köleleşme: 237
kölelik: 25-32, 60, 123, 475
Köstendilli Süleyman Şeyhî: 425
köşkler: 432, 443
kötülük: 101
kötülük toplumu: 313
krallık: 493
kudret: 45
Kudüs: 373, 418
Kûfe: 373, 381-385, 389, 389, 392, 394
Kûfeliler: 376
kula kulluk: 207-210, 230, 414
kulluk: 415
kumpas: 310
kuraldışılık: 470
Kur'an'a dönüş: 478
Kur'an'a ihanet: 21-23
Kur'an'daki İslam: 351
Kur'an'ı arkaya atanlar: 305

Kur'ansal demokrasi: 279
kurtarıcı/kurtarıcılar: 59, 60, 111, 112
kurtuluş: 115
Kuşadalı İbrahim Halvetî: 275, 276, 472
kuşku: 97-101, 326
kübera: 65, 224-227
küfre batmışlar: 305
küfür: 156
küllî irade: 32
küreselleşme: 20
Lady Mary Wortley Montagu: 441
lâhût: 458-460
laiklik: 217, 242, 399, 400, 488
Lale Devri: 427, 428, 440
lanet: 115
Lât: 125
levm: 470
Libya: 496
liyakat: 24, 32, 134, 401
Louis Massignon: 452, 453
Lût (Hz.): 317, 325
Luther (Martin): 72, 112-115, 117-119, 233
Lût kavmi: 321, 384
Lütfi Paşa: 424

M
Mâbed el-Cühenî: 83, 465
mabet: 58, 135
madde: 464
Madımak Oteli: 395
Mahmut Muhammed Tâha: 21, 367, 486, 487, 496-499
makine: 220, 221
mal: 255, 361
Mansûr: 293
Manuel (II): 446
mâruf: 101, 156
maslahatlar: 244, 498
Massignon (Louis): 165
materyalizm: 468
Maun ihlali: 312
Maurice Blondel: 37
Maverdî: 288
Max Stirner: 179-183
Medine: 369, 371, 373, 379, 383, 394
medreseler: 435
Medyen: 333
Medyen kavmi: 384
mefsedetler: 244
Mehmet Akif Ersoy: 409, 479, 480
Mehmet Aydın: 451
Mekke: 198, 359, 373, 381, 383
Mekke Fethi: 30
Mekke müşrikleri: 229
melâmet: 102, 103, 470, 471
melekler: 13, 167, 168, 173
meliki adûdlar: 285-287, 293-295, 494
Mervân bin el-Hakem: 369, 373, 374, 380
meskenet mistisizmi: 273
meşrûtî teori: 466
Mevlana Rumî: 87, 88, 90, 91, 164, 174, 175, 265-267, 271,

299, 404, 419, 470, 481, 483
meyhane: 275, 445
mezhep imamları: 493
Mezopotamya: 315
Mısır: 26, 30, 315, 317, 328, 329, 379, 418
milli birlik: 308
mîsak: 104-109, 412
Mîsak-ı Millî: 489
misyoner okulları: 490
modern hayat: 488
molla: 479-482
molla cenderesi: 261, 264-271
monarşi: 289
Muaviye: 31, 80, 198, 281, 286, 288, 293-295, 369, 371, 372, 427, 465
mubtıl: 257, 315
mucizeler: 138, 145, 146
muğbeçe: 272, 482
muhafazakârlık: 246, 248, 249, 252, 255, 256, 316
Muhaffez bin Sa'lebe: 393
Muhammed/Peygamber (Hz.): 21, 27, 29-31, 42, 54, 56, 60, 63, 74, 129, 136, 145, 147, 162, 163, 169-171, 173, 174, 189, 197, 198, 203, 205, 227, 262, 263, 277, 278, 280-286, 289-295, 299, 316, 357-363, 368, 372, 374, 376-378, 385, 388-390, 393, 395, 397-399, 401, 411, 438, 452, 471, 479, 482, 486
Muhammed Ali Cinnah: 486
Muhammed bin el-Hanefiyye: 384

Muhammed Hamidullah: 146
Muhammedî hakikat: 482
Muhammed İkbal: 13, 14, 21, 33, 42, 73-75, 90, 109, 121, 154, 164, 174-177, 190, 233, 249, 261-276, 300, 301, 450-485
Muhammedî iman: 491
Muhammed Nurul Arabî: 425
muhtesipler: 437
Mukatil bin Süleyman: 80
murâd: 406
Murat (I): 418, 420, 443
Murat (II): 433, 440
Murat (III): 440
Musa (Hz.): 155, 157, 164, 299, 315, 328-348, 353, 355, 356, 375, 410, 411, 449
Musa Çelebi: 419, 420
Musa'nın asası: 155, 156
Mustafa Âlî (Gelibolulu): 441, 442, 444, 445
Mustafa Sibaî: 218
Mutahhara Âbide Hatun: 420
mücrim: 23
Müdafaayı Hukuk kadroları: 141, 284
mülk/mülkiyet: 415
mülkiyet hakkı: 31
münafıklar: 313
münker: 156
Mürcie felsefesi/mezhebi: 136, 199, 400
mürîd: 70, 406
mürîdleştirme: 417
mürşit: 204

Müslümanca düşünmek: 491
Müslümanların birliği: 290-292
Müslim bin Akîl: 381, 388
müstaz'af (mazlum): 408

N
namaz: 147, 387, 391, 414
namus: 306
Nâsıruddin el-Elbanî: 196, 293-295
nâsut: 458-460
Necef: 394
Nedim: 430
nefs: 122
nefy: 229
Nemrut: 317
Neron: 284
Nesefî: 80, 81
Neşrî: 423
nezîr: 358
nicelik: 213
Nietzsche: 71-73, 250, 451, 457, 466-470, 483
nitelik: 213
Niyazi Mısrî: 425
Nizamulmülk: 436
Nuh (Hz.): 449
Numan bin Beşir: 381
Nurbahşî: 413
Nureddinzade Muslihuddin: 425
nübüvvet: 279
nüfus artışı: 213

O-Ö
oğlancılık/oğlanlar: 434, 436, 443-447
oligarşi: 289
oluş düzeni: 129
Orhan Gazi: 446
Ortadoğu: 208
oruç: 187
Osman (Halife): 30, 293, 368-374, 427
Osmanlı (İmparatorluğu): 45, 216, 391, 427-447
otorite: 15, 128
ölçü: 76
ölümsüzlük: 87
Ömer (Halife): 293, 370, 372
Ömer bin Sa'd bin Ebî Vakkas: 382, 386, 388
Ömerî: 446
örtünme: 32
ötekiler: 122, 123
özgür etkinlik: 35-45
özgür insan: 209
özgür irade: 36, 68-73
özgürleşme: 87, 250
özgürleştirme: 142
özgürlük düşmanları: 191-199
özgürlük peygamberi: 205, 277, 357
özgürlük riski: 14
özgürlük savaşı: 152

P
Pakistan: 409
panteizm: 456
panteon: 125, 126, 349-354
para: 361, 362

pasif zalimler: 223, 417
pasif zulüm: 194
Patrona Halil isyanı: 427-449
Paul Tillich: 131, 245
Pavlus: 59, 111, 120, 146
paylaşım: 361, 421
peygamberin halifesi: 289-291
peygamberler: 104, 129, 140, 151, 236, 239, 246, 251, 254, 255, 299-314, 357
pîr: 274
pîrizm: 271
Pîrzâde Muhammed Sıddîk Saharanpûrî: 267
Platon: 12, 77, 257, 448
prangaları kırmak: 203-205
Prometheus: 348-355
Protestanlık: 112
putlar: 204, 226
putlaştırılmış kodomanlar: 304, 305
putlaştırma: 403

R

rabbânîleşme: 405
Râgıb el-Isfahanî (Isfahanlı Râgıb): 37, 68, 71, 107, 108, 139, 140, 144, 154, 233, 235, 236, 239, 243
Rahman evliyası: 139
râî: 216
raiyye/raiyyeleşme: 204, 211, 216, 219, 429-431, 493
rakı sofraları: 446
Rakka: 394

Rauf Orbay: 490, 491
reâya: 430, 431
Rebeze: 373, 374
Refah Partisi: 395
Refet Bele: 490, 491
reyb: 98
rezalet: 427, 447
Rıdvan Bîatı: 277
Ridde savaşları: 31
rikâb: 442
riya/riyakâr/riyakârlık: 135, 231, 359, 402, 416, 428, 439, 446, 447
robotlaşma: 11
Roma İmparatorluğu: 29
Rousseau: 179, 233
Rönesans: 440
RTE: 263, 264, 284, 310
Ruhulkudüs: 181

S

Saddam: 284
sadece kaydı: 228, 229
sâde-rûyân: 445
sâdet: 65, 224-227
Saîd bin Cümhan: 294
Said Nursî: 148
Sait Halim Paşa: 269
saldırganlık: 151-153
salih amel: 42-44
saltanat: 14, 22, 289, 415
sanatçı: 36
saray bahçeleri: 432
Sâre: 317

Sartre: 123
Sâsanî: 439
savaş: 11, 197-199, 400
savaş esirleri: 28-30
Schopenhauer (Arthur): 72, 73
secde: 187
sefalet: 427, 428
Seffâh: 292
Selahaddin Zerkûbî: 419
Selim (I): 438
Selim (III): 443
Sellin: 330
Semerkand: 437
Semûd kavmi: 384
Senaî: 165
Serez: 420
servet: 255, 256
servet kodamanları: 194
Seyit Bey: 295
seyyid: 394
Seyyid Ahmet Hüsameddin: 88
Seyyid Sultan: 174
Sıffîn: 377
sıla-i rahim: 370
sırat köprüsü: 65
Sicistan: 30, 31
sihir: 477
Simav: 418
Simavnalı Bedreddin: 418-426
Sinan bin Enes en-Nehaî: 387
Sivas: 148, 395
siyasal İslam: 242, 309, 312
siyaset: 279

sofay-ı hümayûn: 440, 441
softa: 482
Sofyalı Bâli: 425
Sokrat: 72
sonsuzluk: 463
sosyal demokrasi: 422
Sovyetler Birliği: 349
Stalin: 284
suç: 182
Sudan: 497
sûfî: 266, 267, 482
sulh: 42
sultanlar: 438
sultanlık: 493
Sultan Mesûd (Gazneli): 435
Sultan Veled: 266, 299, 315, 419
Suriye: 496
Suudi Arabistan: 26
Süfeyne: 294
Süleyman Ateş: 51
Süleyman Çelebi: 419
sünnet: 64, 241, 499
sünnet olma: 330
sünnetullah: 33, 34, 76, 77, 101, 145
sürüleşmek/sürüleşmemek: 204, 211-222
sürüye uyma: 215

Ş
Şah İsmail: 433
Şahruh: 437
Şam: 371, 372, 390, 393, 394, 476

şarap: 432-439, 441, 444-446
Şebüsterî: 404, 409, 410
şefaat: 62-66
şefaatçı/şefaatçılar: 49, 61-66, 106, 125
Şehabeddin İbn Arabşah: 423
şek: 99
şekerkamışı: 476, 477
Şemsi Tebrizî: 177
şer: 164, 225
Şerafettin Yaltkaya: 422
şeriat: 328, 399, 437
şerif: 395
Şevket Kazan: 395
şeyh cenderesi: 271-275
şeyhe teslimiyet: 71
şeyh/şeyhler: 146, 220, 265, 412, 437, 480-482, 493
Şeyh Muhyiddin Muhammed Yavsî: 424, 425
şeyhperestlik: 271
şeyhulislam: 428
şeytan: 111, 156, 160-162
şeytanet: 211
şeytan evliyası: 53, 60, 120, 226, 304
şeytanın hizbi: 311
Şiî: 401
Şimr bin Zilcevşen: 393
şirk: 50-54, 60, 61, 63, 71, 106, 123, 126, 127, 130, 185, 186, 188, 193, 204, 224, 225, 229-231, 246, 251, 252, 257, 319, 359, 427, 472, 473, 493
Şuayb (Hz.): 256

şûra: 136, 222, 277, 280-285, 289
Şükrullah bin Şihabuddin: 420, 424

T
taakkul: 211, 235
Taberânî: 293
Taberî: 294, 383, 388
tabiat kanunları: 33, 101
tağutlar: 303-305, 409
Tahâvî: 293
takdîr: 77
taklit: 476
takva: 82, 133, 134
tam bağımsızlık: 489-491
tam Müslümanlık: 491
tam teslimiyet: 228-234, 307
Tanzimat: 492
tarikatçılık: 56
tarikatlar: 48, 59, 69, 70, 138, 144, 354, 475
tarikat şecereleri: 227
tasavvuf: 67-71, 142, 265, 273, 412, 475, 481, 482
Taşköprüzade: 420
Tawney: 221
TBMM: 264, 284, 295
tefeci cenderesi: 261-264
tehzîb: 475
tekâmül: 14, 171, 299
tekâsür: 213
tekkeler: 215, 216, 275, 276
tekrîm: 143
Terakkiperver Cumhuriyetçi

Fırka: 491
terör: 147
ters özgürlükler: 20
teslimiyet: 477
tevhid: 51, 52, 126, 127, 187, 251, 257
Tevrat: 316, 317, 328
Timur: 418
Tirmizî: 293, 294
toprak: 361
toylar: 437
Tûfî: 498
Tunus: 26
Tûr: 337
Tursun Bey: 433
tutku: 240
Tuva: 413
Türkçe düşünmek: 491
Türkiye: 20, 56, 141, 144, 208, 263, 284, 285, 306, 309, 310, 353, 432, 496, 497
Türkler: 445
Türk milleti: 407, 487, 489
Türk ordusu: 310

U-Ü

Ubeydullah bin Ziyad: 381, 386
ubûdiyet (Allah'a kulluk): 25, 27, 74, 75
ulema: 428
ulûhiyet: 278
uydurma hadisler: 399, 479, 480, 494
uyuşturucu: 446

Ümmet Partisi: 498
Ümmül Benîn binti Haram: 388
Ümmül Fadl: 377
ümmül kura: 359
Ümmü Seleme: 394
Ürdün: 317
Üsküdar: 429, 440
üstün insan: 466-469

V-W

vaftiz: 53, 119
vahdeti şuhûd: 459
vahdeti vücut: 421, 459
Vahidî: 294
vahiy: 236, 237, 241
vakıflar: 435
vali cenderesi: 261-264
varlık yasaları: 32
varolmak: 11-16
vekâlet: 129
Velid bin Utbe: 384
Wach: 476

Y

yabani eşek: 205
Yahudiler: 183, 305-307, 371
yaklaştırıcı/yaklaştırıcılar: 49, 55-58, 125
Yakub (Hz.): 325
Yakubî: 383
Yakup Kadri: 492
yalancılık: 311
yallama çadırları: 202

yalnızlık: 96, 482-485
yaratıcı ben: 455-460, 467
yaratıcı isyan: 158
yaratıcılık: 11, 130
yaratıcı özgürlük: 138-148
yardımlaşma: 406
yazgı: 115-117
Yemen: 26
yeni: 299
yenileri dışlama: 403
yer altı kaynakları: 361
yeryüzü: 58
Yeşu: 333
Yezit (Mel'un): 286, 377-381, 383-387, 389, 390, 392, 393
yıkıcı isyan: 158
yıkım: 11
Yıldırım Bayezit: 418-420, 446
yol evladı: 89
yönetenler: 222
yönetilenler: 222
Yugoslavya: 428
Yusuf (Hz.): 234

Z

zalim: 131, 132, 151, 154, 159, 192, 194, 195, 416
zaman: 41, 457, 466
zarar veren mescit (mescidi zırar): 360, 361
Zehebî: 294
zekât: 32
Zeus: 349-352
Zeyd bin Erkam: 390
Zeyd bin Sâbit: 369

Zeyneb: 378, 379, 389
zıtlık ilkesi: 186-190
zillet riski: 12
zorbalar: 237
zulüm: 98, 132, 133, 147, 151, 154, 184, 191-195, 197-199, 359, 413, 422, 426, 484, 492, 493, 496
zurefa: 430, 431
zühd: 451
Zülâlî Hasan Efendi: 429
zümrüt inziva: 483
Zünnûn el-Mısrî: 55